跨境电子商务背景下
国际贸易实务研究

赵　展　段永青　著

中国商务出版社

·北京·

图书在版编目（CIP）数据

跨境电子商务背景下国际贸易实务研究 / 赵展，段永青著 . -- 北京：中国商务出版社，2024.6

ISBN 978-7-5103-5160-0

Ⅰ . ①跨… Ⅱ . ①赵… ②段… Ⅲ . ①国际贸易—研究 Ⅳ . ① F74

中国国家版本馆 CIP 数据核字（2024）第 093444 号

跨境电子商务背景下国际贸易实务研究
赵　展　段永青　著

出版发行：中国商务出版社有限公司

地　　址：北京市东城区安定门外大街东后巷 28 号　邮编：100710

网　　址：http://www.cctpress.com

联系电话：010-64515150（发行部）　　010-64212247（总编室）

　　　　　010-64515210（事业部）　　010-64248236（印制部）

责任编辑：吕　伟

排　　版：北京嘉年华文图文制作有限责任公司

印　　刷：北京印匠彩色印刷有限公司

开　　本：710 毫米 ×1000 毫米　1/16

印　　张：26　　　　　　　　　字　　数：412 千字

版　　次：2024 年 6 月第 1 版　　印　　次：2024 年 6 月第 1 次印刷

书　　号：ISBN 978-7-5103-5160-0

定　　价：98.00 元

前　言

　　随着信息技术的飞速发展，跨境电子商务逐渐成为国际贸易领域的一股强劲力量，并对传统的国际贸易实务产生了深远影响。在这一背景下，对国际贸易实务的研究显得尤为重要，它不仅有助于我们深入理解跨境电子商务的发展趋势，还能为企业在全球化市场中取得成功提供有力的理论支持和实践指导。

　　跨境电子商务的崛起，得益于互联网技术的普及和全球物流网络的完善。通过互联网平台，不同国家和地区的消费者可以方便地购买到世界各地的商品与服务，从而实现全球资源的优化配置。这种新型贸易模式不仅可以降低交易成本，提高交易效率，还极大地拓宽市场范围，进而为国际贸易的发展注入新的活力。

　　然而，跨境电子商务的发展也带来了一系列新的挑战和问题。首先，由于不同国家和地区的法律法规、文化背景、消费习惯等存在差异，跨境电子商务在运营过程中需要根据实际情况进行调整。其次，跨境物流的复杂性和不确定性增加了跨境电子商务的风险和成本。最后，跨境支付、税收、知识产权保护等问题也亟待解决。

　　因此，对跨境电子商务背景下国际贸易实务的研究，具有重要的理论和实践意义。从理论层面来看，我们需要深入探究跨境电子商务的运行机制、发展规律及其对国际贸易实务的影响，为构建适应新时代需求的国际贸易理论体系提供支撑。从实践层面来看，我们需要研究如何有效应对跨境电子商务发展带来的挑战和问题，并提出切实可行的解决方案和策略，以指导企业在全球化市场中取得成功。

目 录

第一章　跨境电子商务的发展历程 ·························· 1

　第一节　跨境电子商务的起源 ·························· 1

　第二节　全球跨境电子商务的发展阶段 ·················· 7

　第三节　跨境电子商务的发展趋势 ···················· 12

第二章　国际贸易实务的基本流程 ···················· 18

　第一节　国际贸易实务流程概览 ······················ 18

　第二节　交易磋商与合同签订 ························ 24

　第三节　货物交付与运输 ·························· 29

　第四节　货款支付与结算 ·························· 36

　第五节　贸易单据与文件管理 ························ 42

　第六节　贸易纠纷处理与索赔 ························ 48

第三章　跨境电子商务背景下的国际贸易实务特点 ·········· 55

　第一节　跨境电子商务对国际贸易实务的影响 ············· 55

　第二节　跨境电子商务背景下的交易模式创新 ············· 62

　第三节　跨境电子商务背景下的物流与供应链管理 ·········· 69

　第四节　跨境电子商务背景下的支付与结算 ·············· 74

　第五节　跨境电子商务背景下的法律法规与风险管理 ········· 81

第四章　跨境电子商务背景下的交易模式 ················ 88

　第一节　跨境电子商务平台的类型与功能 ················ 88

　第二节　跨境电子商务平台的运营策略 ················· 95

第三节　跨境电子商务平台的市场推广 ……………………… 103

第四节　跨境电子商务平台的用户关系管理 ………………… 109

第五节　跨境电子商务平台的数据分析与应用 ……………… 115

第五章　跨境电子商务背景下的物流配送系统 ……………… 123

第一节　跨境物流的基本概念与特点 ………………………… 123

第二节　跨境物流的主要模式与选择 ………………………… 130

第三节　跨境物流的风险与管理 ……………………………… 135

第四节　跨境物流的创新与技术应用 ………………………… 142

第六章　跨境电子商务背景下的支付与结算 ………………… 149

第一节　跨境支付与结算的基本概念 ………………………… 149

第二节　跨境电子商务的支付方式 …………………………… 155

第三节　跨境电子商务的结算机制 …………………………… 162

第四节　跨境支付与结算的风险管理 ………………………… 168

第五节　跨境支付与结算的未来趋势 ………………………… 174

第七章　跨境电子商务背景下的风险管理 …………………… 180

第一节　跨境电子商务风险概述 ……………………………… 180

第二节　跨境电子商务的信用风险 …………………………… 192

第三节　跨境电子商务的物流风险 …………………………… 205

第四节　跨境电子商务的支付风险 …………………………… 217

第五节　跨境电子商务的法律风险 …………………………… 229

第八章　跨境电子商务背景下的市场分析与营销策略 ……… 242

第一节　跨境电子商务的市场环境分析 ……………………… 242

第二节　跨境电子商务的消费者行为分析 …………………… 253

第三节　跨境电子商务的市场定位与策略 …………………… 265

第四节　跨境电子商务的品牌建设与管理 …………………… 278

第五节　跨境电子商务的营销策略与工具 …………………… 289

第九章　跨境电子商务背景下的国际贸易融资…………………… 304

　第一节　国际贸易融资的基本概念 …………………………… 304

　第二节　跨境电子商务与国际贸易融资的关系 …………… 317

　第三节　跨境电子商务背景下的贸易融资方式 …………… 330

　第四节　跨境电子商务背景下的贸易融资风险管理 ……… 342

　第五节　跨境电子商务背景下的贸易融资创新 …………… 355

第十章　跨境电子商务背景下的关税与贸易壁垒………………… 368

　第一节　关税与贸易壁垒的基本概念 ……………………… 368

　第二节　跨境电子商务背景下的关税问题 ………………… 380

　第三节　跨境电子商务背景下的非关税壁垒 ……………… 387

　第四节　跨境电子商务背景下的贸易自由化与合作 ……… 393

　第五节　应对关税与贸易壁垒的策略 ……………………… 399

参考文献 ………………………………………………………… 407

第一章　跨境电子商务的发展历程

第一节　跨境电子商务的起源

一、电子商务的初期形态与跨境雏形

电子商务，作为现代商业活动的重要形式，其发展历程充满了变革与创新。从最初的简单形态，到如今的全球化跨境交易，电子商务不断突破地域和技术的限制，为世界经济注入了新的活力。

（一）电子商务的初期形态

电子商务的初期形态可以追溯到20世纪70年代。当时，随着计算机技术的快速发展，电子数据交换（EDI）开始在企业间得到应用。EDI通过标准的电子格式，实现了企业间商业文档的传输和交换，从而提高了交易效率。然而，由于当时的计算机普及率较低，网络基础设施不完善，EDI的应用范围相对有限。20世纪90年代初，互联网开始进入普通家庭，为企业和个人提供了更加便捷的在线交易渠道。此时的电子商务主要以B2C（企业对消费者）模式为主，如亚马逊、eBay等电商平台相继诞生。这些平台利用互联网技术，将商品信息展示给全球消费者，实现了在线购物、支付和物流配送的一体化服务。

电子商务的不断发展，B2B（企业对企业）模式也逐渐兴起。企业间通过电子商务平台进行产品采购、销售、供应链管理等活动，大大提高了商业效率。此外，C2C（消费者对消费者）模式也开始出现，如淘宝、拍拍等平台的兴起，为个人卖家和买家提供了便捷的交易平台。

（二）跨境电子商务的雏形

全球化的加速和互联网技术的普及，使跨境电子商务逐渐成为电子商务发展的重要方向。跨境电子商务是指不同国家和地区的交易主体，通过互联网平台进行商品或服务的交易活动。

跨境电子商务的雏形可以追溯到21世纪初。当时，一些具有前瞻性的企业开始尝试将业务拓展到海外市场。这些企业通过建立跨境电商平台，将本国的商品销售给国外消费者。这些平台通常提供多语言支持、国际支付和跨境物流等服务，为消费者提供了便捷的购物体验。跨境电子商务的不断发展，使越来越多的国家和地区开始加入这一领域。例如，一些国家建立了自由贸易区，为跨境电子商务提供税收减免和便利化措施；一些电商平台积极与国际物流公司合作，提高跨境物流的效率和可靠性。

跨境电子商务的发展不仅促进了商品和服务的全球流通，也带动了相关产业的发展。例如，跨境电商平台需要专业的技术人员进行维护和运营，跨境物流需要高效的仓储和配送体系，跨境支付需要安全可靠的支付系统。这些产业的发展为跨境电子商务运营提供了有力的支撑。

（三）电子商务初期形态与跨境雏形的关系

电子商务的初期形态为跨境电子商务的发展奠定了坚实的基础。初期形态的电子商务通过探索和实践，积累了丰富的经验和技术，为跨境电子商务的发展提供了宝贵的借鉴。同时，初期形态的电子商务也培养了大量的用户和消费者，为跨境电子商务提供了广阔的市场空间。

跨境电子商务是电子商务初期形态的自然延伸和拓展。全球化的深入发展，使跨境贸易成为各国经济发展的重要动力。跨境电子商务利用互联网技术的优势，打破了地域和时间的限制，使跨境贸易变得更加便捷和高效。同时，跨境电子商务也推动了全球经济的融合和发展，促进了国际交流与合作。

二、跨境电子商务概念的形成与界定

随着全球化进程的加速和互联网技术的飞速发展，跨境电子商务作为新型商业模式，在全球范围内逐渐崭露头角。跨境电子商务不仅改变了传统贸易的方式，还极大地促进了全球经济的融合与发展。本部分旨在探讨跨境电子商务概念的形成与界定，以期为深入理解这一领域提供理论支持。

（一）跨境电子商务概念的形成背景

跨境电子商务概念的形成，离不开全球化、互联网技术以及消费者需求等多方面因素的推动。

首先，全球化趋势使各国之间的经济联系日益紧密，商品和服务的跨国流动成为常态。这为跨境电子商务的发展提供了广阔的市场空间。

其次，互联网技术的不断进步为跨境电子商务提供了强大的技术支持。互联网的普及使信息传播更加迅速、广泛，电子商务平台得以快速崛起。同时，支付、物流等配套服务的完善也为跨境电子商务提供了便利条件。

最后，消费者需求的多样化促进了跨境电子商务的发展。随着生活水平的提高，消费者对商品的选择越来越多样化，对国外商品的需求也日益增长。跨境电子商务能满足消费者对商品品质、价格、品牌等方面的多元化需求。

（二）跨境电子商务概念的界定

"跨境电子商务"是一个相对复杂的概念，涉及多个领域和层面。一般来说，跨境电子商务指的是不同国家和地区的交易主体，通过互联网平台进行商品或服务的交易活动。这一概念可以从以下几个方面进行界定。

交易主体：跨境电子商务的交易主体包括企业、个人等。企业可以通过电子商务平台进行跨国采购、销售等活动；个人则可以通过跨境电子商务平台购买海外商品或提供跨境服务。

交易平台：跨境电子商务的交易平台主要是互联网电子商务平台。这些平台提供商品展示、交易撮合、支付结算等功能，进而为交易双方提供便捷的交易环境。

交易对象：跨境电子商务的交易对象包括商品和服务。商品可以是实物商品，也可以是数字商品；服务则可以是咨询、教育、旅游等各种类型的服务。

跨境属性：跨境电子商务的核心在于其跨境属性。这意味着交易双方来自不同的国家和地区，可能会涉及不同的法律法规、文化背景和消费习惯等因素。因此，跨境电子商务需要充分考虑这些因素，确保交易的合规性和顺利进行。

（三）跨境电子商务的特点

跨境电子商务具有以下几个显著特点。

全球性：跨境电子商务具有全球性的特点。通过互联网平台，交易双方可以突破地域限制，实现全球范围内的商品和服务交易。

虚拟性：跨境电子商务的交易过程主要在互联网上进行，具有虚拟性的特点。这使交易双方可以更加便捷地进行沟通和交流，进而降低交易成本。

多样性：跨境电子商务的交易对象多样，既包括实物商品也包括数字商品；交易主体多样，既有企业也有个人；交易方式多样，可以是B2B、B2C、C2C等多种模式。

复杂性：跨境电子商务涉及不同国家和地区的法律法规、税收制度、货币汇率等因素，具有复杂性的特点。因此，在进行跨境电子商务交易时，企业或个人需要充分了解并遵守相关规定，确保交易的合规性。

（四）跨境电子商务的未来发展

随着技术的不断进步和市场的不断扩大，跨境电子商务概念将继续深化和发展。未来，跨境电子商务将更加注重用户体验和服务质量，提供更加个性化、智能化的购物体验。同时，跨境电子商务也将进一步推动全球贸易的便利化和自由化，促进各国经济的共同发展。

此外，随着人工智能、大数据等技术的广泛应用，跨境电子商务将实现更加精准的市场分析和预测，为商家提供更加有效的营销策略。同时，跨境电子商务也将面临更多的挑战和机遇，需要不断创新和完善以适应市场的变化。

三、跨境电子商务的初始市场与参与者

随着全球化的加速推进和互联网技术的飞速发展，跨境电子商务作为一种新型商业模式，在全球范围内迅速崛起。它打破了传统贸易的地理限制，为各国企业和消费者提供了更加便捷、高效的交易渠道。本部分将探讨跨境电子商务的初始市场与参与者，以揭示其发展初期的主要特征和趋势。

（一）跨境电子商务的初始市场

跨境电子商务的初始市场主要集中在发达国家之间，这些国家拥有成熟的互联网基础设施、完善的支付体系和高效的物流配送网络，为跨境电子商务的发展提供了有力支撑。同时，这些国家的消费者对国外商品的需求也相对较高，推动了跨境电子商务市场的快速扩张。

在初始阶段，跨境电子商务主要涉及的是标准化程度高、附加值较高的商品，如电子产品、时尚服饰、化妆品等。这些商品具有较大的市场需求和利润空间，吸引了众多企业涉足跨境电子商务领域。

此外，跨境电子商务的初始市场还受到国家政策的推动。一些国家为了促进国际贸易和经济增长，出台了鼓励跨境电子商务发展的政策措施，如税收减免、通关便利化等，为跨境电子商务市场的拓展提供了良好的外部环境。

（二）跨境电子商务的参与者

跨境电子商务的参与者主要包括电商平台、卖家、买家，以及相关服务提供商。

电商平台是跨境电子商务的核心参与者之一。它们搭建起连接卖家和买家的桥梁，提供商品展示、交易撮合、支付结算等一系列服务。在初始阶段，一些知名的电商平台开始拓展跨境业务，利用自身的品牌优势和用户基础，吸引了大量卖家和买家入驻。这些平台通过不断优化用户体验和提升服务质量，逐渐在跨境电子商务市场中占据主导地位。

卖家是跨境电子商务的重要参与者。他们通过电商平台将商品销售

给海外买家，实现跨境贸易。在初始阶段，卖家主要是一些具有国际贸易经验和实力的大中型企业。这些企业拥有丰富的产品线和供应链资源，能够满足不同买家的需求。随着跨境电子商务市场的不断发展，越来越多的中小企业和个人也开始加入卖家行列，通过跨境电商平台拓展海外市场。

买家是跨境电子商务市场的另一重要参与者。他们通过互联网平台购买海外商品，享受更加便捷、多样的购物体验。在初始阶段，买家主要是一些追求品质、注重个性的消费者。他们对国外商品有着较高的兴趣和需求，愿意通过跨境电商平台购买心仪的商品。随着市场的不断成熟和消费者认知的提升，越来越多的普通消费者也开始尝试跨境购物。

除了电商平台、卖家和买家，跨境电子商务的发展也离不开相关服务提供商的支持。这些服务提供商包括支付机构、物流公司、海关等。他们为跨境电子商务提供支付结算、物流配送、通关服务等重要支持，保障了跨境交易的顺利进行。在初始阶段，这些服务提供商逐渐适应跨境电子商务的发展需求，不断创新服务模式和技术手段，提升服务质量和效率。

（三）跨境电子商务初始市场的特点与趋势

跨境电子商务的初始市场呈现出以下几个特点和趋势。

随着消费者对国外商品的需求不断增长和电商平台的不断推广，跨境电子商务市场规模持续扩大。越来越多的企业和消费者加入跨境电子商务市场中，推动了市场的繁荣发展。在初始阶段，跨境电子商务主要涉及标准化程度高、附加值较高的商品。随着市场的不断发展，商品品类逐渐丰富，涵盖了更多领域和品类。这使得消费者不仅可以更加便捷地购买到心仪的商品，也为企业提供了更多的商业机会。

在初始阶段，跨境电子商务的参与者主要是一些具有实力和经验的大中型企业。随着市场的成熟和竞争的加剧，越来越多的中小企业和个人开始涉足跨境电子商务领域。这不仅使市场参与者更加多元化，也促进了市场的竞争和创新。为吸引更多的卖家和买家，电商平台和相关服务提供商通过优化用户体验、提升交易效率、降低交易成本等，为跨境电子商务的发展提供了有力保障。

第二节　全球跨境电子商务的发展阶段

一、初步探索阶段：技术驱动与市场渗透

跨境电子商务作为全球化的重要推手，在其发展历程中，初步探索阶段是一个尤为关键的时期。在这一阶段，技术驱动与市场渗透成为促进跨境电子商务发展的两大核心动力。本部分将对这一阶段的跨境电子商务进行初步探索，分析技术如何驱动其发展，以及市场渗透的过程和特点。

（一）技术驱动跨境电子商务发展

初步探索阶段的跨境电子商务，受到了互联网技术的深刻影响。互联网技术的不断创新和发展，为跨境电子商务提供了强大的技术支持，推动了其快速发展。

首先，网络技术的进步为跨境电子商务提供了更加稳定、高效的交易平台。随着云计算、大数据等技术的应用，电商平台能处理更加庞大的交易数据，提供更加个性化的服务。同时，网络安全技术的不断完善，也保障了交易过程的安全性和可靠性。

其次，物流技术的创新为跨境电子商务解决了物流配送的难题。智能物流、无人机配送等技术的应用，提高了物流效率和配送准确性，降低了物流成本。这使跨境商品能更加快速地到达消费者手中，提升了消费者的购物体验。

此外，支付技术的创新也为跨境电子商务提供了便利。跨境支付、电子钱包等支付方式的普及，使消费者可以更加便捷地完成支付。同时，支付安全技术的提升，也保障了支付过程的安全性和可靠性。

（二）市场渗透的过程与特点

在初步探索阶段，跨境电子商务的市场渗透过程呈现出以下特点。

首先，市场渗透的速度逐渐加快。随着消费者对海外商品的需求不断

增长，跨境电子商务市场逐渐扩大。越来越多的消费者开始尝试通过跨境电商平台购买国外商品，推动了市场的快速发展。

其次，市场渗透的广度不断扩展。跨境电子商务不再局限于发达国家之间，而是逐渐向发展中国家延伸。随着发展中国家互联网基础设施的完善和消费水平的提升，跨境电子商务市场的前景更加广阔。

最后，市场渗透的深度也在不断增加。跨境电子商务涉及的商品品类逐渐丰富，从最初的标准化商品扩展到更多领域。同时，跨境电商平台也在不断提升服务质量，提供了更加个性化、智能化的购物体验，以满足消费者的多样化需求。

（三）技术驱动与市场渗透的互动关系

在初步探索阶段，技术驱动与市场渗透之间存在着密切的互动关系。一方面，技术的不断创新和发展为跨境电子商务提供了更加稳定、高效的交易平台，推动了市场的快速发展；另一方面，市场的不断扩大和深化为技术创新提供了更加广阔的应用场景和更高的要求，促进了技术的不断进步。

具体来说，网络技术的进步提升了电商平台的稳定性和处理能力，使跨境交易更加便捷、高效；物流技术的创新解决了跨境配送的难题，提高了商品的流通效率；支付技术的创新则为消费者提供了更加便捷、安全的支付方式。这些技术的进步共同推动了跨境电子商务市场的快速发展。

另外，市场的不断扩大和深化也为技术创新提供了更高的要求。随着消费者对购物体验的要求越来越高，电商平台需要不断提升服务质量和技术水平，以满足消费者的需求。这也促进了跨境电商平台在技术创新方面的投入和研发，推动了技术的不断进步。

二、快速发展阶段：平台崛起与生态构建

随着技术的不断进步和市场的日益成熟，跨境电子商务进入了快速发展阶段。在这一阶段，平台崛起与生态构建成为推动跨境电子商务持续繁荣的重要力量。本部分将深入探讨跨境电子商务在快速发展阶段中平台崛起的背景和原因，以及生态构建的过程和重要性。

（一）平台崛起的背景与原因

跨境电子商务平台的崛起，是多种因素共同作用的结果。首先，全球化的趋势和互联网的普及为跨境电子商务提供了广阔的市场空间与无限的发展潜力。消费者对海外商品的需求日益增长，而电商平台则成为满足这一需求的重要渠道。其次，技术进步为平台的崛起提供了有力支撑。云计算、大数据、人工智能等技术的应用，使电商平台能处理海量数据、提供个性化服务，并不断优化用户体验。同时，支付、物流等关键环节的技术创新也提升了交易的便捷性和安全性。

此外，政策支持和市场竞争也推动了平台的崛起。各国纷纷出台鼓励跨境电子商务发展的政策措施，为平台的发展提供了良好的外部环境。同时，市场竞争的加剧促使平台不断提升服务质量、创新业务模式，以吸引更多商家入驻。

（二）平台崛起的特征与影响

在快速发展阶段，跨境电子商务平台呈现出以下特征：一是规模化发展，平台用户数和交易额快速增长；二是多元化服务，平台提供从商品展示、交易撮合到支付结算、物流配送等"一站式"服务；三是国际化布局，平台积极拓展海外市场，与全球商家和消费者建立联系。

平台的崛起对跨境电子商务产生了深远影响。首先，平台降低了跨境交易的门槛和成本，使更多中小企业和个人能参与到跨境贸易中来。其次，平台通过提供丰富的商品选择和优质的服务体验，满足了消费者多样化的需求，提升了购物便捷性。最后，平台的崛起推动了跨境电子商务行业的竞争和创新，促进了整个行业的健康发展。

（三）生态构建的过程与重要性

在快速发展阶段，跨境电子商务生态的构建成为关键一环。生态构建是指围绕电商平台建立起一个完整、互补的产业链和服务链，形成良性互动、共同发展的生态系统。生态构建的过程包括多个方面。首先，电商平台需要与供应商、物流服务商、支付机构等合作伙伴建立紧密的合作关系，共同打造高效、便捷的跨境交易链条。其次，平台需要积极引入优质商家和商品资源，丰富商品品类和提升品质水平。最后，平台还需要加强用户体验和服务创新，提升用户黏性和忠诚度。

生态构建的重要性不言而喻。一个完善的生态系统能为平台提供持续的发展动力和创新源泉。通过整合产业链资源、优化服务流程、提升用户体验等手段，生态系统能增强平台的竞争力和市场份额。此外，生态系统还能促进跨境电子商务行业的协同发展，推动整个行业的创新和进步。

（四）平台崛起与生态构建的互动关系

在快速发展阶段，平台崛起与生态构建之间存在着密切的互动关系。一方面，平台的崛起为生态构建提供了坚实的基础和广阔的空间。平台的规模化发展吸引了大量商家的入驻，为生态链上的各方提供了更多的合作机会和发展空间。另一方面，生态构建进一步推动了平台的崛起和壮大。通过优化产业链、提升服务品质等手段，生态系统能增强平台的竞争力和吸引力，促进平台的持续发展和创新。

三、成熟稳定阶段：全球化布局与深度整合

跨境电子商务在经历了初步探索与快速发展阶段后，逐渐步入了成熟稳定的发展阶段。在这一阶段，全球化布局与深度整合成为推动跨境电子商务持续发展的两大核心驱动力。本部分将深入探讨跨境电子商务在成熟稳定阶段中全球化布局的必然趋势与实现路径，深度整合的重要性与实施策略，以及全球化布局与深度整合的互相关系。

（一）全球化布局的必然趋势与实现路径

随着全球化的深入发展，跨境电子商务的全球化布局成为必然趋势。全球化布局不仅能拓宽市场范围、增加销售渠道，还能提升品牌影响力、降低运营成本。因此，跨境电子商务平台和企业纷纷将目光投向全球市场，积极寻求国际化发展的机遇。

实现全球化布局的路径多种多样。首先，平台可以通过建立海外仓储和物流体系，提高商品配送的效率和准确性，缩短订单周期，提升消费者购物体验。其次，平台可以加强与国际支付机构的合作，提供多样化的支

付方式，满足不同地区消费者的支付需求。此外，平台还可以通过参与国际贸易展览、建立海外营销团队等方式，拓展海外市场，提升品牌知名度。

在全球化布局过程中，跨境电子商务平台和企业还需要关注不同国家和地区的法律法规、文化差异和消费习惯等因素。只有通过深入了解目标市场的特点，制定针对性的市场策略，平台和企业才能更好地适应市场需求，实现全球化布局的目的。

（二）深度整合的重要性与实施策略

深度整合是跨境电子商务在成熟稳定阶段实现持续发展的关键所在。通过深度整合，平台能优化资源配置、提升运营效率、降低运营成本，从而增强竞争力，实现可持续发展。深度整合的实施策略包括多个方面。

首先，平台可以整合供应链资源，优化商品采购、仓储、配送等环节，提高供应链的响应速度和灵活性。通过与优质供应商建立长期合作关系，确保商品的质量和供应稳定性，从而提升消费者的购物体验。

其次，平台可以整合数据资源，利用大数据、云计算等技术手段，对用户行为、市场需求等进行深入分析，为商家提供更加精准的市场信息和营销策略建议。同时，平台还可以通过数据分析，优化商品推荐、搜索排序等功能，提升消费者的购物满意度和忠诚度。

最后，平台还可以整合技术资源，加强技术创新和研发，推动跨境电子商务的技术升级和模式创新。通过引入人工智能、区块链等先进技术，提升平台的智能化水平和安全性，为消费者提供更加便捷、高效的购物体验。

（三）全球化布局与深度整合的互动关系

在成熟稳定阶段，全球化布局与深度整合相互促进、相互依存。全球化布局为深度整合提供了更广阔的市场空间和更多的发展机遇，而深度整合则能提升平台的运营效率和竞争力，为全球化布局提供有力支撑。

具体来说，全球化布局使平台能接触更多的商家和消费者，了解不同市场的需求和特点。这为平台提供了丰富的数据资源和市场信息，有助于平台进行更加精准的市场分析和策略制定。同时，全球化布局也要求平台具备更强的资源整合能力和运营效率，以应对不同市场的竞争和挑战。深度整合则能帮助平台优化资源配置、提升运营效率，从而更好地满足全球化布局的需求。通过整合供应链、数据和技术等资源，平台能提升商品的质量和供应稳定性，提升用户体验和忠诚度，进而拓展市场份额和增强品牌影响力。

第三节 跨境电子商务的发展趋势

一、技术驱动下的创新趋势

在信息化、数字化时代下，技术成为推动社会经济发展的核心动力。跨境电子商务领域亦不例外，技术的不断革新为这一行业带来了前所未有的发展机遇和挑战。本部分将深入探讨技术驱动下的跨境电子商务创新趋势，分析其在业务模式、服务体验、数据应用等方面的具体体现，并展望其未来的发展趋势。

（一）技术革新与跨境电子商务的融合

随着云计算、大数据、人工智能、物联网等技术的快速发展，跨境电子商务正迎来一场技术变革。这些新兴技术不仅为跨境电子商务提供了强大的技术支撑，还推动了行业内的业务模式创新和服务升级。云计算技术为跨境电子商务平台提供了高效、稳定的计算能力和存储空间，使平台能处理海量数据，支持更多商家入驻，进而提升平台的整体性能和稳定性。大数据技术则使平台能对用户行为、市场趋势等进行深入分析，为商家提供更加精准的市场预测和营销策略。

人工智能技术的应用进一步提升了跨境电子商务的智能化水平。通过机器学习和自然语言处理等技术，平台能为用户提供更加个性化的商品推荐、智能客服等服务，提升用户体验和忠诚度。物联网技术则使商品溯源、物流追踪等更加便捷和高效，提升了跨境交易的透明度和安全性。

（二）业务模式创新与服务体验升级

在技术驱动下，跨境电子商务的业务模式不断创新，服务体验也在不断升级。一方面，平台通过引入新技术，不断优化购物流程，提升交易效率。例如，利用人工智能和大数据技术，平台能实现商品的智能分类、精准推荐和个性化定价，为用户提供更加便捷的购物体验。

另一方面，平台积极探索新的业务模式，以满足不同用户的需求。例如，跨境电商直播、社交电商等新型业务模式不断涌现，通过直播互动、社交分享等方式，拉近了商家与消费者之间的距离，提升了消费者的参与度和购买意愿。

此外，平台还注重提升售后服务质量，通过完善退换货政策、加强消费者权益保护等方式，增强消费者的信任感和忠诚度。同时平台利用技术手段提升物流效率，缩短订单周期，提升消费者的购物满意度。

（三）数据应用与精准营销

在跨境电子商务中，数据已经成为一种重要的资产。通过收集、分析和利用用户数据，平台能更好地了解用户需求和市场趋势，为商家提供更加精准的营销策略。

一方面，平台可以利用大数据技术对用户的购物行为、浏览记录等进行分析，挖掘用户的潜在需求和购买意愿。基于这些数据，平台可以为商家提供精准的商品推荐和营销方案，提高商品的曝光率和转化率。

另一方面，平台可以利用人工智能技术对用户进行画像和细分，针对不同用户群体制定个性化的营销策略。例如，对年轻用户群体，平台可以推荐时尚、潮流的商品；对中老年用户群体，平台则可以推荐健康、实用的商品。

此外，平台还可以通过数据分析和预测来优化库存管理、降低运营成本。通过精准预测市场需求和库存变化，平台可以帮助商家合理调整库存结构，减少库存积压和浪费，提高运营效率。

二、全球化与区域化的平衡发展

在跨境电子商务领域，全球化与区域化的发展常常呈现一种既相互竞争又相互依存的复杂关系。全球化强调市场的无边界性和资源的自由流动，而区域化则注重特定地区内的经济合作与一体化。在成熟稳定的跨境电子商务阶段，国家和地区实现全球化与区域化的平衡发展显得尤为重要。本部分将从全球化与区域化的定义与特点、互动关系、平衡发展的策略及挑战等方面展开探讨。

（一）全球化与区域化的定义与特点

全球化是指商品、资本、技术、信息等要素在全球范围内自由流动和配置，各国经济相互依存、相互渗透的过程。在跨境电子商务领域，全球化表现为市场的无限扩大、消费者的多元化需求以及供应链的全球化布局。全球化带来了市场的广阔性和资源的丰富性，使企业可以在全球范围内寻找商机，实现规模经济效益。

区域化是指特定地区内的国家通过经济合作与一体化，形成共同市场或经济联盟，以促进地区内经济的共同发展和繁荣。在跨境电子商务领域，区域化表现为地区内国家的经济合作与协调，共同制定贸易规则、降低关税壁垒、推动电子商务基础设施建设等。区域化有助于降低交易成本、提高市场效率，促进地区内经济的稳定增长。

（二）全球化与区域化的互动关系

全球化与区域化在跨境电子商务领域并非孤立存在，而是相互交织、相互影响的。全球化的发展为区域化提供了基础和动力，而区域化则在一定程度上促进了全球化的深化和拓展。

首先，全球化的发展推动了区域化的进程。随着全球化的深入发展，各国之间的经济联系日益紧密，地区内国家为了共同应对全球化带来的机遇和挑战，纷纷加强经济合作与一体化。通过区域化合作，地区内国家可以共同制定贸易规则、降低交易成本、提高市场效率，从而更好地融入全球经济体系。

其次，区域化的发展为全球化提供了有力支持。区域化合作有助于消除地区内的贸易壁垒和障碍，推动商品、资本、技术等要素在地区内的自由流动和配置。这种区域内的自由化进程为全球化的进一步拓展提供了有利条件，使跨境电子商务能更加便捷地进入新的市场。

（三）全球化与区域化平衡发展的策略

在跨境电子商务领域，实现全球化与区域化的平衡发展需要采取一系列策略。

首先，企业应积极参与全球市场竞争，充分利用全球化带来的市场机遇。通过深入了解全球市场需求和竞争态势，制订合适的市场进入策略和营销方案，拓展国外业务。同时，还应加强与国际合作伙伴的合作与沟通，共同应对全球化带来的挑战和风险。

其次，企业应注重区域市场的深耕细作。针对特定地区的消费者需求和文化特点，制定个性化的产品和服务策略，提高市场占有率和品牌影响力。通过加强与地区内企业的合作与协调，共同推动区域电子商务的发展，实现互利共赢。

最后，政府应在全球化与区域化平衡发展中发挥积极作用。通过制定相关政策法规、加强基础设施建设、推动电子商务人才培养等方式，为跨境电子商务的发展提供良好的环境和条件。同时，还应加强与国际组织和地区内国家的合作与交流，推动全球化和区域化的协调发展。

（四）全球化与区域化平衡发展的挑战与应对

在追求全球化与区域化平衡发展的过程中，跨境电子商务也面临着诸多挑战。

一方面，全球化带来的市场竞争日益激烈，企业需要不断提升自身的创新能力和竞争优势，才能在激烈的市场竞争中立于不败之地。为此，企业应加大技术研发、人才培养和市场调研等方面的投入力度，不断提升自身的核心竞争力。

另一方面，区域化合作可能会带来一些问题和挑战。例如，地区内国家之间的经济差异和文化差异可能导致其在合作过程中出现的矛盾和冲突。同时，区域化合作也可能引发一些贸易保护主义和排他性倾向，对全球化进程造成一定阻碍。为应对这些挑战，企业需要加强沟通与协调，尊重不同国家与地区的利益和关切，寻求互利共赢的合作模式。

三、跨境电子商务的绿色与可持续发展

随着全球化的加速和信息技术的迅猛发展，跨境电子商务以其独特的优势，成为推动全球贸易增长的重要力量。然而，跨境电子商务的快速发

展也带来了一系列环境和社会问题，如资源浪费、环境污染和生态破坏等。因此，实现跨境电子商务的绿色与可持续发展已成为当前亟待解决的问题。本部分将从绿色与可持续发展的重要性、跨境电子商务的环境影响、绿色与可持续发展的策略及挑战等方面展开探讨。

（一）绿色与可持续发展的重要性

绿色与可持续发展是现代社会发展的必然趋势，也是实现经济、社会和环境协调发展的关键。在跨境电子商务领域，绿色与可持续发展不仅有助于降低资源消耗和环境污染，提高企业的经济效益和社会效益，还有助于推动全球贸易的绿色发展，促进全球经济的可持续发展。

首先，绿色与可持续发展有助于降低跨境电子商务的资源消耗和环境污染。通过采用环保材料、节能技术和绿色物流等方式，可以减少能源消耗和废物排放，降低对环境的影响。

其次，绿色与可持续发展有助于提高跨境电子商务企业的竞争力。随着消费者对环保和可持续发展的关注度不断提高，绿色产品和服务逐渐成为市场的新宠。跨境电子商务企业积极推行绿色战略，不仅可以满足消费者的需求，还可以提升企业形象和品牌价值，增强市场竞争力。

最后，绿色与可持续发展有助于推动国际贸易的绿色发展。跨境电子商务作为国际贸易的重要组成部分，其绿色与可持续发展将引领国际贸易向更加环保、高效和可持续的方向发展，为全球经济的可持续发展做出贡献。

（二）跨境电子商务的环境影响

跨境电子商务的发展对环境产生一定的影响。首先，跨境电子商务的物流环节涉及大量的包装、运输和配送活动，这些活动会消耗大量能源并产生大量废弃物，进而对环境造成一定的破坏。其次，跨境电子商务的商品生产和供应链可能存在环境污染和生态破坏的问题，如原材料开采、生产加工和废弃物处理等环节都有可能对环境造成负面影响。最后，跨境电子商务的发展还可能导致一些地区的环境问题加剧，如资源过度开采、生态破坏和气候变化等。

（三）绿色与可持续发展的策略

为了实现跨境电子商务的绿色与可持续发展，企业需要采取一系列有效的策略。首先，企业应积极推行绿色采购和绿色生产，选择环保材料和节能技术，降低生产过程中的环境影响。同时，企业还应加强供应链管理，确保供应商遵守环保法规，减少环境污染。

其次，跨境电子商务企业应优化物流环节，降低能源消耗和废物排放。通过采用绿色包装、节能运输和智能配送等方式，减少在物流过程中的资源浪费和环境污染。此外，企业还可以利用信息技术手段，提高物流效率，降低物流成本，实现绿色物流。

最后，政府和社会组织应在跨境电子商务的绿色与可持续发展中发挥积极作用。政府可以制定相关政策法规，鼓励企业采用环保技术和绿色生产方式，同时加强环境监管和执法力度，确保跨境电子商务活动的环保合规性。同时社会组织可以开展环保宣传和教育活动，提高公众对绿色与可持续发展的认识和参与度。

（四）绿色与可持续发展的挑战与应对

绿色与可持续发展尽管对跨境电子商务具有重要意义，但在实际推行过程中也面临一些挑战。首先，绿色技术的研发和应用成本较高，对一些中小企业来说可能难以承担。其次，跨境电子商务涉及的国家和地区众多，环保法规和标准存在差异，企业在不同市场可能面临不同的环保要求。此外，消费者对绿色产品的认知度和接受度也是影响绿色与可持续发展的重要因素之一。

为了应对这些挑战，企业可以采取以下措施。首先，加强技术创新和研发投入，降低绿色技术的成本，提高其在跨境电子商务中的应用率。其次，加强与国际组织和合作伙伴的合作与交流，共同推动绿色与可持续发展标准的制定和实施。最后，企业应加强消费者教育和市场引导，提高消费者对绿色产品的认知度和接受度。

第二章 国际贸易实务的基本流程

第一节 国际贸易实务流程概览

一、国际贸易的基本流程框架

国际贸易作为全球经济活动的重要组成部分，其流程框架涵盖了多个环节和要素。这些环节从询盘、报价开始，经过签订合同、安排生产或采购、订舱、装船出运、报关报检，到目的港清关、提货以及后续的结算与核销，构成了一个完整的国际贸易流程。下面将详细阐述这些环节的具体内容和重要性。

（一）询盘与报价

询盘是国际贸易的起点，通常由买方发出，表达对特定商品或服务的兴趣。卖方在收到询盘后，会根据自身商品情况、市场行情以及成本等因素，向买方提供详细的报价。报价内容包括商品名称、规格、数量、价格、支付方式、交货期等关键信息。在报价过程中，双方可能会进行多次磋商，最后达成合作协议。

（二）签订合同

在报价得到买方认可后，双方将签订正式的国际贸易合同。合同内容应明确双方的权利和义务，包括商品描述、价格条款、运输方式、付款方式、交货期限、争议解决方式等。合同的签订标志着双方合作关系的正式确立，为后续环节的实施提供了法律保障。

（三）安排生产或采购

根据合同约定的交货期限和商品描述，卖方需要组织生产或采购所需的商品。在生产过程中，卖方应确保商品质量符合合同要求，并按照约定的交货期限完成生产任务。例如，需采购，卖方应选择合适的供应商，确保货源的稳定性和质量可靠性。

（四）订舱与装船出运

在商品生产或采购完成后，卖方需要联系货运代理或船运公司，进行订舱操作。在订舱成功后，卖方将按照约定的时间和地点将商品装船出运。在此过程中，卖方需要确保货物的包装符合运输要求，避免在运输过程中发生损坏或丢失。同时，卖方还需要办理出口报关手续，向海关提交相关单证，以便商品可以顺利出口。

（五）报关报检与目的港清关

货物在出口国完成报关报检手续后，将运往目的港。在目的港，买方需要办理清关手续，以便将货物顺利提取。在清关过程中，买方需要向海关提交相关单证，如提单、发票、装箱单等，并缴纳相应的税费。海关在审核无误后，将放行货物，允许买方提货。

（六）提货与结算

买方在办理完清关手续后，可以从货运代理或船运公司处提取货物。在提货过程中，买方需要核对货物的数量，确保与合同约定一致。如发现问题，买方应及时与卖方沟通解决。在货物验收合格后，买方将按照合同约定的支付方式进行结算。常见的支付方式包括电汇、信用证等。在结算过程中，双方应确保资金的安全性和及时性，避免出现支付纠纷。

（七）核销与后续跟进

在完成结算后，国际贸易流程进入核销阶段。核销是指合作双方对贸易过程中产生的各项费用、税费等进行核对和结算，确保贸易活动的财务合规性。在核销过程中，双方应保留好相关单证和记录，以备后续查询和审计。此外，合作双方还应进行后续跟进，了解货物的使用情况、市场需求等信息，为双方未来的贸易合作提供参考和依据。

二、国际贸易的主要参与者

国际贸易是一个复杂而多元化的经济活动，涉及多个参与者。这些参与者不仅各自扮演着独特的角色，而且相互关联、相互依存，共同推动国际贸易的发展。本部分将从国际贸易的主要参与者入手，详细阐述这些参与者在国际贸易中的地位和作用。

（一）出口商与进口商

出口商与进口商是国际贸易中最直接的参与者，分别代表着不同国家和地区的经济利益。出口商主要负责将本国的商品或服务销售到国外市场，通过国际贸易实现盈利和拓展市场。进口商则负责从国外市场购买本国所需的商品或服务，以满足本国市场的需求。

出口商与进口商在国际贸易中扮演着桥梁和纽带的角色，其不仅需要了解国内外市场的需求和趋势，还需要掌握国际贸易的规则和流程，以便更好地开展贸易活动。同时，这些出口商与进口商还需要与各种贸易伙伴建立良好的合作关系，确保贸易活动的顺利进行。

（二）生产商与供应商

生产商与供应商是国际贸易中的商品或服务提供者。生产商负责生产各种商品，包括工业制成品、农产品等，进而为国际贸易提供物质基础。供应商则负责为贸易活动提供所需的原材料、零部件、设备等。

生产商与供应商的角色对国际贸易的顺利进行至关重要。生产商和供应商需要确保所生产或提供的商品质量符合国际标准，同时还需要关注成本控制、生产效率等问题，以提高自身在国际市场上的竞争力。此外，生产商和供应商还需要与贸易伙伴建立良好的合作关系，确保供应链的稳定和可靠。

（三）货运代理与物流公司

货运代理与物流公司在国际贸易中负责商品的运输和配送。货运代理作为贸易双方之间的桥梁，协助处理货物的订舱、报关、报检等手续，确保货物能够顺利运输到目的地。物流公司则负责具体的运输和配送工作，包括海运、空运、陆运等多种运输方式的选择和安排。

货运代理与物流公司对国际贸易的效率和成本控制具有重要意义。货运代理和物流公司需要了解各种运输方式的特点和优势，根据货物的性质、数量、目的地等因素选择合适的运输方式。同时，货运代理与物流公司还需要与海关、港口、航空公司等相关机构保持良好的合作关系，确保货物的快速通关和顺利运输。

（四）金融机构与保险公司

金融机构与保险公司在国际贸易中发挥着重要的支持和保障作用。金融机构为贸易活动提供融资、结算等金融服务，帮助贸易双方解决资金问题。保险公司则为贸易活动提供保险服务，降低贸易风险，保障贸易双方的利益。

金融机构通过提供贸易融资、信用证等金融产品和服务，为国际贸易提供资金支持。这有助于缓解贸易双方的资金压力，促进贸易活动的顺利进行。同时，金融机构还可以为贸易双方提供汇率风险管理、国际支付等增值服务，进而提高贸易活动的效率和安全性。

保险公司则为国际贸易提供风险保障。他们为贸易双方提供货物运输保险、贸易信用保险等多种保险产品，帮助贸易双方降低潜在风险。如果发生货物损失、贸易纠纷等情况，保险公司就可以提供赔偿和解决方案，进而减少贸易双方的损失。

（五）政府与国际组织

政府与国际组织在国际贸易中扮演着重要的角色。政府通过制定贸易政策、签订贸易协定等方式，为国际贸易提供制度保障和支持。国际组织则通过制定国际贸易规则、推动贸易自由化等方式，促进国际贸易的发展和繁荣。

政府在国际贸易中的作用主要体现在以下几个方面：一是制定贸易政策和法规，规范贸易行为，保护本国产业和市场的利益；二是参与国际贸易谈判和合作，推动贸易自由化和便利化；三是提供贸易促进和支持服务，帮助本国企业拓展海外市场。

同时，国际组织在国际贸易中的作用也不可忽视。例如，世界贸易组织（WTO）通过制定和实施国际贸易规则，推动全球贸易的自由化和公平化；国际商会（ICC）则通过制定和推广国际贸易惯例和标准，促进国际贸易的规范化和便利化。这些国际组织为国际贸易提供了制度保障和支持，有助于降低贸易成本、提高贸易效率、减少贸易纠纷。

综上所述，国际贸易的主要参与者包括出口商与进口商、生产商与供应商、货运代理与物流公司、金融机构与保险公司以及政府与国际组织等。这些参与者在国际贸易中各自扮演着不同的角色，相互依存、相互促进，共同推动国际贸易的发展和繁荣。未来，随着全球经济一体化的深入发展，国际贸易的参与者将继续发挥重要作用，推动国际贸易向更加开放、包容、可持续的方向发展。

三、国际贸易的标准化与规范化

国际贸易作为全球经济交流的重要形式，涉及商品、服务、资本和技术等多个领域的跨国流动。随着全球化的加速推进，国际贸易的规模不断扩大，交易方式也日益复杂。因此，标准化与规范化在国际贸易有着至关重要的作用。本部分将从多个方面探讨国际贸易的标准化与规范化问题。

（一）国际贸易标准化的意义

标准化是指对重复性事物和概念所做的统一规定，它以科学、技术和实践经验的综合成果为基础，经过有关方面协商一致，由主管机构批准，以特定形式发布作为共同遵守的准则和依据。在国际贸易中，标准化具有以下几方面的意义。

降低交易成本：通过制定统一的贸易标准和规范，可以减少买卖双方在沟通、谈判和执行合同过程中的不确定性，从而降低交易成本。

提高交易效率：标准化可以简化交易流程，减少繁琐的手续和环节，提高交易效率。

促进贸易自由化：统一的贸易标准有助于消除贸易壁垒，推动贸易自由化进程，促进全球经济的健康发展。

（二）国际贸易标准化的主要内容

国际贸易标准化涉及多个方面，主要包括以下几个方面。

商品标准化：包括商品的分类、命名、规格、质量等方面的统一规定。这有助于消除商品在国际贸易中的差异，提高商品的互换性和通用性。

贸易流程标准化：对贸易过程中的各个环节制定标准，如询价、报价、签订合同、交货、付款等。这有助于减少贸易纠纷，提高贸易效率。

贸易信息标准化：对贸易信息的格式、内容、传递方式等进行统一规定。这有助于实现贸易信息的快速传递和共享，提高贸易透明度。

贸易服务标准化：包括贸易咨询、贸易融资、贸易保险等服务的标准化。这有助于提升贸易服务水平，增强国际贸易的竞争力。

（三）国际贸易规范化的措施

为了推动国际贸易的规范化，需要采取以下措施。

制定和完善国际贸易法规：各国政府应加强合作，共同制定和完善国际贸易法规，为国际贸易提供法律保障。同时，应加强国际贸易法规的宣传和普及，提高企业和个人对国际贸易法规的认知与遵守意识。

建立和完善国际贸易监管机制：各国政府应建立健全国际贸易监管机制，加强对进出口商品的检验、检疫和监管，确保商品的质量和安全。同时，应加强对贸易行为的监督和管理，防止贸易欺诈和违规行为的发生。

加强国际贸易交流与合作：各国应加强国际贸易交流与合作，分享贸易经验和做法，共同应对贸易挑战和问题。通过加强合作，可以促进国际贸易的规范化发展，推动全球经济的繁荣稳定。

（四）国际贸易标准化与规范化的挑战与前景

国际贸易标准化与规范化虽然具有诸多优点，但在实际推进过程中也面临一些挑战。不同国家和地区的经济、文化、法律等方面的差异可能导致标准化与规范化的实施难度加大。此外，随着科技的快速发展和贸易方式的不断创新，国际贸易标准化与规范化也需要不断更新和完善。

然而，面对这些挑战，国际贸易标准化与规范化的前景依然充满希望。随着全球化的深入推进和各国经济的相互依存度不断加深，越来越多的国家开始认识到标准化与规范化的重要性，并积极参与到相关工作中来。同时，国际组织、行业协会等也在不断加强合作，共同推动国际贸易标准化与规范化的发展。

第二节　交易磋商与合同签订

一、交易前的市场调研与准备

在国际贸易中，交易前的市场调研与准备是不可或缺的重要环节。市场调研能帮助企业了解目标市场的需求和竞争状况，为企业制定有效的市场策略提供重要依据，而充分的准备工作则能确保企业在交易过程中游刃有余，减少潜在风险。本部分将从市场调研和准备两个方面进行详细阐述。

（一）市场调研的重要性

市场调研是企业进行国际贸易的前提和基础。通过市场调研，企业可以获取目标市场的相关信息，包括市场规模、消费者需求、竞争状况等，从而为企业制定市场策略并提供决策支持。具体来说，市场调研的重要性主要体现在以下几个方面。

了解市场需求：市场调研可以帮助企业了解目标市场的消费者需求、偏好和购买行为，从而为企业调整产品或服务提供依据。

分析竞争态势：通过对竞争对手的调研，企业可以了解竞争对手的产品特点、定价策略、市场份额等信息，为企业在竞争中取得优势提供参考。

评估市场风险：市场调研可以帮助企业识别潜在的市场风险，如政治风险、汇率风险、贸易壁垒等，从而为企业制定风险应对策略提供依据。

（二）市场调研的主要内容

在进行市场调研时，企业需要关注以下几个方面的内容。

市场规模与潜力：调研目标市场的总体规模、增长趋势以及潜在的发展空间，以便评估目标市场的吸引力和可行性。

消费者需求与行为：了解目标市场的消费者需求、购买习惯、品牌偏好等信息，以便企业根据市场需求调整产品或服务。

竞争对手分析：对竞争对手的产品、价格、渠道、促销策略等方面进行深入分析，以便企业在竞争中找到差异化优势。

政策与法律环境：了解目标市场的政策法规、贸易壁垒以及知识产权保护等情况，以便企业在遵守法律法规的前提下开展业务。

（三）市场准备的关键环节

在做好市场调研的基础上，企业需要进行充分的市场准备，以确保交易的顺利进行。以下是一些关键的市场准备环节。

产品准备：根据市场调研结果，调整产品或服务以满足目标市场的需求。同时，确保产品质量和性能符合国际标准，以提高竞争力。

价格策略：制定合理的价格策略，考虑成本、竞争对手定价、市场需求等因素，以确保价格具有竞争力且能覆盖成本。

渠道建设：选择合适的销售渠道，如代理商、分销商或电商平台等，以便将产品有效地推向市场。同时，建立稳定的供应链体系，确保产品供应的及时性和稳定性。

促销与宣传：制定有效的促销策略，如折扣、赠品等，以吸引消费者购买。同时，加强品牌宣传，提高品牌知名度和美誉度。

团队组建与培训：组建专业的国际贸易团队，包括销售、市场、物流等人员，并进行相关培训，提高团队的专业素质和应对能力。

（四）市场准备中的风险防范

在进行市场准备时，企业需要关注风险防范问题。以下是一些常见的风险防范措施。

政治风险评估：对目标市场的政治稳定性进行评估，了解可能出现的政治风险，并制定相应的应对策略。

汇率风险管理：关注国际汇率变动情况，选择合适的结算货币，以降低汇率风险对企业的影响。

合同风险防控：在签订合同时，明确双方的权利和义务，规定违约责任和争议解决方式，以避免合同纠纷的发生。

法律合规性审查：确保企业的经营活动符合目标市场的法律法规要求，避免因违法违规行为而遭受损失。

二、交易磋商的主要环节与技巧

交易磋商，又称商务谈判，是买卖双方就交易条件进行协商，谋求达成一致意见的过程。它是国际贸易的重要环节，直接影响交易的成功与否以及双方的利益分配。本部分将详细探讨交易磋商的主要环节与技巧，以帮助企业在国际贸易中取得更好的谈判效果。

（一）交易磋商的主要环节

交易磋商通常包括询盘、发盘、还盘和接受四个主要环节，这些环节构成谈判的基本框架和流程。

询盘是交易磋商的开端，通常由买方向卖方发出，旨在了解商品的价格、规格、数量、交货期等具体信息。询盘可以是口头或书面的，但为了避免误解和纠纷，书面询盘更为常见。在询盘过程中，买方应尽可能提供详细的信息，以便卖方能准确了解其需求。

发盘是卖方对买方询盘的回应，包含交易的各项条件，如价格、数量、质量、包装、运输、保险和支付方式等。发盘具有法律约束力，一旦发出，卖方就需按照发盘内容履行义务。因此，在发盘前，卖方应仔细考虑各项条件，确保能满足买方的需求并保护自身利益。

还盘是买方对卖方发盘的回应，通常是对发盘中的某些条件提出修改或补充。还盘意味着买方对卖方的发盘并未完全接受，而是希望在此基础上进行进一步的谈判。在还盘过程中，买方应明确指出对哪些条件不满意，并提出自己的修改意见。

接受是买方对卖方发盘或还盘的最终回应，表示买方同意按照发盘或还盘的条件成交。接受具有法律约束力，一旦发出，买卖双方就应履行合同义务。在接受前，买方应仔细核对各项条件，确保符合自己的预期和利益。

（二）交易磋商的技巧

在交易磋商过程中，掌握一定的技巧对取得谈判成功至关重要。以下是一些常用的交易磋商技巧。

在谈判前，双方应充分了解市场情况，包括商品价格、供求关系、竞争态势等。同时，要对对手的背景、实力、信誉等进行深入调查，以便在谈判中更好地把握对方的需求和底线。根据市场情况和对手实力，制定切实可行的谈判策略。谈判策略应包括目标设定、底线界定、让步幅度等，以确保在谈判中保持主动和优势。

倾听是谈判中不可或缺的技巧。通过倾听，可以了解对方的需求和关切，为制定应对策略提供依据。同时，双方要善于表达自己的观点和意见，用清晰、准确的语言阐述自己的立场和诉求。在谈判中，适当的让步和妥协是达成协议的关键。双方应根据实际情况，灵活调整自己的立场和条件，以换取对方的让步和妥协。让步和妥协应建立在保护自身利益的基础上，避免过度牺牲自己的利益。

信任是谈判成功的重要基础。双方应通过诚实、守信的行为赢得对方的信任，并在谈判中注重合作与共赢。通过共同努力，实现双方利益的最大化。在谈判过程中，双方应遵守相关法律法规和国际贸易惯例，确保谈判结果的合法性和有效性。同时，要充分利用法律法规和国际贸易惯例为自己争取合法权益。

交易磋商是国际贸易中的重要环节，掌握其主要环节与技巧对企业在国际市场中取得成功具有重要意义。在谈判过程中，双方应充分了解市场与对手、制定合理的谈判策略、善于倾听与表达、灵活运用让步与妥协技巧、注重信任与合作的建立，以及掌握法律法规与国际贸易惯例。

未来，随着国际贸易的不断发展和变化，交易磋商的技巧和策略也将不断更新和完善。企业应密切关注市场动态和趋势，加强与国际同行的交流与合作，不断提升自身的谈判能力和水平。同时，企业还应加强内部管理，提高产品质量和服务水平，以赢得更多客户的信任和支持。

三、合同的条款与签订注意事项

合同是商业交易中不可或缺的法律文件，它约定了双方的权利和义务，确保了交易的顺利进行。合同条款是合同的核心内容，而签订合同时的注意事项则是确保合同有效性和避免出现纠纷的关键。本部分将详细探讨合同条款以及签订合同时的注意事项，进而为读者提供有价值的参考。

（一）合同条款

合同条款是合同的具体内容，它应明确、具体地反映双方当事人的意思表示。一般来说，合同条款包括以下几个方面。

合同应明确记载双方的全称、地址、联系方式等信息，以便在合同履行过程中进行联系和沟通。对自然人而言，应注明其姓名、性别、年龄、身份证号码等信息；对法人或其他组织而言，应注明其全称、法定代表人姓名、注册地址、营业执照号码等信息。标的是合同双方权利和义务所指向的对象，可以是物品、服务、知识产权等。合同应明确标的的名称、数量、质量、规格、型号等信息，以确保双方对标的的理解一致。

合同应明确标的的数量，包括计量单位和数值。对于可计量的标的，应注明具体的数量；对无法计量的标的，应描述其范围或程度。合同应明确标的的质量标准，包括技术要求、性能指标、检验方法等。双方可以约定采用国家标准、行业标准或企业标准，也可以约定特定的质量要求。

合同应明确价款或报酬的数额、支付方式、支付期限等。价款或报酬的支付方式可以是现金、转账、汇票等，支付期限可以是合同签订后的一定时间内或标的交付后的一定时间内。合同应明确履行的期限、地点和方式。履行期限可以是固定的日期或时间段，也可以是特定的条件成就时；履行地点可以是双方约定的具体地址或场所；履行方式可以是双方约定的具体行为或操作方式。

合同应明确违约责任，包括违约情形、违约责任的承担方式、违约金的数额或计算方法等。违约责任是保障合同履行的重要措施，它能对违约方进行制约和惩罚，保护守约方的合法权益。合同应明确解决争议的方法，包括协商、调解、仲裁或诉讼等。双方可以约定采用特定的争议解决方式，以便在发生争议时能迅速、有效地解决问题。

（二）签订合同的注意事项

签订合同时，双方应注意以下事项，以确保合同的合法性和有效性。

在签订合同前，应对双方的资信状况进行审查，包括其经营范围、履约能力、信誉记录等。这有助于降低交易风险，避免与不良商家进行交易。

合同条款应明确、具体，避免使用模糊、含糊不清的表述。双方应对合同条款进行充分协商和讨论，确保对条款的理解一致。如有必要，可以请专业律师协助起草或审查合同。

签订合同应遵守相关的法律法规和行业规范，不得违反国家强制性规定或公序良俗。双方应了解并遵守所在行业的标准和规范，以确保合同的合法性和有效性。在签订合同过程中，双方应保留必要的证据材料，如谈判记录、电子邮件、传真等。这些证据材料有助于在双方发生争议时证明合同的真实性和履行情况。

口头协议和补充协议虽然具有一定的法律效力，但往往难以证明其内容和真实性。因此，在签订合同时，应尽量将双方的意思表示以书面形式固定下来，避免产生不必要的纠纷。在合同履行过程中，如需变更或解除合同，双方应协商一致并签订书面协议。变更或解除合同应遵循法律法规和行业规范的要求，确保双方权益得到保障。

合同的条款和签订注意事项是商业交易中不可或缺的重要环节。双方在签订合同时应充分了解合同条款的内容和要求，注意审查对方的资信状况，遵守法律法规和行业规范，保留必要的证据材料，并审慎对待口头协议和补充协议。同时，在合同履行过程中，双方应关注合同的变更和解除问题，确保双方权益得到保障。

未来，随着市场环境的不断变化和法律法规的不断完善，合同的条款和签订注意事项也将不断更新和完善。因此，双方应时刻保持警惕，加强学习和交流，不断提高自身的合同意识和风险防范能力。只有这样，双方才能在商业交易中取得更好的成果和效益。

第三节 货物交付与运输

一、货物运输方式与选择

在全球化日益加深的今天，货物运输成为连接世界经济的桥梁和纽带。

不同的货物运输方式各具特色，适用于不同的运输需求和场景。本部分将对货物运输方式进行详细阐述，并探讨如何选择适合的运输方式。

（一）货物运输方式概述

货物运输方式主要包括公路运输、铁路运输、水路运输、航空运输以及管道运输五种。每种运输方式都有其独特的优势和局限性，适用于不同的运输需求和场景。

公路运输是最常见的货物运输方式之一，具有灵活性和便捷性。它适用于短途、小批量货物的运输，能快速响应市场需求。然而，公路运输的运输成本相对较高，且受天气、交通状况等因素影响较大。

铁路运输具有运量大、成本低、速度快等优点，适用于长途、大宗货物的运输。它虽然能有效降低运输成本，提高运输效率，但是灵活性相对较差，需要提前规划运输线路和时间。

水路运输包括内河运输和海洋运输，具有运量大、成本低、节能环保等优点。它适用于大宗、长距离货物的运输，特别是对国际贸易来说，是不可或缺的运输方式。然而，水路运输的运输速度较慢，且受天气、航线等条件影响较大。

航空运输具有速度快、安全可靠等优点，适用于高价值、急需货物的运输。在国际贸易中，航空运输虽然发挥着重要作用，但是运输成本较高，且运输量相对较小。

管道运输主要用于液体和气体货物的运输，如石油、天然气等。它具有运输量大、成本低、安全可靠等优点，且对环境影响较小。然而，管道运输的运输线路相对固定，难以适应运输需求的变化。

（二）货物运输方式选择的因素

在选择货物运输方式时，需要考虑以下几个方面的因素。

货物的性质、数量、价值以及运输要求等是选择运输方式的关键因素。易腐货物需要选择运输速度快的运输方式，如航空运输；大宗货物则适合选择运量大、成本低的运输方式，如铁路运输或水路运输。运输距离是决定运输方式的重要因素。短途运输通常选择公路运输，因为其灵活性和便捷性较高；长途运输则更适合选择铁路运输或水路运输，以降低运输成本。

运输成本是企业选择运输方式时需要考虑的重要因素。不同的运输方式具有不同的运输成本，企业需要根据自身经济状况和运输需求来选择最适合的运输方式。运输时间对某些急需货物或高价值货物来说至关重要。航空运输具有较快的运输速度，但成本较高；水路运输虽然成本低，但运输时间较长。因此，在选择运输方式时，需要根据货物的运输时间要求来权衡利弊。

货物的安全性是运输过程中不可忽视的因素。不同的运输方式在安全性方面存在差异，如航空运输的安全性相对较高，但受天气等因素影响较大；水路运输在恶劣天气条件下可能存在较大风险。

（三）货物运输方式选择的策略

在选择货物运输方式时，企业可以遵循以下策略。

在选择运输方式时，企业需要对货物特性、运输距离、运输成本、运输时间和运输安全性等因素进行综合分析，权衡利弊，选择最适合的运输方式。企业可以根据实际情况，采用多种运输方式组合来完成货物运输。例如，可以采用公路运输与铁路运输相结合的方式，实现货物在不同运输阶段的无缝衔接，提高运输效率。

企业可以通过优化运输网络，降低运输成本和提高运输效率。例如，可以合理规划运输线路，减少运输过程中的中转环节，降低运输损耗和成本。企业可以与运输服务商建立长期稳定的合作关系，获取更优惠的运输价格和更优质的服务。同时，通过与运输服务商沟通与合作，企业可以更好地了解运输市场动态和运输方式的发展趋势，为其未来的运输方式选择提供参考。

货物运输方式的选择是一个复杂而关键的问题，涉及多个因素和策略。企业需要根据自身实际情况和需求，综合考虑各种因素，选择最适合的运输方式。同时，随着科技的不断进步和运输市场的不断发展，新的运输方式和技术将不断涌现，将为货物运输提供更多的选择和可能性。因此，企业需要保持敏锐的市场洞察力和创新意识，不断探索和尝试新的运输方式和技术，以适应不断变化的市场需求和环境。

未来，随着全球化和数字化的深入推进，货物运输将更加智能化、高效化和绿色化。企业需要紧跟时代步伐，加强技术创新和人才培养，提升货物运输的智能化水平和竞争力，为全球经济的繁荣和发展做出更大的贡献。

二、货物的包装与标记

货物的包装与标记是物流运输过程中不可或缺的重要环节。它们不仅关系货物的安全运输，还影响货物的储存、销售等多个环节。因此，正确、合理的包装与标记对保障货物质量、提高运输效率具有重要意义。本部分将详细探讨货物的包装与标记的相关内容，进而为相关从业人员提供有价值的参考。

（一）货物包装的重要性

货物包装是保护货物免受外界损害的重要手段。在运输过程中，货物可能会遭受震动、挤压、摩擦等多种力的作用，而合适的包装能有效减少这些力对货物的影响，保证货物的完整性。此外，包装还能防止货物受潮、霉变、污染等，确保货物在储存和运输过程中的质量稳定。同时，货物包装还具有一定的美化作用。精美的包装能提升货物的档次，增加其市场竞争力。对某些特殊商品，如礼品、艺术品等，包装更是其价值的体现，能提升消费者的购买欲望。

（二）货物包装的原则与要求

在选择货物包装时，应遵循以下原则与要求。

包装应能有效地保护货物免受外界损害，确保货物在运输、储存过程中的安全。这要求包装材料具有一定的强度、韧性和防潮、防霉等性能。包装应根据货物的性质、形状、尺寸等特点进行选择和设计，确保包装与货物相适应，提高运输效率。对易碎、易变形或特殊形状的货物，应采用特殊的包装材料和方式进行保护。

在满足保护性和适应性原则的前提下，应尽量选择成本低、易获取的包装材料，降低包装成本。同时，应避免过度包装，减少资源浪费和环境污染。包装应具有一定的美观性，能提升货物的档次和吸引力。在设计包装时，应注重色彩搭配、图案设计和文字说明等元素的运用，使包装与货物相协调，达到美化效果。

（三）货物标记的作用与内容

货物标记是标识货物信息的重要手段，它能帮助相关人员快速、准确地识别货物，提高运输、储存、销售等环节的效率。货物标记的作用主要体现在以下几个方面。

通过标记，可以清晰地了解货物的名称、规格、数量等信息，便于在运输、储存过程中进行管理和操作。标记可以提供货物的储存要求、搬运方式等信息，指导相关人员进行正确的操作，确保货物的安全和完好。通过标记，可以追溯货物的来源、生产日期等信息，有助于进行质量控制和追溯管理。

货物标记的内容通常包括以下几个方面：一是明确标注货物的名称和规格，以便识别和区分不同种类的货物；二是标明货物的数量和重量，便于计算和核对货物的总量；三是对需要控制生产日期和保质期的货物，应在标记中注明相关信息，以便进行质量控制和管理；四是根据货物的特性，标注相应的储存和搬运要求，确保货物在储存和运输过程中的安全；五是标明货物的发货人和收货人信息，便于追踪货物的流向和进行物流管理。

（四）货物标记的方式与注意事项

货物标记的方式多种多样，常见的包括贴纸、喷涂、烙印等方式。在选择标记方式时，应根据货物的材质、形状和标记要求等因素进行选择。同时，在标记过程中，应注意以下事项：一是标记应清晰、醒目，易于识别和阅读。避免使用模糊、难以辨认的字体或图案。二是标记内容应准确无误，避免出现错误或遗漏。在填写标记时，应认真核对相关信息，确保信息的真实性和完整性。三是标记应具有一定的耐磨性，能经受住运输、储存等过程中的磨损。对需要长期保存的货物，应选择能够长期保持清晰度的标记方式。四是标记应符合相关法规和标准的要求，不得使用违规或不合法的标记内容。五是应遵守相关行业的标准和规范，确保标记的合规性和有效性。

货物的包装与标记是物流运输过程中不可或缺的重要环节。正确的包装和标记能保证货物的安全和提高运输效率。随着物流技术的不断发展和创新，货物的包装与标记也将面临新的挑战和机遇。未来，我们应继续关注包装材料的环保性、包装技术的智能化以及标记方法的多样化等方面的发展趋势，不断提高货物的包装与标记水平，为物流行业的可持续发展做出贡献。

三、货物运输保险与风险控制

在货物运输过程中，由于各种不可预见的风险因素，货物可能会遭受损失或损坏。为了降低这些风险，货物运输保险和风险控制成为重要的保障措施。本部分将详细探讨货物运输保险的作用、种类以及风险控制的方法和策略。

（一）货物运输保险的作用与种类

货物运输保险是一种针对货物在运输过程中可能遭受损失或损坏而提供的经济保障。通过购买货物运输保险，货主可以在货物遭受损失时获得经济补偿，减少经济损失。货物运输保险的种类繁多，主要包括以下几种。

海洋货物运输保险主要承保海上运输过程中因自然灾害、意外事故等原因导致的货物损失或损坏。这种保险通常适用于国际贸易中的海洋运输。陆上货物运输保险主要承保陆地运输过程中货物因火灾、盗窃、碰撞等原因造成的损失。

航空货物运输保险承保航空运输过程中货物因飞机失事、坠毁等原因造成的损失。随着航空运输的日益普及，这种保险的需求也在逐渐增加。综合货物运输保险是一种涵盖多种运输方式的保险，可以为货主提供全方位的保障。这种保险通常适用于涉及多种运输方式的复杂物流过程。

（二）货物运输风险控制的方法与策略

除了购买货物运输保险，货主还可以采取一系列方法和策略来控制货物运输过程中存在的风险。以下是一些常用的风险控制方法。

一是货主应选择具有良好信誉和丰富经验的运输服务商，确保货物在运输过程中得到专业、安全的处理。同时，货主还应与运输服务商签订明确的运输合同，明确双方的权利和义务。合理的包装和标记可以有效保护货物免受损坏和丢失。货主应根据货物的性质选择合适的包装材料，确保货物在运输过程中稳定、安全。同时，货主还应为货物提供清晰、准确的标记，以便运输服务商正确识别和处理货物。

二是货主应密切关注货物的运输过程，及时了解货物的位置和状态。通过采用先进的物流信息技术，如GPS定位、物联网等，货主可以实时掌握货物的运输信息，及时发现并解决潜在问题。此外，货主还应与运输服务商保持密切联系，共同应对运输过程中的突发情况。货主可以考虑采用多种运输方式来降低风险。通过结合不同的运输方式，如公路、铁路、水路和航空等，货主可以灵活应对各种运输条件和环境变化，提高货物运输的可靠性和安全性。

三是货主应建立一套完善的风险管理机制，包括风险评估、风险预警、风险应对等。通过对货物运输过程中可能出现的风险进行预测和评估，货主可以提前制定应对措施，降低风险发生的概率和产生的影响。同时，货主还应定期对风险管理机制进行审查和更新，确保其适应不断变化的市场环境和运输需求。

（三）货物运输保险与风险控制的协同作用

货物运输保险和风险控制是相辅相成的。通过购买货物运输保险，货主可以在货物遭受损失时获得经济补偿，从而减轻经济损失。而风险控制则可以通过一系列方法和策略来降低货物运输过程中的风险发生的概率和产生的影响。当两者相结合时，可以为货主提供更加全面、有效的保障。

在实际操作中，货主应根据货物的性质、运输距离、运输方式等因素综合考虑货物运输保险和风险控制的需求。通过选择适合的保险种类和保额，货主可以确保在货物遭受损失时获得一定的经济补偿。同时，通过加强包装与标记、选择可靠的运输公司、加强运输过程中的监控与管理等措施，货主可以降低货物运输过程中的风险，提高运输的可靠性和安全性。

货物运输保险与风险控制是确保货物运输安全的重要手段。通过购买货物运输保险和采取一系列风险控制措施，货主可以有效降低货物运输过程中的风险，保障货物的安全运输。随着物流行业的不断发展和技术进步，货物运输保险和风险控制将面临新的机遇和挑战。未来，我们应继续关注货物运输保险市场的创新和发展趋势，加强风险控制技术的研究和应用，进而为货物运输提供更加安全、高效、便捷的保障。

第四节　货款支付与结算

一、国际贸易中的主要支付方式

国际贸易作为连接全球经济的桥梁，其支付方式的选择直接关系到交易的效率、安全性和成本。随着科技的进步和全球化进程的加速，国际贸易支付方式也在不断创新和完善。本部分将详细探讨国际贸易中的几种主要支付方式，包括汇款、托收和信用证，并分析它们的优缺点及适用场景。

（一）汇款

汇款，又称汇付，是付款人通过银行或其他途径，将款项汇交收款人的一种结算方式。汇款方式主要分为电汇（T/T）、信汇（M/T）和票汇（D/D）三种方式。

电汇是汇款人委托银行通过电报或电传指示汇入行向收款人解付一定金额的汇款方式。电汇速度快、安全性高，但费用相对较高。在国际贸易中，电汇通常用于预付款、尾款或小额交易。

信汇是汇款人向银行发出信汇委托书，并交汇款金额，由银行开具汇款委托书，通过邮政局或航空公司送达汇入行，由汇入行凭以解付给收款人的汇款方式。信汇费用虽较低，但速度较慢，安全性也相对较低。因此，在国际贸易中，信汇的使用相对较少。

票汇是汇出行应汇款人的申请，代汇款人开立以其分行或代理行为解付行的即期汇票，并寄给收款人或其指定人的汇款方式。票汇具有灵活性高、费用适中的特点，但操作相对复杂。在国际贸易中，票汇适用于大额交易或长期合作关系。

（二）托收

托收是出口商在货物装运后，开具以进口商为付款人的汇票（随附或不随付货运单据），委托出口地银行通过其在进口地的分行或代理行向进口商收取货款的一种结算方式。托收方式主要分为光票托收和跟单托收。

光票托收是指汇票不附带货运单据的托收，主要用于非贸易结算或贸易从属费用的收款等。光票托收手续简便，但风险较大，因为进口商可能在付款前提取货物。跟单托收是指出口商在开具汇票的同时，提供有关货运单据，通过银行向进口商收取货款。

跟单托收按交单条件的不同，又可分付款交单（D/P）和承兑交单（D/A）。付款交单要求进口商在付款后才能取得货运单据，从而提取货物；承兑交单则要求进口商在承兑汇票后即可取得货运单据。跟单托收相对光票托收来说，风险虽较小，但操作较复杂。

（三）信用证

信用证（Letter of Credit，简称L/C）是一种由开证银行根据申请人（买方）的要求和指示开立的，承诺在特定条件下向受益人（卖方）或其指定人进行付款的书面保证文件。信用证是国际贸易中最常用的支付方式之一，具有高度的安全性和可靠性。

1.信用证的优点

（1）安全性高：信用证是银行信用，开证行承担第一付款责任，降低了买卖双方的风险。

（2）灵活性强：信用证可根据买卖双方的需求定制，包括交货期限、货物描述、付款方式等。

（3）融资便利：信用证可作为融资工具，为卖方提供贸易融资支持。

2.信用证的缺点

（1）费用较高：信用证涉及多家银行，手续繁琐，费用相对较高。

（2）操作复杂：信用证的开立、修改和撤销等操作需要遵循严格的国际惯例和规则。

（3）时效性差：由于信用证涉及多家银行的审核和传递，可能导致交易时间延长。

（四）各种支付方式的比较与选择

1.汇款、托收与信用证的比较

汇款、托收和信用证各有优缺点，适用于不同的交易场景。汇款方式虽简便快捷，但风险较大；托收方式相对灵活，但风险也较高；信用证方式安全性高，但费用较高且操作复杂。在选择支付方式时，买卖双方需综合考虑交易金额、货物性质、市场状况、双方信誉等因素。

2.支付方式的选择建议

（1）对于小额交易或预付款项，可采用汇款方式，以简化手续和降低成本。

（2）对于大额交易或长期合作关系，可采用信用证方式，以确保交易的安全性和可靠性。

（3）对于中等金额交易或有一定信任基础的买卖双方，可考虑采用托收方式，以实现灵活性和效率的平衡。

国际贸易支付方式的选择是一个复杂而重要的问题。汇款、托收和信用证是国际贸易中最常用的三种支付方式，它们各有优缺点，适用于不同的交易场景。随着科技的发展和国际贸易环境的变化，新的支付方式也在不断涌现。未来，国际贸易支付方式将更加多元化、智能化和个性化，进而为买卖双方提供更加高效、安全和便捷的服务。

二、货款结算的流程与风险控制

在国际贸易中，货款结算作为交易的最后环节，其流程的顺畅与风险控制的有效性直接关系到交易的成败与企业的经济安全。货款结算流程涉及多个环节，包括单据的审核、货款的支付以及账务的处理等，而风险控制则贯穿整个流程，旨在降低交易风险，保障企业的资金安全。

（一）货款结算流程

货款结算流程主要包括以下几个步骤。

在货款结算过程中，单据的审核是首要环节。企业需要对收到的单据进行仔细核对，包括发票、装箱单、提单等，确保单据的真实性、完整性和准确性。同时，企业还需核对单据与合同的一致性，防止出现差错或欺诈行为。货款支付是货款结算的核心环节。企业根据合同约定的支付方式和期限，通过银行或其他支付机构进行货款的支付。在支付过程中，企业需确保资金的安全性和及时性，避免出现因支付延误或支付错误导致的损失。

货款支付完成后，企业需要进行相应的账务处理。这包括记录货款支付的金额、时间、方式等信息，更新企业的财务数据和账目，确保财务信息的准确性和完整性。

（二）货款结算风险控制

货款结算风险控制是企业在货款结算过程中，通过采取一系列措施来降低交易风险，保障资金安全的过程。以下是一些常见的货款结算风险控制措施。

在进行国际贸易时，企业应选择具有良好信誉和实力的交易伙伴，以降低交易风险。企业可以通过查阅交易伙伴的信用记录、经营历史、市场声誉等信息，对交易伙伴进行全面的评估。合同条款是货款结算的重要依据。企业应制定明确、严谨的合同条款，包括支付方式、支付期限、违约责任等，以确保双方的权益得到保障。同时，企业还需在合同中明确风险承担和纠纷解决机制，以应对可能出现的风险事件。

单据是货款结算的重要依据。企业应加强单据的管理，确保单据的真实性和完整性。企业可以建立完善的单据审核制度，对收到的单据进行严格把关，防止虚假单据或欺诈行为的发生。在货款结算过程中，企业应根据实际情况采用灵活的支付方式。例如，对大额交易或风险较高的交易，企业可以采用信用证等银行支付方式，以降低交易风险。同时，企业还可以根据市场情况和交易伙伴的需求，选择合适的支付方式，提高交易的灵活性和效率。企业应建立风险预警机制，对货款结算过程中可能出现的风险进行及时预警和应对。企业可以通过设置风险指标、建立风险数据库等方式，对潜在风险进行识别和评估。一旦发现风险事件，企业就要迅速采取应对措施，以防止造成损失或风险扩大。

（三）货款结算流程与风险控制的协同作用

货款结算流程与风险控制是相互关联、相互影响的。一方面，完善的货款结算流程有助于降低交易风险，提高资金的安全性。通过优化单据审核、货款支付和账务处理等环节，企业可以确保交易的真实性和合法性，减少出现欺诈和纠纷的可能性。另一方面，有效的风险控制措施有助于保障货款结算流程的顺畅进行。通过选择可靠的交易伙伴、制定严谨的合同条款、加强单据管理等方式，企业可以降低交易风险，提高交易的效率和成功率。

在实际操作中，企业应注重货款结算流程与风险控制的协同作用。一方面，企业应根据自身的实际情况和市场环境，制定合适的货款结算流程和风险控制策略。另一方面，企业应加强内部管理和培训，提高员工的风险意识和操作水平，确保货款结算流程与风险控制的顺利实施。

货款结算流程与风险控制是国际贸易中不可或缺的重要环节。通过优化货款结算流程、加强风险控制措施的实施，企业可以降低交易风险、提高资金的安全性，为企业的稳健发展提供有力保障。然而，随着国际贸易环境的不断变化和新技术的不断涌现，货款结算流程与风险控制也面临着新的机遇和挑战。未来，企业应继续加强研究和实践，不断探索和创新货款结算流程与风险控制的新方法、新手段，以适应国际贸易发展的新趋势和新要求。

总之，货款结算流程与风险控制是企业在国际贸易中必须高度重视的问题。只有不断完善和优化货款结算流程、加强风险控制措施的实施，企业才能在激烈的市场竞争中立于不败之地，实现持续、稳健的发展。

三、跨境支付与结算的挑战与应对

随着全球化的加速推进和跨境贸易的日益频繁，跨境支付与结算作为连接不同国家金融体系的桥梁，发挥着至关重要的作用。然而，跨境支付与结算面临着诸多挑战，如技术难题、监管差异、汇率风险、欺诈风险等。本部分将详细探讨跨境支付与结算面临的主要挑战，并提出相应的应对策略。

（一）跨境支付与结算面临的主要挑战

跨境支付与结算涉及多个国家和地区的金融系统，技术标准的差异和兼容性问题成为制约其发展的关键因素。此外，跨境支付与结算还需要处理大量的交易数据和信息，对技术性能和安全性的要求极高。不同国家和地区的金融监管体系存在较大的差异，导致跨境支付与结算在合规性方面面临诸多挑战。企业需要了解并遵守不同国家的法律法规，以确保跨境支付与结算的合规性。

跨境支付与结算涉及不同货币之间的转换，汇率波动成为影响交易成本的重要因素。企业需要关注汇率变化，采取合理的汇率风险管理措施，以降低汇率风险对跨境支付与结算的影响。

跨境支付与结算的复杂性和多样性使得欺诈风险成为一个不可忽视的问题。欺诈行为可能导致企业资金损失、声誉受损等严重后果。因此，企业需要加强风险管理和防范措施，提高跨境支付与结算的安全性。

（二）跨境支付与结算的应对策略

针对技术难题，企业应积极推动技术创新与应用，提升跨境支付与结算的技术水平和性能。例如，利用区块链技术实现跨境支付的去中心化、透明化和安全性；通过云计算和大数据技术提高跨境支付与结算的处理能力和效率；采用人工智能技术进行风险识别和防范等。

面对监管差异的挑战，企业应加强与各国金融监管机构的合作及沟通，推动建立统一的跨境支付与结算监管标准。通过参与国际金融组织、签订双边或多边合作协议等方式，促进跨境支付与结算的合规性和便利性。

为应对汇率风险，企业可采取多种策略。首先，通过了解汇率市场动态，选择合适的汇率转换时机，以降低交易成本。其次，利用金融衍生工具如远期合约、期权等进行汇率风险的对冲。最后，建立外汇风险管理制度，定期评估汇率风险并制定相应的应对措施。

针对欺诈风险，企业应强化风险管理与防范措施。首先，建立完善的风险管理制度，明确风险识别、评估、监控和处置的流程。其次，加强员工培训，提高员工对欺诈行为的识别和防范能力。最后，利用先进的技术手段如生物识别、数据加密等，提高跨境支付与结算的安全性。

（三）跨境支付与结算的未来发展趋势

随着数字技术的快速发展，跨境支付与结算将加速数字化转型。通过采用数字化技术，跨境支付与结算将实现更高效、便捷和安全的服务。人工智能、大数据等技术的应用将推动跨境支付与结算的智能化升级。智能化技术将帮助企业更好地识别和管理风险，提高跨境支付与结算的效率和安全性。

在全球环保意识日益增强的背景下，跨境支付与结算将更加注重绿色化发展，通过采用环保技术和手段，降低跨境支付与结算的能耗和排放，实现可持续发展。

跨境支付与结算作为连接全球经济的桥梁，在推动贸易便利化和促进经济发展方面发挥着重要作用。然而，面对技术难题、监管差异、汇率风险和欺诈风险等挑战，企业需要采取相应的应对策略，以应对这些挑战。同时，随着数字化、智能化和绿色化等趋势的发展，跨境支付与结算将迎来更多的机遇和挑战。未来，企业应继续加强技术创新和应用，推动跨境支付与结算的持续发展，为全球经济的繁荣做出更大的贡献。

第五节　贸易单据与文件管理

一、贸易单据的种类与功能

在国际贸易中，贸易单据是不可或缺的重要组成部分，它们贯穿整个交易过程，发挥着记录交易信息、证明交易事实、保障交易双方权益的关键作用。本部分将详细探讨贸易单据的种类及其功能，以期帮助读者更好地了解和应用这些单据。

（一）贸易单据的种类

贸易单据的种类繁多，根据不同的分类标准可以有多种划分方式。以下是按照常见用途和性质对贸易单据进行的分类。

商业发票是卖方出具给买方的货物清单，详细列明了交易商品的名称、数量、单价、总价等信息。商业发票是买卖双方结算货款的主要依据，也是海关、税务等部门进行监管的重要凭证。

装箱单详细描述了货物的包装情况，包括货物名称、数量、重量、体积、包装方式等。装箱单有助于买方了解货物的包装和装载情况，为货物的运输和仓储提供便利。

提单是承运人或其代理人签发的货物收据，证明货物已按提单所列内容装船，并承诺在目的港将货物交付给提单持有人。提单是国际贸易中最重要的单据之一，具有物权凭证的性质，是货物所有权的象征。

保险单是保险公司出具的证明保险合同成立的书面文件，详细列明了保险标的、保险金额、保险期限、保险责任等信息。保险单可以为货物在运输过程中可能遭遇的风险提供保障，进而降低买卖双方的损失风险。

原产地证书是证明货物原产地或制造地的文件，由出口国政府机构或商会出具。原产地证书有助于买方了解货物的来源地，为享受关税优惠或其他贸易政策提供依据。

检验证书是由独立的检验机构或官方检验部门出具的证明货物品质、数量、包装等符合合同规定的文件。检验证书是买卖双方解决合作中出现纠纷的重要依据，也是海关、税务等部门进行监管的重要凭证。

（二）贸易单据的功能

贸易单据在国际贸易中发挥着多种功能，这些功能共同保障了交易的顺利进行和双方的权益。

贸易单据详细记录了交易双方的基本信息和货物的名称、数量、价格、运输方式等关键信息，为交易提供了完整的记录。这些记录有助于买卖双方了解交易的具体内容，为后续的合同履行和纠纷解决提供依据。贸易单据是交易事实的重要证明文件。例如，商业发票证明了交易的商品和价格，提单证明了货物的装运和交付，保险单证明了货物的保险情况。这些单据为交易双方提供了有力的证据，有助于保障双方的权益。

贸易单据通过约定交易双方的权利和义务，以及货物的运输、保险等事项，为交易提供安全保障。例如，提单的物权凭证性质确保了货物的所有权归属清晰，保险单则为货物在运输过程中可能遭遇的风险提供了保障。这些措施降低了交易风险，增强了交易的稳定性。

贸易单据是国际贸易结算和融资的重要工具。买卖双方可以凭借单据进行货款的结算和支付，银行可以基于单据为买卖双方提供融资支持。这些功能使贸易单据成为国际贸易中不可或缺的组成部分。贸易单据是海关进行监管和征收税收的重要依据。海关通过审查单贸易据了解货物的进出口情况，判断是否符合相关法律法规和税收政策。同时，贸易单据也为税务部门提供了计算税款的基础数据，确保了税收的公平和合理。

贸易单据在国际贸易中扮演着至关重要的角色，它们的种类繁多、功能各异。从商业发票、装箱单到提单、保险单等，每一种单据都有其独特的用途和价值。它们不仅记录了交易信息、证明了交易事实，还保障了交易安全、便利了结算与融资，并为海关进行监管和征收税收提供了依据。

随着国际贸易的不断发展和数字化技术的广泛应用，贸易单据的形式和功能也在不断创新和完善。未来，我们可以期待更加智能化、便捷化的贸易单据系统的出现，为国际贸易提供更加高效、安全的服务。同时，贸易单据的标准化和国际化也将成为趋势，这将有助于降低交易成本、提高交易效率，进一步推动国际贸易的发展。

二、贸易单据的制作与审核

在国际贸易中，贸易单据不仅是交易双方沟通和交流的桥梁，更是保障交易顺利进行、维护双方权益的重要工具。因此，正确制作和严格审核贸易单据对于确保交易的顺利进行至关重要。本部分将详细探讨贸易单据的制作流程、审核要点以及常见问题与解决方法，进而为读者提供有益的参考。

（一）贸易单据的制作流程

在制作贸易单据之前，首先需要收集相关的信息，包括买卖双方的基本信息、货物的详细信息、运输方式、付款方式等。这些信息是制作贸易单据的基础，信息必须准确无误。根据交易的具体情况和需要，选择合适的贸易单据类型。例如，对于海运货物，通常需要制作提单；对于空运货物，则需要制作航空运单等。

按照所选贸易单据的格式和要求，逐一填写贸易单据的内容。在填写过程中，应注意信息的准确性和完整性，避免出现遗漏或错误。完成贸易单据的填写后，应仔细核对各项内容，确保信息的准确性，如发现错误或遗漏，应及时进行修改。在贸易单据核对无误后，按照相关规定进行签章，并将贸易单据交付给相关方。对于需要寄送的贸易单据，应选择合适的快递方式，确保贸易单据的安全及时送达。

（二）贸易单据的审核要点

在审核贸易单据时，首先要确认贸易单据的真实性。这包括检查贸易单据是否由相关方出具、签章是否真实有效等。如发现贸易单据存在伪造或篡改的情况，应立即采取相应的措施。审核贸易单据时，应检查贸易单据是否齐全、完整。对于需要多份贸易单据的交易，应确保每份贸易单据都已收到并核对无误。如发现贸易单据缺失或损坏，应及时与相关方沟通并补充。

在审核贸易单据时，应仔细核对贸易单据上的各项内容，确保信息的准确性。这包括检查货物的数量、价格、运输方式等是否与合同或订单一致，以及检查贸易单据之间的信息是否相互匹配等。审核贸易单据时，应关注贸易单据是否符合相关法规和规定。例如，检查贸易单据是否符合海关、税务等部门的要求，以及是否符合国际贸易惯例等。如发现贸易单据存在合规性问题，应及时进行调整或补充。

（三）常见问题与解决方法

在制作和审核贸易单据过程中，有时会出现贸易单据信息不一致的情况。这可能是由于信息录入错误、沟通不畅等原因造成的。解决方法包括加强信息核对、建立有效的沟通机制等。贸易单据在传递过程中可能会丢失或损坏，导致交易受阻。为避免这种情况的发生，可以采取多种措施，如使用可靠的快递方式、备份贸易单据等。有时由于各种原因，制作的贸易单据可能不符合相关方的要求或规定。在这种情况下，应及时与相关方沟通，了解具体要求并进行调整。

贸易单据的制作与审核是国际贸易中不可或缺的重要环节。正确制作和严格审核贸易单据对确保交易的顺利进行、维护双方权益具有重要意义。在未来，随着国际贸易的不断发展和数字化技术的广泛应用，贸易单据的制作与审核方式也将不断创新和完善。我们可以期待更加智能化、高效化的贸易单据处理系统的出现，为国际贸易提供更加便捷、安全的服务。同时，企业和个人也应不断提升自身的专业素养和技能水平，以适应不断变化的国际贸易环境。

综上所述，贸易单据的制作与审核是一项复杂而重要的工作。通过掌握正确的制作流程和审核要点，以及解决常见问题的方法，我们可以更好地应对国际贸易中的机遇和挑战，推动贸易的顺利进行和可持续发展。

三、文件管理的电子化与智能化

随着信息技术的迅猛发展，文件管理正经历着前所未有的变革。电子化与智能化作为两大核心趋势，正深刻改变着文件管理的面貌。本部分将从文件管理的电子化与智能化两个维度进行深入探讨，分析当前的发展状况、面临的挑战以及未来的发展趋势。

（一）文件管理的电子化

文件管理的电子化，即将传统的纸质文件转化为电子形式，并通过计算机系统进行存储、管理和传输。这一转变不仅提高了文件管理的效率，还降低了成本，实现了资源的有效利用。

电子化文件管理具有诸多优势。首先，它极大地提高了文件管理的效率。传统的纸质文件需要占用大量的物理空间，且查找、整理和使用起来都相对繁琐。电子化文件则可以通过关键词搜索、分类标签等方式迅速定位所需文件，大大提高了工作效率。其次，电子化文件管理降低了成本。纸质文件的打印、复印、存储和传输都需要耗费大量的资源和金钱，而电子化文件则可以通过网络进行传输，无需额外的物理介质，降低了成本。最后，电子化文件管理还有助于环保。随着环保意识的日益增强，减少纸质文件的使用已成为社会共识。电子化文件管理正是实现这一目标的有效手段。

电子化文件管理尽管具有诸多优势，但在实际应用中也面临着一些挑战。首先，数据安全问题不容忽视。电子化文件存储在计算机系统中，一旦系统遭受黑客攻击或病毒感染，就可能导致数据泄露或损坏。因此，加强数据安全保护是电子化文件管理的重要任务。其次，电子化文件的格式和兼容性问题也需要关注。不同的软件和平台可能采用不同的文件格式，导致文件在不同系统之间的互操作性受到限制。解决这一问题需要制定统一的文件格式标准和推广通用的文件处理软件。

（二）文件管理的智能化

文件管理的智能化是在电子化的基础上，利用人工智能、大数据等技术对文件进行深度分析和处理，实现更加高效、精准的管理。

智能化文件管理具有自动化和个性化的特点。通过自然语言处理、机器学习等技术，智能化文件管理能自动识别、分类和整理文件，减少人工干预，提高工作效率。同时，智能化文件管理还能根据用户的需求和习惯进行个性化推荐和预测，提供更加精准的服务。智能化文件管理在多个领域都有广泛的应用。例如，在办公领域，智能化文件管理可以帮助员工快速查找和整理文件，提高工作效率；在档案管理领域，智能化文件管理可以自动对档案进行分类、索引和检索，提高档案管理的规范化和标准化水平；在法律领域，系统可以协助律师和法官快速查找相关法律条文和案例，提高法律工作的质量和效率。

尽管智能化文件管理具有巨大的潜力，但在实际应用中也面临一些挑战，如技术成熟度、数据质量、隐私保护等问题需要解决。此外，随着技术的不断发展，智能化文件管理系统也需要不断更新和升级，以适应新的需求和挑战。

展望未来，随着人工智能、大数据等技术的不断进步和应用，智能化文件管理将迎来更加广阔的发展前景。智能化文件管理将更加个性化和自适应，能更好满足用户的需求和提供更加优质的服务。同时，随着云计算、物联网等技术的融合应用，智能化文件管理将实现更加全面、高效和协同的管理，将为企业的数字化转型和智能化升级提供有力支持。

文件管理的电子化与智能化是信息技术发展的必然趋势，也是提高文件管理效率和质量的重要手段。通过电子化实现文件的数字化存储和传输，降低成本、提高效率；通过智能化实现文件的自动分类、索引和检索，提供个性化服务。然而，在实际应用中仍需注意数据安全、格式兼容等问题，并不断探索新技术、新方法以推动文件管理电子化与智能化的进一步发展。

第六节 贸易纠纷处理与索赔

一、贸易纠纷的常见类型与原因

随着全球化的推进和国际贸易的不断发展，贸易纠纷也日益增多。贸易纠纷不仅影响企业的经济效益，还可能对国际关系产生深远影响。因此，了解贸易纠纷的常见类型及其原因，对企业和政府来说至关重要。本部分将详细探讨贸易纠纷的常见类型及其背后的原因。

（一）贸易纠纷的常见类型

货物贸易纠纷是国际贸易中最常见的纠纷类型之一。这类纠纷主要涉及货物的数量、质量、价格、交付时间等方面。例如，买方认为收到的货物数量不足或质量不符合合同约定，而卖方则认为买方未按时支付货款或违反其他合同条款。

服务贸易纠纷主要涉及跨国提供服务的交易，如金融服务、运输服务、通信服务等。这类纠纷主要涉及服务的提供方式、服务质量、服务费用等方面。例如，跨国金融机构可能因服务收费问题与客户发生纠纷，或者运输服务商可能因运输延误或货物损失与客户产生纠纷。

知识产权纠纷是国际贸易中另一类常见的纠纷。这类纠纷主要涉及专利、商标、著作权等知识产权的侵权问题。例如，某公司可能指控另一公司在其国家销售侵犯其专利权的产品，或者两家公司可能因商标使用权问题产生争议。

投资贸易纠纷主要涉及跨国投资活动，如合资企业、股权收购，以及投资合同的履行、投资回报的分配、投资者权益保护等方面。例如，投资者可能认为其投资的企业未按照合同约定分配利润，或者东道国政府可能采取不利于外国投资者的政策导致投资纠纷。

（二）贸易纠纷的原因

文化差异是导致贸易纠纷的重要原因之一。不同国家和地区有着不同的文化背景、价值观念和行为习惯，这可能导致双方在贸易过程中产生误解和冲突。例如，某些国家的商务谈判风格可能比较直接和强硬，而另一些国家则更加注重礼貌和委婉。这种文化差异可能导致双方在谈判过程中难以达成共识，从而引发纠纷。同时法律法规差异也是导致贸易纠纷的重要原因。不同国家的法律体系、法律条款和司法实践存在较大差异，这使得在国际贸易中遵守法律法规变得复杂而困难。例如，某些国家可能对进口产品实施严格的质量检验和认证要求，而另一些国家则可能相对宽松。这种法律法规差异可能导致双方在贸易过程中产生分歧和争议。

合同履行问题是导致贸易纠纷的另一个重要原因。在国际贸易中，双方通常会签订详细的合同来约定交易的各项条款和条件。然而，由于各种原因（如供应链中断、自然灾害等），一方可能无法按时履行合同义务，从而导致纠纷的产生。此外，合同解释和适用的法律问题也可能引发争议。经济利益冲突是导致贸易纠纷的核心原因。国际贸易涉及不同国家和地区的经济利益，当双方的经济利益发生冲突时，纠纷往往难以避免。例如，某国可能为了保护本国产业而实施贸易壁垒措施，从而引发其他国家的不满和抗议。此外，贸易不平衡、汇率波动等因素也可能导致经济利益冲突和贸易纠纷。

（三）应对贸易纠纷的策略

面对贸易纠纷，企业和政府需要采取一系列策略来化解矛盾、维护自身权益。

一是双方应加强沟通与协商，充分理解对方的立场和需求，寻求共同点和解决方案。通过友好的谈判和协商，可以避免出现不必要的纠纷和冲突。企业和政府应遵守国际贸易规则和相关法律法规，确保自身行为的合法性和合规性。同时，双方也应积极利用国际贸易规则来维护自身权益。

二是企业和政府应建立风险预警机制，提前识别和评估潜在的贸易风险，制定相应的应对措施。这有助于减少贸易纠纷的发生和降低风险损失。加强国际合作是应对贸易纠纷的重要途径。通过加强与其他国家和地区的合作与交流，可以增进相互理解和信任，共同推动国际贸易的健康发展。

三是贸易纠纷是国际贸易中不可避免出现的现象，其类型多样且原因复杂。了解贸易纠纷的常见类型及其原因，有助于企业和政府更好地应对和处理纠纷。通过加强沟通与协商、遵守国际贸易规则、建立风险预警机制和加强国际合作等策略，可以有效减少贸易纠纷的发生并维护自身权益。同时，各国政府也应积极推动国际贸易规则的完善和国际合作的深化，为国际贸易的健康发展创造有利条件。

二、贸易纠纷处理的流程与机制

在全球化的大背景下，贸易纠纷处理成为国际经济交往中的重要环节。贸易纠纷处理不仅涉及双方的利益协调，还关系到国际贸易秩序的稳定和发展。因此，了解贸易纠纷处理的流程与机制对企业和政府来说至关重要。本部分将详细探讨贸易纠纷处理的流程与机制，进而为读者提供有益的参考。

（一）贸易纠纷处理的流程

贸易纠纷处理的流程通常包括以下几个步骤：

贸易纠纷的识别与评估是处理流程的第一步。在这一阶段，企业和政府需要仔细分析贸易活动的具体情况，识别可能存在的纠纷点。同时，双方要对纠纷的性质、规模和影响进行评估，以便制定合适的处理措施。在识别与评估纠纷后，双方应尽快展开沟通与协商。通过友好的谈判和协商，双方可以就纠纷问题交换意见，寻求共同点和解决方案。在沟通与协商过程中，双方应尊重对方的立场和需求，保持理性和克制，避免出现情绪化的冲突。

如果沟通与协商未能达成共识，双方可以考虑寻求第三方的调解或仲裁。调解是一种非正式的纠纷解决方式，通常由第三方调解员协助双方进行谈判，促成双方达成和解。仲裁则是一种更为正式的纠纷解决方式，双方同意将纠纷提交给仲裁机构进行仲裁。仲裁通常具有法律效力，双方应予以遵守。如果调解和仲裁都无法解决纠纷，双方还可以选择通过法律诉讼来解决争议。法律诉讼通常涉及法院的审理和判决，具有更强的法律约束力。然而，法律诉讼往往耗时耗力，且结果难以预测，因此双方在选择法律诉讼时应慎重考虑。

（二）贸易纠纷处理的机制

贸易纠纷处理的机制主要包括以下几个方面：

一是双边或多边贸易协议是处理贸易纠纷的重要机制之一。这些协议通常包含有关贸易争端解决的具体条款和程序，为双方提供了一套明确的规则和框架。当发生贸易纠纷时，双方可以依据协议的规定进行协商和谈判，寻求和平解决。WTO争端解决机制是全球范围内最具权威性的贸易纠纷处理机制之一。该机制通过设立争端解决机构（DSB）和上诉机构，为成员国提供了一个公正、透明的纠纷解决平台。当成员国之间发生贸易纠纷时，可以提交给WTO进行裁决。WTO的裁决具有法律效力，成员国应予以遵守。

二是调解与仲裁机构是处理贸易纠纷的重要机制之一。这些机构通常由专业的调解员或仲裁员组成，他们具有丰富的经验和专业知识，能协助双方进行谈判和裁决。调解与仲裁机构的处理结果通常具有法律效力或约束力，有助于双方解决纠纷并维护合作关系。

三是国内法律体系是处理贸易纠纷的重要机制之一。当贸易纠纷涉及国内法律问题时，双方可以依据国内法律进行诉讼或仲裁。国内法律体系为双方提供了明确的法律规则和程序，有助于维护公平、公正的贸易环境。

（三）优化贸易纠纷处理流程与机制的建议

政府和相关部门应加强对贸易法规的完善与普及工作，确保双方对贸易规则有充分的理解和遵守。同时，还应加强对贸易纠纷处理流程与机制的宣传和培训，提高双方对纠纷处理的认识和能力。双方应建立高效的沟通与协商机制，确保在纠纷发生时能及时、有效地进行沟通与协商。另外，双方还可以设立专门的沟通渠道和协商平台，为双方提供便捷的沟通方式。

除了传统的调解、仲裁和法律诉讼，双方还应积极推动多元化纠纷解决方式的发展。例如，可以探索建立在线纠纷解决平台、引入第三方专家参与纠纷解决等创新方式，以提高纠纷处理的效率和效果。在国际层面，各国应加强合作与交流，共同推动贸易纠纷处理机制的创新和完善。可以加强双边或多边贸易协议的签署和实施，推动 WTO 争端解决机制的改革和完善，以及加强调解与仲裁机构的国际合作等。

贸易纠纷处理的流程与机制是维护国际贸易秩序的重要保障。通过加强贸易法规的完善与普及、建立高效的沟通与协商机制、推动多元化纠纷解决方式的发展以及加强国际合作与交流等措施，可以进一步优化贸易纠纷处理流程与机制，为国际贸易的健康发展提供有力支持。同时，企业和政府也应积极应对贸易纠纷，提高自身的风险防范和应对能力，确保在国际贸易中取得更好的发展和效益。

三、贸易纠纷索赔的提出与处理

在国际贸易中，由于各种原因，如商品质量不符、数量短缺、运输延误等，买卖双方可能会产生贸易纠纷。当纠纷发生时，受损方通常会提出索赔以维护自身权益。本部分将详细探讨贸易纠纷索赔的提出与处理过程，进而为相关企业和个人提供有益的参考。

（一）贸易纠纷索赔的提出

在提出索赔之前，受损方需要收集并整理与纠纷相关的所有证据和资料。这些证据和资料包括合同、发票、装箱单、运输单据、检验报告、照片等，以充分证明其索赔的合理性。在收集并整理好索赔依据后，受损方需要撰写索赔通知。索赔通知应明确说明索赔的原因、依据、金额及具体要求。同时，索赔通知应使用准确、清晰的语言，避免使用模糊或含糊不清的表述。受损方应将索赔通知及时发送给对方，并保留好发送记录，以备后续处理。

（二）贸易纠纷索赔的处理

在收到索赔通知后，对方通常会进行核实并给出回应。如果对方同意赔偿，双方就可以进一步协商具体的赔偿金额和支付方式。如果对方不同意赔偿，双方可以就纠纷问题进行深入沟通，尝试寻找解决方案。在这一过程中，双方应保持冷静、理性，尊重对方的立场和需求，寻求互利共赢的解决方案。如果双方无法就索赔问题达成一致，就可以考虑寻求第三方调解或仲裁。调解是一种非正式的纠纷解决方式，由第三方调解员协助双方进行谈判，促成双方达成和解。仲裁则是一种更为正式的纠纷解决方式，双方同意将纠纷提交给仲裁机构进行裁决。在选择调解或仲裁时，双方应充分了解其优缺点，并结合实际情况进行选择。

如果调解和仲裁都无法解决纠纷，受损方还可以选择通过法律诉讼来维护自身权益。在准备法律诉讼时，受损方应充分了解相关法律法规和诉讼程序，并委托专业的律师进行代理。在诉讼过程中，受损方应提供充分的证据和资料，证明其索赔的合理性。同时，受损方还应关注诉讼进展，及时处理出现的各种问题。

（三）贸易纠纷索赔处理的注意事项

在提出和处理贸易纠纷索赔时，双方应遵守国际贸易规则与惯例。这包括遵守合同条款、遵循国际贸易惯例、尊重对方的合法权益等。通过遵守国际贸易规则与惯例，有助于维护国际贸易秩序，促进双方的合作与发展。

贸易纠纷索赔的处理过程往往需要双方进行多次沟通与协商。因此，双方应保持沟通与协商的持续性，及时沟通进展和问题，避免误解和冲突。通过持续的沟通与协商，有助于增进双方的理解和信任，推动纠纷的顺利解决。

在处理贸易纠纷索赔时，双方可能会遇到各种复杂的问题和困难。因此，寻求专业支持与帮助是非常重要的。双方可以委托专业的律师、贸易顾问或中介机构来协助处理纠纷。这些专业人士具有丰富的经验和专业知识，能为双方提供有效的建议和帮助。

贸易纠纷索赔的提出与处理是国际贸易中不可避免的一环。通过收集并整理索赔依据、撰写并发送索赔通知，以及通过协商、调解、仲裁或法律诉讼等方式处理索赔纠纷，受损方可以维护自身权益并寻求合理赔偿。在处理过程中，双方应遵守国际贸易规则与惯例，保持沟通与协商的持续性，并寻求专业支持与帮助。通过共同努力，双方可以推动贸易纠纷的顺利解决，促进国际贸易的健康发展。

　　同时，企业和个人在进行国际贸易时，也应提高风险防范意识，加强合同管理、质量检验和运输安排等环节的管理，以降低贸易纠纷发生的概率。此外，加强国际贸易知识的学习和了解，提高应对贸易纠纷的能力，也是企业和个人在国际贸易中取得成功的关键。

第三章 跨境电子商务背景下的
国际贸易实务特点

第一节 跨境电子商务对国际贸易实务的影响

一、交易模式与流程的变革

随着科技的飞速发展和全球化的深入推进，交易模式与流程正经历着前所未有的变革。这些变革不仅改变了传统的交易方式，还极大地提高了交易效率，降低了交易成本，为全球经济注入了新的活力。本部分将从交易模式的变革和交易流程的变革两个方面，探讨这一领域的发展动态和未来趋势。

（一）交易模式的变革

电子商务的快速发展是交易模式变革的显著标志之一。通过电子商务平台，买卖双方可以突破地域限制，实现全球范围内的商品和服务交易。电子商务不仅提供了更加便捷的购物方式，还通过大数据分析、个性化推荐等技术手段，提升了消费者的购物体验。同时，电子商务平台还为中小企业提供了拓展市场的机会，促进了经济的多元化发展。

随着全球化的推进和国际贸易的不断发展，跨境交易逐渐成为交易模式变革的重要方向。跨境交易涉及不同国家和地区的法律法规、货币结算、税收制度等问题，因此需要更加完善的交易平台和更加便捷的支付方式。目前，越来越多的跨境交易平台和支付机构涌现出来，为跨境交易提供了有力的支持。

供应链金融是交易模式变革的另一个重要领域。通过整合供应链上下游的资源，实现资金、物流、信息流的高效协同，进而降低企业的运营成本和风险。同时，供应链金融还通过创新的金融产品和服务，帮助企业解决融资难、融资贵等问题，促进了产业链的健康发展。

（二）交易流程的变革

在交易流程方面，自动化和智能化的提升是变革的重要方向。通过引入人工智能、大数据、区块链等先进技术，可以实现交易流程的自动化处理、智能分析和风险控制。例如，智能合约可以自动执行合同条款，降低人为干预和误差；区块链技术可以确保交易数据的真实性和不可篡改性，提高交易的安全性。电子化和无纸化是交易流程变革的又一重要趋势。传统的交易流程往往涉及大量的纸质文件和人工操作，不仅效率低下，还容易出错。通过电子化和无纸化改造，可以实现交易流程的数字化和自动化，提高处理速度和准确性。同时，电子化和无纸化还有助于降低企业的运营成本，提升竞争力。

随着消费者需求的多样化和个性化，交易流程也需要更加注重个性化和定制化。通过收集和分析消费者的数据，可以了解他们的需求和偏好，从而为他们提供更加精准的产品和推荐服务。同时，定制化的交易流程还可以满足企业的特殊需求，提高交易的灵活性和效率。

（三）交易模式与流程变革带来的影响与挑战

交易模式与流程的变革对经济发展和社会进步产生了深远的影响。它推动了全球贸易的繁荣和发展，促进了产业链的优化和升级，为企业和消费者带来了更多的便利和选择。然而，这些变革也带来了一些挑战和问题。例如，网络安全和隐私保护问题日益突出，需要加强技术防范和法律监管；跨境交易涉及不同国家和地区的法律法规和税收制度，需要加强国际合作和协调；自动化和智能化的发展可能导致部分传统岗位的消失，需要加强就业培训和转岗安置等工作。

（四）未来趋势与展望

展望未来，交易模式与流程的变革将继续深化和拓展。一方面，随着技术的不断进步和应用场景的不断拓展，电子商务、跨境交易、供应链金融等领域将呈现出更加多元化和创新化的发展趋势；另一方面，随着全球经济一体化的深入推进和国际贸易的不断发展，交易模式与流程的变革将更加注重国际化和标准化，进而推动全球贸易更加便捷和高效。

同时，我们也需要关注并应对变革中出现的挑战和问题。加强网络安全和隐私保护、推进国际合作和协调、加强就业培训和转岗安置等将成为促进未来发展的重要任务。通过共同努力和不断创新，我们可以期待形成一个更加繁荣、高效和安全的全球交易体系。

综上所述，交易模式与流程的变革是经济发展和社会进步的重要推动力量。通过电子商务的崛起、跨境交易的普及和供应链金融的创新等变革方向，我们可以看到交易模式的多样化和创新化；通过自动化与智能化的提升、电子化与无纸化的推进以及个性化与定制化的增强等变革方向，我们可以看到交易流程的智能化和高效化。虽然变革过程中存在一些挑战和问题，但只要我们积极应对并不断创新，相信未来的交易体系将更加繁荣、高效和安全。

二、信息技术在国际贸易中的应用

随着科技的飞速发展和全球化的深入推进，信息技术在国际贸易中的应用越来越广泛。信息技术不仅改变了传统的贸易方式，还极大地提高了贸易效率，降低了贸易成本，为全球经济注入了新的活力。本部分将从多个方面探讨信息技术在国际贸易中的应用及其带来的深远影响。

（一）电子商务平台的崛起

电子商务平台是信息技术在国际贸易中应用的重要体现。通过电子商务平台，买卖双方可以突破地域限制，实现全球范围内的商品和服务交易。电子商务平台不仅提供了更加便捷的购物方式，还通过大数据分析、个性化推荐等技术手段，提升了消费者的购物体验。同时，电子商务平台还为中小企业提供了拓展市场的机会，促进了经济的多元化发展。

在国际贸易中，电子商务平台使企业能直接与全球消费者建立联系，减少了中间环节，提高了市场竞争力。此外，电子商务平台还提供了支付、物流、售后等一系列服务，为企业提供了全方位的贸易支持。

（二）供应链管理的信息化

供应链管理是国际贸易的重要环节，信息技术的应用使供应链管理更加高效和精准。通过信息化手段，企业可以实时掌控供应链的各个环节，包括原材料采购、生产、物流、销售等，从而实现对供应链的全面监控和管理。

信息技术在供应链管理中的应用主要体现在以下几个方面：首先，通过 ERP（企业资源计划）系统，企业可以整合内部资源，实现业务流程的自动化和协同化；其次，通过 SCM（供应链管理）系统，企业可以与供应商、物流服务商等合作伙伴建立紧密的合作关系，实现供应链的协同和优化；最后，通过物联网技术，企业可以实时追踪和监控货物的运输状态，确保货物的安全和及时到达。

（三）跨境支付的便捷化

跨境支付是国际贸易中的重要环节，传统的跨境支付方式存在手续繁琐、费用高昂等问题。信息技术的应用使跨境支付变得更加便捷和高效。

目前，越来越多的支付机构开始提供跨境支付服务，通过互联网技术实现全球范围内的资金结算。同时，区块链技术也在跨境支付领域得到了广泛应用，通过去中心化、安全可信的特点，降低了跨境支付的成本和风险。

（四）贸易信息的透明化

信息技术在国际贸易中的应用还体现在贸易信息的透明化方面。通过互联网平台，企业可以实时获取全球贸易信息，包括商品价格、市场需求、政策法规等，从而做出更加明智的贸易决策。

同时，政府和企业可以通过建立信息共享平台，实现贸易信息的互通有无，提高贸易的透明度和公平性。这不仅有助于减少贸易壁垒和摩擦，还有助于推动全球贸易的自由化和便利化。

（五）信息安全与风险防控

信息技术在国际贸易中的应用也面临着信息安全和风险防控的挑战。随着互联网的普及和信息技术的发展，网络攻击和数据泄露等风险日益突出。因此，加强信息安全和风险防控是信息技术在国际贸易中应用的必要保障。

为了应对这些挑战，企业和政府需要采取一系列措施。首先，加强网络安全防护，建立完善的安全防护体系，防止网络攻击和数据泄露；其次，加强数据管理和保护，确保贸易信息的安全和隐私；最后，加强国际合作和法规制定，共同应对跨国网络犯罪和信息安全带来的挑战。

（六）未来展望

未来，信息技术在国际贸易中的应用将继续深化和拓展。随着人工智能、大数据、云计算等技术的不断发展，国际贸易将实现更加智能化和自动化的管理。同时，随着全球经济的不断融合和贸易自由化的推进，信息技术将为国际贸易提供更加广阔的空间和机遇。

然而，我们也需要清醒地认识到，信息技术在国际贸易中的应用仍然面临着诸多挑战和问题。我们需要不断加强技术创新和人才培养，提高信息技术的应用水平和效果。同时，我们也需要加强国际合作和法规制定，应对国际贸易中的挑战和问题。

综上所述，信息技术在国际贸易中的应用已经取得了显著的成效，为全球经济注入了新的活力。未来，随着技术的不断发展和应用的不断深化，信息技术将在国际贸易中发挥更加重要的作用，推动全球贸易的繁荣和发展。

三、跨境电子商务对国际贸易市场的重塑

随着信息技术的迅猛发展，跨境电子商务作为一种新兴的贸易模式，对国际贸易市场产生了深远的影响。跨境电子商务以其独特的优势，不仅推动了国际贸易的便利化，也改变了传统贸易的运作方式，重塑了国际贸易市场的格局。本部分将从多个方面探讨跨境电子商务对国际贸易市场的重塑及其带来的深远影响。

（一）跨境电子商务的崛起与优势

跨境电子商务通过互联网平台，打破了地域限制，实现了全球范围

内的商品和服务交易。与传统的国际贸易相比，跨境电子商务具有诸多优势。首先，跨境电子商务降低了交易成本，减少了中间环节，使消费者能以更低的价格购买到心仪的商品。其次，跨境电子商务提供了更加便捷的交易方式，消费者可以随时随地通过互联网平台进行购物，大大提升了购物体验。最后，跨境电子商务通过大数据分析、个性化推荐等技术手段，为消费者提供了更加精准的购物推荐，进一步提升了购物的满意度。

（二）国际贸易市场的格局变化

跨境电子商务的崛起对国际贸易市场的格局产生了深刻的影响。首先，跨境电子商务使中小企业有了更多参与国际贸易的机会。传统的国际贸易往往被大型企业所主导，而跨境电子商务为中小企业提供了一个更加公平、开放的竞争环境，使其能以更低的成本进入国际市场。其次，跨境电子商务推动了国际贸易的多元化和个性化发展。消费者可以通过跨境电子商务平台购买世界各地的特色商品，满足了不同消费者的个性化需求。最后，跨境电子商务促进了国际贸易的便利化和高效化。通过互联网平台，交易双方可以更加便捷地进行沟通和协商，缩短了交易周期，提高了交易效率。

（三）供应链管理的优化与创新

跨境电子商务的发展对供应链管理提出了更高的要求，同时也推动了供应链管理的优化与创新。首先，跨境电子商务要求供应链具备更加灵活和高效的运作能力。企业需要通过优化供应链流程、提高物流效率等方式，以满足跨境电子商务带来的快速、多变的市场需求。其次，跨境电子商务推动了供应链的数字化转型。通过互联网、大数据等技术手段，企业可以实时掌握供应链各个环节的信息，实现供应链的透明化和可视化，提高供应链的协同效率和响应速度。最后，跨境电子商务促进了供应链的全球化布局。企业需要根据市场需求和资源配置情况，在全球范围内进行供应链的布局和优化，以实现资源的最大化利用和成本的最低化。

（四）贸易规则与监管体系的变革

跨境电子商务的快速发展对国际贸易规则和监管体系提出了新的挑战

及变革需求。首先，跨境电子商务涉及不同国家和地区的法律法规、税收制度等问题，需要建立更加完善的国际贸易规则和监管体系，以确保跨境电子商务的合法性和公平性。其次，跨境电子商务的虚拟性和全球性使其监管难度加大，需要各国政府加强合作，共同打击跨境电子商务中的违法行为，维护市场秩序和消费者权益。最后，跨境电子商务的发展推动了国际贸易规则的数字化和智能化转型，通过利用技术手段提高监管的效率和准确性。

（五）跨境电子商务面临的挑战与问题

跨境电子商务给国际贸易市场带来了诸多积极影响，但同时也面临着一些挑战和问题。首先，跨境电子商务涉及不同国家和地区的文化差异和语言障碍，企业需要加强跨文化沟通和交流，以适应不同市场的需求。其次，跨境电子商务中的数据安全和隐私保护问题日益突出，企业需要加强数据管理和保护，确保用户信息的安全和隐私。最后，跨境电子商务中的知识产权保护和消费者权益保护等问题也需要得到重视和解决。

（六）未来发展趋势与展望

未来，跨境电子商务将继续保持快速发展的势头，对国际贸易市场产生更加深远的影响。首先，随着技术的不断进步和应用场景的不断拓展，跨境电子商务将更加智能化和个性化，为消费者提供更加便捷、高效的购物体验。其次，跨境电子商务将推动国际贸易市场的进一步开放和融合，促进全球贸易的自由化和便利化。最后，跨境电子商务为中小企业提供了更多的发展机遇和空间，推动了国际贸易市场的多元化和平衡发展。

综上所述，跨境电子商务作为一种新兴的贸易模式，对国际贸易市场产生了深刻的重塑作用。通过优化供应链管理、推动贸易规则和监管体系的变革以及应对挑战与解决问题等方式，跨境电子商务将不断推动国际贸易市场的创新与发展。未来，我们有理由相信跨境电子商务将在全球贸易中扮演更加重要的角色，为全球经济注入新的活力。

第二节　跨境电子商务背景下的交易模式创新

一、B2B、B2C、C2C等模式的兴起

随着信息技术的飞速发展和互联网的普及，电子商务领域涌现出了多种交易模式，其中B2B（Business-to-Business）、B2C（Business-to-Consumer）和C2C（Consumer-to-Consumer）等模式尤为引人注目。这些模式的兴起不仅改变了传统的商业模式，也极大地推动了全球经济的发展。本部分将从多个方面探讨B2B、B2C、C2C等模式的兴起及其带来的深远影响。

（一）B2B模式的兴起与影响

B2B模式是指企业与企业之间通过互联网进行产品、服务及信息交换的模式。这种模式的兴起主要得益于互联网技术的发展和全球化的推进。B2B模式的出现，使企业可以更加便捷地寻找合作伙伴、采购原材料和销售产品，从而降低了交易成本，提高了效率。

B2B模式的兴起对企业间的合作产生了深远影响。首先，B2B模式打破了地域限制，使企业可以在全球范围内寻找最佳合作伙伴，实现资源的优化配置。其次，B2B平台提供了丰富的信息资源和交易工具，帮助企业更好地了解市场需求和竞争态势，制定更加精准的营销策略。最后，B2B模式推动了供应链的整合和优化，提高了整个产业链的协同效率。

（二）B2C模式的兴起与影响

B2C模式是指企业与消费者之间通过互联网进行交易活动的模式。随着互联网的普及和消费者购物习惯的改变，B2C模式逐渐成为电子商务领域的主流。

B2C模式的兴起为消费者带来了更加便捷、丰富的购物体验。消费者可以通过B2C平台随时随地浏览商品信息、比较价格、下订单并支付，无

需亲自前往实体店。同时，B2C平台还提供了丰富的促销活动和个性化推荐，进一步满足了消费者的购物需求。

对企业来说，B2C模式也带来了诸多机遇。首先，它使企业可以直接接触消费者，了解消费者的需求和反馈，从而改进产品和服务。其次，B2C模式降低了企业的营销成本，提高了销售效率。最后，通过大数据分析等技术手段，企业还可以更加精准地定位目标市场，制定有效的营销策略。

（三）C2C模式的兴起与影响

C2C模式是指消费者与消费者之间通过互联网进行交易活动的模式。这种模式的兴起主要得益于社交网络的普及和消费者对个性化、差异化商品的需求增加。

C2C模式的兴起为消费者提供了一个更加自由、灵活的交易平台。消费者可以在C2C平台上出售自己的闲置物品、分享技能和经验，也可以购买到其他消费者提供的独特商品和服务。这种模式的出现，不仅促进了资源的循环利用，也推动了消费者之间的交流和互动。

对社会来说，C2C模式也具有一定的积极意义。它鼓励创新和创业精神，为个体提供了更多的发展机会。同时，C2C模式还促进了社会的多元化发展，丰富了商品和服务的种类和形式。

（四）B2B、B2C、C2C等模式面临的挑战与问题

尽管B2B、B2C、C2C等模式带来了诸多机遇和优势，但同时也面临着一些挑战和问题。首先，信息安全和隐私保护问题日益突出，需要加强技术防范和法律监管。其次，随着市场竞争的加剧，企业需要不断提升服务质量和用户体验，以吸引和留住客户。最后，跨境电子商务等新型交易模式的出现也给传统模式带来了一定的冲击和挑战。

（五）未来发展趋势与展望

未来，B2B、B2C、C2C等模式将继续保持快速发展的势头，并呈现出以下趋势：首先，随着技术的不断进步和应用场景的不断拓展，这些模式将更加智能化、个性化，为消费者提供更加便捷、高效的购物体验。其

次，跨境电子商务等新型交易模式将进一步推动全球贸易的自由化和便利化。最后，随着消费者对品质和服务的要求不断提高，企业需要更加注重品牌建设和服务质量提升，以赢得市场的认可和信任。

综上所述，B2B、B2C、C2C等模式的兴起不仅改变了传统的商业模式和交易方式，也推动了全球经济的发展和社会的进步。未来，这些模式将继续发挥重要作用，为全球经济注入新的活力和动力。同时，我们也需要关注并解决这些模式面临的挑战和问题，以促进经济健康、可持续发展。

二、定制化与个性化交易模式的发展

随着科技的飞速进步和消费者需求的日益多样化，定制化与个性化交易模式逐渐崭露头角，成为市场发展的重要趋势。定制化交易强调根据消费者的具体需求进行产品或服务的定制，而个性化交易则更注重根据消费者的个人喜好、行为习惯等信息提供独特、专属的交易体验。这两种模式的发展不仅改变了传统的交易方式，也深刻影响着企业的运营策略和市场竞争格局。

（一）定制化交易模式的兴起与发展

定制化交易模式的兴起，主要得益于信息技术和制造技术的快速发展。借助先进的生产技术和数据分析工具，企业能更准确地把握消费者的需求，实现高效、精准的定制化生产。定制化交易模式的优势在于能满足消费者的个性化需求，提供独特的产品或服务，从而增强消费者的满意度和忠诚度。

定制化交易模式的发展，推动了相关产业的发展与创新。例如，在服装、家居、电子产品等领域，越来越多的企业开始提供定制化服务，消费者可以根据自己的喜好和需求选择款式、颜色、尺寸等，进而获得独一无二的产品。同时，定制化交易模式也促进了供应链的优化和升级，企业需要根据消费者的需求进行灵活调整，提高供应链的响应速度和协同效率。

（二）个性化交易模式的兴起与发展

个性化交易模式的发展，则更多地依赖大数据、人工智能等技术的支持。通过对消费者数据的收集和分析，企业可以深入了解消费者的行为习惯、消费偏好等信息，为消费者提供个性化的交易建议和服务。个性化交易模式的优势在于能提升消费者的购物体验，增强消费者的参与感和归属感，从而提高企业的市场竞争力。

在个性化交易模式的推动下，电商平台、社交媒体等渠道得到了快速发展。电商平台通过推荐算法，为消费者提供个性化的商品推荐和购物体验；社交媒体则通过个性化内容推送，吸引消费者的关注和互动。此外，个性化交易模式也催生了一批新兴企业和服务，如定制化旅游、个性化教育等，为市场带来了更多的创新活力。

（三）定制化与个性化交易模式的融合与发展

定制化与个性化交易模式并不是孤立的，它们在实际应用中往往相互融合、相互促进。定制化交易模式为个性化交易模式提供了更多的可能性，而个性化交易模式则能进一步提升定制化交易模式的精准度和效果。二者的融合，使交易过程更加智能化、高效化，为消费者带来更加优质的购物体验。

未来，随着技术的不断进步和应用场景的不断拓展，定制化与个性化交易模式将继续深度融合，推动市场的创新与发展。一方面，企业需要加强技术研发和创新能力，提升定制化与个性化交易的技术水平和应用能力；另一方面，企业需要注重保护消费者的隐私和数据安全，确保定制化与个性化交易模式的合规性和可持续性。

（四）定制化与个性化交易模式面临的挑战与问题

尽管定制化与个性化交易模式带来了诸多优势和创新机遇，但同时也面临着一些挑战和问题。首先，数据安全和隐私保护是定制化与个性化交易模式发展的重要前提。企业需要加强数据管理和保护措施，确保消费者数据的安全性和隐私性。其次，定制化与个性化交易模式需要投入大量的技术和人力资源，给企业的运营成本和盈利能力带来一定的挑战。最后，随着市场竞争的加剧和消费者需求的不断变化，企业需要不断调整和优化定制化与个性化交易策略，以适应市场的变化和发展。

（五）定制化与个性化交易模式的未来展望

未来，定制化与个性化交易模式将继续发挥重要作用，推动市场的创新和发展。随着技术的不断进步和应用场景的不断拓展，定制化与个性化交易模式将更加智能化、精准化，为消费者提供更加优质、便捷的购物体验。同时，企业也需要加强技术研发和创新能力，不断提升定制化与个性化交易的技术水平和应用能力，以应对市场的挑战和变化。

总之，定制化与个性化交易模式的发展是市场创新的重要体现，也是企业提升竞争力和满足消费者需求的重要手段。在未来的发展中，企业需要注重技术创新和数据安全，加强市场研究和消费者需求分析，以推动定制化与个性化交易模式的健康发展。

三、社交电商与直播电商等新兴模式

随着互联网的深入发展和智能手机的普及，电子商务领域不断涌现出新兴的交易模式。其中，社交电商与直播电商作为近年来的热门话题，以其独特的运营方式和强大的市场潜力，吸引了众多企业和消费者的关注。本部分将对社交电商与直播电商等新兴模式进行深入探讨，分析其兴起的原因、特点以及对行业和市场的影响。

（一）社交电商的兴起与发展

社交电商，顾名思义，是指通过社交媒体平台进行的电子商务活动。它将社交属性与购物行为相结合，使消费者在社交互动的过程中完成购买决策。社交电商的兴起主要得益于以下几点。

首先，社交媒体平台的用户基数庞大，为社交电商提供了广阔的潜在市场。无论是微信、微博，还是抖音等平台，都拥有数以亿计的用户，这为社交电商的发展提供了强大的用户基础。

其次，社交媒体的互动性和传播性为社交电商创造了良好的营销环境。消费者可以在社交媒体上分享购物体验、评价商品，这种口碑传播的方式对提升品牌知名度和促进销售具有重要作用。

最后，社交电商能够通过数据分析和精准营销，实现个性化推荐和定制化服务，提高消费者的购物体验和满意度。

（二）直播电商的兴起与发展

直播电商则是借助直播技术进行的电子商务活动。通过直播形式展示商品、介绍产品特点、回答消费者问题等，使消费者在观看直播的过程中产生购买欲望并完成购买行为。直播电商的兴起主要得益于以下几点。

首先，直播形式的实时互动性和真实感为消费者提供了更加直观的购物体验。消费者可以通过观看直播了解商品的实际效果和使用方法，增加了购买的信心和决心。

其次，直播电商能够借助主播的个人魅力和影响力，吸引大量粉丝关注并转化为购买力。一些知名主播的直播间往往能够聚集大量观众，通过主播的推荐和介绍，实现商品的快速销售。

最后，直播电商能够结合优惠券、限时折扣等营销手段，提高消费者的购买意愿和购物体验。

（三）社交电商与直播电商的特点与优势

社交电商与直播电商作为新兴的交易模式，具有一些独特的特点和优势。首先，它们打破了传统电商的界限，将购物与社交、娱乐相结合，使消费者在享受社交互动的同时完成购物行为。这种融合了社交属性的购物方式更符合现代消费者的需求和心理。

其次，社交电商与直播电商具有高度的互动性和参与性。消费者可以通过评论、点赞、分享等方式参与到购物过程中，与主播或其他消费者进行实时互动，增强了购物的乐趣和体验。

最后，社交电商与直播电商能够通过数据分析和精准营销，实现个性化推荐和定制化服务。通过对消费者的购物行为、兴趣偏好等数据进行挖掘和分析，企业可以更加精准地定位目标市场，制定有效的营销策略。

（四）社交电商与直播电商对行业和市场的影响

社交电商与直播电商的兴起对传统电商行业和市场产生了深远的影响。首先，社交电商与直播电商改变了消费者的购物习惯和购买决策过程。越来越多的消费者开始通过社交媒体和直播平台了解商品信息、比较价格、查看评价等，这使得企业在营销和推广方面需要更加注重社交媒体的运用和直播内容的创新。

其次，社交电商与直播电商的兴起也促进了电商行业的创新和变革。越来越多的企业开始尝试将社交属性和直播形式融入自身的电商业务中，通过打造个性化的购物场景和提供优质的购物体验来吸引和留住消费者。

最后，社交电商与直播电商带动了相关产业链的发展。例如，直播平台需要主播进行商品展示和推荐，这促进了网红经济的发展。同时，为了满足直播电商的需求，物流、支付等相关产业也得到了进一步的发展和完善。

（五）社交电商与直播电商面临的挑战与问题

尽管社交电商与直播电商具有诸多优势和发展潜力，但它们也面临着一些挑战和问题。首先，数据安全和隐私保护是社交电商与直播电商需要重点关注的问题。企业需要加强数据管理和保护措施，确保消费者信息的安全性和隐私性。

其次，社交电商与直播电商需要投入大量的技术和人力资源进行运营与维护。企业需要不断提升技术水平和服务质量，以应对市场竞争和消费者需求的不断变化。

最后，随着社交电商与直播电商的快速发展，市场竞争也日趋激烈。企业需要不断创新和升级自身的业务模式和服务内容，以吸引和留住消费者。

综上所述，社交电商与直播电商等新兴模式以其独特的运营方式和强大的市场潜力，正在改变着传统的电子商务格局。它们不仅为消费者提供了更加便捷、直观的购物体验，也为企业带来了更多的商业机会和创新空间。然而，在发展的过程中，社交电商与直播电商也需要面对和解决一些挑战和问题。未来，随着技术的不断进步和市场的不断变化，我们有理由相信社交电商与直播电商等新兴模式将继续发挥重要作用，推动电子商务行业的持续健康发展。

第三节　跨境电子商务背景下的物流与供应链管理

一、跨境物流体系的建立与优化

跨境物流体系是指在国际贸易中，为实现商品从出口国到进口国的高效流动而构建的一整套物流运作系统。随着全球化的加速和电商的蓬勃发展，跨境物流体系的重要性日益凸显。本部分将从跨境物流体系的建立与优化两个方面进行深入探讨，以期为相关企业和行业提供有价值的参考。

（一）跨境物流体系的建立

跨境物流体系的建设首先需要完善的基础设施作为支撑。这包括建设现代化的港口、机场、铁路、公路等交通设施，以及与之配套的仓储、分拣、配送等物流设施。同时，还需要加强信息化建设，建立高效的物流信息平台，实现信息的实时共享和交换。政府在跨境物流体系的建设中发挥着至关重要的作用。政府应出台相关政策，为跨境物流提供税收优惠、资金扶持等支持措施。同时，政府还需要制定和完善相关法规，规范跨境物流市场的秩序，保障各方的合法权益。

跨境物流涉及多个环节和多个主体，需要企业之间进行紧密合作和资源整合。企业可以通过建立战略联盟、共享资源等方式，降低运营成本，提高运营效率。同时，企业还需要加强与国际物流企业的合作，借鉴先进经验和技术，提升跨境物流的整体水平。

（二）跨境物流体系的优化

跨境物流体系涉及多个环节，包括订单处理、仓储管理、运输配送等。为了提高效率，需要对这些环节进行优化。例如，通过引入先进的仓储管理系统，实现货物的快速入库、出库和盘点；通过优化运输路线和运输方式，降低运输成本和时间成本。技术创新是跨境物流体系优化的关键。通过引入物联网、大数据、人工智能等先进技术，可以实现对货物的实时监控、预测分析和智能决策。例如，利用物联网技术，可以实时掌握货物的位置和状态，提高运输的可控性和安全性；利用大数据技术，可以对历史数据进行分析，预测未来的物流需求和市场趋势，为决策提供有力支持。

跨境物流体系的建设和优化离不开专业人才的支撑。企业需要加强人才培养和引进工作，培养一批具备国际视野和专业技能的跨境物流人才。同时，企业还需要加强与国际物流人才的交流与合作，借鉴先进经验和技术，提升企业的国际竞争力。随着人们环保意识的日益增强，绿色发展和可持续发展已成为跨境物流体系优化的重要方向。企业需要注重环保和节能减排工作，采用环保材料和节能设备，降低在物流过程中的能耗和排放。同时，企业还需要加强废弃物的处理和回收工作，实现资源的循环利用。

（三）跨境物流体系建立与优化的挑战与对策

在跨境物流体系的建立与优化过程中，企业面临诸多挑战，如市场需求的不确定性、国际政治经济环境的变化、技术更新的快速性等。为了应对这些挑战，企业需要采取以下对策：一是加强市场调研和预测分析，把握市场需求的变化趋势，制定灵活的物流策略。二是关注国际政治经济动态，及时调整物流布局和合作策略，降低风险。三是加大技术创新投入力度，跟踪新技术的发展动态，及时引进和应用先进技术。四是加强与上下游企业的合作与沟通，形成紧密的供应链合作关系，共同应对市场挑战。

跨境物流体系的建立与优化是一个复杂而长期的过程，需要政府、企业和社会各界的共同努力。通过完善基础设施、制定政策法规、加强企业合作与资源整合等方式，可以推动跨境物流体系的建设。同时，通过流程优化、技术创新、人才培养和绿色发展等手段，可以不断提升跨境物流体系的运营效率和服务水平。

二、供应链的整合与协同

随着全球化和市场竞争的加剧，企业面临着越来越大的挑战。为了保持竞争优势，提高效率和降低成本，供应链的整合与协同变得尤为重要。本部分将从供应链的整合与协同的定义、重要性、实施策略以及面临的挑战等方面进行深入探讨，以期为企业提供一些有益的参考。

（一）供应链的整合与协同的定义

供应链的整合是指将供应链中的各个环节、各个企业和各种资源进行有效连接和整合，形成一个高效、协同的整体。它涵盖了从供应商到最终消费者的整个流程，包括采购、生产、物流、销售等各个环节。通过整合，企业可以优化资源配置，提高供应链的响应速度和灵活性，降低成本和风险。

供应链的协同则是指供应链中各个环节、各个企业之间通过信息共享、合作与协调，实现共同的目标和利益。协同强调的是合作与共赢，通过打破企业间的壁垒，实现资源的共享和优化配置，进而提高整个供应链的效率和竞争力。

（二）供应链整合与协同的重要性

通过供应链的整合与协同，企业可以实现资源的优化配置和流程的简化，提高生产效率和物流效率。同时，信息的共享和实时更新还可以帮助企业快速响应市场变化，提高供应链的灵活性和适应性。整合与协同可以减少企业间的重复劳动和浪费，降低库存和运输成本。通过集中采购和规模经济效应，企业可以获得更优惠的价格和更好的服务。

协同的供应链可以确保产品按时交付，减少缺货和延误的风险。同时，企业还可以更好地了解消费者需求，提供个性化的产品和服务，提升客户满意度。整合与协同可以使企业在市场中获得更好的地位。通过提高效率和降低成本，企业可以提供更具竞争力的价格和优质的产品和服务，赢得更多客户的青睐。

（三）供应链整合与协同的实施策略

信息技术是实现供应链整合与协同的关键手段。企业应建立统一的信息平台，实现信息的实时共享和更新。通过采用先进的信息技术，如物联网、大数据、云计算等，可以提高供应链的透明度和可追溯性，促进各个环节之间的紧密合作。企业应积极寻求与供应商、物流商、分销商等建立长期稳定的合作伙伴关系。通过签订合作协议、共享资源和风险，实现利益的共赢。同时，企业还应加强与合作伙伴之间的沟通和协作，共同解决问题，提升供应链的协同效率。

企业应通过对供应链流程的全面梳理和优化，减少浪费和消除瓶颈，提高流程效率。例如，通过精益生产、六西格玛管理等方法，对生产流程进行持续改进；通过优化物流路径、提高运输效率等方式，降低物流成本。同时，企业应重视供应链人才的培养和引进，通过培训和学习，提高员工的专业素质和协同能力。另外，企业还应建立激励机制，鼓励员工积极参与供应链的整合与协同工作。

（四）供应链整合与协同面临的挑战

供应链中的企业往往来自不同的地域并拥有不同的文化背景，这可能导致沟通障碍和合作困难。企业需要加强跨文化沟通和管理，建立共同的价值观和目标，促进协同合作。在信息共享的过程中，企业需要关注信息安全和隐私保护问题；应采取有效的安全措施，防止信息泄露和滥用。同时，企业还应遵守相关法律法规，保护消费者的合法权益。

在供应链的整合与协同过程中，利益分配和风险承担是一个敏感而复杂的问题。企业需要建立公平合理的利益分配机制，明确合作各方的责任和义务，共同承担风险。

供应链的整合与协同是提高企业效率和竞争力的重要手段。通过信息技术的应用、建立合作伙伴关系、优化流程管理以及培养人才团队等策略，企业可以实现供应链的整合与协同。然而，在实施过程中，企业还需要关注文化差异、信息安全、利益分配等挑战，并采取相应的措施加以应对。只有不断完善和提升供应链的整合与协同水平，企业才能在激烈的市场竞争中立于不败之地。

三、智能化与数据驱动的物流管理

随着信息技术的迅猛发展，智能化与数据驱动已成为物流管理的重要趋势。通过运用先进的信息技术和数据分析方法，企业能够实现对物流过程的精准控制、优化资源配置、提高运营效率，进而提升整体竞争力。本部分将从智能化与数据驱动的物流管理概述、应用实践、面临的挑战与机遇等方面进行深入探讨。

（一）智能化与数据驱动的物流管理概述

智能化物流管理是指利用物联网、人工智能、大数据等先进技术，对物流过程进行智能化控制和优化。通过实时监测、数据分析、预测预警等手段，企业可以实现对物流资源的精准调度和高效利用，提高物流运作的透明度和可控性。

数据驱动的物流管理则强调以数据为核心，通过收集、处理、分析物流数据，挖掘数据潜在价值，指导物流决策和优化。通过对历史数据的分析，企业可以预测未来物流需求和市场趋势，制定针对性的物流策略；通过对实时数据的监控，企业可以及时发现物流过程中的问题和风险，采取相应措施进行干预和调整。

（二）智能化与数据驱动的物流管理应用实践

通过引入物联网技术，可以实现对仓库货物的实时监控和定位，提高库存管理的准确性和效率。同时，利用大数据分析，可以预测货物的出入库需求，优化库存结构和补货策略，降低库存成本。利用GPS、GIS等技术，可以实时监测运输车辆的位置和状态，确保运输过程的安全和可控。通过数据分析，可以优化运输路线和运输方式，降低运输成本和时间成本。此外，还可以利用智能调度系统，实现运输资源的合理分配和高效利用。

通过引入无人配送车、智能快递柜等新型配送设备，可以提高配送的效率和准确性。同时，利用大数据分析，可以预测配送需求和配送路径，优化配送策略，降低配送成本。通过构建供应链协同平台，可以实现供应链各环节的信息共享和协同作业。利用数据分析，可以挖掘供应链中的潜在价值和优化空间，提高供应链的整体效率和竞争力。

（三）智能化与数据驱动的物流管理面临的机遇与挑战

1.机遇

（1）提升运营效率：通过智能化与数据驱动的物流管理，企业可以实现对物流过程的精准控制和优化，提高运营效率，降低成本。

（2）增强客户体验：通过实时监测和数据分析，企业可以及时发现和解决物流过程中的问题，提高客户满意度和忠诚度。

（3）驱动创新发展：智能化与数据驱动的物流管理为企业提供了更多的创新空间和发展机遇，推动企业不断探索新的业务模式和服务方式。

智能化与数据驱动的物流管理是现代物流管理的重要发展方向。通过运用先进的信息技术和数据分析方法，企业可以实现对物流过程的精准控制和优化，提高运营效率和服务质量。然而，在实施过程中，企业需要关注技术更新换代、数据安全与隐私保护以及人才短缺等挑战，并积极抓住机遇，推动物流管理的创新发展。相信在不久的将来，智能化与数据驱动的物流管理水平的提高将成为企业提升竞争力的重要手段。

2.挑战

（1）技术更新换代快：智能化与数据驱动的物流管理涉及的技术领域广泛，且更新换代速度较快。企业需要不断跟进新技术的发展，进行技术升级和改造，以适应市场的变化。

（2）数据安全与隐私保护：在物流管理过程中，存在大量的敏感数据，如客户信息、订单信息等。如何确保数据的安全性和隐私性，防止数据泄露和滥用，是企业需要面临的重要问题。

（3）人才短缺：智能化与数据驱动的物流管理需要具备跨领域的知识和技能，如数据分析、人工智能、物联网等。目前市场上相关人才较为短缺，企业需要加大人才培养和引进力度。

第四节　跨境电子商务背景下的支付与结算

一、跨境支付方式的创新

随着全球化的深入发展和国际贸易的日益频繁，跨境支付作为连接各国经济的纽带，其重要性愈发凸显。然而，传统的跨境支付方式存在着诸多问题，如成本高、速度慢、安全性不足等，这在一定程度上限制了跨境贸易的发展。因此，对跨境支付方式进行创新，以满足市场需求，促进跨境贸易的便捷化、高效化和安全化，已成为当前的重要课题。

（一）跨境支付方式的现状

传统的跨境支付方式主要包括电汇、信用证和托收等。这些方式虽然在一定程度上满足了跨境支付的需求，但也存在诸多弊端。首先，成本高。跨境支付涉及多个中间环节和多家金融机构，每个环节都需要收取一定的费用，导致跨境支付的成本较高。其次，速度慢。传统跨境支付方式需要经过多个银行或支付机构的处理，流程繁琐，耗时较长。最后，安全性不足。跨境支付涉及大量资金的流动，如果支付系统存在安全漏洞，就很容易受到黑客攻击或存在内部人员的非法操作，导致资金损失。

（二）跨境支付方式的创新路径

为了解决传统跨境支付方式存在的问题，近年来，一系列创新的跨境支付方式应运而生。这些创新方式主要包括区块链技术、数字货币和跨境支付平台等。

区块链技术以其去中心化、透明性和不可篡改性等特性，为跨境支付提供了新的解决方案。通过区块链技术，跨境支付可以实现实时清算和结算，无需经过多个中间环节，大大降低了支付成本。同时，区块链技术的分布式账本特性确保了交易数据的安全性和完整性，有效防止了欺诈和篡改行为。此外，区块链技术还可以提高跨境支付的透明度，使得交易双方可以实时了解资金流向和状态。

数字货币是一种基于区块链技术的电子货币，具有全球流通性和即时结算的特点。通过数字货币进行跨境支付，可以绕过传统的银行体系，实现点对点的直接交易，降低了支付成本和时间成本。此外，数字货币的匿名性也为跨境支付提供了一定的隐私保护。然而，数字货币的市场波动性较大，需要谨慎使用和管理。

跨境支付平台通过整合各类支付渠道和资源，为跨境贸易提供了"一站式"支付解决方案。这些平台通常具有较为完善的支付系统和风控体系，能够确保支付的安全性和稳定性。同时，跨境支付平台还可以提供多种支付方式供用户选择，满足不同场景和需求。此外，一些跨境支付平台还通过引入人工智能技术，实现智能风控和用户服务，提升了用户体验和支付效率。

（三）跨境支付方式创新的挑战与机遇

跨境支付方式创新虽然带来了诸多便利和优势，但也面临着一些挑战。首先，技术风险。跨境支付方式创新依赖先进的技术手段，如区块链、人工智能等，这些技术的成熟度和稳定性尚待进一步提高。其次，监管风险。跨境支付涉及多个国家和地区的法律法规，需要遵守各地的监管要求。然而，不同国家和地区的监管政策存在差异，也会给跨境支付的创新带来一定的不确定性。最后，跨境支付还面临着市场风险、汇率风险等挑战。

然而，尽管面临挑战，跨境支付方式创新仍然具有广阔的机遇。随着全球化和数字化趋势的加速推进，跨境贸易的需求将持续增长，为跨境支付方式创新提供了巨大的市场空间。同时，随着技术的不断进步和监管政策的逐步完善，跨境支付方式创新将有望解决传统跨境支付存在的问题，推动跨境贸易的便捷化、高效化和安全化。

跨境支付方式的创新是适应全球化和数字化趋势的必然选择。通过区块链技术、数字货币和跨境支付平台等创新方式，可以有效解决传统跨境支付方式存在的问题，提高跨境支付的效率、降低成本并增强安全性。然而，在推进跨境支付方式创新的过程中，需要关注技术风险、监管风险和市场风险等问题，并加强国际合作与沟通，进而推动跨境支付方式的健康发展。

未来，随着技术的不断进步和市场的不断拓展，跨境支付方式创新将继续深化和完善。我们期待看到更多创新性的跨境支付方式涌现，为促进跨境贸易的发展注入新的活力。

二、跨境结算系统的完善

跨境结算系统是国际贸易的重要组成部分，它承担着实现不同国家之间货币转换和资金清算的关键任务。随着全球化的深入发展和跨境贸易的日益频繁，跨境结算系统的完善显得愈发重要。一个高效、安全、稳定的跨境结算系统不仅能够降低交易成本、提高交易效率，还能增强国际贸易的便利性和安全性。本部分将从跨境结算系统的现状、存在的问题、完善路径以及未来展望等方面进行探讨。

（一）跨境结算系统的现状

目前，跨境结算系统主要由传统的银行体系和一些新兴的支付机构组成。传统的银行体系通过其遍布全球的分支机构，提供跨境结算服务。然而，传统的跨境结算方式存在着一些问题，如流程繁琐、成本高、速度慢等。此外，不同国家之间的法律法规、货币制度和监管要求差异较大，也给跨境结算带来了一定的挑战。

近年来，随着科技的发展，一些新兴的支付机构开始涉足跨境结算领域。这些机构利用互联网、大数据和人工智能等技术手段，提供更为便捷、高效的跨境结算服务。然而，新兴的支付机构在跨境结算领域仍然面临着诸多挑战，如合规性、安全性、信任度等问题。

（二）跨境结算系统存在的问题

跨境结算系统在发展过程中存在着一系列问题，这些问题制约了跨境结算的效率和安全性。

跨境结算涉及多个国家和地区的金融机构、监管部门和支付机构，各方之间的信息不对称和沟通不畅是制约跨境结算效率的重要因素。由于缺乏统一的信息共享平台和沟通机制，跨境结算常常出现信息延迟、误解和误操作等问题，导致交易成本的增加和交易速度的降低。不同国家和地区的法律法规、货币制度和监管要求差异较大，给跨境结算带来了合规风险。跨境结算机构需要遵守多个国家和地区的法律法规，确保合规经营。然而，由于法规差异和监管要求的不确定性，跨境结算机构往往面临着较高的合规成本和风险。

跨境结算系统涉及大量的资金流动和信息传输，对技术安全和风险控制的要求极高。然而，目前一些跨境结算系统的技术架构和风险控制机制尚不完善，存在着安全隐患和风险点。一旦系统遭受黑客攻击或内部人员非法操作，就可能导致企业资金损失和声誉风险。

（三）跨境结算系统的完善路径

为了完善跨境结算系统，提高其效率和安全性，可以从以下几个方面进行完善：

一是通过建立统一的信息共享平台和沟通机制，可以促进跨境结算各方之间的信息共享和沟通协作。这有助于减少信息不对称和沟通不畅带来的问题，提高跨境结算的效率和准确性。加强不同国家和地区之间的法规协调和监管合作，是完善跨境结算系统的重要措施。通过推动各国之间的法规趋同和监管互认，可以降低跨境结算的合规成本和风险。同时，建立跨境结算监管合作机制，加强监管信息共享和联合执法，有助于提升跨境结算的安全性。

二是跨境结算机构应加大对技术安全和风险控制的投入力度，提升系统的安全性和稳定性。采用先进的安全技术和加密手段，确保资金流动和信息传输的安全性。同时，建立完善的风险控制机制，对跨境结算过程中的风险进行及时识别、评估和控制，防止潜在风险的发生。

（四）未来展望

随着科技的不断进步和全球化的深入发展，跨境结算系统将迎来更多的创新和发展机遇。未来，跨境结算系统可能会朝着以下几个方向发展。

借助大数据、人工智能等技术手段，跨境结算系统有望实现数字化和智能化升级。通过智能算法和数据分析，系统能够更准确地识别风险、优化流程，提高跨境结算的效率和安全性。区块链技术以其去中心化、透明性和不可篡改性等特点，为跨境结算提供了新的解决方案。未来，区块链技术有望在跨境结算领域得到更广泛的应用，降低交易成本、提高交易速度，并增强跨境结算的透明度和可信度。

随着多边支付协议的不断推进和金融基础设施的互联互通，跨境结算系统将更加便捷和高效。不同国家和地区的支付系统有望实现互联互通，降低跨境支付的壁垒和成本，促进国际贸易的便利化。

总之，完善跨境结算系统是推动国际贸易发展的重要举措。通过加强开展信息共享、法规协调、技术安全和风险控制等方面工作，我们可以期待一个更加高效、安全、稳定的跨境结算系统的出现，为国际贸易的繁荣和发展提供有力支持。

三、跨境支付与结算的风险防控

随着全球化的加速推进，跨境支付与结算在国际贸易中发挥着越来越重要的作用。然而，跨境支付与结算所面临的风险也日益凸显。这些风险不仅可能影响企业的正常运营，还可能对整个金融系统的稳定性造成威胁。因此，加强跨境支付与结算的风险防控对于企业来说至关重要。

（一）跨境支付与结算的主要风险类型

跨境支付与结算涉及多个环节和多个主体，因此其风险类型也较为复杂多样，主要包括信用风险、汇率风险、操作风险、法律风险等。

信用风险是指交易对手方因各种原因无法履行合约义务而给支付方带来的损失风险。在跨境支付与结算中，由于涉及不同国家和地区的支付机构、银行等金融机构，信用风险尤为突出。一旦交易对手方出现违约行为，支付方就可能面临资金损失的风险。

汇率风险是指由于汇率波动导致跨境支付与结算中涉及的货币价值发生变化，从而给支付方带来损失的风险。由于跨境支付与结算通常涉及多种货币，汇率的波动可能导致支付金额的不确定性，进而会增加企业的财务风险。

操作风险是指在跨境支付与结算过程中，由于人为错误、系统故障或流程不当等原因导致的损失风险。例如，支付指令的录入错误、支付系统的故障等都可能导致支付失败或资金损失。

法律风险是指由于不同国家和地区的法律法规差异导致的跨境支付与结算风险。由于各国的法律体系、监管政策等存在差异，跨境支付与结算可能面临合规性问题，如违反当地法律法规、涉及洗钱等非法活动等。

（二）跨境支付与结算风险防控的措施

为了有效防控跨境支付与结算的风险，需要采取一系列措施，包括加强风险管理、提升技术水平、完善法律法规等。

企业应建立完善的风险管理制度，明确风险管理职责和流程。通过对交易对手方的信用评估、设定合理的信用额度、建立风险预警机制等方式，降低信用风险。同时，企业还应关注汇率变动，采取合理的汇率风险管理策略，如使用远期合约、期权等工具进行汇率锁定。

跨境支付与结算涉及大量的数据处理和传输，因此提升技术水平对降低操作风险具有重要意义。企业应加大对支付系统的投入力度，采用先进的技术手段提高系统的稳定性和安全性。同时，加强员工培训，提高员工的业务水平和操作规范性，减少人为错误的发生。

政府应加强对跨境支付与结算的监管，完善相关法律法规和政策措施。通过制定统一的支付结算规则、加强跨境支付机构的监管、推动各国之间的法律合作等方式，降低法律风险。此外，政府还应加强对非法活动的打击力度，维护跨境支付与结算市场的秩序。

（三）跨境支付与结算风险防控的未来趋势

随着科技的发展和国际合作的加强，跨境支付与结算风险防控将呈现以下趋势。

一是借助大数据、人工智能等技术手段，跨境支付与结算的风险防控将更加数字化和智能化。通过数据分析和模型预测，跨境支付与结算能够更准确地识别风险、评估风险并采取相应的防控措施。面对跨境支付与结算的复杂风险，各国之间需要加强合作与信息共享；通过建立多边合作机制、共享风险信息等方式，提高风险防控的效率和准确性。同时，各国应加强与国际组织的合作，推动跨境支付与结算的国际标准和规范的制定。

二是随着跨境支付与结算市场的不断发展，各国监管部门将加强对该领域的监管力度。通过制定更严格的合规要求、加强对支付机构的监督检查等方式，确保跨境支付与结算的合规性和安全性。

三是跨境支付与结算的风险防控是保障国际贸易安全稳定的重要一环。通过加强风险管理、提升技术水平、完善法律法规等措施，可以有效降低跨境支付与结算的风险。同时，随着科技的发展和国际合作的加强，跨境支付与结算风险防控将呈现出数字化、智能化和多边合作等趋势。未来，我们应继续关注跨境支付与结算的风险防控问题，不断完善相关制度和措施，为国际贸易的健康发展提供有力保障。

第五节　跨境电子商务背景下的法律法规与风险管理

一、跨境电子商务的法律法规体系

随着全球化的深入发展和信息技术的不断进步，跨境电子商务作为一种新型的商业模式，正逐渐成为推动国际贸易增长的重要力量。然而，跨境电子商务的快速发展也带来了一系列法律法规问题，政府需要建立完善的法律法规体系来规范和保障其健康发展。本部分将从跨境电子商务的法律法规现状、存在的问题、完善路径以及未来展望等方面进行探讨。

（一）跨境电子商务的法律法规现状

跨境电子商务的法律法规体系主要由国内法律法规和国际法律规则构成。在国内层面，我国已经出台了一系列相关法律法规，如《中华人民共和国电子商务法》《跨境电子商务零售进口商品清单》等，对跨境电子商务的经营活动、消费者权益保护、数据安全等方面进行了规范。在国际层面，各国政府和国际组织积极推动跨境电子商务的法律法规建设，如世界贸易组织的电子商务规则、欧盟的电子商务指令等，为跨境电子商务的国际合作提供了法律基础。

然而，跨境电子商务的法律法规体系仍然存在一些问题。首先，不同国家和地区的法律法规差异较大，导致跨境电子商务在运营过程中面临诸多法律障碍。其次，跨境电子商务涉及多个环节和多个主体，需要协调不同法律领域的关系，确保法律规范的协调性和一致性。最后，跨境电子商务的发展速度远超过法律法规的制定速度，导致一些新兴问题难以得到及时有效的法律规制。

（二）跨境电子商务法律法规体系存在的问题

跨境电子商务作为一种新兴的商业模式，其发展迅速，而法律法规的制定往往滞后于实践的发展。这导致一些新兴问题在法律上缺乏明确的规范和指导，给跨境电子商务的发展带来了一定的不确定性。

由于不同国家和地区的法律法规存在差异，跨境电子商务在运营过程中需要遵守多个国家和地区的法律要求。这种不一致性既增加了企业的合规成本，也可能导致法律冲突和纠纷的产生。

跨境电子商务关于消费者权益保护的问题尤为突出。由于跨境交易的特殊性和复杂性，消费者在维权方面往往面临诸多困难。同时，一些不法商家也利用跨境电子商务的漏洞进行欺诈和侵权行为，严重损害了消费者的利益。

（三）完善跨境电子商务法律法规体系的路径

针对跨境电子商务的快速发展和新兴问题，我国应加强相关法律法规的制定和完善工作。通过修订现有法律、制定专项法规等方式，明确跨境电子商务在法律地位、经营规范、消费者权益保护等方面的要求，为跨境电子商务的健康发展提供有力的法律保障。

加强国际合作，推动国际法律规则的协调和统一是完善跨境电子商务法律法规体系的重要途径。我国应积极参与国际电子商务规则的制定和谈判，推动各国在跨境电子商务领域的法律互认和合作，降低跨境交易的法律风险和成本。

加强监管和执法力度是确保跨境电子商务法律法规有效实施的关键。政府应建立健全跨境电子商务的监管机制，加强对跨境电子商务平台的监管和检查，对违法行为进行严厉打击和处罚，维护市场秩序和消费者权益。

随着技术的不断进步和全球化的深入发展，跨境电子商务将继续保持快速增长的态势。未来，跨境电子商务的法律法规体系将面临更多的机遇和挑战。一方面，新兴技术和业务模式的不断涌现将给法律法规的制定带来更大的难度和复杂性；另一方面，国际合作的加强和各国法律体系的逐渐趋同将为跨境电子商务的法律法规建设提供更多的机遇和空间。

因此，我国应密切关注跨境电子商务的发展趋势和新兴问题，及时修订和完善相关法律法规，加强国际合作和交流，推动跨境电子商务的健康发展。同时，企业也应加强自身的合规意识和风险管理能力，确保在跨境电子商务领域的合规经营和可持续发展。

总之，跨境电子商务的法律法规体系是保障其健康发展的重要基础。我国应加强法律法规的制定和完善，推动国际法律规则的协调和统一，强化监管和执法力度，为跨境电子商务的快速发展提供有力的法律保障。

二、跨境电子商务的税收与关税问题

跨境电子商务作为一种新型的商业模式，在全球范围内迅速发展，为国际贸易提供了新的机遇和挑战。然而，随着跨境电子商务的蓬勃兴起，税收与关税问题也逐渐凸显出来。本部分将围绕跨境电子商务的税收与关税问题进行深入探讨，分析现状、问题并提出相应的建议。

（一）跨境电子商务税收与关税问题的现状

跨境电子商务的税收与关税问题涉及多个方面，包括税收管辖权、税收征收方式、关税政策等。目前，各国在跨境电子商务税收与关税方面的政策和实践存在较大差异，导致出现了一系列问题。

首先，税收管辖权问题是跨境电子商务税收与关税问题的核心。由于跨境电子商务涉及多个国家和地区的交易，税收管辖权归属成为一个复杂的问题。不同国家对税收管辖权的认定标准不尽相同，导致税收征收的混乱和不确定性。

其次，税收征收方式是跨境电子商务税收与关税问题的重要方面。传统的税收征收方式往往依赖物理边界和实体交易，而跨境电子商务的虚拟性和全球性使得传统的税收征收方式难以适用。如何有效地对跨境电子商务进行税收征收，成为一个亟待解决的问题。

最后，关税政策也是影响跨境电子商务发展的重要因素。不同国家对进口商品的关税政策差异较大，这直接影响了跨境电子商务的成本和竞争力。高额的关税可能导致跨境电子商务的交易成本上升，从而限制了其发展空间。

（二）跨境电子商务税收与关税问题的影响

跨境电子商务税收与关税问题的存在对跨境电子商务的发展产生了深远的影响。

首先，税收与关税问题增加了跨境电子商务的交易成本。由于税收管辖权的不确定性和税收征收方式的复杂性，跨境电子商务企业需要花费更多的时间和精力来处理税收和关税问题，这会增加企业的运营成本。

其次，税收与关税问题限制了跨境电子商务的市场规模。高额的关税和复杂的税收制度可能导致一些消费者选择放弃购买跨境商品，从而限制了跨境电子商务的市场规模。

最后，税收与关税问题还可能引发国际贸易摩擦和争端。不同国家在税收和关税政策上的差异可能导致贸易壁垒的产生，进而引发国际贸易摩擦和争端，对全球贸易秩序产生不利影响。

（三）解决跨境电子商务税收与关税问题的建议

针对跨境电子商务税收与关税问题，笔者提出以下建议。

首先，加强国际合作，推动税收与关税政策的协调与统一。各国应加强在跨境电子商务税收与关税领域的沟通和合作，共同制定统一的税收征收标准和关税政策，减少贸易壁垒和摩擦。

其次，完善税收征收方式，提高税收征收效率。针对跨境电子商务的特点，各国应探索适用跨境电子商务的税收征收方式，如建立电子化的税收征收系统，实现税收信息的实时共享和交换，提高税收征收的效率和准确性。

再次，降低关税水平，促进跨境电子商务的发展。各国应根据实际情况，适当降低进口商品的关税水平，降低跨境电子商务的交易成本，扩大市场规模。

最后，加强税收监管和执法力度，确保税收政策的有效实施。各国应建立健全的税收监管机制，加强对跨境电子商务企业的税收监管和执法力度，打击税收违法行为，维护税收秩序和公平竞争。

跨境电子商务的税收与关税问题是当前国际贸易领域的重要议题。通过加强国际合作、完善税收征收方式、降低关税水平和加强税收监管等措施，可以有效解决跨境电子商务税收与关税问题，推动跨境电子商务的健康发展。未来，随着技术的不断进步和全球贸易格局的变化，跨境电子商务税收与关税问题将继续面临新的机遇和挑战。各国应密切关注跨境电子商务的发展趋势，不断完善税收与关税政策，为跨境电子商务的可持续发展提供有力支持。

在全球化的大背景下，跨境电子商务作为连接各国市场的重要桥梁，其税收与关税问题的解决不仅关乎企业的利益，更关系到全球贸易的繁荣与稳定。因此，各国政府、企业和国际组织应共同努力，推动跨境电子商务税收与关税问题的妥善解决，为构建开放、包容、普惠、平衡、共赢的新型国际贸易体系做出积极贡献。

三、跨境电子商务的风险识别与管理

随着全球化进程的加速和信息技术的飞速发展，跨境电子商务作为一种新兴的商业模式，在全球范围内得到了广泛关注和迅猛发展。然而，跨境电子商务在带来巨大商业机遇的同时，也伴随着一系列潜在的风险。本部分将对跨境电子商务的风险进行识别，并提出相应的管理策略，以帮助企业更好地应对和防范这些风险。

（一）跨境电子商务的风险识别

跨境电子商务涉及多个国家和地区的法律体系，不同国家的法律法规存在差异，企业在进行跨境交易时可能面临法律合规问题。例如，数据保护、知识产权、消费者权益保护等方面的法律规定可能导致企业面临法律纠纷和处罚。跨境电子商务市场的竞争日益激烈，市场变化快速，企业可能面临市场份额下降、价格竞争压力增加等风险。同时，不同国家和地区的消费习惯、文化差异也可能导致企业在市场推广和品牌建设方面面临挑战。

跨境电子商务涉及国际物流环节，包括运输、仓储、配送等。物流过程中的延误、丢失、损坏等问题可能导致企业面临客户投诉、退货和赔偿等风险。此外，不同国家和地区的物流体系、运输方式和成本也存在差异，企业需要充分考虑物流风险并进行有效管理。跨境电子商务支付涉及多种支付方式和支付渠道，包括信用卡、电子钱包、跨境汇款等。支付过程中的欺诈、汇率波动、资金安全等问题可能给企业带来经济损失和声誉风险。

（二）跨境电子商务的风险管理策略

企业应加强对跨境电子商务相关法律法规的研究，了解并遵守目标市场的法律要求。同时，建立专门的法律合规团队，负责跨境交易的合同审查、风险评估和纠纷处理等工作，确保企业的合规经营。

企业应加强对目标市场的调研和分析，了解当地市场需求、竞争态势和文化习惯等信息。根据市场特点制定合适的市场策略和产品定位，提高市场竞争力。同时，建立灵活的市场应对机制，及时调整市场策略以应对市场变化。

企业应选择可靠的物流公司或合作伙伴，建立长期稳定的合作关系，确保物流过程的顺畅和安全。同时，加强对物流环节的监控和管理，及时处理物流问题，降低物流风险。此外，企业还可以考虑采用先进的物流技术和手段，提高物流效率和降低成本。

企业应选择安全可靠的支付方式和支付渠道，加强支付过程中的身份验证和欺诈检测，防止支付风险的发生。同时，建立资金安全管理制度，确保跨境交易资金的安全和合规性。此外，企业还可以考虑采用多元化支付方式，降低汇率波动对支付成本的影响。

（三）风险管理的持续改进与创新

跨境电子商务的风险管理是一个持续改进和创新的过程。企业应定期对风险管理策略进行评估和调整，根据市场变化和业务需求进行优化和创新。同时，加强风险管理的培训和宣传，提高全员的风险意识和应对能力。此外，企业还可以借助大数据、人工智能等技术手段，提高风险识别和管理的效率和准确性。

跨境电子商务的风险识别与管理是企业在全球化背景下实现可持续发展的关键所在。通过建立完善的法律合规体系、深入市场调研与定位、优化物流管理与合作以及强化支付安全与风险控制等策略，企业可以有效地降低跨境电子商务的风险，提高市场竞争力。同时，企业应保持持续改进和创新的态度，不断完善风险管理机制，以应对日益复杂的跨境电子商务环境。

　　在全球化的大背景下，跨境电子商务将继续保持快速发展的态势。企业应积极应对风险挑战，抓住机遇，不断创新和发展，实现跨境电子商务的可持续发展。通过有效的风险管理，企业可以在激烈的市场竞争中脱颖而出，赢得更广阔的市场空间。

第四章　跨境电子商务背景下的交易模式

第一节　跨境电子商务平台的类型与功能

一、综合型与垂直型平台的比较

随着互联网技术的快速发展，电子商务平台已经成为现代商业领域的重要组成部分。其中，综合型平台和垂直型平台是两种最为常见的类型。这两种平台既各有其特点和优势，也存在一定的差异。本部分将对综合型平台和垂直型平台进行比较，以便更好地理解它们的特点和适用场景。

（一）综合型平台的特点与优势

综合型平台是一种涵盖了多个商品和服务类别的电子商务平台。它的主要特点在于其广泛性和综合性，能够为用户提供一站式的购物体验。综合型平台通常拥有庞大的用户基数和丰富的商品种类，能够满足用户多样化的购物需求。

综合型平台的优势主要体现在以下几个方面。

商品种类丰富：综合型平台涵盖了众多商品和服务类别，用户可以在一个平台上找到自己所需的多种商品，无需跳转到其他平台。

用户基数大：综合型平台通常拥有庞大的用户群体，这为商家提供了更广阔的市场和更多的潜在用户。

品牌效应强：由于综合型平台的知名度和影响力较大，商家可以借助平台的品牌效应提升自身的知名度和信誉度。

（二）垂直型平台的特点与优势

垂直型平台是一种专注于某一特定行业或领域的电子商务平台。它不同于综合型平台的广泛性和综合性，而是更加专业化和精细化。垂直型平台通常深入挖掘某一行业的需求和特点，提供更加专业、精准的服务。

垂直型平台的优势主要体现在以下几个方面。

行业专业性强：垂直型平台专注于某一特定行业或领域，对行业的了解程度更高，能够提供更专业、更精准的服务。

用户粘性高：由于垂直型平台提供的服务更加贴合用户需求，因此用户粘性较高，有利于商家建立稳定的用户群体。

营销效率高：垂直型平台能够根据行业特点和用户需求制定更加精准的营销策略，提高营销效率和转化率。

（三）综合型与垂直型平台的比较

综合型平台以其广泛的商品种类和服务范围著称。无论是日常用品、电子产品还是奢侈品，用户都可以在综合型平台上找到。这种多样性既满足了消费者"一站式"购物的需求，也吸引了众多商家入驻。相比之下，垂直型平台则聚焦于某一特定行业或领域，如服装、家居、母婴等，虽然商品种类相对较少，但更加专业和深入。这种聚焦使得垂直型平台在某一领域内能够提供更精细化的服务，满足特定用户的需求。

综合型平台的用户基数通常较大，因为其提供的商品和服务种类繁多，能够吸引不同需求的消费者。然而，由于商品种类繁多，用户可能更容易被其他平台的价格、品质或服务所吸引，导致综合型平台用户粘性相对较低。垂直型平台由于专注于某一特定行业或领域，其用户群体相对固定且更加精准，平台提供的服务也更加贴合用户需求，因此用户粘性较高。这种高度的用户粘性使得商家能够更容易地建立稳定的用户群体，提高销售转化率。

综合型平台通常拥有较高的知名度和影响力，这对商家来说是一种无形的资产。商家可以借助综合型平台的品牌效应提升自身的知名度和信誉度，从而吸引更多消费者。垂直型平台虽然在知名度上可能不及综合型平台，但由于其专业性和深入性，往往在某个特定领域内具有较高的影响力。这种影响力使得商家在某一领域内能够更容易地树立品牌形象，提升市场竞争力。

综合型平台由于商品种类繁多，需要制定更加广泛和多样化的营销策略以吸引不同需求的用户。然而，这种广泛的营销策略可能导致营销效率相对较低。垂直型平台则可以根据行业特点和用户需求制定更加精准的营销策略。由于用户群体相对固定且精准，垂直型平台的营销效率通常较高。商家可以更加精准地推送促销信息、优惠活动等，提高销售转化率。

综合型平台和垂直型平台各有其特点和优势。综合型平台以其广泛的商品种类和服务范围、庞大的用户基数和强大的品牌效应吸引着众多商家和用户；垂直型平台则以其专业性、用户粘性和营销效率在特定领域内占据优势。在选择平台时，商家应根据自身业务特点和需求进行权衡和选择。同时，随着市场环境和消费者需求的变化，平台也应不断调整和优化自身策略，以适应市场变化并提升竞争力。

二、平台的商品展示与搜索功能

随着电子商务的蓬勃发展，商品展示与搜索功能在电商平台中的作用日益凸显。一个优秀的商品展示与搜索功能不仅可以提升用户体验，还能帮助商家更精准地触达目标消费，实现销售额增加。本部分将对平台的商品展示与搜索功能进行深入探讨，分析其功能特点、重要性以及优化策略。

（一）商品展示功能的特点与重要性

商品展示功能是电商平台的基础功能之一，它通过图片、文字、视频等多种形式，将商品信息直观地呈现给消费者。优秀的商品展示功能具有以下特点。

直观性：通过高清图片、详细参数和生动视频，使消费者能够全面了解商品的外观、性能和使用方法。

多样性：支持多种展示形式，满足不同消费者的信息获取需求，提高购买决策的准确性。

互动性：提供用户评价、问答等功能，让消费者能够与其他购买者交流，增加购买信心。

商品展示功能的重要性主要体现在以下几个方面。

提升用户体验：优秀的商品展示功能可以使消费者更轻松地了解商品信息，减少购物过程中出现的疑虑和困惑，提升购物体验。

增强品牌形象：通过精美的商品展示，展现品牌的专业性和品质感，提升品牌在消费者心中的形象和地位。

促进销售增长：通过直观、多样的商品展示来，激发消费者的购买欲望，提高商品的转化率和销售额。

（二）搜索功能的特点与重要性

搜索功能是电商平台中消费者快速找到所需商品的重要工具。一个高效、精准的搜索功能可以帮助消费者快速定位目标商品，提高购物效率。搜索功能的特点主要体现在以下几个方面。

高效性：搜索功能应能够迅速响应消费者的搜索请求，提供准确的搜索结果。

精准性：搜索功能应能够准确理解消费者的搜索意图，提供与用户需求高度匹配的商品信息。

个性化：搜索功能可以根据消费者的搜索历史和购买记录，提供个性化的推荐结果，提高购物的便捷性和满意度。

搜索功能的重要性不言而喻。对消费者而言，搜索功能是他们快速找到所需商品的关键途径。一个优秀的搜索功能能够节省消费者的时间和精力，提高购物效率。同时，搜索功能也是商家展示商品、吸引流量的重要手段。通过优化搜索关键词、提高商品在搜索结果中的排名，商家可以增加商品的曝光率，提高销售机会。

（三）商品展示与搜索功能的优化策略

为了提升平台的商品展示与搜索功能，可以从以下几个方面进行优化。

优化商品信息展示：确保商品信息准确、完整，包括名称、价格、参数、图片等。同时，注重商品描述的细节和准确性，使消费者能够充分了解商品的特点和优势。

提高图片质量：使用高清、美观的商品图片，展示商品的外观和细节。同时，可以添加多角度展示、实物对比等功能，提高消费者的购买信心。

引入用户评价：展示消费者对商品的评价和反馈，让其他消费者了解商品的使用体验和优缺点。同时，及时处理负面评价，提升消费者对平台的信任度。

提升搜索算法精度：优化搜索算法，提高搜索结果的准确性和相关性。可以考虑引入自然语言处理技术，更好地理解消费者的搜索意图和需求。

个性化推荐：根据消费者的搜索历史和购买记录，提供个性化的商品推荐。通过精准推荐，满足消费者的个性化需求，提高购物满意度。

商品展示与搜索功能是电商平台的重要组成部分，对提升消费者体验和促进销售增长具有重要意义。通过优化商品信息展示、提高图片质量、引入消费者评价、提升搜索算法精度以及个性化推荐等措施，可以不断提升平台的商品展示与搜索功能。未来，随着技术的不断进步和消费者需求的不断变化，电商平台应持续关注并优化商品展示与搜索功能，以适应市场变化并提升竞争力。

综上所述，商品展示与搜索功能是电商平台不可或缺的重要功能。通过深入研究和优化这些功能，电商平台可以为消费者提供更加便捷、高效的购物体验，同时实现商业价值的最大化。

三、平台的交易安全与保障措施

随着电子商务的快速发展，交易安全与保障措施成为电商平台不可或缺的重要组成部分。一个安全可靠的交易平台不仅能够保护消费者的合法权益，还能增强消费者对平台的信任度，促进交易的顺利进行。本部分将对平台的交易安全与保障措施进行深入探讨，分析其重要性、主要措施以及面临的挑战。

（一）交易安全的重要性

交易安全是电商平台稳定运营和持续发展的基石。在电子商务交易中，涉及消费者个人信息、支付密码、交易资金等敏感信息，一旦泄露或被滥用，会给消费者带来巨大的经济损失和信任危机。因此，确保交易安全对电商平台来说至关重要。

首先，交易安全直接关系到消费者的切身利益。在电商平台上，消费者通过在线支付完成交易，如果平台的安全措施不到位，消费者的支付信息就可能被盗取或滥用，导致资金损失。此外，虚假交易、欺诈行为等也会给消费者带来经济损失和心理压力。

其次，交易安全影响电商平台的声誉和竞争力。一个安全可靠的交易平台能够赢得消费者的信任和忠诚，提高用户满意度和留存率。相反，如果平台存在安全隐患或频繁发生安全事件，将严重影响平台的形象和声誉，降低消费者对平台的信任度，进而影响平台的竞争力和市场份额。

（二）主要保障措施

为了确保交易安全，电商平台需要采取一系列保障措施，包括但不限于以下几点。

强化数据加密和存储安全。电商平台应采用先进的数据加密技术，对用户的个人信息、支付密码等敏感信息进行加密处理，确保数据在传输和存储过程中的安全性。同时，平台还应建立完善的数据存储和管理制度，防止数据泄露或被非法获取。

建立严格的实名认证制度。电商平台应对用户进行实名认证，确保用户的身份真实可靠。通过实名认证，平台可以追溯用户的真实身份，降低虚假交易和欺诈行为的风险。

完善交易纠纷处理机制。电商平台应建立完善的交易纠纷处理机制，对交易中出现的纠纷进行公正、公平的处理。平台可以通过设立客服中心、建立投诉举报渠道等方式，及时受理用户的投诉和举报，维护用户的合法权益。

加强风险监控和预警机制。电商平台应建立风险监控和预警机制，对交易过程中的异常行为进行实时监测和预警。通过数据分析、机器学习等技术手段，平台可以及时发现并处理潜在的安全风险，保障交易的顺利进行。

提升用户安全意识和教育。电商平台还应加强用户安全教育和宣传，提高用户的安全意识和防范能力。通过发布安全提示、开展安全知识普及活动等方式，平台可以帮助用户更好地识别和防范网络诈骗等安全风险。

（三）面临的挑战与应对策略

电商平台尽管在交易安全与保障措施方面取得了显著进展，但仍面临着以下几个方面挑战。

首先，技术更新迅速，安全威胁日益复杂。随着网络技术的不断发展，新的安全威胁和攻击手段层出不穷。电商平台需要不断更新和完善自身的安全技术体系，以应对日益复杂的安全挑战。

其次，用户隐私保护与数据利用之间存在矛盾。在保护用户隐私的同时，电商平台还需要充分利用用户数据进行精准营销和个性化推荐。如何在保护用户隐私的前提下合理利用数据，是电商平台需要解决的问题。

为了应对这些挑战，电商平台可以采取以下策略：一是加大技术研发和投入力度，不断提升自身的安全技术水平和应对能力；二是加强与第三方安全机构的合作，共同应对安全威胁和挑战；三是建立完善的用户隐私保护制度，明确数据收集、使用和共享的规则和标准，确保用户隐私得到充分保护。

交易安全与保障措施是电商平台不可或缺的重要组成部分。通过强化数据加密和存储安全、建立严格的实名认证制度、完善交易纠纷处理机制、加强风险监控和预警机制以及提升用户安全意识和教育等措施，电商平台可以确保交易的安全性和可靠性，赢得消费者的信任和忠诚。同时，面对技术更新迅速和安全威胁日益复杂的挑战，电商平台还需要不断更新和完善自身的安全技术体系，加强与第三方安全机构的合作，并建立完善的用户隐私保护制度，以应对日益复杂的安全挑战。

在未来的发展中，电商平台应继续重视交易安全与保障措施的建设和完善，不断提升自身的安全技术水平和应对能力，为消费者提供更加安全、可靠、便捷的购物体验。

第二节 跨境电子商务平台的运营策略

一、平台的市场定位与品牌建设

在激烈的市场竞争中，平台的市场定位与品牌建设是其成功与否的关键因素。一个清晰的市场定位能够使平台在目标市场中找到自身的独特价值，而品牌建设则能提升平台的知名度和美誉度，增强消费者对平台的信任度和忠诚度。本部分将对平台的市场定位与品牌建设进行深入探讨，以期为相关企业提供有益的参考。

（一）市场定位的重要性

市场定位是指企业根据市场需求和竞争态势，确定自身在市场中的竞争地位和发展方向。对平台而言，明确的市场定位能够使其更好地满足目标用户的需求，提升用户黏性，进而实现商业价值的最大化。

首先，市场定位有助于平台明确目标用户群体。通过对目标用户的深入研究和分析，平台能够更准确地把握其需求和偏好，从而提供符合其期望的产品和服务。这不仅能够提升用户体验，还能增加用户黏性，为平台的长期发展奠定基础。

其次，市场定位有助于平台形成差异化竞争优势。在激烈的市场竞争中，平台需要找到自身的独特之处，以区别于竞争对手。通过明确的市场定位，平台可以发掘自身的核心竞争力，形成独特的品牌形象和价值主张，从而在市场中脱颖而出。

最后，市场定位有助于平台制定有针对性的营销策略。明确的市场定位能够使平台更加精准地制定营销策略，包括目标市场的选择、营销渠道的选择、促销活动的制定等。这能够提高营销效果，降低营销成本，为平台的快速发展提供有力支持。

（二）品牌建设的内涵与意义

品牌建设是指企业通过一系列活动，塑造和提升自身品牌形象的过程。对平台而言，品牌建设不仅能够提升知名度和美誉度，还能够增强用户的信任度和忠诚度，进而促进平台的长期发展。

首先，品牌建设有助于提升平台的知名度。通过广告宣传、社交媒体推广、线下活动展示等多种方式，平台可以将自身的品牌形象和价值主张传递给更广泛的受众，提高其在市场中的知名度和影响力。

其次，品牌建设有助于增强用户对平台的信任度。一个具有良好品牌形象的平台，往往能够给用户留下专业、可靠、安全的印象。这种信任感能够促使用户更加愿意在平台上进行交易和消费，从而为平台带来稳定的客流和收益。

最后，品牌建设有助于培养用户的忠诚度。当用户对平台产生信任感和依赖感时，他们会更倾向成为这个平台的忠实用户，长期在平台上进行交易和消费。这种忠诚度能够为平台带来稳定的用户资源和口碑传播效应，推动平台的持续发展。

（三）市场定位与品牌建设的协同作用

市场定位与品牌建设在平台的发展过程中相互促进、相互依存。清晰的市场定位能够为品牌建设提供有力的支撑，而成功的品牌建设又能够进一步巩固和强化市场定位。

一方面，市场定位是品牌建设的基础。通过明确的市场定位，平台能够找到自身的独特价值和竞争优势，从而塑造出具有差异化和吸引力的品牌形象。这种品牌形象能够与用户的需求和期望相契合，提升用户对平台的认同感和满意度。

另一方面，品牌建设能够巩固和强化市场定位。通过品牌建设活动，平台能够不断传递和强化自身的品牌形象和价值主张，使消费者更加深入地了解和认可平台。这种认可和信任能够进一步巩固平台在市场中的竞争地位，提升其在目标用户心中的影响力和地位。

（四）市场定位与品牌建设的策略与实践

为了有效实施市场定位与品牌建设策略，平台需要采取以下一系列具体的措施。

在市场定位方面，平台需要进行深入的市场调研和用户需求分析，以了解目标市场的需求和竞争态势。同时，平台还需要分析自身的资源和能力，确定自身的竞争优势和劣势。在此基础上，平台可以制定针对性的市场定位策略，明确自身的目标用户群体、产品特色和服务模式等。

在品牌建设方面，平台需要注重品牌形象的塑造和传播。首先，平台需要设计独特的品牌标识和视觉形象，以区别于竞争对手。其次，平台需要通过广告宣传、社交媒体推广等方式，将自身的品牌形象和价值主张传递给目标用户。最后，平台还需要注重用户体验和服务质量的提升，以赢得用户的口碑和信任。

同时，平台还需要关注市场变化和用户需求的变化，不断调整和优化市场定位与品牌建设策略。例如，平台可以通过定期的市场调研和数据分析，了解用户的反馈和需求变化，进而调整产品和服务策略以满足用户需求。此外，平台还可以通过与合作伙伴的联动和资源整合，提升自身的品牌影响力和市场竞争力。

市场定位与品牌建设是平台发展的重要基石。通过明确的市场定位和成功的品牌建设活动，平台能够在激烈的市场竞争中脱颖而出，赢得用户的信任和忠诚。然而，市场定位与品牌建设并非一蹴而就的过程，需要平台持续投入和努力。未来，随着市场的不断变化和技术的不断创新，平台需要不断调整和优化市场定位与品牌建设策略，以适应新的市场需求和竞争态势。同时，平台还需要注重与用户的互动和沟通，了解用户的真实需求和期望，进而为用户提供更加优质、个性化的产品和服务体验。

总之，市场定位与品牌建设是平台实现长期稳定发展的关键所在。只有通过深入的市场调研、精准的市场定位、有效的品牌建设以及持续的优化调整，平台才能在激烈的市场竞争中立于不败之地。

二、平台的用户获取与留存策略

在数字化时代，平台的用户获取与留存策略对其长期发展至关重要。用户获取是平台扩大市场份额、提升品牌影响力的基础，而用户留存则是保持平台活跃度、实现持续盈利的关键。因此，制定有效的用户获取与留存策略对平台而言具有重要意义。

（一）用户获取策略

在制定用户获取策略之前，平台需要进行深入的市场调研，了解目标用户的需求、偏好和行为习惯。通过市场调研，平台可以明确自身的定位，找到与目标用户相匹配的切入点，为后续的用户获取活动提供有力支持。内容是吸引用户的核心。平台应提供有价值、有吸引力的内容，以吸引用户的关注和兴趣。通过发布原创文章、视频、音频等多种形式的内容，平台可以展示自己的专业性和独特性，吸引目标用户的关注和认可。

社交媒体是用户获取的重要渠道。平台可以利用微博、微信、抖音等社交媒体平台，发布推广信息、与用户互动，提高品牌曝光度和用户认知度。同时，平台还可以通过合作推广、KOL营销等方式，扩大自身影响力，吸引更多潜在用户。线下活动是提升平台知名度和用户黏性的有效途径。平台可以组织线下沙龙、讲座、展览等活动，吸引目标用户参与，加强品牌与用户的互动和联系。通过线下活动，平台可以深入了解用户需求，收集用户反馈，为后续的产品和服务优化提供依据。

优惠活动和奖励机制是吸引用户的有效手段。平台可以通过推出新用户优惠、限时折扣、积分兑换等活动，激发用户的参与热情，提高用户转化率。同时，平台还可以设置用户成长体系，为不同等级的用户提供不同的权益和奖励，激励用户长期活跃和参与。

（二）用户留存策略

优质的服务是用户留存的基础。平台应关注用户的需求和反馈，不断优化产品和服务，提升用户体验。通过提供个性化的推荐、便捷的操作流程、及时的客服响应等服务，平台可以增强用户的满意度和忠诚度，降低用户流失率。平台的定期更新与维护是保证用户体验的重要手段。平台应定期发布新版本、修复漏洞、优化性能等，确保平台的稳定性和安全性。同时，平台还可以通过更新内容、增加新功能等方式，保持用户的兴趣和活跃度。

社区建设是提升用户留存率的关键。平台可以建立用户社区，鼓励用户之间的交流和互动，增强用户的归属感和忠诚度。通过设立用户论坛、问答区、活动区等功能区域，平台可以为用户提供一个分享经验、交流想法的平台，促进用户之间的互助和合作。个性化推荐和精准营销是提高用户留存率的有效手段。平台可以通过分析用户的行为和偏好，为用户推荐符合其需求的内容和产品，提高用户的满意度和黏性。同时，平台还可以根据用户的属性和行为特征，制定精准的营销策略，提高营销效果和转化率。

建立用户反馈机制是了解用户需求、优化产品和服务的重要途径。平台应设立用户反馈渠道，如在线客服、用户调研等，及时收集和处理用户的反馈和建议。通过用户反馈机制，平台可以了解用户的真实需求和痛点，为产品和服务的优化提供有力支持。

（三）协同作用与持续优化

用户获取与留存策略不是孤立的，它们之间需要相互协同、相互促进。平台在制定策略时，应综合考虑用户获取和留存的各个环节，确保它们之间的衔接和配合。同时，平台还应根据市场和用户需求的变化，不断优化和调整策略，以适应新的环境和挑战。

此外，平台还应注重数据分析和效果评估。通过对用户获取和留存数据的分析，平台可以了解策略的执行效果和用户的行为特征，为后续的策略调整提供依据。通过持续的效果评估和优化，平台可以不断提升用户获取和留存的效果，实现平台的长期发展。

用户获取与留存策略是平台发展的关键环节。通过制定有效的策略并不断优化调整，平台可以吸引更多潜在用户、提高用户留存率，进而实现平台的长期稳定发展。然而，随着市场的不断变化和技术的不断创新，平台需要不断关注市场趋势和用户需求的变化，及时调整和优化策略，以保持竞争优势。

未来，随着人工智能、大数据等技术的不断发展，平台在用户获取与留存方面将有更多创新和突破。例如，通过利用人工智能技术实现精准的用户画像和个性化推荐，平台可以更加精准地获取和留存目标用户；通过大数据分析技术对用户行为进行深入挖掘和分析，平台可以更好地了解用户需求和行为特征，为产品和服务优化提供有力支持。因此，平台需要紧跟时代步伐，积极探索新的技术和方法，以不断提升用户获取与留存的效果。

三、平台的营销策略与推广手段

在激烈的市场竞争中，平台的营销策略与推广手段是其取得成功的关键。有效的营销策略能够精准定位目标用户，提升品牌知名度与美誉度，而恰当的推广手段则能扩大平台影响力，吸引更多潜在用户。本部分将详细探讨平台的营销策略与推广手段，以期为相关企业提供有益的参考。

（一）营销策略

市场细分是营销策略的基础。平台需要深入了解市场需求和竞争态势，将市场划分为不同的细分市场，并针对每个细分市场的特点和需求，制定相应的营销策略。通过市场细分，平台能够更准确地找到目标用户群体，为后续的营销活动提供有力支持。目标定位是营销策略的核心。平台需要明确自身在市场中的竞争地位和发展方向，确定目标用户群体的需求和偏好，从而制定符合市场需求的产品和服务策略。通过精准的目标定位，平台能够形成差异化竞争优势，提升品牌价值和用户黏性。

产品策略是营销策略的重要组成部分。平台需要不断优化产品功能、提升用户体验，以满足目标用户的需求。同时，平台还应关注市场趋势和用户需求的变化，及时调整产品策略，推出符合市场需求的新产品或服务。此外，平台还应注重产品的品牌包装和宣传。通过设计独特的品牌标识、宣传语和视觉形象，平台能够提升产品的辨识度和美誉度，增强用户对品牌的认知和信任。

价格策略是影响用户购买决策的关键因素。平台需要根据产品成本、市场需求和竞争态势，制定合理的价格策略。通过合理的定价，平台能够平衡用户需求和利润目标，实现长期稳定发展。在制定价格策略时，平台还应考虑用户的支付能力和支付意愿。通过提供多种支付方式、优惠活动和折扣政策，平台能够降低用户的购买门槛，提升用户的购买意愿和忠诚度。

渠道策略是营销策略的关键环节。平台需要选择合适的营销渠道，以扩大品牌影响力、吸引更多潜在用户。线上渠道如社交媒体、搜索引擎、电子邮件等，线下渠道如实体店面、合作伙伴等，都是有效的营销渠道。

在选择渠道时，平台需要考虑渠道的覆盖范围、用户活跃度和营销成本等因素。通过整合线上线下渠道资源，实现多渠道协同营销，平台能够提升营销效果和用户黏性。

（二）推广手段

内容营销是推广的重要手段。平台可以通过发布原创文章、视频、音频等多种形式的内容，吸引用户的关注。优质的内容能够提升用户对平台的认知度和信任度，为后续的营销活动提供有力支持。在进行内容营销时，平台需要关注内容的质量和创意性。通过深入挖掘用户需求和市场趋势，平台能够创作出符合用户口味的内容，进而提升用户的阅读体验和分享意愿。

社交媒体是推广的重要平台。平台可以利用微博、微信、抖音等社交媒体平台，发布推广信息、与用户互动，提升品牌曝光度和用户认知度。在进行社交媒体推广时，平台需要选择合适的推广方式和推广内容。通过精准定位目标用户群体、制定个性化的推广策略，平台能够实现精准营销，提升推广效果。

合作推广是推广的有效方式。平台可以与其他企业或机构进行合作，共同开展推广活动，扩大品牌影响力。通过与合作伙伴共享资源、互通有无，平台能够降低推广成本、提升推广效果。在选择合作伙伴时，平台需要考虑合作伙伴的行业地位、用户资源和品牌形象等因素。通过选择合适的合作伙伴，平台能够实现互利共赢的推广效果。

线下活动推广是推广的重要补充。平台可以通过组织线下沙龙、讲座、展览等活动，吸引目标用户参与，提升品牌知名度和用户黏性。在举办线下活动时，平台需要关注活动的主题和内容、参与人群和活动效果等因素。通过策划有趣、有启发性的活动，平台能够吸引更多用户的关注和参与，提升推广效果。

（三）营销策略与推广手段的协同作用

营销策略与推广手段不是孤立的，它们需要相互协同、相互促进。平台在制定营销策略时，应充分考虑推广手段的选择和实施；在推广过程中，应注重营销策略的贯彻和体现。

通过整合营销策略与推广手段，平台能够实现精准定位、有效传播和高效转化。精准的定位能够找到目标用户群体，有效的传播能够提升品牌知名度和美誉度，高效的转化则能够将潜在用户转化为实际用户。同时，平台还应注重数据分析和效果评估。通过对营销策略和推广手段的数据进行分析和评估，平台能够了解营销活动的执行效果和用户反馈，为后续的策略调整和优化提供依据。

营销策略与推广手段是平台取得成功的关键。通过制定有效的营销策略和选择恰当的推广手段，平台能够提升品牌知名度、吸引更多潜在用户、实现长期发展。然而，随着市场的不断变化和技术的不断创新，平台还需要不断关注市场趋势和用户需求的变化，及时调整和优化营销策略与推广手段，以适应新的环境和挑战。

未来，随着大数据、人工智能等技术的不断发展，平台的营销策略与推广手段将有更多创新和突破。例如，通过利用大数据技术进行用户画像和精准营销，平台能够更准确地找到目标用户，实现个性化推广；通过运用人工智能技术，平台可以自动化地分析用户行为和市场趋势，优化营销策略和推广手段，提升营销效果。此外，随着社交媒体的持续发展和短视频平台的崛起，平台也可以充分利用这些新兴渠道进行内容创作和社交互动，吸引更多年轻用户的关注。通过创作有趣、有教育意义的内容，结合社交媒体的分享和传播特性，平台可以有效扩大品牌影响力，提升用户黏性。

同时，跨界合作和资源整合也将成为未来营销策略与推广手段的重要方向。平台可以与其他行业的企业或品牌进行合作，共同开展联合推广活动，实现资源共享和互利共赢。通过跨界合作，平台可以拓宽用户群体，提升品牌曝光度，进一步推动业务发展。在营销策略与推广手段的实施过程中，平台还应注重用户体验和口碑管理。良好的用户体验和口碑是吸引用户、留住用户的关键因素。平台应不断优化产品和服务，提升用户体验，同时积极回应用户反馈，处理用户投诉，维护良好的品牌形象和口碑。

综上所述，平台的营销策略与推广手段需要不断创新和优化，以适应市场变化和用户需求的变化。通过整合多种营销手段、利用新兴技术、跨界合作以及注重用户体验和口碑管理，平台可以在激烈的市场竞争中脱颖而出，实现长期稳定发展。

在未来的发展中，平台还应密切关注市场趋势和技术发展，不断探索和尝试新的营销策略和推广手段。同时，平台还应加强内部团队建设，提升营销人员的专业素养和创新能力，为营销策略与推广手段的实施提供有力保障。总之，营销策略与推广手段是平台实现业务增长和市场竞争优势的重要手段。通过制定科学的营销策略、选择恰当的推广手段并不断进行优化和创新，平台可以在市场中占据有利地位，实现可持续发展。

第三节 跨境电子商务平台的市场推广

一、线上推广与线下推广的结合

在当今数字化时代，线上推广与线下推广的结合已经成为企业营销的重要策略。线上推广利用互联网和数字技术，能够迅速触达大量目标用户；线下推广则通过实体活动和互动体验，增强用户的感知和记忆。将两者有机结合，能够发挥各自优势，提升推广效果。本部分将详细探讨线上推广与线下推广的结合方式及其对企业营销的意义。

（一）线上推广与线下推广的优势分析

线上推广具有传播速度快、覆盖范围广、互动性强等优势。通过搜索引擎优化、社交媒体营销、电子邮件营销等手段，企业可以迅速将产品或服务信息传播给目标用户，同时收集用户反馈，优化推广策略。此外，线上推广还可以通过数据分析，精准定位目标用户，提高推广效果。

线下推广则具有真实感强、体验感好、口碑传播快等特点。通过举办实体活动、设置展示区域、发放宣传资料等方式，企业可以让用户亲身体验产品或服务，增强用户的感知和记忆。同时，线下推广还可以通过口碑传播，扩大品牌影响力，吸引更多潜在用户。

（二）线上推广与线下推广的结合方式

线上推广与线下推广可以通过举办线上线下联动活动，实现两者的有机结合。例如，企业可以在线上发布活动信息，吸引用户关注和参与。同时在线下举办实体活动，让用户亲身体验产品或服务。通过线上线下活动的联动，企业可以扩大活动影响力，提升品牌知名度。

线上推广可以通过内容营销、社交媒体互动等方式，引导用户到线下实体店进行体验。例如，企业可以在线上发布产品介绍、使用教程等内容，同时设置线下体验店，让用户能够亲自感受产品的品质和特点。通过这种方式，企业可以将线上流量转化为线下实际销量，提升用户转化率。

线下推广也可以通过设置二维码、引导关注等方式，将用户引导至线上平台进行互动。例如，在实体活动中，企业可以设置扫描二维码参与抽奖、领取优惠券等活动，吸引用户关注企业官方微信、微博等社交媒体账号。通过线下推广线上互动的方式，企业可以扩大线上用户规模，提升用户活跃度。

（三）线上推广与线下推广结合对企业营销的意义

线上推广与线下推广的结合能够扩大品牌的传播范围和影响力。通过线上渠道的广泛传播和线下活动的亲身体验，企业可以让更多用户了解品牌、认识产品，提升品牌知名度和美誉度。线上推广与线下推广的结合能够提供更加丰富的用户体验。用户可以通过线上了解产品信息、参与互动活动，线下亲自体验产品或服务，感受品牌的魅力。这种全方位的体验能够增强用户对品牌的认同感和忠诚度。

线上推广与线下推广的结合能够有效促进销售增长和市场份额提升。通过线上引导线下体验、线下推广线上互动等方式，企业可以将线上流量转化为实际销量，提升用户转化率。同时，通过线上线下活动的联动，企业可以扩大市场份额，提升竞争力。

（四）线上推广与线下推广结合的挑战与对策

尽管线上推广与线下推广的结合具有诸多优势，但在实际操作过程中也面临一些挑战。例如，线上与线下活动的协同管理、数据整合与分析等方面可能存在困难。为了克服这些挑战，企业需要加强内部沟通协作，建立完善的线上与线下推广体系；同时，借助先进的技术手段，实现数据的有效整合和分析，为推广策略的制定提供有力支持。

此外，企业在实施线上推广与线下推广的结合时，还需注意以下几点：一要根据目标用户的特点和需求，制定合适的推广策略；二要关注用户体验和反馈，及时调整和优化推广策略；三要保持线上线下推广的一致性和连贯性，避免给用户造成混乱或误解。

线上推广与线下推广的结合是现代企业营销的重要策略。通过充分发挥两者的优势，企业可以实现品牌知名度的提升、用户体验的增强以及销售增长和市场份额的提升。然而，在实施过程中也需要注意克服困难、关注用户体验和反馈以及保持推广的一致性和连贯性。

未来，随着科技的不断发展和市场的不断变化，线上推广与线下推广的结合将呈现出更多的可能性和创新点。例如，通过利用大数据、人工智能等先进技术，企业可以更加精准地定位目标用户、优化推广策略；同时，通过跨界合作和资源整合，企业也可以实现更广泛的品牌传播和市场拓展。因此，企业需要不断关注市场动态和技术发展，积极探索和创新线上推广与线下推广的结合方式，以适应市场的变化和满足用户的需求。

二、社交媒体与广告营销的应用

随着互联网的快速发展和普及，社交媒体已经成为人们生活中不可或缺的一部分。它不仅可以为人们提供分享、交流、获取信息的平台，同时也可以为企业提供全新的广告营销渠道。社交媒体与广告营销的结合，使得企业能够更精准地定位目标用户，实现更高效的品牌传播和营销效果。本部分将详细探讨社交媒体与广告营销的应用，以期为相关企业提供有益的参考。

（一）社交媒体在广告营销中的价值

社交媒体具有广泛的用户群体和高度互动性，企业通过在社交媒体平台上发布广告，能够迅速吸引用户的关注，提升品牌曝光度。同时，用户之间的分享和转发，还能够进一步扩大品牌的影响力，形成口碑传播效应。

社交媒体平台通常拥有庞大的用户数据，包括用户的兴趣、行为、地理位置等信息。企业可以利用这些数据进行精准的目标用户定位，确保广告内容能够准确触达潜在用户，提高广告的转化率。

社交媒体平台提供了丰富的互动功能，如点赞、评论、分享等。企业可以通过这些功能与用户进行互动，激发用户的参与热情，增强用户对品牌的认同感和忠诚度。同时，用户的反馈和建议还能够为企业提供宝贵的市场信息和改进方向。

（二）社交媒体广告营销的主要形式

原生广告是一种与社交媒体平台内容高度融合的广告形式，它通常以用户生成的内容或平台推荐的形式出现，具有较高的隐蔽性和可接受度。原生广告能够自然地融入用户的浏览体验中，减少用户的抵触心理，提高广告的点击率和转化率。付费推广是企业在社交媒体平台上购买广告位，通过投放广告内容来吸引用户的关注。付费推广可以根据企业的需求进行定向投放，如按照用户兴趣、地理位置等条件进行筛选，确保广告能够精准触达目标受众。

企业可以通过在社交媒体平台上举办营销活动，如线上竞赛、抽奖活动、话题挑战等，吸引用户的参与和互动。这种形式的广告营销不仅能够提升品牌曝光度，还能够增强用户与品牌之间的情感联系，提升用户的忠诚度和黏性。

（三）社交媒体广告营销的实施策略

企业在实施社交媒体广告营销前，应明确自身的营销目标，如提升品牌知名度、增加销售量、扩大市场份额等。只有明确了目标，企业才能有针对性地制定广告策略，确保营销活动能够取得预期的效果。不同的社交媒体平台具有不同的用户群体和特点，企业应根据自身的品牌定位和目标用户选择合适的平台。同时，企业还应关注平台的活跃度和用户黏性，确保广告内容能够在平台上得到充分的展示和传播。

广告内容是社交媒体广告营销的核心，企业应注重广告内容的创意性和吸引力。同时，广告内容还应与品牌形象和定位相符合，确保能够准确传达品牌的价值和理念。此外，企业还应关注广告内容的可读性和易懂性，确保用户能够轻松理解广告信息。社交媒体广告营销是一个持续的过程，企业需要定期评估广告效果，根据数据反馈调整策略。通过不断优化广告内容和投放方式，企业可以提升广告效果，实现更好的营销效果。

（四）社交媒体广告营销的挑战与应对

尽管社交媒体广告营销具有诸多优势，但在实际应用过程中也面临一些挑战。例如，用户对广告的抵触心理、广告内容的创意性不足、数据分析和精准定位的难度等。为了应对这些挑战，企业可以采取以下措施：提升广告内容的创意性和质量，减少用户的心理抵触；加强数据分析和精准定位技术的研究和应用，提高广告的转化率和效果；不断尝试和探索新的广告形式和营销策略，以适应市场和用户的变化。

社交媒体与广告营销的结合为企业提供了全新的营销渠道和方式。通过充分利用社交媒体的优势和特点，企业可以实现更精准的目标受众定位、更高效的品牌传播和更好的营销效果。然而，在实施过程中，企业也需要注意应对各种挑战和困难，不断优化和调整策略。

未来，随着社交媒体平台的不断发展和创新，社交媒体广告营销的形式和策略也将更加丰富和多样化。企业应密切关注市场动态和技术发展，不断创新和探索新的营销方式，以适应市场的变化和满足用户的需求。同时，企业还应注重提升用户体验和口碑传播，通过优质的产品和服务赢得用户的信任与支持，实现企业的长期发展。

三、口碑营销与内容营销的策略

在数字化营销时代，口碑营销与内容营销已经成为企业推广品牌、扩大市场份额的重要手段。口碑营销依赖于消费者的真实反馈和推荐，而内容营销则通过创造有价值的内容来吸引和留住目标消费者。本部分将深入探讨口碑营销与内容营销的策略，旨在为企业提供有益的参考。

（一）口碑营销的策略

口碑营销的核心在于消费者对产品或服务的满意度。企业要想获得良好的口碑，首先要确保所提供产品和服务的质量上乘，能够满足甚至超越消费者的期望。只有让消费者真正感受到产品的价值，他们才会愿意主动分享和推荐。企业可以通过举办线上及线下的活动，鼓励消费者参与并分享他们的体验。例如，可以举办产品试用活动，邀请消费者分享使用心得；开展话题讨论，引导消费者发表自己的观点和看法。这些互动不仅可以增强消费者对品牌的认同感，还能激发他们的分享欲望，进而形成口碑传播。

社交媒体平台是口碑传播的重要渠道。企业可以在社交媒体平台上建立品牌形象，发布有关产品或服务的信息，与消费者进行互动。同时，企业还可以关注消费者的反馈和评论，及时回应并解决问题，以维护良好的口碑。为了鼓励消费者分享和推荐品牌，企业可以采取一些激励措施，如设置分享奖励、推出推荐计划等。这些措施能够激发消费者的积极性，促使他们更频繁地分享和推荐品牌，从而扩大口碑传播的范围。

（二）内容营销的策略

在进行内容营销时，企业首先需要明确目标受众和品牌定位。通过深入了解目标受众的需求、兴趣和偏好，企业可以创作出更符合他们口味的内容，从而提高内容的吸引力和传播效果。有价值的内容是内容营销的核心。企业应注重内容的原创性、实用性和趣味性，确保内容能够引起目标受众的共鸣和关注。同时，企业还应关注内容的更新频率和多样性，以保持目标受众的兴趣和粘性。

内容营销的传播渠道多种多样，包括企业官网、社交媒体、博客、视频平台等。企业应根据目标受众的特点和喜好，选择合适的传播渠道进行内容发布和推广。同时，企业还应关注不同渠道之间的协同作用，以实现内容的最大化传播。数据分析是内容营销的重要环节。企业可以通过分析受众行为数据、内容传播数据等，了解目标受众的喜好和需求，优化内容策略。例如，企业可以根据受众的点击率、分享率等指标，调整内容的主题、形式和发布时间，以提高内容的传播效果。

（三）口碑营销与内容营销的协同作用

口碑营销与内容营销并非孤立存在，而是可以相互促进、协同发展的。一方面，优质的内容可以吸引和留住目标受众，提高他们对品牌的认知度和好感度，从而为口碑传播打下良好的基础；另一方面，良好的口碑可以进一步扩大内容的影响力，吸引更多的潜在受众关注和参与。

因此，企业在实施口碑营销和内容营销时，应注重两者的协同作用。可以通过在内容中嵌入受众的真实反馈和推荐，或者邀请口碑传播者参与内容的创作和推广等方式，实现口碑营销与内容营销的有机结合。

（四）挑战与应对

在实施口碑营销和内容营销的过程中，企业可能会面临一些挑战。例如，如何确保内容的原创性和高质量，如何有效激励消费者参与和分享，如何应对负面口碑等。为了应对这些挑战，企业可以采取以下措施：加强团队建设，提升内容创作和推广能力；制定合理的激励政策，激发消费者的参与和分享热情；建立完善的危机应对机制，及时应对和处理负面口碑。

口碑营销与内容营销是现代企业营销战略中不可或缺的重要组成部分。通过制定明确的策略，注重内容的价值性和传播性，以及充分发挥两者的协同作用，企业可以有效地提升品牌形象和市场竞争力。

未来，随着消费者需求的不断变化和技术的不断创新，口碑营销与内容营销的策略也将不断发展和完善。企业应密切关注市场动态和技术趋势，不断调整和优化营销策略，以适应市场的变化和满足消费者的需求。同时，企业还应注重培养与消费者之间的长期关系，通过提供优质的产品和服务以及有价值的内容，赢得消费者的信任和忠诚，实现品牌的可持续发展。

第四节　跨境电子商务平台的用户关系管理

一、用户数据的收集与分析

随着信息技术的迅猛发展，数据已经成为企业运营和决策的重要依据。在数字化营销领域，用户数据的收集与分析更是至关重要。通过对用户数据的深入挖掘和分析，企业可以更加精准地了解用户需求、优化产品与服务、制定营销策略，从而实现业务的快速增长和市场份额的扩大。本部分将详细探讨用户数据的收集与分析的重要性、方法、挑战以及应用。

（一）用户数据收集与分析的重要性

用户数据是企业了解用户需求和行为的重要途径。通过收集用户的基本信息、浏览记录、购买记录等数据，企业可以分析用户的兴趣偏好、消费习惯以及潜在需求，进而为用户提供更加个性化的产品和服务。通过对用户数据的分析，企业可以发现产品或服务中存在的问题和不足，及时进行改进和优化。例如，根据用户的反馈和评价，企业可以调整产品的功能设计、提升服务质量，从而提升用户满意度和忠诚度。

用户数据可以帮助企业制定更加精准的营销策略。通过对用户的年龄、性别、地域等信息的分析，企业可以针对不同用户群体制定不同的营销策略，提高营销效果和转化率。

（二）用户数据收集的方法

通过用户注册和填写调查问卷，企业可以收集到用户的基本信息、兴趣爱好、职业等信息。这些信息有助于企业了解用户的基本特征和需求，为后续的数据分析提供依据。企业可以通过网站和App的浏览记录、点击流等数据，分析用户的浏览习惯、兴趣偏好以及需求趋势。这些数据可以帮助企业了解用户的真实需求，优化网站和App的设计和功能。企业还可以利用第三方数据平台收集用户数据。这些平台通常拥有庞大的用户数据资源，可以提供更加全面和深入的数据分析服务。

（三）用户数据分析的方法

描述性统计分析是用户数据分析的基础，它通过对用户数据的统计和描述，揭示数据的分布、特征以及相互关系。例如，通过统计用户的年龄、性别分布，企业可以了解用户群体的基本特征。预测性建模是通过对用户数据的分析，建立数学模型来预测用户未来的行为或趋势。这种方法可以帮助企业提前洞察市场变化，制定相应的应对策略。

对用户产生的文本数据，如评论、反馈等，企业可以采用文本挖掘和情感分析技术，提取用户的观点、情感倾向等信息，进一步了解用户的满意度和需求。

（四）用户数据收集与分析面临的挑战

用户数据的收集和分析常常存在数据质量方面的问题。例如，数据的准确性、完整性、一致性等方面可能存在不足，这会影响数据分析结果的准确性和可靠性。用户数据的收集和处理涉及用户的隐私和权益，因此数据安全问题是企业需要重点关注的问题。企业需要确保用户数据的安全性和隐私性，避免数据泄露和滥用。

用户数据收集与分析需要专业的技术和人才支持。然而，目前市场上具备相关技能和经验的人才相对匮乏，这成为制约企业开展用户数据收集与分析工作的重要因素。

（五）用户数据收集与分析的应用

通过对用户数据的分析，企业可以实现个性化推荐，为用户推荐符合其兴趣和需求的产品或服务，提高用户的满意度和购买率。用户数据可以帮助企业预测市场趋势，了解行业的发展动态和竞争态势，为企业制定长远的发展战略提供有力支持。

通过对用户数据的分析，企业可以发现用户在使用产品或服务过程中存在的问题和不足，及时进行优化和改进，提升用户体验和忠诚度。

用户数据的收集与分析在数字化营销中具有重要的应用价值。通过深入挖掘和分析用户数据，企业可以更加精准地了解用户需求、优化产品与服务、制定营销策略，实现业务的快速增长。然而，在实际应用中，企业也需要注意数据质量、数据安全以及技术与人才等方面的挑战。未来，随着大数据、人工智能等技术的不断发展，用户数据的收集与分析将更加智能化和精准化。企业需要不断跟进技术发展趋势，提升数据分析和处理能力，以应对市场的不断变化和竞争压力。同时，企业还应注重保护用户隐私和权益，确保用户数据的合法、合规使用。

二、用户体验的优化与提升

在数字化时代，用户体验（User Experience，简称UX）是企业成功的关键因素之一。无论是线上平台还是线下产品，良好的用户体验都能吸引并留住用户，进而促进业务增长。因此，用户体验的优化与提升显得尤为重要。本部分将详细探讨用户体验的重要性、优化与提升的方法以及面临的挑战，以期为企业在实践中提供有益的参考。

（一）用户体验的重要性

良好的用户体验能够提升用户对产品或服务的满意度，进而增加用户黏性，提高用户忠诚度。满意的用户更有可能成为品牌的忠实拥趸，为企业带来持续的收益。用户体验是企业品牌形象的重要组成部分。当用户在使用产品或服务并获得良好的体验时，他们往往会向亲朋好友推荐，从而扩大品牌的知名度和影响力。

优秀的用户体验能够吸引更多潜在用户，促进业务增长。同时，通过不断优化用户体验，企业可以在竞争激烈的市场中脱颖而出，扩大市场份额。

（二）用户体验的优化与提升方法

要优化用户体验，首先就需要深入了解用户的需求和行为。通过用户调研、数据分析等手段，了解用户的痛点、需求和期望，为后续的优化工作提供依据。简化操作流程和界面设计是提升用户体验的关键。企业应关注用户在使用产品或服务时的便捷性和高效性，优化操作流程，减少不必要的步骤。同时，界面设计应简洁明了，符合用户的审美和习惯。

个性化服务是提升用户体验的重要手段。通过收集和分析用户数据，企业可以为用户提供个性化的内容推荐、定制化的功能等，满足用户的个性化需求。用户体验的优化是一个持续的过程，企业需要不断地收集用户反馈，分析用户行为数据，发现潜在问题并解决。通过持续优化与迭代，不断提升用户体验的质量。

（三）用户体验优化面临的挑战与应对策略

在优化用户体验的过程中，企业可能面临技术和资金的限制。为应对这一挑战，企业可以寻求与专业团队或机构的合作，共同研发和优化产品。同时，通过合理的资源配置和成本控制，确保优化工作的顺利进行。用户需求具有多样化和变化的特点，这使得用户体验的优化工作具有一定的复杂性和挑战性。为应对这一挑战，企业需要保持敏锐的市场洞察力，及时捕捉用户需求的变化。同时，建立灵活的用户反馈机制，快速响应并处理用户的反馈和建议。

在收集和分析用户数据以优化用户体验的过程中，企业需要关注数据隐私和安全问题，确保用户数据的合法、合规使用，避免数据泄露和被滥用。同时，加强数据保护措施，提高用户数据的安全性。

（四）用户体验优化与提升的实践案例

以某电商平台为例，该平台通过深入分析用户购物行为、浏览记录等数据，为用户提供了个性化的商品推荐和定制化的购物体验。同时，平台简化购物流程，优化界面设计，进而提高用户的购物便捷性和满意度。此外，该平台还建立完善的用户反馈机制，及时收集并处理用户反馈，不断优化用户体验。这些举措使得该平台在竞争激烈的市场中脱颖而出，进而吸引大量忠实用户。

用户体验的优化与提升是企业成功的关键之一。通过深入了解用户需求与行为、简化操作流程与界面设计、提供个性化服务以及持续优化与迭代等方法，企业可以不断提升用户体验的质量。然而，在优化过程中，企业还需要面对技术与资金限制、用户需求多样化与变化以及数据隐私与安全等挑战。为应对这些挑战，企业需要保持敏锐的市场洞察力，加强技术研发与创新能力，同时注重用户数据的合法、合规使用和安全保护。

未来，随着人工智能、大数据等技术的不断发展，用户体验的优化与提升将更加智能化和个性化。企业应积极采用新技术，探索新的优化手段和方法，以不断提升用户体验的满意度和忠诚度。同时，企业还应关注用户需求的变化和市场趋势的发展，及时调整和优化产品策略，以满足用户的期望和需求。

三、用户反馈的处理与响应

在数字化时代，用户反馈是企业获取市场信息、优化产品与服务、提升用户满意度的重要途径。有效处理与响应用户反馈，不仅能够及时解决问题，还能增强用户的忠诚度和信任感，进而促进企业的长期发展。本部分将详细探讨用户反馈的处理与响应的重要性、原则、方法以及面临的挑战。

（一）用户反馈处理与响应的重要性

用户反馈往往直接反映了产品或服务的优缺点，以及用户的真实需求和期望。积极处理与响应用户反馈，能够解决用户在使用过程中遇到的问题，满足其需求，从而提升用户的满意度和忠诚度。用户反馈是企业了解市场需求和产品不足的重要来源。通过收集和分析用户反馈，企业可以发现产品或服务中存在的问题，及时进行改进和优化，提升产品的竞争力和市场占有率。

积极处理与响应用户反馈，展现企业的责任感和诚信度，有助于建立良好的品牌形象和口碑。用户对企业的信任感和好感度增加，将会为企业带来更多的口碑传播和业务机会。

（二）用户反馈处理与响应的原则

用户反馈需要及时处理，避免拖延或忽视。企业应设立专门的反馈渠道，确保用户反馈能够迅速传达给相关部门和人员，以便及时响应和解决问题。在处理用户反馈时，企业应保持客观公正的态度，真实反映用户的意见和需求。避免对反馈进行过度解读或歪曲，确保反馈信息的真实性和准确性。

处理用户反馈的目的是解决问题和满足用户需求。因此，企业应确保反馈处理的有效性，针对问题提出切实可行的解决方案，并跟进实施效果，确保问题可以得到妥善解决。

（三）用户反馈处理与响应的方法

企业应设立多种反馈收集渠道，如在线表单、客服电话、社交媒体等，方便用户随时提交反馈。同时，建立反馈分类和归档系统，对不同类型的反馈进行整理和分析，为后续处理提供依据。企业应组建专业的反馈处理团队，负责收集、分析、处理和响应用户反馈。团队成员应具备丰富的产品知识和沟通能力，能够准确理解用户需求，提出有效的解决方案。

对用户的反馈，企业应保持持续的跟进和反馈。在问题解决过程中，及时向用户通报进展和结果，让用户感受到企业的关注和重视。同时，对未能及时解决的问题，应向用户说明原因并给出解决问题的时间表，以维持用户的信任和满意度。

（四）用户反馈处理与响应面临的挑战与应对策略

在处理用户反馈时，企业需要面对信息真实性和有效性的甄别问题。部分用户可能出于个人情感或利益考虑，而提供不真实或夸大的反馈。为应对这一挑战，企业应建立反馈信息的审核机制，对收集到的反馈进行筛选和验证，确保信息的真实性和有效性。用户反馈处理需要在效率和质量之间取得平衡。过于追求效率可能导致问题处理不彻底或遗漏重要信息，而过于注重质量则可能延长处理时间，影响用户的满意度。为应对这一挑战，企业应制定合理的反馈处理流程和时间表，确保问题得到及时、有效的解决。

在处理用户反馈时，企业需要关注用户隐私保护和信息安全问题。避免泄露用户的个人信息和敏感数据，确保用户数据的安全性和隐私性。为此，企业应建立完善的用户数据保护机制，加强数据管理和安全防范措施。

用户反馈的处理与响应是企业与用户之间建立良好关系的关键环节。通过建立完善的反馈收集机制、设立专门的反馈处理团队以及跟进与反馈等措施，企业可以有效处理与响应用户反馈，提升用户满意度和忠诚度。然而，在实际操作中，企业还需要面对信息真实性甄别、处理效率与质量平衡以及用户隐私保护等挑战。

未来，随着技术的不断进步和市场的不断变化，用户反馈的处理与响应将更加注重智能化和个性化。企业应积极探索新的技术和方法，提高反馈处理的效率和准确性，为用户提供更加优质的服务体验。同时，企业还应持续关注用户需求和市场趋势的变化，及时调整和优化反馈处理策略，以适应不断变化的市场环境。

第五节　跨境电子商务平台的数据分析与应用

一、数据驱动的决策制定

在当今数字化时代，数据已成为企业决策制定过程中不可或缺的重要资源。数据驱动的决策制定，即以数据为基础，通过收集、分析、解读数据来指导决策的过程，已经成为企业提升竞争力、实现可持续发展的关键。本部分将详细探讨数据驱动的决策制定的概念、重要性、实施步骤以及面临的挑战，以期为企业在实践中提供有益的参考。

（一）数据驱动的决策制定的概念与重要性

数据驱动的决策制定，顾名思义，是指企业在制定决策时，以数据作为核心依据，通过对数据的深入挖掘和分析，来发现业务运行中的规律、趋势和问题，进而指导企业决策的过程。这种决策方式强调数据的客观性、准确性和科学性，有助于消除主观臆断和偏见，提高决策的质量和效果。

数据驱动的决策制定对企业的重要性不言而喻。首先，数据能够为企业提供全面、深入的业务洞察，帮助企业更好地了解市场需求、竞争态势以及自身运营状况。其次，数据能够揭示业务在运行过程中的潜在问题和风险，为企业提前预警、规避风险提供有力支持。最后，数据能够为企业提供科学的评估和优化方案，推动企业持续改进、不断创新。

（二）数据驱动的决策制定的实施步骤

数据驱动的决策制定的第一步是收集并整合相关数据。企业需要根据决策需求，确定需要收集的数据类型、来源和范围，确保数据的全面性和准确性。同时，企业还需要对数据进行清洗、整合和标准化处理，以便后续分析。在收集到足够的数据后，企业需要对数据进行深入的分析和挖掘。这包括描述性分析、预测性分析和因果分析等，以发现数据中的规律、趋势和问题。通过数据分析，企业可以揭示业务运行中的内在逻辑和潜在机会，为决策制定提供有力支持。

基于数据分析的结果，企业可以制定出更加科学、合理的决策方案。在决策制定过程中，企业需要充分考虑数据的客观性、准确性和时效性，确保决策的有效性和可行性。同时，还需要制订详细的实施计划，明确各项任务的责任人、时间节点和预期成果，确保决策能够得到有效执行。决策实施后，企业需要对决策效果进行评估和优化。通过收集反馈数据、对比实施前后的业务指标等方式，评估决策的实际效果。如果发现决策效果不理想或存在问题，企业就需要及时进行调整和优化，以提高决策的质量和效果。

（三）数据驱动的决策制定面临的挑战与应对策略

数据质量是数据驱动决策制定的关键。然而，在实际操作中，企业往往面临数据不完整、不准确、不一致等问题。为应对这一挑战，企业应建立完善的数据治理机制，加强数据质量的监控和管理，确保数据的准确性和可靠性。数据分析与解读能力是数据驱动的决策制定的核心。然而，目前许多企业缺乏专业的数据分析人才和技术手段，导致无法充分利用数据资源。为提升数据分析能力，企业应加大对数据分析人才的培养和引进力度，同时积极采用先进的数据分析技术和工具，提高数据分析的效率和准确性。

在数据驱动的决策制定过程中，企业往往涉及大量的用户数据和敏感信息。如何确保数据安全与隐私保护成为企业面临的重要问题。为应对这一挑战，企业应建立完善的数据安全管理制度，加强数据加密、访问控制和审计等安全措施，确保用户数据的安全性和隐私性。

数据驱动的决策制定是企业实现科学决策、提升竞争力的关键途径。通过收集、分析、解读数据来指导决策制定，企业可以更好地了解市场需求、竞争态势以及自身运营状况，从而制定出更加科学、合理的决策方案。然而，在实施数据驱动的决策制定过程中，企业还需要面对数据质量、数据分析与解读能力以及数据安全与隐私保护等挑战。

未来，随着大数据、人工智能等技术的不断发展，数据驱动的决策制定将呈现出更加智能化、精细化的趋势。企业应积极采用新技术，加强数据治理和人才培养，不断提升数据驱动的决策制定能力，以应对日益复杂多变的市场环境。同时，企业还应关注数据伦理和隐私保护等问题，确保数据驱动的决策制定过程合规、合法、可持续。

二、数据分析在营销中的应用

在当今信息爆炸的时代，数据已成为企业决策的重要依据。特别是在营销领域，数据分析的应用日益广泛，成为推动营销创新和提升营销效果的关键工具。本部分将从多个维度探讨数据分析在营销中的应用，以期为企业提供有价值的参考。

（一）市场细分与目标定位

数据分析在营销中的首要应用在于市场细分与目标定位。通过对大量消费者数据的收集和分析，企业可以深入了解消费者的需求、偏好和行为模式，进而将市场划分为不同的细分市场。在此基础上，企业可以针对每个细分市场的特点制定相应的营销策略，实现精准营销。例如，通过分析消费者的购买记录、浏览行为和社交媒体互动等信息，企业可以识别出具有高购买潜力的目标消费者群体，并针对这些群体进行定向推广和优惠活动。这不仅可以提高营销效果，还能降低营销成本，实现资源的最优配置。

（二）消费者行为分析

数据分析可以帮助企业深入了解消费者的行为模式。通过对消费者的购买历史、浏览路径、搜索关键词等数据的分析，企业可以揭示消费者的购买决策过程，发现消费者的潜在需求和痛点。这有助于企业优化产品设计和功能，提升消费者的满意度和忠诚度。

此外，数据分析还可以帮助企业预测消费者的未来行为。通过对消费者历史数据的挖掘和分析，企业可以建立预测模型，预测消费者的购买意向、购买时机和购买渠道等信息。这有助于企业提前制定营销策略，抢占市场先机。

（三）营销效果评估与优化

数据分析在营销效果评估和优化方面发挥着重要作用。通过对营销活动数据的分析，企业可以了解活动的曝光量、点击率、转化率等指标，评估活动的实际效果。在此基础上，企业可以对活动进行优化，提升活动效果。例如，企业可以通过A/B测试等方法，比较不同广告文案、图片或推广渠道的效果，选择表现更好的方案进行推广。此外，企业还可以利用数据分析工具进行实时监测和预警，及时发现营销活动中的问题并进行调整。

（四）个性化营销与推荐系统

数据分析是实现个性化营销的关键手段。通过对消费者数据的深入挖掘和分析，企业可以为每个消费者提供个性化的产品和服务推荐，提升消费者的购物体验和满意度。个性化推荐系统就是数据分析在营销中的一个典型应用。通过收集消费者的浏览历史、购买记录、兴趣爱好等信息，推荐系统可以为消费者推荐符合其需求和喜好的商品或服务。这不仅可以提高消费者的购买意愿和转化率，还能增加企业的销售额和利润。

（五）预测分析与趋势洞察

数据分析具有预测分析和趋势洞察的能力。通过对大量历史数据进行分析，企业可以预测未来市场的发展趋势和消费者需求的变化，为企业制定长期战略提供有力支持。例如，企业可以通过分析消费者购买力的变化趋势，预测未来市场的消费热点和潜在机会。同时，企业还可以通过分析竞争对手的营销策略和市场表现，了解行业内的竞争态势和潜在威胁，为企业的竞争策略制定提供参考。

（六）挑战与应对

尽管数据分析在营销中的应用带来了诸多优势，但也面临着一些挑战。首先，数据质量问题是一个不容忽视的问题。不准确、不完整或存在偏差的数据可能导致分析结果失真，影响营销决策的准确性。因此，企业需要加强对数据质量的监控和管理，确保数据的准确性和可靠性。

其次，数据安全和隐私保护是数据分析在营销中需要关注的重要问题。企业在收集和分析消费者数据的过程中，需要遵守相关法律法规，保护消费者的隐私权益。同时，企业还需要加强数据安全管理，防止数据泄露和滥用。

最后，数据分析技术的不断更新和升级也对企业的技术能力提出了要求。企业需要不断学习和掌握新的数据分析技术及工具，以适应市场的变化和消费者需求的变化。

综上所述，数据分析在营销中的应用具有广泛而深远的意义。它可以帮助企业实现市场细分与目标定位、深入了解消费者行为、评估和优化营销效果、实现个性化营销与推荐以及进行预测分析与趋势洞察。然而，企业在应用数据分析时也需要注意数据质量、数据安全和隐私保护以及技术更新等问题。

未来，随着大数据、人工智能等技术的不断发展，数据分析在营销中的应用将更加广泛和深入。企业应积极采用新技术，加强数据分析和营销团队的建设，不断提升数据分析能力，以应对日益激烈的市场竞争和消费者需求的变化。同时，企业还需要关注数据伦理和法律法规的变化，确保数据分析在营销中的应用合规、合法、可持续。

三、数据安全与隐私保护

随着信息技术的飞速发展，数据已经成为现代社会运转的核心要素。然而，数据的安全性和隐私保护问题也日益凸显，成为亟待解决的重要议题。本部分将深入探讨数据安全与隐私保护的重要性、面临的挑战以及应对策略，以期为构建安全、可信的数据环境提供有益的参考。

（一）数据安全与隐私保护的重要性

数据安全是指保护数据免受未经授权的访问、泄露、破坏或篡改，确保数据的完整性、可用性和保密性。隐私保护则侧重保护个人的隐私信息不被非法获取、滥用或泄露。数据安全与隐私保护的重要性主要体现在以下几个方面。

首先，数据安全是维护国家安全和社会稳定的基础。政府、企业等组织的数据往往涉及国家安全、经济发展和社会稳定等核心利益。一旦数据泄露或被恶意利用，就可能引发严重的社会后果。

其次，隐私保护是保障个人权益和尊严的基本要求。随着大数据、云计算等技术的广泛应用，个人数据被大量收集和处理。如果这些数据得不到有效保护，个人隐私不但将面临极大风险，个人权益也将受到侵害。

最后，数据安全与隐私保护也是推动数字经济发展的重要保障。在数字经济时代，数据已成为重要的生产要素和战略资源。保障数据安全与隐私，有助于激发数据潜能，促进数据资源的合理开发和利用，推动数字经济健康发展。

（二）数据安全与隐私保护面临的挑战

尽管数据安全与隐私保护的重要性不言而喻，但在实际操作中仍面临以下诸多挑战。

技术挑战：随着信息技术的不断发展，黑客攻击、"网络钓鱼"等手段日益复杂，给数据安全带来了巨大威胁。同时，隐私保护技术也需要不断更新和完善，以适应不断变化的数据处理需求。

法律挑战：数据安全与隐私保护涉及众多法律法规，如个人信息保护法、网络安全法等。然而，这些法律法规往往存在一定的滞后性，难以完全适应快速发展的信息技术和数据处理需求。此外，不同国家和地区的法律法规存在着差异，给跨国数据流动和共享带来了一定的障碍。

管理挑战：数据安全与隐私保护需要组织内部建立完善的管理制度和流程。然而，许多组织在数据管理方面存在漏洞和不足，如数据权限管理不严格、数据备份和恢复机制不完善等，这些都可能导致数据泄露或丢失的风险。

人员挑战：数据安全与隐私保护需要专业的技术人员和管理人员进行维护及管理。然而，目前市场上具备相关技能和经验的人才相对匮乏，难以满足日益增长的数据安全需求。

（三）数据安全与隐私保护的应对策略

针对上述挑战，我们可以从以下几个方面提出应对策略。

加强技术研发与创新：投入更多资源用于数据安全与隐私保护技术的研发和创新，提高防御黑客攻击和保护个人隐私的能力。同时，关注新兴技术的发展趋势，如区块链、同态加密等，探索将这些技术应用于数据安全与隐私保护领域。

完善法律法规体系：加快制定和完善数据安全与隐私保护相关的法律法规，确保法律法规的及时性和有效性。同时，加强国际合作，推动形成统一的数据安全与隐私保护标准，降低跨国数据流动和共享的障碍。

强化管理与培训：建立健全的数据安全管理制度和流程，加强对数据权限、备份恢复等方面的管理。同时，加强人员培训和教育，提升员工的数据安全意识和技能水平，确保数据安全与隐私保护工作的顺利开展。

建立多方协作机制：政府、企业、社会组织等各方应加强合作，共同构建数据安全与隐私保护的生态体系。政府可以出台政策引导和支持数据安全与隐私保护产业的发展；企业可以加强自律和自我管理，提升数据安全水平；社会组织可以发挥监督作用，推动数据安全与隐私保护工作的持续改进。

数据安全与隐私保护是数字经济时代的重要议题，关系到国家安全、社会稳定和个人权益。面对不断变化的技术环境和法律法规要求，我们需要加强技术研发与创新、完善法律法规体系、强化管理与培训以及建立多方协作机制等多方面的努力，共同构建安全、可信的数据环境。

未来，随着技术的不断进步和应用的不断深化，数据安全与隐私保护将面临更多的挑战和机遇。我们应保持敏锐的洞察力和前瞻性思维，不断探索新的解决方案和应对策略，为数据安全与隐私保护事业贡献智慧和力量。

第五章　跨境电子商务背景下的
物流配送系统

第一节　跨境物流的基本概念与特点

一、跨境物流的定义与流程

跨境物流是一个涉及多个环节和复杂过程的领域，它涵盖了从商品发货到最终送达消费者手中的全部步骤。

（一）跨境物流的定义

跨境物流，又称国际物流，是指在海关关境两侧为端点的实物和信息有效流动和存储的计划、实施和控制管理过程。这一过程涉及不同国家或地区之间的商品流动，包括运输、仓储、包装、配送、信息处理等环节。跨境物流不仅是国际贸易的重要组成部分，也是连接全球供应链的关键环节。

在全球化背景下，跨境物流的地位日益凸显。它利用先进的物流技术和管理手段，实现商品的高效、安全、低成本流动，满足全球消费者的需求。同时，跨境物流也面临着诸多挑战，如复杂的国际环境、不同的法律法规、货币汇率波动等。

（二）跨境物流的流程

跨境物流的流程是一个复杂而精细的系统，它涉及多个参与者和多个环节。以下是跨境物流的主要流程：

跨境物流的第一步是顾客下单。顾客通过跨境电商平台选择商品并下单，订单信息将发送至跨境物流公司或海外仓库。海外仓库根据订单信息收集顾客订购的商品，进行备货。在商品出口前，需要进行报检环节。跨境物流公司会预先递交相关海关报检等文件，确保出口商品符合目的国或地区的法律法规要求。一旦通过报检，商品将被安排出口，按照规定的快递或物流方式进行运输。

运输是跨境物流中的关键环节。商品在运输过程中可能经过多个中转站，通过不同的运输方式（如海运、空运、陆运等）进行跨国界的移动。在这个过程中，物流公司需要确保商品的安全、准时到达，并实时更新物流信息。商品到达目的国或地区后，需要进行清关手续。清关过程中，物流公司需要向海关提交相关单据，申报物品信息，并根据实际情况支付税款、关税等费用。这一环节往往涉及复杂的法律法规和程序，需要物流公司具备专业的知识和经验。

清关完成后，商品将进入配送环节。物流公司会将商品送达指定的配送中心或仓库，再根据顾客提供的地址信息进行配送。顾客收到商品后进行确认收货，整个跨境物流流程至此完成。除了上述主要流程，跨境物流还包括售后服务环节。商家需要提供退换货、维修等售后服务，确保顾客的购物体验。这要求商家与物流公司保持紧密的沟通与合作，确保售后服务的及时性和有效性。

（三）跨境物流面临的挑战与应对

跨境物流虽然为国际贸易带来了便利，但也面临着诸多挑战。其中，最显著的是复杂的国际环境和法律法规。不同国家或地区有不同的进出口政策、税收制度、货币汇率等，这给跨境物流带来了很大的不确定性。此外，跨境物流还面临着运输时间长、成本高、风险大等问题。

为了应对这些挑战，跨境物流公司需要不断提升自身的专业能力和服务水平。首先，跨境物流公司需要加强对国际法规和政策的了解和研究，确保合规操作。其次，需要优化运输路线和方式，降低运输成本和风险。同时，还需要加强信息化建设，提高物流信息的透明度和实时性。

（四）跨境物流的发展趋势

随着全球化和电子商务的快速发展，跨境物流将迎来更加广阔的发展前景。未来，跨境物流将更加注重效率和成本控制，通过引入先进的技术和管理手段提高物流效率。同时，跨境物流也将更加注重服务质量和顾客体验，通过提供个性化的服务满足消费者的多样化需求。

此外，跨境物流还将加强与相关产业的融合与协作，形成更加完善的供应链体系。例如，与电商平台、支付机构、金融机构等进行深度合作，共同打造更加便捷、高效的跨境贸易生态圈。

跨境物流作为连接全球供应链的关键环节，在推动国际贸易和经济发展中发挥着重要作用。通过对跨境物流的定义与流程的详细阐述，我们可以更深入地了解这一领域的复杂性和挑战性。未来，随着技术的进步和市场的变化，跨境物流将不断发展和完善，为全球消费者提供更加优质、高效的服务。

二、跨境物流的主要挑战与难点

跨境物流作为连接全球供应链的关键环节，在推动国际贸易和经济发展中发挥着至关重要的作用。然而，由于其涉及多个国家和地区，涉及复杂的法规、运输、关税等问题，跨境物流面临着诸多挑战和难点。本部分将深入探讨跨境物流面临的主要挑战与难点，进而为行业从业者提供有益的参考。

（一）复杂的国际法规与政策环境

跨境物流涉及多个国家和地区的法律法规，这些法规在进出口政策、税收制度、贸易协定等方面存在显著差异。因此，跨境物流公司需要深入了解并遵守各国的法规要求，以确保合法合规运营。然而，法规的多样性和复杂性给跨境物流带来了极大的挑战。跨境物流公司需要投入大量时间和精力去研究不同国家的法规，并灵活应对法规的变动。

此外，不同国家之间的贸易协定和关税政策也会对跨境物流产生影响。例如，某些国家可能实施高额的进口关税或实施严格的贸易限制措施，这增加了跨境物流的成本和风险。因此，跨境物流公司需要密切关注国际贸易形势和政策变化，以制定合理的物流策略。

（二）长距离运输与中转问题

跨境物流涉及长距离的跨国运输，这要求物流公司具备高效的运输能力和丰富的经验。然而，在实际操作中，跨境物流常常面临运输时间长、成本高、风险大等问题。长距离运输可能导致货物损坏、丢失或延误，给商家和消费者带来损失。

此外，跨境物流中的中转环节也是一个重要的挑战。由于商品需要在多个国家和地区进行中转，这增加了其在物流过程中的不确定性和风险。中转过程中可能出现货物丢失、损坏或延误等问题，同时还需要处理复杂的清关手续和税费问题。

（三）清关与税费处理难题

清关是跨境物流中不可或缺的一环，同时也是一个复杂而繁琐的过程。不同国家的清关程序和要求各不相同，需要物流公司具备专业的知识和经验。清关过程中可能涉及各种单证、手续和税费问题，一旦处理不当可能导致货物被扣留或退回，就会给跨境物流带来极大的困扰。

税费处理也是跨境物流中的一个难点。不同国家的税收制度存在差异，对进口商品征收的税费也有所不同。物流公司需要了解并遵守各国的税收规定，确保商品能够顺利通关并支付相应的税费。然而，税费的计算和处理往往涉及复杂的规则和程序，容易出现错误和延误。

（四）信息不对称与沟通障碍

跨境物流涉及多个参与者和环节，信息的不对称和沟通障碍是常见的难点。由于物流运输过程中的参与者的文化背景、语言习惯等存在差异，导致信息传递和沟通存在困难。这可能导致物流过程中的延误、误解和错误操作，影响物流效率和准确性。

此外，跨境物流中的信息不对称也是一个重要问题。由于商品在运输过程中经过多个环节和参与者，信息的传递和共享往往存在滞后与缺失。这可能导致物流公司无法及时了解货物的实时状态和位置，增加了物流风险和管理难度。

（五）技术与管理水平限制

跨境物流的高效运作需要先进的物流技术和高效的管理水平作为支撑。然而，目前许多跨境物流公司仍面临技术和管理水平的限制。一方面，部分公司缺乏先进的物流设备和信息系统，无法实现对物流过程的实时监控和管理；另一方面，一些公司的管理水平不高，缺乏专业的物流人才和有效的管理流程，导致物流效率较低和成本高昂。

（六）安全与风险控制

跨境物流涉及多个环节和参与者，其中任何一个环节出现问题都可能对整个物流过程造成严重影响。因此，安全与风险控制是跨境物流中的一项重要任务。然而，由于跨境物流的复杂性和不确定性，安全与风险控制面临着巨大的挑战。公司需要制定完善的安全管理制度和风险控制措施，加强对物流过程的监控和管理，确保货物的安全和准时到达。

综上所述，跨境物流面临着诸多挑战和难点，包括复杂的国际法规与政策环境、长距离运输与中转问题、清关与税费处理难题、信息不对称与沟通障碍、技术与管理水平限制以及安全与风险控制等。为了应对这些挑战和难点，跨境物流公司需要不断提升自身的专业能力和服务水平，加强与国际合作伙伴的沟通与协作，共同推动跨境物流的健康发展。同时，政府和相关机构也应加强对跨境物流的支持和监管，为行业的发展提供良好的环境和条件。

三、跨境物流的标准化与规范化

跨境物流作为连接全球供应链的关键环节，在推动国际贸易和经济发展中扮演着重要角色。然而，由于涉及多个国家和地区，跨境物流在运作过程中面临着诸多复杂性和不确定性。为了提高跨境物流的效率和可靠性，标准化与规范化成为行业发展的必然趋势。本部分将深入探讨跨境物流的标准化与规范化的重要性、现状、挑战及推进策略，进而为行业从业者提供有益的参考。

（一）跨境物流标准化与规范化的重要性

标准化与规范化是跨境物流发展的基础。它们对提高物流效率、降低成本、优化资源配置、提升服务质量等方面具有重要意义。具体来说包括以下几个方面：

提高物流效率：通过制定统一的物流标准和规范，可以减少跨境物流过程中的信息不对称和沟通障碍，优化物流流程，缩短运输时间，提高整体物流效率。

降低成本：标准化与规范化有助于实现物流资源的优化配置，减少不必要的浪费和损耗，降低跨境物流成本，提升企业的竞争力。

优化资源配置：通过标准化的物流操作和规范化的管理流程，可以更加合理地分配和利用物流资源，提高资源利用效率，实现可持续发展。

提升服务质量：标准化与规范化有助于提高跨境物流服务的准确性和可靠性，提升客户满意度，增强企业的品牌形象和市场竞争力。

（二）跨境物流标准化与规范化的现状

尽管跨境物流的标准化与规范化具有重要意义，但当前行业在这一方面仍存在诸多不足。具体表现为以下几个方面：

标准体系不完善：跨境物流涉及多个国家和地区，各国之间的物流标准和规范存在差异，缺乏统一的标准体系来指导跨境物流的发展。

信息化程度低：部分跨境物流企业的信息化水平不高，难以实现物流信息的实时共享和监控，影响了标准化与规范化的推进。

管理与执行不到位：一些跨境物流企业在管理和执行方面存在不足，导致标准化与规范化的措施难以得到有效落实。

（三）跨境物流标准化与规范化的挑战

推进跨境物流的标准化与规范化面临着诸多挑战，主要包括以下几个方面：

国际合作与政策协调难度：由于涉及多个国家和地区，跨境物流的标准化与规范化需要各国政府和相关机构之间的紧密合作与政策协调，这在实际操作中难度较大。

文化与制度差异：不同国家和地区在文化背景、法律制度等方面存在差异，这可能导致在推进标准化与规范化过程中出现理解和执行上的困难。

技术与资金限制：跨境物流的标准化与规范化需要借助先进的技术手段和管理方法，但部分企业在技术和资金方面存在限制，难以承担相关投入费用。

（四）推进跨境物流标准化与规范化的策略

为了应对上述挑战，推进跨境物流的标准化与规范化，可以采取以下策略：

加强国际合作与政策协调：各国政府和相关机构应加强沟通与合作，共同制定跨境物流的标准和规范，推动国际物流领域的标准化与规范化进程。

推广先进的物流技术与管理方法：鼓励企业采用先进的物流技术和管理方法，提高物流信息化水平，推动跨境物流的标准化与规范化。

培养专业人才：加强跨境物流人才的培养和引进，提升行业从业人员的专业素质和技能水平，为标准化与规范化的推进提供有力的人才保障。

加大政策支持与投入：政府应加大对跨境物流标准化与规范化的政策支持与投入力度，为企业提供资金、技术等方面的支持，推动行业的健康发展。

跨境物流的标准化与规范化是提高物流效率、降低成本、优化资源配置、提升服务质量的重要手段。尽管当前行业在这一方面仍存在诸多不足和挑战，但通过加强国际合作与政策协调、推广先进的物流技术与管理方法、培养专业人才以及加大政策支持与投入力度等措施，可以逐步推进跨境物流的标准化与规范化进程，为行业的健康发展奠定坚实基础。

在全球化的大背景下，跨境物流的标准化与规范化不仅有助于提升行业自身的竞争力，也将对全球贸易和经济发展产生积极影响。因此，我们应该充分认识到标准化与规范化的重要性，积极采取措施推动其实现，共同开创跨境物流的美好未来。

第二节　跨境物流的主要模式与选择

一、邮政小包与快递服务

邮政小包与快递服务作为现代物流体系的重要组成部分，在推动商品流通、促进经济发展等方面发挥着举足轻重的作用。邮政小包以其覆盖广泛、价格实惠的特点，满足了大量小件物品的寄递需求；快递服务则以其速度快捷、服务灵活的优势，为电商、个人等提供了高效便捷的物流解决方案。本部分将详细探讨邮政小包与快递服务的定义、特点、运作流程、优缺点以及未来发展趋势，进而为读者提供全面深入的了解。

（一）邮政小包与快递服务的定义与特点

邮政小包，又称邮政平邮小包，是指通过万国邮政体系实现的一种较为便宜的国际快递服务，可寄达全球各地。它主要适用于重量较轻、体积较小的物品，如服装、饰品、电子产品等。邮政小包的特点在于其覆盖范围广、价格实惠，但运输时间较长，且不提供实时追踪服务。

快递服务是一种具有寄递功能的门到门物流活动，指快递公司通过铁路、公路和空运等交通工具，对客户货物进行快速投递。快递服务以速度快捷、服务灵活为主要特点，能够满足客户对时间敏感、价值较高的物品的寄递需求。同时，快递服务通常提供实时追踪服务，方便客户随时了解货物状态。

（二）邮政小包与快递服务的运作流程

邮政小包的运作流程相对简单，客户将包裹交给邮局或邮政代理点，邮局负责将包裹进行分拣、打包、运输等环节，最终送达目的地邮局，再由目的地邮局通知收件人领取包裹。整个过程中，客户可通过邮局提供的查询系统了解包裹的寄递状态。

快递服务的运作流程更为复杂。客户将货物交给快递公司，快递公司进行收件、验视、称重、计费等环节后，将货物送至分拣中心进行分拣、打包。随后，根据货物的目的地选择合适的运输方式（如航空、陆运等）进行运输。货物到达目的地后，快递公司再次进行分拣、派送等环节，最终将货物送达收件人手中。在整个过程中，快递公司通常提供实时追踪服务，客户可通过手机或电脑随时查询货物的运输状态。

（三）邮政小包与快递服务的优缺点

邮政小包的主要优势在于其价格实惠、覆盖范围广。由于邮政体系历史悠久、网络完善，邮政小包能够到达许多偏远地区，为寄递小件物品提供了经济实惠的选择。然而，邮政小包的缺点也较为明显，如运输时间较长、无法提供实时追踪服务等，这在一定程度上影响了其市场竞争力。

快递服务则以其速度快捷、服务灵活著称。快递公司通常具有先进的物流管理系统和完善的运输网络，能够提供高效、便捷的寄递服务。同时，实时追踪服务也让客户能够随时掌握货物的动态。然而，快递服务的价格相对较高，对一些价值较低或不急于送达的物品来说，可能不是最经济的选择。

（四）邮政小包与快递服务的未来发展趋势

随着科技的不断进步和物流行业的快速发展，邮政小包与快递服务都将迎来新的发展机遇。一方面，随着物联网、大数据等技术的应用，邮政小包和快递服务的智能化水平将不断提高，如智能分拣、无人配送等技术的应用将进一步提高物流效率；另一方面，跨境电商的蓬勃发展将为邮政小包和快递服务带来巨大的市场空间。同时，随着绿色物流理念的普及和环保政策的实施，邮政小包和快递服务也将更加注重环保和可持续发展。

综上所述，邮政小包与快递服务各有其特点和优势，在现代物流体系中发挥着不可替代的作用。未来，随着技术的不断进步和市场的不断拓展，邮政小包与快递服务将不断创新和完善，为客户提供更加高效、便捷、环保的物流解决方案。

二、海外仓与边境仓

随着全球化的深入发展和跨境电商的兴起，海外仓与边境仓作为现代物流体系的重要组成部分，日益受到业界和市场的关注。这两种仓储模式在提升物流效率、优化资源配置、降低运营成本等方面发挥着重要作用。本部分将对海外仓与边境仓进行详细的介绍和分析，探讨其定义、特点、运作流程、优缺点以及发展趋势，进而为相关企业和从业者提供有益的参考。

（一）海外仓与边境仓的定义与特点

海外仓，顾名思义，是指在目标市场国家建立的仓储设施，用于存储、管理和配送商品。海外仓的设立使得企业能够更快速地响应市场需求，提高客户满意度，并降低国际运输成本。海外仓的特点在于其地理位置接近目标市场，能够迅速完成订单处理和配送，减少运输时间和成本。

边境仓是指位于两国边境地区的仓储设施，主要用于跨境贸易中的中转和暂存。边境仓的设立有助于打破跨境贸易中的物流瓶颈，提高通关效率，降低贸易成本。边境仓的特点在于其处于两国交界的特殊地理位置，能够方便地进行货物的出入境操作和快速转运。

（二）海外仓与边境仓的运作流程

海外仓的运作流程通常包括以下几个环节：首先，企业将商品运至海外仓进行存储；其次，根据市场需求和订单信息，从海外仓中拣选、打包并配送商品；最后，通过当地的物流渠道将商品送达消费者手中。在这个过程中，海外仓扮演着商品集散、订单处理和配送中心的角色，能够有效提高物流效率和降低运营成本。

边境仓的运作流程主要涉及跨境贸易中的中转和暂存环节。当货物从一国运往另一国时，可以先将货物运至边境仓进行暂存和分拣。在边境仓中，货物可以完成必要的报关、检验等手续，然后快速转运至目标市场国家。通过边境仓的中转作用，可以有效打破跨境贸易中的物流瓶颈，提高通关效率。

（三）海外仓与边境仓的优缺点分析

海外仓的优点在于其能够提供更快速、更便捷的物流服务。由于海外仓位于目标市场国家，因此能够迅速响应市场需求，减少运输时间和成本。此外，海外仓还能够提供本地化的售后服务，增强客户满意度。然而，海外仓也存在一些缺点，如建设成本较高、库存管理难度较大等。

边境仓的优点在于其能够打破与解决跨境贸易中的物流瓶颈和通关问题。通过边境仓的中转作用，可以快速完成货物的出入境操作和转运，提高通关效率。此外，边境仓还能够降低贸易成本，促进双边贸易的发展。然而，边境仓的建设和运营也需要考虑到政治、经济、文化等多方面的因素，存在一定的风险和挑战。

（四）海外仓与边境仓的发展趋势

随着跨境电商的快速发展和全球化程度的不断提高，海外仓与边境仓将继续发挥重要作用。未来，这两种仓储模式将呈现以下发展趋势：

首先，海外仓将进一步向智能化、自动化方向发展。通过引入先进的物流技术和设备，提高海外仓的运作效率和准确性，降低运营成本。

其次，边境仓将加强与周边国家的合作与交流，推动跨境贸易的便利化。通过加强政策协调和信息共享，提高边境仓的通关效率和服务质量。

最后，海外仓与边境仓将逐渐形成互补关系，共同构建完善的跨境电商物流体系。海外仓负责目标市场的快速配送和售后服务，而边境仓则负责跨境贸易的中转和暂存，两者相互配合，共同推动跨境电商的发展。

综上所述，海外仓与边境仓作为现代物流体系的重要组成部分，在提升物流效率、优化资源配置、降低运营成本等方面发挥着重要作用。未来，随着技术的不断进步和市场的不断拓展，这两种仓储模式将不断创新和完善，为跨境电商的发展提供更加高效、便捷、可靠的物流支持。

三、物流联盟与合作伙伴的选择

随着全球化和市场竞争的加剧，企业为追求更高的效率和更低的成本，纷纷寻求物流优化和合作伙伴的选择。物流联盟作为一种有效的合作模式，通过联合多个企业共同承担物流任务，实现资源共享、风险共担和利益共享，从而提高整个供应链的竞争力。本部分将对物流联盟的概念、作用、合作伙伴选择的重要性、选择原则及策略进行深入探讨，进而为企业在物流联盟和合作伙伴选择方面提供有益的参考。

（一）物流联盟的概念与作用

物流联盟是指由两个或多个企业为实现共同物流目标而结成的长期、

稳定、互利的合作关系。这些企业通过共享资源、优化流程、协同运作等方式，提高物流效率，降低成本，增强市场竞争力。物流联盟的作用主要体现在以下几个方面：

资源共享：通过联盟，企业可以共享彼此的物流设施、设备、技术和管理经验等资源，避免资源的浪费和重复建设，实现资源的优化配置。

风险共担：物流联盟可以将风险分散到多个企业，降低单一企业面临的风险。同时，联盟成员可以共同应对市场变化、政策调整等不确定性因素，提高供应链的稳定性。

利益共享：通过协同运作和优化流程，物流联盟可以实现成本的降低和效率的提高，从而创造更多的价值。这些价值可以在联盟成员之间进行合理分配，实现共赢。

（二）合作伙伴选择的重要性

在物流联盟中，合作伙伴的选择至关重要。合适的合作伙伴能够带来资源的互补、流程的协同和风险的共担，从而提高整个联盟的运营效率和竞争力。相反，如果选择了不合适的合作伙伴，可能就会导致资源浪费、流程冲突、风险增加等问题，甚至可能导致联盟的破裂。因此，企业在选择物流联盟合作伙伴时，需要充分考虑各种因素，确保选择的合作伙伴能够与自身形成良好的互补关系，共同推动物流联盟的发展。

（三）合作伙伴选择的原则

在选择物流联盟合作伙伴时，企业应遵循以下原则：

互补性原则：选择那些在资源、技术、市场等方面能够与自身形成互补的合作伙伴，以实现资源共享和优势互补。

信誉原则：重视合作伙伴的信誉和声誉，选择那些具有良好商业信誉和稳定经营状况的企业作为合作伙伴，以降低合作风险。

协同性原则：选择那些愿意积极参与联盟运作、愿意与其他成员协同合作的企业，以确保联盟的整体效益。

成本效益原则：在选择合作伙伴时，要充分考虑成本效益，选择那些能够提供高性价比服务的合作伙伴，以实现物流成本的降低和效率的提高。

（四）合作伙伴选择的策略

为了有效地选择物流联盟合作伙伴，企业可以采取以下策略：

建立完善的评估体系：制定详细的评估指标和权重，对潜在合作伙伴进行全面、客观的评估。评估体系应包括企业的财务状况、技术实力、市场地位、管理水平等方面。

开展深入的市场调研：通过市场调研了解潜在合作伙伴的经营状况、市场口碑、服务质量等信息，为合作伙伴的选择提供有力支持。

加强沟通与协商：与潜在合作伙伴进行深入的沟通和协商，了解彼此的需求和期望，确保双方在合作目标、合作方式等方面达成共识。

建立长期合作机制：在合作伙伴选择完成后，建立长期稳定的合作机制，明确双方的权利和义务，确保合作的顺利进行。同时，定期对合作关系进行评估和调整，以适应市场变化和联盟发展的需要。

物流联盟作为一种有效的合作模式，在提高企业物流效率和降低成本方面具有重要作用。选择合适的合作伙伴是物流联盟成功的关键。因此，企业在选择物流联盟合作伙伴时，应遵循互补性、信誉、协同性和成本效益等原则，并采取建立完善的评估体系、开展深入的市场调研、加强沟通与协商以及建立长期合作机制等策略，以确保选择合适的合作伙伴并推动物流联盟的发展。

随着市场竞争的加剧和物流技术的不断创新，物流联盟和合作伙伴选择将越来越受到企业的重视。未来，企业应不断优化合作伙伴选择策略，加强与合作伙伴的沟通与协作，共同推动物流联盟的发展，实现共赢局面。

第三节　跨境物流的风险与管理

一、物流风险的识别与评估

物流作为现代经济体系的重要组成部分，其在运行过程中不可避免地会面临各种风险。这些风险不仅可能影响物流活动的顺利进行，还可能给企业带来重大经济损失。因此，对物流风险的识别和评估显得尤为重要。本部分将围绕物流风险的识别、评估方法以及应对措施展开探讨，进而为企业在物流风险管理方面提供有益的参考。

（一）物流风险的识别

物流风险的识别是风险管理的基础，它涉及对潜在风险的感知和分析。在物流过程中，风险可能来自多个方面，如运输、仓储、包装、配送等环节。因此，风险的识别需要综合考虑各种因素，具体可以从以下几个方面进行：

运输风险识别：运输是物流过程中的重要环节，其风险主要包括交通事故、货物损失、延误等。企业应关注运输工具的安全性、驾驶员的素质以及路况等因素，以减少运输风险。

仓储风险识别：仓储环节的风险主要包括货物损坏、丢失、变质等。企业应关注仓库的设施条件、管理水平以及货物的保管要求，确保货物在仓储过程中的安全。

包装风险识别：包装是保护货物的重要手段，其风险主要体现在包装破损、不符合要求等方面。企业应选择合适的包装材料，确保包装牢固、防潮、防震，以减少货物在运输过程中的损失。

配送风险识别：配送环节的风险主要包括配送延迟、配送错误等。企业应优化配送路线，提高配送效率，同时加强配送人员的培训和管理，确保配送的准确性和及时性。

（二）物流风险的评估

物流风险的评估是对已识别风险进行量化和分析的过程，有助于企业了解风险的性质和程度，从而制定相应的风险应对措施。常用的物流风险评估方法包括以下几种：

定性评估法：通过专家打分、问卷调查等方式，对物流风险进行主观判断和评价。这种方法虽简单易行，但受主观因素影响较大，结果可能不够准确。

定量评估法：利用数学模型和统计数据，对物流风险进行量化分析。这种方法虽能够更客观地反映风险的程度和可能性，但需要较为完善的数据支持。

综合评估法：结合定性评估和定量评估的方法，对物流风险进行全面、系统的评价。这种方法能够综合考虑各种因素，提高评估的准确性和可靠性。

在进行物流风险评估时，企业还需要关注风险的潜在影响、发生概率以及可控制性等方面。通过对这些因素的综合分析，企业可以更加全面地了解物流风险，为制定风险应对措施提供依据。

（三）物流风险的应对措施

针对识别和评估出的物流风险，企业应制定相应的应对措施，以降低风险的发生概率和影响程度。以下是一些常见的应对措施：

加强风险管理意识：企业应提高员工对物流风险的认识和重视程度，加强风险管理的培训和教育，确保员工能够积极参与风险管理工作。

完善风险管理制度：企业应建立健全的物流风险管理制度，明确风险管理的职责和流程，确保风险管理工作有序进行。

优化物流流程：企业应通过优化物流流程、提高物流效率等方式，降低物流风险的发生概率。例如，采用先进的物流技术、合理规划运输路线等。

加强与合作伙伴的沟通协作：企业应加强与供应商、承运商等合作伙伴的沟通协作，共同应对物流风险。通过信息共享、风险共担等方式，降低风险的影响程度。

建立风险应急机制：企业应建立完善的物流风险应急机制，制定应急预案和应对措施，确保在风险发生时能够及时、有效地应对和处理。

物流风险的识别和评估是企业进行风险管理的基础和关键。通过有效的风险识别和评估，企业可以更加全面地了解物流过程中面临的风险，为制定应对措施提供依据。同时，企业还应加强风险管理意识、完善风险管理制度、优化物流流程、加强与合作伙伴的沟通协作以及建立风险应急机制等措施，以降低物流风险的发生概率和影响程度，确保物流活动的顺利进行。

二、物流风险的预防与控制

物流作为现代供应链的重要组成部分，其安全性与稳定性直接关系到企业的运营效率和经济效益。然而，在物流过程中，各种风险因素时常出现，如运输延误、货物损失、信息泄露等，这些风险不仅可能给企业带来经济损失，还可能损害企业的声誉和客户关系。因此，对物流风险的预防与控制显得尤为重要。本部分将探讨物流风险的预防与控制策略，进而为企业在物流风险管理方面提供有益的参考。

（一）物流风险的识别与分析

物流风险的预防与控制首先需要对风险进行准确识别与深入分析。企业应全面梳理物流过程中的各个环节，包括运输、仓储、装卸、配送等，逐一分析可能存在的风险因素。这些风险因素既可能来自内部，如操作失误、管理不善等，也可能来自外部，如自然灾害、政策变化等。通过风险识别与分析，企业可以明确风险发生的可能性和影响程度，为后续的风险预防与控制奠定基础。

（二）物流风险的预防措施

企业应建立完善的物流风险管理制度，明确风险管理的目标、原则、流程和方法。制度应涵盖风险识别、评估、监控和应对等各个环节，确保风险管理的全面性和系统性。同时，企业应定期对风险管理制度进行审查和更新，以适应物流行业的不断变化和发展。员工是物流风险管理的第一道防线。企业应加强对员工的培训和教育，提高员工的风险意识和应对能力。培训内容应包括风险识别、风险评估、风险应对等方面，使员工能够熟练掌握风险管理的基本知识和技能。

通过优化物流流程，减少不必要的环节和操作，可以降低风险发生的概率。企业应合理规划运输路线、提高装卸效率、加强仓储管理等，确保物流过程的顺畅和高效。信息技术在物流风险管理中发挥着重要作用。企业应充分利用现代信息技术手段，如物联网、大数据、人工智能等，实现物流信息的实时采集、传输和处理，提高风险监控和预警的准确性和及时性。

（三）物流风险的控制措施

企业可以通过保险、合同等方式将部分风险转移给第三方。例如，购买货物运输保险可以在货物损失时获得经济补偿；与可靠的合作伙伴签订合同可以明确责任划分，降低纠纷风险。企业应建立风险监控与预警机制，对物流过程中的风险进行实时监控和预测。通过定期收集和分析物流数据，企业可以及时发现潜在风险并采取相应措施进行应对。同时，企业还可以建立风险预警系统，当风险指标超过预设阈值时自动触发预警机制，提醒相关人员及时进行处理。

在风险事件发生后，企业应迅速启动应急响应机制，组织相关人员进行紧急处理。应急响应机制应包括风险事件报告、紧急处置措施、事后总结与改进等方面。通过及时有效的应急响应，企业可以最大限度地减少风险事件带来的损失和影响。

（四）持续改进与创新

物流风险管理是一个持续改进与创新的过程。企业应定期对风险管理工作进行总结和评估，发现存在的问题和不足，并制定改进措施。同时，企业还应关注物流行业的最新动态和技术发展，积极引进先进的风险管理理念和方法，不断提升风险管理水平。

物流风险的预防与控制是企业确保物流过程安全、稳定、高效的重要措施。通过健全风险管理制度、加强员工培训与教育、优化物流流程、强化信息技术应用以及采取风险转移与分担、风险监控与预警、应急响应与处理等措施，企业可以有效降低物流风险的发生概率和影响程度。同时，企业还应保持持续改进与创新的态度，不断提升风险管理水平，以适应物流行业的不断变化和发展。

三、应急管理与风险应对

在现代社会，无论是企业还是公共机构，都面临着各种突发事件的挑战。这些事件可能源于自然灾害、技术故障、人为错误或外部威胁，它们都可能对组织的运营、资产和声誉造成严重影响。因此，有效的应急管理和风险应对机制对保障组织的安全与稳定至关重要。

（一）应急管理的内涵与重要性

应急管理是一个组织为应对突发事件所采取的系统性方法和流程。它旨在减少突发事件的潜在影响，并通过预先规划和准备来快速、有效地响应。应急管理不仅关注事件发生后的应对，还包括预防、缓解、恢复等多个阶段。

应急管理的重要性体现在以下几个方面：

减少损失：通过提前预警、及时响应和有效应对，可以降低突发事件对组织造成的物质和财务损失。

保护员工安全：确保员工在紧急情况下的安全是组织的首要任务。应急管理有助于减少人员伤亡和避免人员伤亡的恶化。

维护声誉：快速、透明地应对突发事件有助于维护组织的声誉和公众信任。

业务连续性：应急管理有助于组织在突发事件后迅速恢复运营，确保业务的连续性。

（二）风险应对的策略与措施

风险应对是组织在识别、评估风险后，采取的一系列措施来降低风险发生的概率和影响。有效的风险应对需要综合考虑风险的性质、组织的资源和能力以及利益相关者的需求。

以下是一些常见的风险应对策略与措施：

风险规避：通过调整战略、业务或流程来避免高风险情境。例如，避免进入高风险市场或停止高风险业务。

风险降低：通过投资改进技术、培训员工或建立更严格的管理制度来降低风险。例如，加强网络安全措施以减少数据泄露的风险。

风险转移：通过购买保险、签订合同或与其他组织合作来转移部分风险。例如，与可靠的供应商签订合同，以确保在供应中断时能够迅速恢复供应。

风险接受：对某些低概率、低影响的风险，组织可能选择接受并承担其潜在后果。这需要在决策中权衡成本与收益。

（三）应急管理与风险应对的协同作用

应急管理和风险应对是组织风险管理的两个重要方面，它们之间存在密切的协同作用。

首先，风险应对为应急管理提供了基础。通过识别、评估风险，组织能够了解可能面临的威胁和挑战，从而制订针对性的应急计划和措施。同时风险应对过程中的风险降低和转移策略也有助于减轻突发事件对组织的影响。

其次，应急管理为风险应对提供了实践平台。在应对突发事件的过程中，组织可以检验和完善其风险应对策略和措施的有效性。同时，应急管理中的经验总结和教训汲取也为风险应对提供了宝贵的反馈和改进机会。

因此，组织在构建风险管理体系时，应充分考虑应急管理和风险应对的协同作用，将它们相互融合、相互促进，以实现更为全面、有效的风险管理。

（四）加强应急管理与风险应对的建议

为了加强组织的应急管理与风险应对能力，以下是一些建议：

建立完善的风险管理制度：制定明确的风险管理政策和流程，确保风险管理的系统性、规范性和有效性。

加强风险意识培训：提高员工对风险的认知和重视程度，培养员工的风险意识和应对能力。

定期开展应急演练：通过模拟突发事件场景，检验组织的应急响应能力和措施的有效性，及时发现并改进存在的问题。

加强跨部门协作与沟通：建立跨部门的风险管理和应急响应团队，加强各部门之间的信息共享和协同作战能力。

利用现代信息技术手段：借助大数据、人工智能等现代信息技术手段，提高风险识别和应急响应的准确性和及时性。

应急管理和风险应对是组织保障安全与稳定的重要手段。通过建立健全的风险管理制度、加强风险意识培训、开展应急演练、加强跨部门协作与沟通以及利用现代信息技术手段等措施，组织可以不断提升其应急管理和风险应对能力，有效应对各种突发事件的挑战，确保组织的持续稳健发展。

第四节　跨境物流的创新与技术应用

一、智能化物流技术的应用

随着科技的飞速发展，智能化物流技术已成为推动现代物流业发展的重要引擎。智能化物流技术通过应用大数据、物联网、人工智能等先进技术，实现了物流过程的自动化、信息化和智能化，提高了物流效率，降低了物流成本，为企业的可持续发展提供了有力支撑。本部分将深入探讨智能化物流技术的应用及其在现代物流体系中的作用。

（一）智能化物流技术的概述

智能化物流技术是指运用现代信息技术和智能装备，对物流过程进行智能感知、分析、决策和控制，实现物流运作的自动化、信息化和智能化。它涵盖了多个领域的技术，如物联网、大数据、云计算、人工智能等，这些技术的融合应用为物流行业带来了革命性的变化。

（二）智能化物流技术的核心应用

物联网技术通过为物品赋予唯一标识，实现物品信息的实时采集和传输。在物流领域，物联网技术可应用于仓储管理、运输追踪、货物安全监控等方面。例如，通过RFID技术实现货物的自动识别与追踪，提高了货物管理的精确性和效率；通过GPS技术实时监控运输车辆的位置和状态，为调度和决策提供有力支持。

大数据技术通过对海量物流数据的收集、分析和挖掘，为物流企业提供了决策支持。在供应链优化、库存控制、运输路线规划等方面，大数据技术发挥着重要作用。通过大数据分析，企业可以更加准确地预测市场需求，优化库存结构，降低库存成本。同时，还可以根据实时交通信息调整运输路线，提高运输效率。

云计算技术为物流企业提供了强大的计算能力和存储空间，实现了物流信息的共享和协同。通过云计算平台，企业可以构建统一的物流信息系统，实现各部门之间的信息共享和协同作业。同时，还可以利用云计算资源进行数据挖掘和分析，为物流决策提供有力支持。

人工智能技术在物流领域的应用日益广泛，如智能仓储、智能分拣、智能配送等。通过机器学习算法，智能机器人可以自主完成货物的搬运、分拣和堆垛等作业；智能配送系统则可以根据实时交通信息和客户需求，自动规划最优配送路线，提高配送效率。

（三）智能化物流技术的作用与意义

智能化物流技术通过自动化、信息化和智能化的手段，大大提高了物流运作的效率。智能装备的应用减少了人工操作，降低了出错率；信息技术的运用实现了物流信息的实时共享和协同作业，提高了物流运作的协同性和响应速度。智能化物流技术的应用有助于降低物流成本。通过优化库存结构、减少库存积压、降低库存成本；通过提高运输效率、减少运输损耗、降低运输成本。这些成本的降低有助于提升企业的竞争力。

智能化物流技术能够更好地满足客户需求，提升客户体验。通过实时追踪和监控，客户可以实时了解货物的状态和位置；智能配送系统则能够根据客户需求自动调整配送时间和方式，提供更加个性化的服务。智能化物流技术的应用推动了物流行业的创新与发展。通过不断引入新技术和新模式，物流行业正逐步向智能化、绿色化、服务化方向发展，为经济社会发展提供了有力支撑。

（四）面临的挑战与未来发展趋势

尽管智能化物流技术带来了诸多优势，但在实际应用过程中仍面临一些挑战，如技术成熟度不足、数据安全风险、人才短缺等问题。未来，随着技术的不断进步和应用场景的不断拓展，智能化物流技术将呈现出以下发展趋势：

未来智能化物流技术的发展将更加注重技术融合与创新。物联网、大数据、云计算、人工智能等技术将更加紧密地结合在一起，形成更加智能、高效的物流解决方案。随着环保意识的日益增强，绿色物流将成为未来智能化物流技术发展的重要方向。通过应用节能技术、优化运输路线、减少包装废弃物等手段，实现物流活动的绿色化、低碳化。

智慧城市的建设离不开智能化物流的支撑。未来，智能化物流技术将与城市交通、公共服务等领域深度融合，为智慧城市建设提供有力支撑。随着全球化的加速和跨境电商的蓬勃发展，跨境电商物流将成为智能化物流技术的新增长点。通过应用智能化技术，提高跨境电商物流的效率和准确性，为国际贸易提供更加便捷的服务。

智能化物流技术的应用为现代物流业的发展带来了革命性的变化。通过物联网、大数据、云计算和人工智能等技术的融合应用，物流行业实现了自动化、信息化和智能化的发展，提高了物流效率，降低了物流成本，提升了客户体验。然而，在实际应用中仍面临一些挑战，需要不断推动技术创新和人才培养。未来，随着技术的不断进步和应用场景的拓展，智能化物流技术将继续发挥重要作用，推动物流行业的创新与发展。

二、物联网与区块链在物流中的应用

随着信息技术的飞速发展，物联网与区块链作为两种新兴的技术，正在逐渐改变物流行业的传统模式。物联网通过实现对物品的智能化识别、定位、跟踪、监控和管理，为物流行业提供了前所未有的便利和效率；区块链技术则以其去中心化、透明化、安全性高的特点，为物流行业的信息安全、追溯管理等方面提供了强大的支持。本部分将详细探讨物联网与区块链在物流中的应用及其优势。

（一）物联网在物流中的应用

物联网技术通过将各种传感器、RFID标签、GPS定位器等设备与网络相连，实现了对物品的实时监控和管理。在物流领域，物联网的应用主要体现在以下几个方面：

物联网技术可以帮助实现仓库的智能化管理。通过安装传感器和RFID标签，可以实时获取货物的位置、数量、状态等信息，实现货物的快速查找和定位。同时，通过数据分析，可以预测货物的需求量，为库存管理提供决策支持。物联网技术可以实现对运输车辆的实时监控和追踪。通过GPS定位器和传感器，可以实时获取车辆的位置、速度、载重等信息，确保运输过程的安全和效率。此外，物联网技术还可以用于监测运输环境，如温度、湿度等，以确保货物的质量。

物联网技术可以提高配送的准确性和效率。通过智能快递柜、无人配送车等设备，可以实现货物的自动分拣、配送和签收。同时，通过物联网技术，可以实时了解配送员的位置和状态，优化配送路线，提高配送效率。

（二）区块链在物流中的应用

区块链技术以其去中心化、透明化、安全性高的特点，在物流领域具有广泛的应用前景。以下是区块链在物流中的主要应用：

区块链技术可以实现物流信息的全程追溯。通过将物流信息记录在区块链上，可以确保信息的真实性和不可篡改性。无论是货物的来源、运输过程还是最终去向，都可以通过区块链进行查询和验证。这有助于提高物流信息的透明度和可信度，保障消费者的权益。

区块链技术可以提高物流过程的安全性。通过智能合约等技术手段，可以实现物流过程中的自动化监管和风险控制。同时，区块链的去中心化特点使得物流信息不再依赖于单一的中心机构，降低了信息泄露和篡改的风险。

区块链技术有助于构建物流行业的信任机制。通过区块链的共识机制，可以实现物流参与方之间的信任共享和协作。各参与方可以在区块链上共同维护物流信息，确保信息的准确性和可靠性。这有助于促进物流行业的合作与共赢，推动行业的健康发展。

（三）物联网与区块链在物流中的协同应用

物联网与区块链在物流领域具有天然的协同性。通过二者的结合应用，可以进一步提升物流行业的效率和安全性。以下是一些协同应用的例子：

结合物联网的实时监控和区块链的信息追溯功能，可以构建智能化的物流追溯系统。通过对货物的实时监控和数据记录，可以确保物流信息的真实性和完整性。同时，通过区块链的分布式存储和不可篡改特性，可以确保追溯信息的可靠性和长期保存。物联网可以实时获取货物在物流过程中的各种数据，如货物的数量、质量、运输距离等，而区块链技术则可以实现智能合约的自动执行和结算。通过将二者结合，可以实现物流费用的自动化计算和支付，提高结算效率和准确性。

物联网可以实时收集物流参与方的行为数据，如交货准时率、货物损耗率等。而区块链则可以确保这些数据的真实性和可靠性。通过结合这些数据构建信用评价体系，可以对物流参与方进行信用评分和评级，为行业内的合作与选择提供依据。

物联网与区块链作为两种新兴的技术，在物流领域具有广泛的应用前景。通过二者的结合应用，可以实现物流信息的实时化、智能化和可信化，提高物流行业的效率和安全性。然而，目前物联网与区块链在物流领域的应用还面临一些挑战，如技术成熟度、成本投入、法律法规等方面的问题。未来，随着技术的不断进步和应用场景的不断拓展，相信物联网与区块链在物流领域的应用将会更加广泛和深入。

总的来说，物联网与区块链的结合为物流行业带来了前所未有的机遇和挑战。我们应该积极关注这两项技术的发展动态，探索其在物流领域的应用潜力，为物流行业的创新发展提供有力支持。

三、绿色物流与可持续发展

随着全球经济的迅速发展和人类生活水平的持续提高，物流行业作为连接生产与消费的重要桥梁，在推动经济发展的同时，也面临着巨大的环境压力。因此，绿色物流的概念应运而生，成为推动物流业可持续发展的重要途径。本部分将深入探讨绿色物流的内涵、意义及其与可持续发展的关系，并提出推动绿色物流发展的策略。

（一）绿色物流的内涵与意义

绿色物流是指在物流过程中抑制物流对环境造成危害的同时，实现对物流环境的净化，使物流资源得到最充分利用。它包括物流作业环节和物流管理全过程的绿色化。从物流作业环节来看，包括绿色运输、绿色包装、绿色流通加工等。从物流管理过程来看，主要是从环境保护和节约资源的目标出发，改进物流体系，既要考虑正向物流环节的绿色化，又要考虑供应链上的逆向物流体系的绿色化。绿色物流的最终目标是可持续性发展，实现该目标的准则是经济利益、社会利益和环境利益的统一。

绿色物流的意义在于，它不仅能够降低物流活动对环境的负面影响，提高物流效率，还能够促进资源的合理利用和循环经济的发展。通过实施绿色物流，企业可以减少能源消耗、降低排放、提高资源利用效率，从而降低成本，增强竞争力。同时，绿色物流也有助于提升企业的社会形象，增强消费者对企业的信任和支持。

（二）绿色物流与可持续发展的关系

可持续发展是指既满足当代人的需求，又不损害未来世代满足其需求的能力的发展。它强调经济、社会和环境的协调发展，追求的是长期、稳定、健康的发展模式。绿色物流作为推动物流业可持续发展的重要手段，与可持续发展之间存在着密切的关系。

首先，绿色物流是实现可持续发展的重要途径。通过采用环保的包装材料、优化运输路线、提高能源利用效率等措施，绿色物流可以减少物流活动对环境的污染和破坏，促进资源的合理利用和循环经济的发展，从而为实现可持续发展提供有力支持。

其次，可持续发展为绿色物流提供了指导方向和目标。可持续发展的理念强调经济、社会和环境的协调发展，要求企业在追求经济效益的同时，充分考虑社会效益和环境效益。这为绿色物流的发展提供了明确的指导方向和目标，使绿色物流能够更好地服务企业可持续发展的全局目标。

（三）推动绿色物流发展的策略

为了推动绿色物流的发展，实现与可持续发展的深度融合，我们需要从以下几个方面入手：

加强政策引导和支持。政府应出台相关政策，鼓励企业采用绿色物流技术和设备，对绿色物流项目给予资金支持和税收优惠。同时，加强监管力度，对不符合环保要求的物流活动进行限制和处罚。

提高企业的环保意识和社会责任感。企业应树立绿色发展的理念，将环保纳入企业的战略规划和管理体系。通过加强员工培训、开展环保宣传等活动，提高员工的环保意识和社会责任感。

加强技术创新和研发。鼓励企业加大在绿色物流技术方面的投入力度，研发更加环保、高效的物流技术和设备。同时，加强与高校、科研机构的合作，推动绿色物流技术的创新和应用。

建立完善的绿色物流体系。通过优化物流网络、提高物流效率、降低物流成本等措施，建立完善的绿色物流体系。同时，加强与其他产业的协同合作，推动产业链的绿色发展。

绿色物流作为推动物流业可持续发展的重要手段，对实现经济、社会和环境的协调发展具有重要意义。通过加强政策引导和支持、提高企业的环保意识和社会责任感、加强技术创新和研发以及建立完善的绿色物流体系等措施，我们可以推动绿色物流的发展，为实现可持续发展目标贡献力量。

然而，我们也应认识到，绿色物流的发展是一个长期而复杂的过程，需要政府、企业和社会各界的共同努力。在未来，我们应继续关注绿色物流的最新动态和发展趋势，不断完善相关政策和技术手段，推动绿色物流在更广泛的领域得到应用和推广。

同时，我们还应注重培养公众的环保意识，提高社会对绿色物流的认知度和接受度。通过普及环保知识、开展环保教育等活动，让更多的人了解绿色物流的重要性和意义，进而形成全社会共同参与、共同推动绿色物流发展的良好氛围。

第六章 跨境电子商务背景下的
支付与结算

第一节 跨境支付与结算的基本概念

一、跨境支付与结算的定义与流程

（一）跨境支付与结算的定义

跨境支付与结算，指的是不同国家或地区之间的贸易或投资活动中，涉及资金在不同账户之间的转移和清算的过程。它涵盖了跨境贸易、跨境投资、跨境融资等多种经济活动中的资金流动，是实现全球经济一体化的重要环节。

跨境支付通常涉及多种货币，因此还涉及货币兑换的问题。支付机构或银行需要根据汇率和手续费等因素，计算并完成不同货币之间的转换。跨境结算则是指完成支付后，对交易双方之间的债权债务进行确认和清算的过程，确保资金流动的准确性和安全性。

随着全球化进程的不断推进和电子商务的快速发展，跨境支付与结算的需求日益增长，同时也面临着风险防控、合规性、汇率波动等挑战。因此，建立一个高效、安全、透明的跨境支付与结算体系，对促进国际贸易和投资、推动全球经济发展具有重要意义。

（二）跨境支付与结算的流程

跨境支付与结算的流程通常包括以下几个环节：

跨境支付与结算的起点是交易双方达成协议，明确交易内容、金额、货币种类、支付方式等关键要素。这可以是货物贸易、服务贸易、投资活动等各种类型的交易。根据交易双方的需求和实际情况，选择合适的支付与结算方式。常见的跨境支付方式包括电汇、信用证、托收等，而结算方式则可以包括实时结算、定期结算等。此外，随着科技的发展，一些新型的支付方式如数字货币、移动支付等也逐渐在跨境支付领域得到应用。

在支付环节，付款方通过其开户银行或支付机构，将资金划转至收款方指定的账户。这个过程可能涉及不同国家或地区的银行系统，因此需要遵循各自的支付规则和操作流程。同时，如果交易涉及的货币种类不同，还需要进行货币兑换。兑换过程通常由银行或支付机构完成，根据当时的汇率和手续费计算兑换金额。清算是指对交易双方之间的债权债务进行核对和确认的过程。在跨境支付中，清算通常通过专门的清算机构进行，如国际清算银行、中央银行等。清算机构会核对交易双方的支付信息，确保资金流动的准确性。结算则是在清算完成后，对债权债务进行最终的划转和了结。在跨境结算中，可能涉及不同国家或地区的法律法规和监管要求，因此需要确保结算过程符合相关规定。

完成支付与结算后，相关机构需要按照法规要求，向监管部门报告交易信息，并保存相关记录。这有助于监管部门对跨境支付与结算活动进行监督和管理，确保市场的规范运行。

（三）跨境支付与结算的挑战与应对策略

跨境支付与结算面临着诸多挑战，如风险防控、合规性、汇率波动等。为了应对这些挑战，需要采取以下一系列策略：

跨境支付与结算涉及多个环节和多个参与方，容易出现风险。因此，需要加强风险防控措施，如建立风险评估体系、加强客户身份识别、实施交易监控等。同时，相关机构还需要提高技术手段的应用水平，如利用大数据、人工智能等技术进行风险识别和预警。跨境支付与结算需要遵守不同国家或地区的法律法规和监管要求。因此，相关机构需要深入了解并遵守相关法规，确保业务活动的合规性。此外，相关机构还需要加强与国际监管机构的合作，共同打击跨境支付领域的违法犯罪行为。

汇率波动是跨境支付与结算中不可避免的风险因素。为了降低汇率波动带来的损失，可以采取多种策略，如选择合适的结算货币、利用金融工具进行汇率风险管理等。同时，相关机构还需要加强市场研究和分析，提高汇率预测的准确性。

跨境支付与结算作为实现全球经济一体化的重要环节，对促进国际贸易和投资、推动全球经济发展具有重要意义。然而，它也面临着诸多挑战和风险。因此，我们需要不断完善跨境支付与结算体系，加强风险防控和合规性管理，提高汇率风险应对能力，以推动跨境支付与结算的健康发展。

未来，随着科技的进步和全球化进程的加速推进，跨境支付与结算将迎来更多的发展机遇和挑战。我们需要保持敏锐的洞察力和创新精神，不断探索新的支付方式和结算模式，以适应不断变化的市场需求和监管环境。同时，我们还需要加强国际合作与交流，共同推动全球跨境支付与结算体系的完善和发展。

二、跨境支付与结算的重要性

在全球经济日益一体化的今天，跨境支付与结算作为连接不同国家和地区经济活动的桥梁，其重要性日益凸显。它不仅促进了贸易和投资的便利化，还推动了全球经济的繁荣与发展。本部分将从多个方面深入探讨跨境支付与结算的重要性。

（一）促进国际贸易与投资便利化

跨境支付与结算的首要任务是支持国际贸易和投资活动的资金流动。在全球化背景下，各国之间的经济联系日益紧密，贸易和投资活动频繁。跨境支付与结算体系能够确保资金在不同国家之间安全、高效地转移，从而促进贸易和投资活动的顺利进行。

具体来说，跨境支付与结算体系通过提供多样化的支付方式和结算工具，降低了交易成本和风险。例如，电汇、信用证等传统支付方式在跨境贸易中广泛应用，为交易双方提供了便捷的资金转移渠道。同时，随着科技的发展，数字货币、移动支付等新型支付方式也逐渐在跨境支付领域得到应用，进一步提高了支付效率和用户体验感。

此外，跨境结算还能够解决不同国家之间货币兑换的问题，消除了汇率风险，为国际贸易和投资活动提供了更加稳定的支付环境。这有助于增强交易双方的信心，推动更多贸易和投资项目的落地。

（二）推动全球经济发展与繁荣

跨境支付与结算对全球经济的发展和繁荣具有重要意义。首先，它促进了资源的优化配置。通过跨境支付与结算，各国可以更加灵活地利用全球资源，实现优势互补，提高经济效益。这有助于推动各国经济的共同发展，缩小贫富差距，实现全球经济的平衡与繁荣。

其次，跨境支付与结算推动了金融市场的全球化。随着跨境支付与结算体系的不断完善，全球金融市场日益融为一体，资本流动更加自由。这为各国提供了更多的融资渠道和投资机会，有助于推动金融创新和产业升级。

此外，跨境支付与结算还有助于增强全球经济稳定性。通过提供透明、规范的支付和结算服务，跨境支付与结算体系能够降低金融风险，增强金融体系的稳健性。这有助于维护全球经济的稳定，防范金融危机的发生。

（三）提升国家竞争力与影响力

跨境支付与结算对提升国家竞争力和影响力具有重要意义。首先，一个高效、安全的跨境支付与结算体系能够吸引更多的外资流入，促进本国经济的发展。通过提供优质的支付和结算服务，国家能够增强对外贸易和投资的吸引力，提高国际竞争力。

其次，跨境支付与结算体系的建设能够提升国家在国际金融领域的话语权和影响力。随着全球经济的不断发展，国际金融领域的竞争日益激烈。一个国家如果能够在跨境支付与结算领域取得领先地位，就能够在国际金融规则制定和话语权方面占据更有利的地位。

此外，跨境支付与结算还有助于推动国家经济的数字化转型。随着科技的发展，数字经济已经成为推动经济增长的重要动力。跨境支付与结算作为数字经济的重要组成部分，其发展和创新有助于推动国家经济的数字化转型，提高经济效率和质量。

（四）应对全球化挑战与风险

在全球化的背景下，各国面临着日益复杂的经济挑战和风险。跨境支付与结算作为连接不同国家和地区的桥梁，能够在应对这些挑战和风险中发挥重要作用。

首先，跨境支付与结算能够降低汇率风险。通过提供货币兑换服务，跨境支付与结算体系能够帮助企业和个人应对汇率波动带来的风险，减少因汇率变动而导致的损失。

其次，跨境支付与结算能够加强金融监管和合作。通过建立完善的监管机制和加强国际合作，跨境支付与结算体系能够打击跨境金融犯罪活动，维护金融市场的稳定和安全。

此外，跨境支付与结算还有助于推动全球治理体系的完善。通过加强各国在跨境支付与结算领域的合作与交流，能够促进全球治理体系的改革和创新，更好地应对全球化带来的挑战和风险。

综上所述，跨境支付与结算在全球经济一体化中发挥着举足轻重的作用。它促进了国际贸易与投资的便利化，推动了全球经济的发展与繁荣，提升了国家的竞争力和影响力，并有助于应对全球化带来的挑战和风险。因此，我们应该高度重视跨境支付与结算的发展，加强国际合作与交流，共同推动全球跨境支付与结算体系的完善和发展。

展望未来，随着科技的进步和全球经济的不断发展，跨境支付与结算将面临更多的机遇和挑战。我们需要不断创新和完善跨境支付与结算体系，以适应不断变化的市场需求和监管环境。同时，还需要加强风险防控和合规性管理，确保跨境支付与结算活动的安全、高效和稳定进行。

三、跨境支付与结算的主要参与者

跨境支付与结算是一个复杂且多层次的体系，它涉及多个参与者以确保资金在不同国家和地区之间的安全、高效流动。这些参与者包括但不限于银行、汇款公司、国际信用卡组织、第三方支付公司、跨境交易平台、各国监管机构以及跨境交易的买卖双方。以下是对这些主要参与者的详细分析。

首先，银行在跨境支付与结算中扮演着举足轻重的角色。作为金融体系的核心，银行不仅可以提供传统的电汇服务，还可以通过其广泛的国际网络促进跨境资金的转移。电汇是一种通过加押电报、电传或环球同业银行金融电讯协会（SWIFT）系统进行的汇款结算方式，普遍应用于大额汇款与支付。然而，银行电汇的费用通常较高，且交易进度较慢，一般需要3~5天才能到账。尽管如此，其安全性和稳定性仍使其成为许多企业和个人的首选。

其次，汇款公司在跨境支付领域占据一席之地。这些公司通常与银行、邮局等机构有深入的合作，拥有众多的代理网点，使得汇款变得更为方便。汇款公司提供的服务往往更加灵活，能够适应不同客户的需求，但其费用和安全性则因公司而异。

国际信用卡组织是跨境支付中的另一个重要参与者。国际信用卡如Visa和Master Card等，为跨境交易提供了便利的支付工具。这些信用卡不仅可以在线下商店使用，还可以在线上平台进行支付，大大拓宽了跨境交易的范围。然而，使用国际信用卡进行支付也可能涉及一定的手续费和汇率风险。

随着跨境贸易的快速发展，特别是跨境电商平台的兴起，第三方支付公司逐渐成为跨境支付与结算领域的新兴力量。这些公司利用先进的技术和创新的支付模式，为跨境交易提供了更加便捷、低成本的支付解决方案。例如，支付宝作为中国最大的第三方支付平台，在全球范围内提供跨境支付服务。第三方支付公司通常针对跨境电子商务提供收结汇和购付汇两类业务，帮助卖家收取外汇并兑换为本国货币，同时为买家提供购汇及跨境付汇服务。

此外，跨境交易平台也是跨境支付与结算的重要参与者。这些平台不仅为买卖双方提供了一个交易场所，还通过整合各种支付和结算工具，为交易双方提供"一站式"的支付解决方案。跨境交易平台的出现大大简化了跨境交易的流程，提高了交易效率。

在跨境支付与结算的过程中，各国监管机构发挥着不可或缺的作用。这些机构包括中央银行、外汇管理局和金融监管机构等，它们负责制定和执行相关法规和政策，以确保跨境支付与结算的合规性和安全性。同时监管机构还会对跨境支付与结算的主要参与者进行监督和管理，以防范金融风险和维护市场秩序。

最后，跨境交易的买卖双方是跨境支付与结算的重要参与者。他们通过选择合适的支付方式、结算工具和交易平台，完成跨境资金的转移和货款的结算。买卖双方的需求和偏好直接影响着跨境支付与结算市场的发展和创新。

综上所述，跨境支付与结算的主要参与者包括银行、汇款公司、国际信用卡组织、第三方支付公司、跨境交易平台、各国监管机构以及跨境交易的买卖双方。这些参与者共同构成了跨境支付与结算的复杂生态系统，通过各自的角色和功能，促进了全球经济的繁荣和发展。

然而，随着科技的进步和全球经济的不断变化，跨境支付与结算领域也面临着新的机遇和挑战。未来，这些主要参与者需要不断创新和完善自身的服务模式和业务流程，以适应市场的需求和变化。同时，这些主要参与者还需要加强合作与协调，共同推动跨境支付与结算市场的健康发展。

此外，随着数字货币和区块链等新兴技术的发展，跨境支付与结算领域也将迎来更多的创新和变革。这些新技术将有望降低跨境交易的成本和风险，提高交易效率和透明度，为跨境支付与结算带来更加广阔的发展前景。

总之，跨境支付与结算的主要参与者是一个多元化且相互依存的群体，其通过各自的努力和创新，共同推动着全球跨境支付与结算市场的发展，为全球经济的繁荣和稳定做出了重要贡献。

第二节　跨境电子商务的支付方式

一、电子钱包与在线支付

随着互联网技术的飞速发展，电子钱包与在线支付作为数字化时代的重要产物，已经深入人们的日常生活。它们不仅改变了传统的支付方式，更推动了金融服务的创新和数字化进程。本部分将探讨电子钱包与在线支付的定义、特点、发展历程、应用领域、安全性问题以及未来发展趋势，旨在全面解读这一金融科技的重要领域。

（一）电子钱包与在线支付的定义与特点

电子钱包，顾名思义，是一种基于电子技术的支付工具，它允许用户通过移动设备或网络平台进行资金的存储、管理和交易。电子钱包通常与银行账户或信用卡绑定，用户可以通过电子钱包进行转账、支付账单、购买商品等操作。电子钱包具有便携性、实时性和低成本等特点，使用户能够随时随地进行支付操作，提高了支付效率。

在线支付则是指通过互联网进行的支付活动，它涵盖了电子钱包、网上银行、第三方支付等多种支付方式。在线支付的特点是方便快捷、全球化、实时清算等。用户只需通过互联网连接，就可以完成跨地域、跨时间的支付交易，极大地促进了电子商务的发展。

（二）电子钱包与在线支付的发展历程

电子钱包与在线支付的发展可以追溯到互联网兴起的早期。随着网络技术的不断进步，电子商务逐渐兴起，传统的支付方式已经无法满足人们的需求。因此，电子钱包和在线支付应运而生，成为数字化时代的重要支付方式。

在过去的几十年里，电子钱包与在线支付经历了从起步到成熟的过程。随着智能手机的普及和移动互联网的发展，电子钱包和移动支付逐渐成为人们生活中不可或缺的一部分。同时，各大电商平台和金融机构也积极推广在线支付，为用户提供了更加便捷、安全的支付体验。

（三）电子钱包与在线支付的应用领域

电子钱包与在线支付的应用领域非常广泛，几乎涵盖了人们日常生活的各个方面。在购物领域，用户可以通过电子钱包或在线支付平台购买商品、支付账单，实现了线上线下的无缝衔接。在旅游领域，电子钱包和在线支付为用户提供了便捷的酒店预订、机票购买、景点门票支付等服务。

此外，在公共服务领域，如交通、医疗、教育等，电子钱包与在线支付也发挥着越来越重要的作用。

（四）电子钱包与在线支付的安全性问题

尽管电子钱包与在线支付为用户带来了诸多便利，但安全问题一直是人们关注的焦点。网络黑客、诈骗团伙等不法分子可能会利用技术手段窃取用户的信息，导致资金损失。此外，部分支付平台既可能存在内部管理不善、监管不到位等问题，也给用户的资金安全带来隐患。

为了保障电子钱包与在线支付的安全性，用户应提高安全意识，选择正规、信誉良好的支付平台，避免使用弱密码或重复密码。同时，支付平台也应加强技术研发，提高系统的安全防护能力，完善内部管理制度，确保用户资金的安全。

（五）电子钱包与在线支付的未来发展趋势

随着科技的不断进步和人们对便捷生活的追求，电子钱包与在线支付将继续保持快速发展的态势。未来，电子钱包将更加智能化、个性化，能够为用户提供更加精准、贴心的服务。同时，随着数字货币、区块链等新兴技术的发展，电子钱包与在线支付也将迎来更多的创新和应用场景。

此外，跨境支付也将成为电子钱包与在线支付的重要发展方向。随着全球化的深入推进，跨境贸易和跨境投资日益频繁，对跨境支付的需求越来越大。电子钱包与在线支付平台应积极探索跨境支付领域，为用户提供更加便捷、高效的跨境支付服务。

电子钱包与在线支付作为数字化时代的重要产物，已经融入人们的日常生活中。它们不仅改变了传统的支付方式，更推动了金融服务的创新和数字化进程。在未来，电子钱包与在线支付将继续发挥重要作用，为人们带来更加便捷、安全、智能的支付体验。同时，我们也需要关注其安全性问题，加强技术研发和监管力度，确保电子钱包与在线支付的健康发展。

二、跨境银行卡支付

随着全球化进程的加速和互联网的普及，跨境交易已成为人们日常生活中不可或缺的一部分。在这一背景下，跨境银行卡支付作为连接全球消费与支付的重要方式，逐渐崭露头角。本部分将从跨境银行卡支付的定义、特点、发展历程、应用领域、安全性问题以及未来发展趋势等方面进行深入探讨。

（一）跨境银行卡支付的定义与特点

跨境银行卡支付是指消费者使用银行卡在境外进行购物、消费或取款等交易活动。这种支付方式的特点在于其便捷性、全球性和实时性。消费者只需携带一张银行卡，便可在全球范围内进行支付，无需携带大量现金或进行繁琐的汇款操作。同时，跨境银行卡支付还具有实时清算的特点，确保交易资金能够迅速到账，提高了交易的效率和安全性。

（二）跨境银行卡支付的发展历程

跨境银行卡支付的发展可以追溯到20世纪末，随着全球金融市场的开放和互联网技术的普及，跨境银行卡支付逐渐兴起。从最初的ATM取款、POS机刷卡，到如今的移动支付、在线支付，跨境银行卡支付的方式和手段不断创新和完善。同时，各大国际信用卡组织和金融机构也积极推动跨境银行卡支付的发展，为全球消费者提供更加便捷、安全的支付体验。

（三）跨境银行卡支付的应用领域

跨境银行卡支付的应用领域非常广泛，几乎涵盖了所有需要进行跨境交易的场景。在旅游领域，消费者可以使用银行卡在境外酒店、餐厅、商店等进行支付，享受无忧的旅行体验。在跨境购物方面，消费者可以通过电商平台或线下实体店使用银行卡进行支付来购买其心仪的商品。此外，跨境银行卡支付还广泛应用于留学、商务出差、国际贸易等领域，为人们的生活和工作带来了极大的便利。

（四）跨境银行卡支付的安全性问题

尽管跨境银行卡支付带来了诸多便利，但安全性问题一直是人们关注的焦点。由于跨境交易涉及不同国家和地区的金融系统、法律法规和监管机制，因此存在一定的风险和挑战。例如，网络黑客可能会利用技术手段窃取消费者的银行卡信息，进行盗刷或诈骗活动；部分境外商家可能存在欺诈行为，导致消费者遭受损失。

为了保障跨境银行卡支付的安全性，消费者应提高安全意识，妥善保管银行卡信息，避免在不安全的网络环境下进行交易。同时，金融机构和支付平台也应加强技术研发，提高系统的安全防护能力，防范各类风险。此外，各国监管部门还应加强合作，共同打击跨境金融犯罪，维护金融市场的稳定和消费者的权益。

（五）跨境银行卡支付的未来发展趋势

随着技术的不断进步和市场的不断扩展，跨境银行卡支付将迎来更加广阔的发展前景。

首先，移动支付和在线支付将成为跨境银行卡支付的重要发展方向。随着智能手机的普及和移动互联网的发展，越来越多的消费者将选择使用手机进行跨境支付，享受更加便捷、高效的支付体验。

其次，数字货币和区块链技术将为跨境银行卡支付带来全新的变革。这些新兴技术将降低跨境交易的成本和风险，提高交易的透明度和效率，为跨境银行卡支付注入新的活力。

此外，跨境银行卡支付还将进一步拓展其应用领域。随着全球化的深入推进和人们消费观念的转变，跨境交易将越来越频繁，跨境银行卡支付的应用场景也将更加丰富多样。无论是旅游、购物还是留学、商务出差，跨境银行卡支付都将成为人们不可或缺的支付工具。

跨境银行卡支付作为连接全球消费与支付的重要方式，已在全球范围内得到广泛应用。它以其便捷性、全球性和实时性等特点，为人们的生活和工作带来了极大的便利。然而，跨境银行卡支付带来的安全性问题也不容忽视，需要消费者、金融机构和监管部门共同努力，加强安全防范和监管合作。未来，随着技术的不断进步和市场的不断扩展，跨境银行卡支付将迎来更加广阔的发展前景，为全球消费者提供更加便捷、安全、智能的支付体验。

三、第三方支付平台

随着电子商务的迅猛发展和互联网的普及，第三方支付平台作为一种新型的支付工具，逐渐走进人们的生活，成为现代商业活动中不可或缺的一部分。第三方支付平台不仅为消费者和商家提供了安全、便捷的支付解决方案，也促进了金融服务的创新和数字化进程。本部分将深入探讨第三方支付平台的定义、特点、发展历程、应用领域、安全性问题以及未来发展趋势。

（一）第三方支付平台的定义与特点

第三方支付平台是指独立于买卖双方之外，为交易双方提供支付服务的机构或系统。它通过互联网或移动网络连接消费者、商家和银行，实现资金的快速、安全转移。第三方支付平台通常与各大银行建立合作关系，为消费者提供多种支付方式，如银行卡支付、电子钱包、手机支付等。

第三方支付平台的特点主要体现在以下几个方面：首先，它提供了便捷的支付体验。消费者只需在平台注册并绑定银行卡或电子钱包，即可轻松完成支付操作，无需携带大量现金或进行繁琐的汇款流程。其次，第三方支付平台具有较高的安全性。平台采用先进的加密技术和风险控制措施，保障用户资金的安全和交易的可靠性。此外，第三方支付平台还具有跨境支付能力，为消费者和商家提供全球范围内的支付服务。

（二）第三方支付平台的发展历程

第三方支付平台的发展可以追溯到二十世纪末，随着互联网技术的不断发展和电子商务的兴起，人们对支付方式的便捷性和安全性提出了更高要求。在这一背景下，第三方支付平台应运而生，为买卖双方提供了安全、高效的支付解决方案。

起初，第三方支付平台主要服务于电子商务领域，为在线购物提供支付支持。随着移动互联网的普及和智能手机的发展，移动支付逐渐成为第三方支付平台的重要发展方向。消费者可以通过手机App或扫描二维码等方式完成支付操作，实现了线下场景的数字化支付。

同时，随着全球化进程的加速，跨境支付也逐渐成为第三方支付平台的重要应用领域。跨境支付不仅为消费者提供了更加便捷的海外购物体验，也为商家开拓国际市场提供了有力支持。

（三）第三方支付平台的应用领域

第三方支付平台的应用领域非常广泛，涵盖了电子商务、零售、交通、旅游、医疗等多个行业。在电子商务领域，第三方支付平台为在线购物提供了安全、便捷的支付解决方案，促进了电商行业的快速发展。在零售领域，第三方支付平台通过移动支付等方式，为消费者提供了更加灵活、个性化的购物体验。在交通领域，第三方支付平台与公共交通系统结合，实现了无接触式支付，提高了支付效率和用户体验。此外，在旅游、医疗等领域，第三方支付平台也发挥着越来越重要的作用。

（四）第三方支付平台的安全性问题

尽管第三方支付平台为支付活动带来了诸多便利，但安全性问题一直是人们关注的焦点。首先，用户信息泄露和盗用是第三方支付平台面临的重要风险。黑客可能通过技术手段窃取用户的信息，导致资金损失。其次，虚假交易和欺诈行为是第三方支付平台需要防范的问题。不法分子可能利用平台漏洞或伪造交易信息，进行诈骗活动。

为了保障用户资金的安全和交易的可靠性，第三方支付平台应采取一系列安全措施。首先，加强用户信息保护，采用先进的加密技术和安全认证机制，确保用户信息的机密性和完整性。其次，建立完善的交易监控和风险评估体系，及时发现和防范虚假交易和欺诈行为。此外，加强与银行、公安机关等机构的合作，共同打击支付领域的违法犯罪活动。

（五）第三方支付平台的未来发展趋势

随着科技的不断进步和市场的不断变化，第三方支付平台将继续保持快速发展的态势。未来，第三方支付平台将呈现以下几个发展趋势：

首先，个性化服务将成为第三方支付平台的重要发展方向。随着消费者对支付体验的要求越来越高，平台将提供更多个性化、差异化的服务，满足不同用户的需求。

其次，数字化和智能化将成为第三方支付平台的重要特征。通过运用大数据、人工智能等技术手段，平台将实现更精准的用户画像和风险评估，提高支付效率和安全性。

此外，跨境支付和国际合作也将成为第三方支付平台的重要发展方向。随着全球化的深入推进和跨境贸易的日益频繁，平台将加强与国际支付机构的合作，推动跨境支付的便利化和标准化。

第三方支付平台作为现代商业活动中不可或缺的一部分，为消费者和商家提供了安全、便捷的支付解决方案。然而，面对安全性问题和市场竞争的挑战，第三方支付平台需要不断加强技术创新和风险管理，提高服务质量和用户体验。未来，随着科技的不断进步和市场的不断拓展，第三方支付平台将迎来更加广阔的发展前景和机遇。

第三节　跨境电子商务的结算机制

一、跨境结算的货币选择

随着全球化的深入发展和国际贸易的日益频繁，跨境结算已成为国际经济活动中不可或缺的一环。在跨境结算过程中，货币选择是至关重要的决策，它直接关系到交易双方的利益、风险以及国际市场的稳定性。本部分将深入探讨跨境结算的货币选择问题，从影响因素、选择策略以及未来发展等方面进行分析。

（一）跨境结算货币选择的影响因素

跨境结算货币选择受多种因素影响，主要包括经济因素、政治因素、法律因素以及市场因素等。

经济因素：经济因素是跨境结算货币选择中最为重要的因素之一。一个国家的经济实力、贸易规模以及金融市场的发展程度都会对货币选择产生深远影响。通常情况下，经济实力强大、贸易规模庞大国家的货币更有可能成为跨境结算的首选货币。此外，货币的稳定性和流动性也是经济因素中不可忽视的重要方面。

政治因素：政治因素同样对跨境结算货币选择产生重要影响。政治稳定性、国际关系以及政策导向等因素都可能影响货币的选择。政治稳定的国家货币往往更受信任，而国际关系紧张或政策变动可能导致货币价值波动，从而影响跨境结算的安全性。

法律因素：法律因素主要涉及跨境结算中的法律法规和监管要求。不同国家的法律体系、税收制度以及外汇管制政策等都会对货币选择产生影响。在选择跨境结算货币时，交易双方需要充分考虑法律合规性和风险控制。

市场因素：市场因素包括货币的市场供求关系、汇率波动以及国际金融市场的发展状况等。货币的市场供求关系直接影响其流通性和接受度，而汇率波动则可能带来交易风险。因此，在选择跨境结算货币时，交易双方需要关注市场动态，评估货币的风险和收益。

（二）跨境结算货币选择策略

在跨境结算货币选择中，交易双方需要综合考虑以上因素，制定合适的选择策略。以下是一些常见的选择策略：

单一货币结算：单一货币结算是指交易双方约定使用同一种货币进行跨境结算。这种策略适用于贸易双方中有一方经济实力较强、货币稳定且流动性好的情况。单一货币结算可以降低汇率风险和交易成本，提高结算效率。

双边货币结算：双边货币结算是指交易双方约定使用各自的货币进行结算。这种策略有助于促进双边贸易的平衡发展，降低汇率风险，并增强两国经济的紧密联系。然而，双边货币结算可能受到两国经济、政治等因素的制约，需要双方加强合作和沟通。

第三方货币结算：第三方货币结算是指交易双方选择一种与双方都有良好贸易关系的第三方国家的货币进行结算。这种策略可以降低汇率风险和交易成本，提高结算效率。常见的第三方货币包括美元、欧元等。然而，第三方货币结算可能受到国际政治经济格局变动的影响，需要交易双方密切关注国际市场动态。

（三）跨境结算货币选择的未来发展

随着全球经济的不断发展和金融市场的日益成熟，跨境结算货币选择将呈现以下发展趋势：

多元化发展：随着国际贸易的多样化和金融市场的开放，跨境结算货币将逐渐呈现多元化发展的态势。不同国家、不同行业的交易双方将根据自身需求和实际情况选择适合的结算货币，形成多元化的货币结算格局。

数字货币的应用：随着数字货币技术的不断发展和普及，其在跨境结算中的应用将逐渐增多。数字货币具有去中心化、匿名性、跨境支付等特点，有助于降低跨境结算的成本和风险，提高结算效率。然而，数字货币的监管和安全性问题仍需进一步解决。

区域货币合作的加强：在全球化背景下，区域货币合作将成为跨境结算货币选择的重要趋势。通过加强区域货币合作，可以促进区域内贸易的便利化，降低汇率风险，提高区域经济的整体竞争力。

跨境结算的货币选择是一个复杂而重要的决策过程，需要综合考虑经济、政治、法律和市场等多个因素。在制定选择策略时，交易双方应根据自身需求和实际情况进行权衡和选择。同时，随着全球经济的不断发展和金融市场的日益成熟，跨境结算货币选择将呈现多元化、数字货币应用以及区域货币合作等发展趋势。因此，交易双方需要密切关注国际市场动态和技术发展，不断调整和优化货币选择策略，以适应不断变化的跨境结算环境。

二、跨境结算的银行渠道

随着全球经济的日益融合和国际贸易的快速发展，跨境结算已成为企业间交易的重要一环。银行作为金融体系的核心，为跨境结算提供了多种渠道和服务，以满足不同企业和个人的需求。本部分将深入探讨跨境结算的银行渠道，分析其特点、优势以及存在的挑战，并提出相应的建议。

（一）跨境结算银行渠道的主要类型

跨境结算的银行渠道多种多样，主要包括电汇、信用证、托收以及近年来兴起的第三方支付平台等。

电汇（Telegraphic Transfer，简称T/T）：电汇是跨境结算中最常用的一种方式。通过银行间的电报或电传，汇款人将款项汇给收款人指定的银行账户。电汇具有速度快、效率高的特点，适用于大额交易和紧急支付。

信用证（Letter of Credit，简称 L/C）：信用证是银行应买方要求开立的，承诺在特定条件下向卖方支付货款的书面保证。信用证为买卖双方提供了较高的信用保障，降低了交易风险，但操作过程相对复杂，费用也较高。

托收（Collection）：托收是出口商委托银行向进口商收取货款的结算方式。根据托收方式的不同，可分为光票托收和跟单托收。托收相对简单、灵活，但出口商需承担较大的收款风险。

第三方支付平台：近年来，随着互联网的普及和金融科技的发展，第三方支付平台逐渐成为跨境结算的新兴渠道。这些平台通过提供线上支付、跨境汇款等服务，简化了跨境结算的流程，降低了成本。

（二）跨境结算银行渠道的优势与挑战

1.优势

（1）信用保障：银行作为跨境结算的中介机构，具有较高的信用评级和严格的监管要求，为交易双方提供了可靠的信用保障。

（2）全球网络：银行拥有遍布全球的分支机构和网络，能够为企业提供全球化的金融服务，满足跨境结算的需求。

（3）专业服务：银行具备专业的金融知识和丰富的经验，能够为企业提供量身定制的跨境结算方案，降低交易成本和风险。

2.挑战

（1）费用较高：跨境结算涉及多个国家和地区的银行，费用较高且难以预测。企业需对费用进行合理控制，避免增加不必要的成本。

（2）监管差异：不同国家和地区的监管政策存在差异，可能导致跨境结算过程中出现的合规风险。企业需要了解并遵守相关法规，确保合规经营。

（3）技术瓶颈：跨境结算涉及复杂的金融技术和信息系统，可能存在技术瓶颈和安全隐患。银行和企业需加大技术投入力度，提升系统的稳定性和安全性。

（三）跨境结算银行渠道的优化建议

降低费用：银行应优化业务流程，降低跨境结算的成本，提高服务质量。同时，企业可通过比较不同银行的收费标准和服务质量，选择性价比更高的银行渠道。

加强监管合作：各国监管部门应加强合作，建立统一的跨境结算监管标准，降低合规风险。同时，银行应密切关注监管政策的变化，及时调整业务策略。

提升技术水平：银行应加大技术投入力度，提升跨境结算系统的稳定性和安全性。通过引入区块链、人工智能等先进技术，简化流程、提高效率，降低风险。

创新服务模式：银行应积极探索跨境结算的新模式和新服务，如提供"一站式"金融服务、搭建跨境电商平台等，以满足企业多样化的需求。

跨境结算的银行渠道在推动全球贸易和经济发展中发挥着重要作用。随着科技的不断进步和市场需求的不断变化，银行渠道也在不断创新和完善。未来，银行应继续发挥自身优势，应对挑战，为企业提供更加高效、便捷、安全的跨境结算服务。同时，企业也应根据自身需求和实际情况选择合适的银行渠道，降低交易成本和风险，推动业务的快速发展。

三、跨境结算的风险管理

随着全球化进程的加速和国际贸易的日益频繁，跨境结算作为国际经济活动中不可或缺的一环，其风险管理显得尤为重要。跨境结算涉及多个国家和地区的法律、货币、汇率、信用等多个方面，因此，有效的风险管理对保障企业资金安全、降低交易成本、促进国际贸易的健康发展具有重要意义。本部分将深入探讨跨境结算的风险管理问题，从风险识别、评估、控制和监测等方面进行分析。

（一）跨境结算风险的识别

跨境结算风险识别是风险管理的首要步骤，它涉及对潜在风险的识别和分类。在跨境结算过程中，主要的风险类型包括信用风险、汇率风险、法律风险和操作风险等。

信用风险：信用风险是指交易对手方因各种原因无法按时履行合约义务而导致的风险。在跨境结算中，由于涉及不同国家和地区的企业，信用风险的评估和管理尤为关键。

汇率风险：汇率风险是由于汇率波动导致结算货币价值变化而产生的风险。跨境结算中，由于涉及不同货币之间的转换，汇率风险成为一项重要的管理内容。

法律风险：法律风险主要涉及跨境结算过程中可能遇到的法律问题，如合同法律适用、管辖权争议等。不同国家和地区的法律体系差异可能导致法律风险的产生。

操作风险：操作风险是指在跨境结算过程中因人为错误、系统故障或流程缺陷等原因导致出现的风险。操作风险的防范和控制对确保跨境结算的顺利进行至关重要。

（二）跨境结算风险的评估

风险评估是对识别出的风险进行量化和分析的过程，以确定风险的严重程度和可能性。在跨境结算中，风险评估需要综合考虑各种因素，包括交易对手的信用状况、汇率波动情况、法律环境以及操作流程的完善程度等。

通过风险评估，企业可以对不同风险进行优先级排序，确定哪些风险需要重点关注和优先管理。同时，风险评估还可以帮助企业制定针对性的风险管理策略和措施，以有效降低风险水平。

（三）跨境结算风险的控制

风险控制是风险管理的核心环节，它涉及采取一系列措施来降低风险的发生概率和影响程度。在跨境结算中，风险控制主要包括以下几个方面：

信用控制：建立完善的信用管理体系，对交易对手的信用状况进行定期评估，设置信用额度，并严格执行信用政策。同时，可以考虑采用信用保险等金融工具来降低信用风险。

汇率控制：通过选择合适的结算货币、使用外汇衍生品或进行多元化投资等方式来降低汇率风险。此外，企业还可以建立汇率风险预警机制，及时应对汇率波动带来的风险。

法律风险控制：加强合同管理和法律审查，确保合同条款的合法性和有效性。同时，了解并遵守不同国家和地区的法律法规，避免法律风险的发生。

操作风险控制：优化操作流程，提高操作的自动化和智能化水平，减少人为错误和系统故障的发生。此外，加强员工培训，提高员工的风险意识和操作技能，也是降低操作风险的有效手段。

（四）跨境结算风险的监测与报告

风险监测与报告是风险管理的持续过程，它涉及对风险管理效果的跟踪和评估，以及及时向相关部门和人员报告风险情况。在跨境结算中，企业应建立完善的风险监测机制，定期对各项风险指标进行监测和分析，及时发现并应对潜在风险。同时，定期向高层管理人员和相关部门报告风险管理情况，以便及时调整风险管理策略和措施。

跨境结算的风险管理是一个复杂而重要的任务，它涉及多个方面的风险和多个环节的管理。企业应充分认识到跨境结算风险的重要性，加强风险管理的意识和能力，建立完善的风险管理体系，确保跨境结算的安全和顺利进行。同时，随着国际经济环境的变化和技术的不断发展，企业还应不断调整和优化风险管理策略和措施，以适应新的机遇和挑战。

第四节　跨境支付与结算的风险管理

一、支付风险识别与评估

随着信息技术的迅猛发展和全球经济的深度融合，支付行业经历了前所未有的变革，电子支付、移动支付等新兴支付方式逐渐普及。然而，支付方式的多样化也带来了诸多风险，如欺诈风险、技术风险、操作风险等。因此，支付风险的识别与评估成为支付机构和企业必须面对的重要课题。本部分将详细探讨支付风险的识别与评估方法，旨在提高支付业务的安全性。

（一）支付风险识别

支付风险识别是风险管理的基础，其主要目的是发现潜在的风险因素，为后续的风险评估和控制提供依据。支付风险的识别主要包括以下几个方面：

欺诈风险识别：欺诈风险是支付领域最为常见的风险之一，包括伪造交易、盗刷银行卡、虚假身份等。为了识别欺诈风险，支付机构需要建立完善的客户身份验证机制，对交易数据进行实时监控和异常检测，以及加强与公安机关的合作，打击支付犯罪活动。

技术风险识别：支付业务高度依赖信息技术，因此技术风险是支付风险的重要组成部分。技术风险包括系统故障、网络攻击、数据泄露等。支付机构应定期对系统进行安全检查和漏洞扫描，及时修复安全漏洞，提高系统的稳定性和安全性。

操作风险识别：操作风险主要源自人为因素，如员工操作失误、违规操作等。为了降低操作风险，支付机构应建立完善的操作规范和流程，加强员工培训和考核，提高员工的业务水平和风险意识。

（二）支付风险评估

支付风险评估是对识别出的风险进行量化和分析的过程，以确定风险的严重程度和可能造成的损失。支付风险评估主要包括以下几个方面：

风险概率评估：通过对历史数据的分析和统计，评估各类风险事件发生的概率。这有助于支付机构了解风险的分布情况，为制定风险管理策略提供依据。

风险损失评估：对风险事件可能造成的损失进行量化分析，包括直接经济损失和间接影响。通过损失评估，支付机构可以更加直观地了解风险的严重性，为风险控制和应对提供决策支持。

风险评估报告：将风险识别和评估的结果整理成报告，对风险进行优先级排序，并提出有针对性的风险应对措施。风险评估报告应定期更新，以便支付机构及时了解和应对新的风险点。

（三）支付风险应对策略

针对识别和评估出的支付风险，支付机构和企业应采取以下应对策略：

完善风险管理体系：建立健全风险管理制度和流程，明确各部门的职责和权限，确保风险管理工作的有序开展。

强化风险监测与预警：运用大数据、人工智能等技术手段，对支付业务进行实时监控和预警，及时发现并应对潜在风险。

提升风险防范能力：加强员工培训和教育，提高员工的风险意识和防范能力；加强与合作伙伴的沟通与合作，共同应对支付风险。

建立风险应对机制：制定应急预案和处置流程，确保在风险事件发生时能够迅速、有效地进行应对和处理。

支付风险识别与评估是支付机构和企业风险管理工作的重要组成部分。通过有效的风险识别和评估，支付机构可以及时发现并应对潜在风险，提高支付业务的安全性和稳定性。同时，随着支付行业的不断发展和技术的不断创新，支付风险识别与评估工作也需要不断更新和完善，以适应新的风险挑战。因此，支付机构和企业应持续关注支付风险管理的最新动态和实践案例，不断提升自身的风险管理水平。

二、结算风险的预防与控制

随着国际贸易的不断发展和全球经济的深度融合，跨境结算在企业日常经营中扮演着越来越重要的角色。然而，结算过程中涉及的风险因素也随之增加，包括信用风险、操作风险、汇率风险等。为了保障企业的资金安全和正常运营，预防和控制结算风险成为一项至关重要的任务。本部分将深入探讨结算风险的预防与控制策略，进而为企业提供有益的参考。

（一）结算风险概述

结算风险是指在跨境交易结算过程中，由于各种因素导致企业面临资金损失或无法正常完成交易的风险。这些风险可能源自交易对手方的信用问题、操作流程的疏漏、汇率波动等。因此，预防和控制结算风险需要从多个方面入手，建立全面的风险管理体系。

（二）结算风险的预防策略

企业应建立严格的信用评估机制，对交易对手方的信用状况进行全面调查和分析。通过收集交易对手方的经营情况、财务状况、历史交易记录等信息，评估其履约能力和信用风险。同时，建立信用档案，对交易对手方进行动态管理，及时调整信用额度。企业应选择合适的结算方式和流程，降低操作风险。例如，采用电汇、信用证等较为安全的结算方式，避免使用风险较高的支付方式。同时，优化操作流程，减少人为错误和系统故障的可能性。通过引入自动化、智能化的结算系统，提高结算的准确性和效率。

企业应密切关注汇率市场变化，制定合理的汇率风险管理策略。通过选择合适的汇率计价方式、使用外汇衍生品进行套期保值等方式，降低汇率波动对企业资金的影响。同时，建立汇率风险预警机制，及时应对汇率风险事件。

（三）结算风险的控制措施

企业应设立风险限额，对结算过程中的各类风险进行量化控制。通过设定信用额度、交易额度等限制条件，确保企业在风险承受范围内进行结算活动。同时，建立风险监控机制，对结算过程进行实时监控和预警。通过数据分析、风险识别等手段，及时发现并应对潜在风险。企业应建立完善的内部控制体系，确保结算活动的合规性和安全性。通过制定严格的规章制度、加强员工培训和考核等方式，提高员工的风险意识和操作水平。同时，加强内部审计工作，对结算活动进行定期检查和评估。通过内部审计发现问题并及时整改，降低结算风险的发生概率。

企业应建立风险应对机制，对已经发生的结算风险进行及时处置和化解。通过制定应急预案、设立风险处置小组等方式，确保在风险事件发生时能够迅速响应并采取有效措施。同时，加强与相关部门的沟通和协作，共同应对结算风险挑战。

以某外贸企业为例，该企业曾因结算风险管理不善而遭受重大损失。在后续的风险管理中，该企业采取了多项措施：首先，建立了完善的信用管理体系，对交易对手方进行严格的信用评估；其次，优化了结算方式和流程，减少了操作风险；最后，加强了汇率风险管理，通过合理使用外汇衍生品降低了汇率波动对企业的影响。经过一系列改进后，该企业的结算风险得到了有效控制，业务运营也更加稳健。

结算风险的预防与控制是企业风险管理工作的重要组成部分。通过建立完善的信用管理体系、优化结算方式和流程、加强汇率风险管理等预防措施，以及设立风险限额和监控机制、加强内部控制和审计、建立风险应对机制等控制措施，企业可以有效地降低结算风险的发生概率和影响程度。同时，企业还应不断总结经验教训，持续改进风险管理工作，以适应不断变化的市场环境和风险挑战。

三、支付安全与合规性管理

支付安全与合规性管理是金融行业中至关重要的一环，它不仅关乎金融机构的稳健运营，也关系到客户的资金安全和隐私保护。随着支付方式的不断创新和支付市场的快速发展，支付安全与合规性管理面临着日益严峻的挑战。本部分将从支付安全的重要性和风险点、合规性管理的要求和挑战，以及加强支付安全与合规性管理的策略等方面进行深入探讨。

（一）支付安全的重要性与风险点

支付安全是支付业务的核心，它涉及资金流转、身份验证、交易授权等多个环节。支付安全的重要性不言而喻，一旦支付系统出现漏洞或被攻击，就可能导致出现资金损失、信息泄露等严重后果。因此，保障支付安全是金融机构的首要任务。

然而，支付安全也面临着诸多风险点。首先，技术风险是支付安全的主要威胁之一。随着支付技术的不断创新，黑客和犯罪分子也利用技术手段进行攻击和窃取。例如，网络钓鱼、恶意软件、DDoS攻击等手段都可能对支付系统造成破坏。其次，操作风险是支付安全不可忽视的方面。员工的误操作、违规操作或内外勾结等都可能导致支付安全事件。此外，还有来自第三方合作伙伴的风险，如支付渠道的安全性、商户的合规性等都可能对支付安全造成影响。

（二）合规性管理的要求与面临的挑战

合规性管理是金融机构必须遵守的法律法规和监管要求的重要保障。在支付领域，合规性管理涉及反洗钱、反恐怖融资、客户身份识别、交易监测等多个方面。金融机构需要建立完善的合规制度，确保支付业务符合相关法律法规的要求。

然而，合规性管理也面临着诸多挑战。首先，法律法规的不断变化给合规性管理带来了很大的压力。金融机构需要及时了解并适应新的法律法规，确保支付业务的合规性。其次，跨境支付业务的合规性管理更加复杂。不同国家和地区的法律法规存在差异，金融机构需要针对不同市场制定不同的合规策略。此外，技术的快速发展也给合规性管理带来了新的挑战。如何利用技术手段提高合规性管理的效率和准确性，是金融机构需要思考的问题。

（三）加强支付安全与合规性管理的策略

为了加强支付安全与合规性管理，金融机构需要采取以下策略：

加强技术防范：金融机构应投入更多的资源用于支付系统的安全防护，包括加强网络安全、应用安全、数据安全等方面的建设。同时，采用先进的技术手段，如人工智能、大数据分析等，对支付交易进行实时监测和预警，及时发现并应对潜在风险。

完善合规制度：金融机构应建立完善的合规制度，明确支付业务的合规要求和操作流程。同时，加强员工合规培训，提高员工的合规意识和操作技能。此外，建立合规监测和报告机制，定期对支付业务进行合规性检查和评估，确保业务合规。

强化风险管理：金融机构应建立完善的风险管理体系，对支付业务进行全面风险评估和管理。通过制定风险应对策略、建立风险预警机制等方式，降低支付业务的风险水平。同时，加强与监管机构的沟通和合作，共同应对支付领域的风险挑战。

优化支付流程：简化并优化支付流程，减少人为干预和繁琐环节，降低操作风险。通过引入自动化、智能化的支付解决方案，提高支付效率和准确性，同时减少人为错误和违规操作的可能性。

加强与第三方合作伙伴的合作与管理：对与支付业务相关的第三方合作伙伴，金融机构应建立严格的合作机制和管理制度。对合作伙伴进行严格的筛选和评估，确保其业务合规性和安全性。同时，加强与合作伙伴的信息共享和沟通协调，共同应对支付风险。

支付安全与合规性管理是金融机构在支付业务中必须高度重视的方面。通过加强技术防范、完善合规制度、强化风险管理、优化支付流程以及加强与第三方合作伙伴的合作与管理等策略，金融机构可以有效提升支付安全与合规性管理水平，保障客户资金安全和隐私保护，促进支付业务的稳健发展。同时，随着支付市场的不断变化和技术的不断创新，金融机构还需要持续关注支付安全与合规性管理的新动态和新挑战，不断调整和优化管理策略，以适应市场发展的需求。

第五节　跨境支付与结算的未来趋势

一、数字化支付与结算的发展

随着信息技术的迅猛发展和全球经济的深度融合，数字化支付与结算逐渐成为现代经济生活中不可或缺的一部分。数字化支付与结算以其高效、便捷、安全等特点，深刻改变了传统的支付与结算方式，为商业活动和社会经济发展带来了革命性的变革。本部分将探讨数字化支付与结算的发展历程、现状以及未来趋势，进而为相关领域的从业者提供有益的参考。

（一）数字化支付与结算的发展历程

数字化支付与结算的发展可以追溯到二十世纪后半叶的电子支付系统。起初，电子支付主要用于大额交易和银行间结算，随着技术的不断进步和普及，电子支付逐渐渗透到人们的日常生活中。进入二十一世纪，随着互联网和移动互联网的普及，数字化支付与结算迎来了爆发式增长。支付宝、微信支付等移动支付平台的兴起，使得数字化支付更加便捷、高效，成为人们日常生活中不可或缺的支付方式。

（二）数字化支付与结算的现状

目前，数字化支付与结算已经渗透到各个领域，无论是线上购物、线下消费还是跨境交易，数字化支付都发挥着重要作用。移动支付、电子钱包、二维码支付等数字化支付方式不断创新和完善，为用户提供了更加丰富的支付选择。同时，数字化支付与结算的安全性也得到了极大提升，通过采用加密技术、风险监控等手段，有效降低了支付风险。

在跨境支付方面，数字化支付与结算也展现出巨大的潜力。传统的跨境支付往往涉及繁琐的手续和高昂的成本，而数字化支付则能够简化流程、降低成本，提高跨境交易的效率。越来越多的金融机构和支付平台开始涉足跨境支付领域，推动数字化支付与结算的全球化发展。

（三）数字化支付与结算的未来趋势

随着人工智能、区块链、物联网等技术的不断发展，数字化支付与结算将迎来更多的创新。例如，人工智能可以用于优化支付流程、提升用户体验；区块链技术可以用于构建更加安全、透明的支付网络；物联网技术则可以实现设备间的自动支付和结算。这些技术的融合应用将推动支付方式的多样化，满足用户在不同场景下的支付需求。数字化支付与结算不仅改变了支付方式，还促进了金融服务的创新。未来，数字化支付将与更多金融服务进行跨界融合，为用户提供更加综合、便捷的金融服务。例如，支付平台可以拓展至信贷、理财、保险等领域，为用户提供"一站式"金融服务解决方案。这种跨界融合将有助于提升金融机构的竞争力，推动金融行业的创新发展。

随着数字化支付与结算的快速发展，监管政策和数据安全问题也日益凸显。未来，监管机构将加强对数字化支付与结算的监管力度，制定更加完善的法规和标准，保障市场的公平竞争和用户的合法权益。同时，支付平台也将加强数据安全管理，采用更加先进的技术手段保护用户隐私和交易安全。

数字化支付与结算的发展是信息技术和金融创新相结合的产物，它改变了传统支付与结算的方式，提高了交易效率和用户体验。未来，随着技术的不断进步和市场的不断拓展，数字化支付与结算将继续发挥重要作用，推动商业活动和社会经济的繁荣发展。同时，我们也需要关注数字化支付与结算带来的挑战和问题，加强监管和安全管理，确保其健康、可持续发展。

总的来说，数字化支付与结算的发展是一个不断演进的过程，它将继续引领金融领域的创新，并深刻影响我们的日常生活和经济活动。我们期待在未来看到更多创新性的支付方式和解决方案，以满足不断变化的市场需求和用户期望。同时，也需要重视数字化支付与结算可能带来的风险和挑战，通过加强监管、提升技术安全性等措施，确保其在推动经济发展的同时，也能够保障用户的权益和安全。

二、区块链在跨境支付中的应用

随着全球经济的日益紧密和数字化进程的加速，跨境支付作为连接各国经济活动的关键纽带，其重要性日益凸显。然而，传统的跨境支付方式往往面临着流程繁琐、成本高昂、速度慢等问题，难以满足日益增长的跨境支付需求，而区块链技术以其去中心化、安全性高、透明可追溯等特点，为跨境支付提供了新的解决方案。本部分将深入探讨区块链在跨境支付中的应用及其优势，并分析其面临的挑战与前景。

（一）跨境支付的现状与痛点

跨境支付涉及多个国家和地区的银行、金融机构和支付系统，其流程复杂且效率低下。传统的跨境支付方式往往需要经过多个中介机构的参与，导致交易速度慢、成本高。此外，由于各国法律法规和监管要求的差异，跨境支付还面临着合规风险和数据安全挑战。这些痛点使得跨境支付成为一个亟待解决的问题。

（二）区块链在跨境支付中的应用优势

区块链技术通过去中心化的网络结构，实现了跨境支付的去中介化。在传统的跨境支付中，多个中介机构参与导致交易速度慢、成本高。区块链技术使得交易双方可以直接进行点对点的支付，无需经过中介机构，从而大大提高了交易速度和效率。

通过区块链技术的去中介化特性，跨境支付中的中介机构费用得到了大幅降低。此外，区块链技术还通过智能合约等技术手段，实现了交易的自动化处理，进一步降低了人力成本。区块链技术采用分布式账本和加密算法，确保了交易数据的安全性和不可篡改性。每一笔交易都被加密并存储在区块链上，使得任何对交易的篡改都会被及时发现并记录。这种高度安全性的特性使得区块链在跨境支付中具有天然的优势。

区块链技术使得跨境支付中的每一笔交易都可被追溯和验证，这有助于满足各国监管机构的合规性要求。同时，区块链的透明性也增强了交易的信任度，减少了欺诈和洗钱等风险。

（三）区块链在跨境支付中面临的挑战与前景

尽管区块链在跨境支付中具有诸多优势，但其应用仍面临一些挑战。首先，区块链技术的成熟度和可扩展性仍需进一步提升。目前，部分区块链网络在处理大规模交易时仍存在性能瓶颈。其次，各国对区块链技术的监管政策尚不统一，这在一定程度上限制了其在跨境支付中的应用。

然而，随着技术的不断进步和监管政策的逐步完善，区块链在跨境支付中的应用前景仍然十分广阔。未来，我们可以期待更多的区块链跨境支付解决方案涌现，为全球用户提供更加高效、安全、便捷的跨境支付服务。同时，区块链技术还有望与其他金融科技手段相结合，共同推动跨境支付领域的创新与发展。

区块链技术在跨境支付中的应用为解决传统跨境支付方式的痛点提供了新的思路。通过利用去中心化、安全性高、透明可追溯等特点，区块链技术提高了跨境支付的效率和安全性，降低了交易成本，并促进了合规性和透明度。然而，区块链在跨境支付中的应用仍面临一些挑战，如技术成熟度和监管政策等问题。随着技术的不断进步和监管政策的逐步完善，我们有理由相信区块链在跨境支付领域的应用前景将更加广阔。

在未来的发展中，我们应继续深入研究区块链技术，探索其在跨境支付中的更多应用场景和潜力。同时，加强与各国监管机构的沟通与合作，共同推动跨境支付领域的健康发展。通过区块链技术的创新应用，我们可以为全球用户提供更加高效、安全、便捷的跨境支付服务，进一步推动全球经济的繁荣与发展。

三、跨境支付与结算的创新模式

随着全球化的深入发展和数字技术的快速进步，跨境支付与结算正经历着前所未有的变革。传统的跨境支付与结算模式往往面临着流程繁琐、成本高昂、速度慢等问题，难以满足现代商业活动的高效性和便捷性需求。因此，创新跨境支付与结算模式成为当前金融业的重要课题。本部分将探讨跨境支付与结算的创新模式，分析其优势与挑战，并展望未来的发展趋势。

（一）传统跨境支付与结算的局限性

传统的跨境支付与结算主要依赖银行体系，涉及多个中介机构和复杂的清算流程。这种方式不仅效率低下，而且成本高昂。此外，不同国家和地区的法律法规、货币制度以及金融基础设施的差异也增加了跨境支付与结算的难度和复杂性。这些局限性使得传统跨境支付与结算难以满足现代商业活动的需求，迫切需要进行创新。

（二）跨境支付与结算的创新模式

区块链技术以其去中心化、透明性和不可篡改的特性，为跨境支付与结算带来了革命性的变革。通过区块链技术，可以实现跨境支付的实时清算和结算，降低交易成本，提高交易速度。同时，区块链技术还可以确保交易数据的安全性和可信度，减少欺诈和洗钱等风险。目前，已有一些金融机构和科技公司开始探索区块链技术在跨境支付领域的应用，并取得了初步成效。

数字化货币作为一种新型支付方式，在跨境支付领域展现出了巨大的潜力。通过数字化货币，可以实现跨境支付的即时到账和低成本。同时，数字化货币还具有匿名性和跨境性等特点，使得其在一些特定场景下具有独特的优势。然而，数字化货币也面临着监管缺失、价格波动大等问题，需要进一步完善和规范。

跨境支付平台通过整合各方资源，提供"一站式"跨境支付解决方案，为商家和消费者提供更加便捷、高效的跨境支付服务。这些平台通常具有完善的支付网络、先进的技术支持和优质的客户服务，能够满足不同国家和地区的支付需求。同时，跨境支付平台还在不断构建生态系统，通过与其他金融机构、电商平台等合作，实现资源共享和互利共赢。

（三）创新模式的优势与挑战

创新跨境支付与结算模式具有以下优势：首先，提高了交易速度和效率，降低了成本；其次，增强了交易的安全性和可信度，减少了风险；最后，促进了全球经济的融合和发展，推动了金融业的创新。

然而，创新模式也面临着一些挑战：一是技术层面的挑战，如区块链技术的可扩展性、安全性等问题；二是监管层面的挑战，如何制定合适的监管政策，既保障金融安全又促进创新；三是市场接受度的挑战，需要提高消费者对新型支付方式的认知和信任度。

（四）未来发展趋势

未来，跨境支付与结算的创新模式将继续深化和发展。一方面，随着区块链、人工智能等技术的不断进步和应用，跨境支付将更加智能化、自动化和高效化；另一方面，随着全球经济的进一步融合和数字化进程的加速推进，跨境支付的需求将不断增长，创新模式的市场空间将更加广阔。

同时，监管机构也将加强对跨境支付与结算创新模式的监管和规范，确保金融市场的稳定和健康发展。在这个过程中，各方需要共同努力，加强合作与沟通，推动跨境支付与结算创新模式的持续发展和完善。

跨境支付与结算的创新模式为现代商业活动提供了更加高效、便捷和安全的支付解决方案。通过区块链技术、数字化货币以及跨境支付平台等创新手段，我们可以克服传统跨境支付与结算的局限性，推动全球经济的融合和发展。然而，创新模式也面临着技术、监管和市场接受度等挑战。因此，我们需要不断探索和完善创新模式，加强国际合作与沟通，共同推动跨境支付与结算领域的创新与发展。

展望未来，跨境支付与结算的创新模式将继续发挥重要作用，为全球经济和金融业的繁荣做出更大贡献。我们期待更多具有创新精神和前瞻性的企业和机构加入这一领域中来，共同开创跨境支付与结算的美好未来。

第七章　跨境电子商务背景下的风险管理

第一节　跨境电子商务风险概述

一、跨境电子商务风险的概念与分类

（一）跨境电子商务风险的概念

跨境电子商务风险，是指在跨境电子商务活动中，由于各种不确定性因素的存在，导致企业或个人在经营、交易、物流、支付等环节可能遭受的经济损失或其他不利后果的可能性。这些不确定性因素包括但不限于政策法规的变动、汇率波动、市场需求变化、技术安全隐患、物流延误、支付风险等。跨境电子商务风险的存在，不仅会影响企业的经济效益和市场竞争力，还可能对企业的长期发展产生深远的影响。

跨境电子商务风险具有多样性、复杂性和动态性的特点。由于跨境电子商务涉及多个国家和地区的法律法规、文化背景、市场环境等差异，因此风险来源多样，表现形式复杂。同时，随着全球经济形势的变化、技术的发展以及消费者需求的演变，跨境电子商务风险也在不断变化和演化。

（二）跨境电子商务风险的分类

跨境电子商务风险可以从多个角度进行分类，以下是从几个主要方面进行的分类：

政策风险是指由于国家或地区政策法规的变动，导致跨境电子商务活动受到影响的风险。例如，进口关税的调整、贸易壁垒的设置、数据保护政策的加强等，都可能对跨境电子商务企业的经营产生不利影响。企业需要密切关注相关政策法规的动态，及时调整经营策略，以降低政策风险。

市场风险是指由于市场需求、竞争态势、消费者偏好等因素的变化，导致跨境电子商务企业面临销售下滑、库存积压等风险。市场风险具有不确定性和难以预测性，企业需要加强市场调研，了解消费者需求和市场趋势，制定灵活的市场策略，以应对市场风险。

物流风险是指跨境电子商务在物流过程中可能面临的风险，包括运输延误、货物损失、海关查验等。由于跨境物流涉及多个环节和多个国家的法律法规，因此风险较高。企业需要选择可靠的物流合作伙伴，建立完善的物流管理体系，提高物流效率，降低物流风险。

支付风险是指跨境电子商务在支付环节可能面临的风险，包括支付欺诈、汇率波动、资金安全等。由于跨境支付涉及多个国家和地区的支付系统和法律法规，因此风险较高。企业需要选择安全可靠的支付方式，加强支付安全管理，防范支付欺诈和资金安全风险。

技术风险是指跨境电子商务在技术方面可能面临的风险，包括网络安全、数据保护、系统稳定性等。随着网络技术的快速发展，跨境电子商务企业面临着越来越多的技术挑战。企业需要加强技术投入，提升网络安全和数据保护能力，确保系统的稳定性和可靠性。

法律风险是指跨境电子商务活动可能因违反法律法规而面临的风险，包括知识产权侵权、合同违约、税收违规等。由于不同国家和地区的法律法规存在差异，跨境电子商务企业容易陷入法律纠纷。因此，企业需要加强法律意识，遵守相关法律法规，建立完善的合同管理和税务筹划体系。

文化风险是指由于不同国家和地区的文化差异，导致跨境电子商务活动在沟通、营销等方面出现障碍的风险。企业需要深入了解目标市场的文化背景和消费习惯，制定符合当地文化的营销策略，以降低文化风险。

跨境电子商务风险是一个复杂而多变的问题，涉及多个方面和多个层次。企业需要全面认识和理解这些风险，加强风险管理，提高风险应对能力。同时，政府和社会各界也应加强对跨境电子商务的支持和监管，共同推动跨境电子商务的健康发展。

在未来，随着全球经济一体化的深入发展和技术的不断进步，跨境电子商务将面临更多的机遇和挑战。因此，对跨境电子商务风险的研究和管理将成为一个持续而重要的课题。

本部分只是对跨境电子商务风险的概念和分类进行了初步的探讨，还有许多深入的问题需要进一步研究和探讨。希望未来能有更多的学者和实践者关注这个问题，共同推动跨境电子商务的健康发展。

二、跨境电子商务风险的产生原因与影响

跨境电子商务作为一种新型的商业模式，在全球范围内迅速发展，为企业带来了广阔的市场和商机。然而，与此同时，跨境电子商务也面临着多种风险。本部分将探讨跨境电子商务风险的产生原因以及这些风险对企业和市场的影响。

（一）跨境电子商务风险的产生原因

跨境电子商务风险的产生原因多种多样，主要包括以下几个方面：

不同国家和地区在跨境电子商务领域的政策法规存在差异，这导致了企业在经营过程中可能面临合规风险。例如，进口关税、税收制度、数据保护政策等方面的差异都可能对企业的跨境业务产生不利影响。跨境电子商务市场具有复杂性和多变性，市场需求、消费者偏好、竞争态势等因素的变化都可能对企业的经营产生风险。同时，不同国家和地区的文化背景、消费习惯等差异也可能导致企业在营销和推广方面面临挑战。

跨境电子商务涉及多个国家和地区的物流运输和供应链管理，这增加了风险的复杂性。物流延误、货物损失、海关查验等因素可能导致企业无法按时交付产品，影响客户体验和满意度。跨境支付涉及多个国家和地区的支付系统和货币体系，可能存在汇率波动、支付欺诈等风险。此外，不同支付方式的选择和支付安全性的保障也是企业需要关注的重要问题。

随着信息技术的快速发展，跨境电子商务面临着网络安全、数据保护等技术安全风险。黑客攻击、数据泄露等事件可能导致企业遭受重大损失，

进而影响企业的声誉和业务发展。

（二）跨境电子商务风险的影响

跨境电子商务风险的产生都会对企业和市场产生深远的影响，主要表现在以下几个方面：

跨境电子商务风险可能导致企业面临经济损失。例如，政策变动可能导致企业面临关税增加或税收调整等成本上升；物流延误可能导致企业面临库存积压和资金占用等问题；支付风险可能导致企业面临资金损失和财务风险。这些经济损失可能对企业的经营和财务状况产生不利影响。跨境电子商务风险可能导致企业错失市场机会。由于风险的存在，企业可能无法及时进入某些市场或推出新产品，从而失去市场份额和竞争优势。同时，风险的不确定性也可能导致企业在决策时过于谨慎，错失发展良机。

跨境电子商务风险可能导致企业声誉受损。例如，物流延误和产品质量问题可能影响客户对企业的信任度和满意度；支付安全和数据保护问题可能导致客户对企业的信任度下降。声誉的受损可能对企业的长期发展产生负面影响，降低客户忠诚度和市场份额。跨境电子商务风险可能导致企业运营效率降低。为了应对风险，企业可能需要投入更多的资源和精力进行市场调研、风险评估和制订应对措施。这可能导致企业在运营和管理方面的成本上升，降低运营效率。

跨境电子商务风险可能阻碍企业的创新活动。由于风险的存在，企业可能不敢轻易尝试新的业务模式、产品或技术，从而限制了企业的创新能力和市场竞争力。

跨境电子商务风险的产生原因多种多样，包括政策与法律差异、市场环境与竞争态势、物流与供应链管理、支付与结算风险以及技术安全风险等。这些风险对企业和市场都产生了深远的影响，包括经济损失、市场机会丧失、声誉受损、运营效率降低以及创新受阻等。

为了应对跨境电子商务风险，企业需要加强风险管理意识，建立健全的风险管理体系。这包括加强市场调研和风险评估，制定灵活的市场策略；优化物流和供应链管理，提高运营效率；选择安全可靠的支付方式，加强支付安全管理；加强技术投入，提升网络安全和数据保护能力。同时，政府和社会各界也应加强对跨境电子商务的支持和监管，为企业营造良好的发展环境。

在未来，随着全球经济一体化的深入发展和技术的不断进步，跨境电子商务将面临更多的机遇和挑战。企业需要不断提高风险管理水平，以应对各种不确定性因素带来的风险，确保企业的稳健发展。

三、跨境电子商务风险的识别与评估方法

跨境电子商务作为全球化的商业活动，其在运营过程中面临的风险多种多样。为了有效应对这些风险，企业需要建立科学的风险识别与评估方法。本部分将探讨跨境电子商务风险的识别与评估方法，以帮助企业更好地识别潜在风险并制定相应的应对策略。

（一）跨境电子商务风险的识别方法

风险识别是跨境电子商务风险管理的第一步，其目的在于全面、系统地找出可能存在的风险因素。以下是一些常用的风险识别方法：

通过组织团队成员进行头脑风暴，集思广益，列出所有可能的风险因素。这种方法可以激发团队成员的创造性思维，发现潜在的风险点。德尔菲法是一种专家调查法，通过邀请相关领域的专家，以匿名的方式对风险进行识别和评估。这种方法可以充分利用专家的专业知识和经验，提高风险识别的准确性和可靠性。

通过对跨境电子商务企业的优势（Strengths）、劣势（Weaknesses）、机会（Opportunities）和威胁（Threats）进行分析，识别出潜在的风险因素。这种方法有助于企业全面了解自身和市场环境，发现潜在的风险点。通过绘制跨境电子商务业务流程图，逐一分析每个环节可能存在的风险因素。这种方法有助于企业发现在业务流程中存在的漏洞和潜在风险点。

（二）跨境电子商务风险的评估方法

风险评估是在风险识别的基础上，对风险因素进行量化分析和评价，以确定其对企业运营的影响程度。以下是一些常用的风险评估方法：

风险矩阵法是一种常用的风险评估工具，通过构建风险矩阵，将风险因素的影响程度和发生概率进行量化评估。企业可以根据风险矩阵的结果，确定风险的优先级，制定相应的应对措施。敏感性分析法是通过分析跨境电子商务业务中关键因素的变动对整体风险的影响程度，评估风险的敏感性。这种方法有助于企业识别出对风险影响最大的关键因素，从而有针对性地制定风险管理策略。

概率影响矩阵法结合了风险发生的概率和潜在影响程度，通过构建一个二维矩阵来评估风险。企业可以根据矩阵中的不同区域，确定风险的等级和应对措施。蒙特卡洛模拟法是一种基于概率统计的风险评估方法，通过模拟跨境电子商务业务中各种风险因素的变化情况，评估整体风险的概率分布和可能结果。这种方法适用于处理复杂、多因素的风险问题，可以提供更为准确的风险评估结果。

（三）风险识别与评估的综合应用

在实际应用中，企业可以根据自身情况和业务需求，综合运用以上方法进行风险识别与评估。首先，通过头脑风暴、德尔菲等方法识别出潜在的风险因素；其次，利用风险矩阵、敏感性分析等方法对风险因素进行量化评估；最后，根据评估结果制定相应的风险应对策略和措施。

此外，企业还应建立定期的风险审查机制，对跨境电子商务业务中的风险进行持续监控和评估。随着市场环境和业务环境的变化，风险因素也可能发生变化，因此企业需要保持对风险的敏感性和应对能力。

跨境电子商务风险的识别与评估是企业风险管理的重要环节。通过综合运用多种识别与评估方法，企业可以全面、系统地识别出潜在的风险因素，并对其进行量化评估。这有助于企业了解风险的特点和影响程度，为制定有效的风险应对策略提供科学依据。同时，企业还应建立定期的风险审查机制，确保对风险的持续监控和应对。

在未来的跨境电子商务发展中，随着市场环境和技术手段的不断变化，风险的类型和特点也可能发生新的变化。因此，企业需要不断更新和完善风险识别与评估方法，以适应新的风险挑战。通过科学的风险管理，企业可以更好地应对跨境电子商务带来的不确定性，确保业务的稳健发展。

四、跨境电子商务风险的监控与报告机制

随着全球化进程的加速推进，跨境电子商务以其独特的优势，成为推动国际贸易发展的重要力量。然而，跨境电子商务的复杂性和多样性也带来了诸多风险，因此建立有效的风险监控与报告机制至关重要。本部分将深入探讨跨境电子商务风险的监控与报告机制，以帮助企业更好地管理风险，确保业务稳健发展。

（一）跨境电子商务风险监控机制

风险监控是跨境电子商务风险管理的关键环节，它涉及对潜在风险的持续跟踪、评估和控制。以下是一些建议的风险监控机制：

企业应建立一套科学的风险识别与评估体系，通过定期的风险评估和专项风险评估，及时发现潜在风险并确定其影响程度。这包括对市场环境、政策法规、供应链、支付方式等方面的全面分析，以便企业能够做出准确的判断和决策。根据风险评估结果，企业应设定相应的风险预警指标，如销售额下降、客户投诉增加、退货率上升等。当这些指标超过设定阈值时，系统就会自动触发预警机制，提醒企业及时关注并采取相应措施。

企业应加强信息系统建设，通过大数据技术、人工智能等技术手段，实现对跨境电子商务业务数据的实时收集、分析和处理。这有助于企业及时发现异常情况，并采取相应的应对措施。企业应定期对跨境电子商务业务进行审计和检查，确保业务操作的合规性和风险控制的有效性。同时，企业还应提高对员工的风险意识和培训水平，提高员工对风险的识别和应对能力。

（二）跨境电子商务风险报告机制

风险报告是跨境电子商务风险管理的重要环节，它有助于企业及时、准确地了解风险状况，为决策提供有力支持。以下是一些建议的风险报告机制：

企业应定期编制跨境电子商务风险报告，对风险状况进行全面梳理和分析。报告应包括风险识别、评估、监控和应对等方面的内容，以及风险

变化趋势的预测和建议措施。通过定期报告，企业可以及时了解风险状况，为决策提供参考依据。针对重大风险事件或特定风险问题，企业应编制专项风险报告，对事件或问题的原因、影响及应对措施进行深入分析。这有助于企业及时应对风险事件，减少损失并防止类似事件再次发生。

企业应建立风险报告分享与沟通机制，将风险报告分享给相关部门和人员，促进信息共享和协作。同时，企业还应加强与外部合作伙伴、行业协会等的沟通与合作，共同应对跨境电子商务风险。为确保风险报告的准确性和可靠性，企业应建立严格的数据收集、处理和审核流程。同时，企业还应加强对风险报告编制人员的培训和指导，提高其专业素养和报告编制能力。

（三）跨境电子商务风险监控与报告机制的优化

为进一步提高跨境电子商务风险监控与报告机制的有效性，企业可以考虑采取以下优化措施：

企业应积极引入先进的风险管理技术和工具，如人工智能、机器学习等，提高风险识别和评估的准确性和效率。同时，企业还可以利用这些技术和工具对风险进行实时监控和预警，提高风险应对的及时性。企业可以加强与其他企业或机构的合作，共同建立跨境电子商务风险监控与报告机制。通过共享资源和信息，企业可以更好地应对风险挑战，提高风险管理水平。

企业应定期对风险管理流程进行梳理和优化，确保流程的高效性和有效性。同时，企业还应根据业务发展和市场变化，及时调整风险管理策略和措施，以适应新的风险挑战。

跨境电子商务风险的监控与报告机制是企业风险管理的重要组成部分。通过建立科学的风险识别与评估体系、设置风险预警指标、加强信息系统建设以及定期审计与检查等措施，企业可以实现对跨境电子商务风险的有效监控。同时，通过定期风险报告、专项风险报告以及风险报告分享与沟通等机制，企业可以及时了解风险状况并为决策提供参考依据。不断优化和完善风险管理流程和技术手段将有助于企业更好地应对跨境电子商务风险挑战，确保业务的稳健发展。

五、跨境电子商务风险的应对策略与措施

跨境电子商务作为全球化经济的重要组成部分，其运营过程中面临着诸多风险。为了有效应对这些风险，企业需要制定科学合理的应对策略与措施。本部分将深入探讨跨境电子商务风险的应对策略与措施，帮助企业更好地规避风险，实现稳健发展。

（一）跨境电子商务风险概述

跨境电子商务风险主要包括市场风险、物流风险、支付风险、法律风险等。市场风险主要涉及汇率波动、市场需求变化等；物流风险包括运输延误、货物损失等；支付风险涉及支付安全、资金流转问题等；法律风险则涉及不同国家法律法规的差异和冲突。这些风险都可能对企业的运营和利润产生负面影响，因此必须予以重视并采取相应的应对策略。

（二）跨境电子商务风险应对策略

市场多元化策略：企业可以通过拓展多个市场，降低对单一市场的依赖，减少市场风险。通过深入了解不同市场的需求和特点，制定有针对性的营销策略，提高市场占有率。汇率风险管理：企业可以运用金融工具，如远期外汇合约、外汇期权等，来规避汇率波动带来的风险。同时，加强汇率监测和预警机制，及时调整经营策略。

选择可靠物流合作伙伴：企业应选择具有丰富经验和良好信誉的物流合作伙伴，确保货物能够安全、准时地送达目的地。同时，建立长期合作关系，降低物流成本。优化物流流程：企业应通过优化物流流程，提高物流效率，降低运输延误和货物损失的风险。例如，采用先进的物流管理系统，实现货物信息的实时追踪和监控。

选择安全支付方式：企业应选择具有安全保障措施的支付方式，如第三方支付平台、信用卡支付等，确保支付过程的安全可靠。同时，加强支付密码保护，防止支付信息泄露。建立资金监管机制：企业应建立完善的资金监管机制，确保资金流转的合规性和安全性。通过设立专门账户、定期审计等措施，防范资金风险。

了解并遵守相关法律法规：企业应深入了解跨境电子商务所涉及的国家或地区的法律法规，确保业务活动的合规性。同时，建立法律风险防范机制，及时应对可能出现的法律问题。寻求专业法律支持：企业可以聘请专业的法律顾问或律师团队，为企业提供法律咨询服务，解决在跨境电子商务过程中遇到的法律问题。

（三）跨境电子商务风险应对措施

企业应提高员工对跨境电子商务风险的认识和重视程度，加强风险管理意识的培训和教育。通过定期举办风险管理培训、分享风险管理案例等方式，提高员工的风险识别能力和应对能力。企业应建立完善的风险管理制度，明确风险管理的职责和流程。通过制定风险管理手册、建立风险管理档案等措施，规范风险管理行为，确保风险管理的有效性。

企业应加强信息化建设，利用信息技术手段提高风险管理的效率和准确性。通过建立风险管理信息系统、运用大数据和人工智能等技术手段，实现风险的实时监测和预警，为决策提供有力支持。企业应针对可能出现的风险情况，制定详细的风险应对预案。预案应包括风险识别、评估、应对和监控等各个环节，确保在风险发生时能够迅速、有效地应对。

跨境电子商务风险应对策略与措施是企业实现稳健发展的关键。通过制定有针对性的市场多元化策略、选择可靠的物流合作伙伴、采用安全的支付方式以及遵守相关法律法规等措施，企业可以有效地应对跨境电子商务过程中的各类风险。同时，加强风险管理意识、完善风险管理制度、加强信息化建设以及建立风险应对预案等也是提高企业风险管理水平的重要手段。未来，随着跨境电子商务的不断发展，企业应持续关注风险变化，不断优化和调整风险应对策略与措施，以应对新的挑战和机遇。

六、跨境电子商务风险管理的发展趋势与挑战

随着全球化进程的不断推进，跨境电子商务作为连接全球市场的桥梁，呈现出蓬勃发展的态势。然而，随之而来的风险管理问题也日益凸显。本

部分将深入探讨跨境电子商务风险管理的发展趋势与挑战，进而为企业和相关部门提供有益的参考。

（一）跨境电子商务风险管理的发展趋势

随着大数据、人工智能等技术的快速发展，跨境电子商务风险管理正朝着智能化、自动化的方向发展。通过运用先进的数据分析工具和算法，企业能够实现对海量交易数据的实时监控和风险评估，提高风险识别的准确性和效率。同时，自动化技术的应用也有助于降低人为错误和减少风险管理成本。跨境电子商务风险管理正逐渐从单一的风险点管理向全面化、综合化的方向发展。企业需要综合考虑市场风险、物流风险、支付风险、法律风险等多个方面，制定综合性的风险管理策略。此外，企业还需要加强与供应商、物流服务商、支付机构等相关方的合作，共同构建风险防控体系，实现风险管理的全面覆盖。

随着跨境电子商务市场的不断扩大，风险管理也逐渐呈现出国际化、协同化的趋势。企业需要了解并遵守不同国家和地区的法律法规，确保业务的合规性。同时，企业还需要加强与国际组织、行业协会等的合作与交流，共同研究跨境电子商务风险管理的新方法、新手段，推动风险管理的国际化和协同化。

（二）跨境电子商务风险管理面临的挑战

跨境电子商务涉及多个国家和地区的法律法规，这些法律法规之间存在着较大的差异。企业在开展跨境电子商务业务时，需要深入了解并遵守相关法律法规，以避免因违法违规行为而遭受损失。然而，由于法律法规的复杂性和不确定性，企业往往难以准确把控和应对潜在的法律风险。

跨境电子商务的物流环节涉及多个国家和地区，面临着复杂的运输、仓储、清关等问题。这些问题可能导致货物丢失、损坏或延误等风险，给企业带来经济损失和声誉损害。此外，由于不同国家和地区的物流环境和条件差异较大，物流风险往往难以预测和控制。跨境电子商务的支付环节涉及资金流转和信息安全等问题，是风险管理的关键领域之一。然而，由于不同国家和地区的支付体系、监管要求等存在差异，企业在选择支付方式、处理支付信息等方面可能面临安全风险和合规风险。此外，跨境支付还可能受到汇率波动、政治经济环境变化等因素的影响，进一步增加了支付风险的不确定性。

跨境电子商务市场受到全球经济形势、贸易政策、市场需求等多种因素的影响，具有较大的波动性和不确定性。市场风险可能导致企业销售额下降、库存积压等问题，给企业带来经济损失和经营压力。然而，由于市场风险的复杂性和难以预测性，企业往往难以准确判断市场趋势并制定有效的风险应对措施。

（三）应对跨境电子商务风险管理挑战的策略与建议

企业应加强对跨境电子商务相关法律法规的研究和学习，建立完善的合规管理制度和流程。通过设立专门的合规管理部门或聘请专业的法律顾问，确保企业在开展跨境电子商务业务时能够遵守相关法律法规，降低法律风险。企业应选择可靠的物流合作伙伴，建立稳定的物流合作关系。通过优化物流流程、提高物流效率、加强货物追踪和监控等措施，降低物流风险。同时，企业还可以考虑购买物流保险等方式来转移和分散物流风险。

企业应选择安全可靠的支付方式，建立完善的支付管理制度和流程。通过加强支付密码保护、采用加密技术等措施，确保支付信息的安全性和完整性。同时，企业还应关注不同国家和地区的支付监管要求，确保支付业务的合规性。企业应密切关注全球经济形势和贸易政策的变化，加强市场分析和预测。通过制定灵活的市场策略、拓展多元化市场等方式，降低市场风险。同时，企业还应加强内部管理，提高运营效率，以应对市场波动带来的挑战。

跨境电子商务风险管理的发展趋势呈现出智能化、全面化、国际化等特点，但同时也面临着法律法规、物流、支付和市场等多方面的挑战。为了有效应对这些挑战，企业需要加强法律法规研究、优化物流管理、加强支付安全合规管理以及提高市场风险应对能力。通过不断完善风险管理体系和提升风险管理水平，企业可以更好地应对跨境电子商务风险，实现稳健发展。

第二节 跨境电子商务的信用风险

一、跨境电子商务信用风险的来源与特点

随着全球化和互联网的快速发展，跨境电子商务逐渐成为推动全球贸易增长的重要力量。然而，在跨境电子商务交易过程中，信用风险问题日益凸显，对交易双方的利益和市场秩序造成潜在威胁。本部分将对跨境电子商务信用风险的来源与特点进行深入探讨，进而为企业和相关部门提供有益的参考。

（一）跨境电子商务信用风险的来源

信息不对称是跨境电子商务信用风险的主要来源之一。在跨境交易中，由于地域、语言、文化等差异，交易双方往往难以获取对方的全面、准确信息。这种信息不对称可能导致一方利用虚假信息或隐瞒重要事实来误导对方，从而引发信用风险。不同国家和地区的法律制度存在差异，这使得跨境电子商务交易在法律适用和纠纷解决方面面临诸多困难。当交易双方发生纠纷时，由于法律制度的差异，就可能难以找到合适的解决途径，进而增加了信用风险的发生概率。

跨境电子商务交易涉及多个主体，包括卖家、买家、物流服务商、支付机构等。这些主体之间的关系错综复杂，可能导致信用风险在不同主体之间传播和扩散。此外，一些不法分子可能利用跨境电子商务的复杂性进行欺诈活动，进一步加剧了信用风险问题的发生。跨境电子商务交易高度依赖互联网技术，因此技术风险也是信用风险的重要来源。网络攻击、数据泄露、系统故障等技术问题可能导致交易双方的信息泄露或丢失，进而引发信用风险。

（二）跨境电子商务信用风险的特点

跨境电子商务信用风险的复杂性主要体现在以下几个方面：首先，交

易双方涉及多个国家和地区，不同地区的法律制度、文化背景、市场环境等差异较大，增加了信用风险管理的难度；其次，跨境电子商务交易涉及多个环节和主体，如商品展示、交易磋商、支付结算、物流配送等，每个环节都可能存在信用风险；最后，跨境电子商务交易受到多种因素的影响，如汇率波动、政策调整、市场需求变化等，这些因素都可能对信用风险产生影响。

跨境电子商务信用风险的隐蔽性主要体现在信息不对称和欺诈行为上。由于跨境电子商务交易的虚拟性和远程性，交易双方往往难以直接了解对方的真实情况，这使得一些不法分子有机可乘，利用虚假信息或隐瞒重要事实进行欺诈活动。这些欺诈行为往往难以被及时发现和识别，增加了信用风险的隐蔽性。跨境电子商务信用风险的传染性主要体现在信用风险在不同主体之间的传播和扩散上。在跨境电子商务交易中，各个环节和主体之间存在着紧密的联系和依赖关系，一旦某个环节或主体出现信用风险问题，就可能对整个交易链条产生连锁反应，导致信用风险在不同主体之间传播和扩散。这种传染性使得跨境电子商务信用风险的管理和控制变得更加困难。跨境电子商务信用风险的动态性主要体现在风险因素的变化和风险水平的波动上。跨境电子商务交易会受到多种因素的影响，如市场环境、政策调整、技术进步等，这些因素的变化可能导致信用风险的发生概率和损失程度发生变化。此外，随着跨境电子商务市场的不断发展和完善，新的信用风险问题也可能不断出现，需要企业和管理部门持续关注并采取相应的应对措施。

（三）应对跨境电子商务信用风险的策略与建议

为降低信息不对称带来的信用风险，跨境电子商务企业应加强对交易双方信息的披露和透明度。通过建立完善的信息披露机制，确保交易双方能够获取对方的真实、准确信息，减少虚假信息和隐瞒重要事实的可能性。同时，企业还可以利用第三方机构进行信用评级和认证，为交易双方提供更多参考信息。针对跨境电子商务交易的法律制度差异和监管空白问题，各国政府应加强合作，共同制定和完善跨境电子商务相关的法律制度和监管体系。通过明确法律责任和纠纷解决机制，为跨境电子商务交易提供有力的法律保障。同时，监管部门还应加强对跨境电子商务市场的监管力度，严厉打击欺诈行为和不法分子。

跨境电子商务企业应加强对技术安全和风险防范的投入与管理。通过采用先进的技术手段和安全措施，如加密技术、身份认证等，提高交易数据的安全性和保密性。同时，企业还应建立完善的风险防范机制，及时发现和应对潜在的信用风险问题，降低风险损失。跨境电子商务涉及多个国家和地区，因此加强国际合作与交流对应对信用风险具有重要意义。各国政府和企业可以加强在信息共享、监管协作、纠纷解决等方面的合作与交流，共同推动跨境电子商务市场的健康发展。

跨境电子商务信用风险的来源具有多样性，包括信息不对称、法律制度差异、交易主体复杂性和技术风险等因素。这些风险具有复杂性、隐蔽性、传染性和动态性等特点，使得跨境电子商务信用风险管理面临诸多挑战。为应对这些挑战，企业和相关部门需要加强信息披露和透明度、完善法律制度和监管体系、提高技术安全和风险防范能力以及加强国际合作与交流。通过综合施策、多管齐下，有效降低跨境电子商务信用风险的发生概率和损失程度，促进跨境电子商务市场的健康发展。

二、跨境电子商务信用评级与评估体系

随着全球化的加速推进和互联网的普及，跨境电子商务已经成为国际贸易的重要组成部分。然而，由于跨境交易的复杂性和信息不对称性，信用风险问题日益凸显。因此，建立一套科学、有效的跨境电子商务信用评级与评估体系，对提升交易双方的信任度、促进跨境电子商务健康发展具有重要意义。

（一）跨境电子商务信用评级与评估体系的重要性

跨境电子商务信用评级与评估体系是通过收集、整理和分析跨境交易主体的信用信息，对其信用状况进行客观、公正的评价和判断。这一体系的重要性主要体现在以下几个方面：

首先，信用评级与评估体系有助于降低交易风险。通过对交易双方的信用状况进行评级和评估，可以为交易双方提供可参考的信用信息，

帮助他们更好地了解对方的信用状况，从而做出更明智的交易决策，降低因信息不对称而导致的交易风险。其次，信用评级与评估体系有助于提升市场透明度。通过公开、透明的信用评级信息，可以让市场参与者更加清晰地了解跨境电子商务市场的整体信用状况，促进市场公平竞争，提高市场效率。最后，信用评级与评估体系有助于推动跨境电子商务行业的规范发展。通过建立科学、合理的信用评级标准和方法，可以引导跨境电子商务企业加强内部管理，提升服务质量，推动整个行业的健康发展。

（二）跨境电子商务信用评级与评估体系的构建原则

在构建跨境电子商务信用评级与评估体系时，应遵循以下原则：

首先，客观性原则。信用评级与评估应基于客观事实和数据，避免主观臆断和偏见，确保评级结果的公正性和准确性。其次，全面性原则。信用评级与评估应综合考虑交易主体的多个方面，包括经营状况、履约能力、历史交易记录等，以全面反映其信用状况。再次，动态性原则。信用评级与评估应随着市场环境、政策变化以及交易主体的经营状况等因素的变化而及时调整，保持评级结果的时效性和准确性。最后，可操作性原则。信用评级与评估体系应简单易行，便于操作和推广，以降低实施成本，提高实施效率。

（三）跨境电子商务信用评级与评估体系的主要内容

跨境电子商务信用评级与评估体系主要包括以下几个方面：

首先，基础信息评级。这包括对企业或个人的注册信息、经营范围、资质证书等基本信息的核实和评估，以确保其合法性和真实性。其次，经营能力评级。这主要关注企业或个人的财务状况、履约能力、市场竞争力等方面，以评估其经营稳定性和可持续性。再次，交易记录评级。这通过分析企业或个人的历史交易记录，包括交易金额、交易频率、纠纷处理情况等，以评估其交易信用和履约能力。最后，信用管理评级。这主要考察企业或个人是否建立完善的信用管理制度，包括是否制定明确的信用政策、是否定期进行信用评估等，以评估其信用管理的专业性和有效性。

（四）跨境电子商务信用评级与评估体系的实施与监督

为确保跨境电子商务信用评级与评估体系的有效实施，需要建立相应的监督和保障机制。

首先，应建立健全的评级机构，确保其具备独立、公正、专业的评级能力。评级机构应严格遵守评级标准和程序，确保评级结果的客观性和准确性。其次，应加强对评级结果的监管和披露。相关部门应定期对评级结果进行抽查和审核，确保评级结果的真实性和合规性。再次，应建立公开透明的评级信息披露机制，让市场参与者能够及时了解跨境电子商务市场的信用状况。最后，应建立奖惩机制，对信用状况良好的企业或个人给予相应的奖励和优惠政策，对信用状况较差的企业或个人进行惩戒和限制，以形成有效的信用激励和约束机制。

（五）跨境电子商务信用评级与评估体系的未来发展

随着跨境电子商务的不断发展和技术的不断进步，信用评级与评估体系也将不断完善和创新。未来，跨境电子商务信用评级与评估体系将更加注重数据的收集和分析能力，利用大数据、人工智能等先进技术提高评级的准确性和效率。同时，随着全球合作的不断加强，跨境电子商务信用评级与评估体系也将逐步实现国际化，为全球范围内的跨境电子商务交易提供更加全面、客观的信用评价服务。

跨境电子商务信用评级与评估体系是提升跨境交易信任度、促进市场健康发展的关键所在。通过构建科学、合理的信用评级与评估体系，可以有效降低交易风险、提升市场透明度，并推动跨境电子商务行业的规范发展。在实施过程中，应坚持客观、全面、动态和可操作的原则，不断完善和创新评级方法和手段，以适应跨境电子商务市场的不断变化和发展需求。同时，加强监督和保障机制的建设，确保信用评级与评估体系的有效实施和公正性。

展望未来，跨境电子商务信用评级与评估体系将继续发挥重要作用，为跨境电子商务的健康发展提供有力支持。随着技术的不断进步和全球合作的加强，这一体系将不断完善和创新，为全球范围内的跨境电子商务交易提供更加全面、客观、高效的信用评价服务。

三、跨境电子商务信用风险的防范与控制措施

随着全球化和互联网的深度融合，跨境电子商务作为一种新兴的商业模式，正在全球范围内蓬勃发展。然而，跨境电子商务的快速发展也伴随着诸多风险，其中信用风险尤为突出。跨境电子商务信用风险主要源自信息不对称、法律差异、交易复杂性等因素，这些因素可能导致交易双方利益受损，影响市场稳定。因此，采取有效的防范与控制措施，降低跨境电子商务信用风险，对促进跨境电子商务健康发展具有重要意义。

（一）建立健全信用评价体系

建立健全信用评价体系是防范跨境电子商务信用风险的基础。首先，要制定统一的信用评价标准和方法，确保评价结果的客观性和公正性。其次，要加强对交易主体信用信息的收集和整理，包括企业资质、经营历史、履约记录等，形成完整的信用档案。最后，要建立信用信息共享机制，促进不同国家和地区之间的信用信息互通，提高跨境电子商务交易的透明度。

（二）加强法律监管与制度建设

法律监管与制度建设是防范跨境电子商务信用风险的重要保障。各国政府应加强合作，共同制定跨境电子商务相关法律法规，明确交易双方的权利和义务，规范市场秩序。同时，要加强对跨境电子商务平台的监管，确保其遵守法律法规，维护消费者权益。此外，还应建立跨境电子商务纠纷解决机制，为交易双方提供有效的纠纷解决途径，降低信用风险的发生概率。

（三）提升技术防范能力

技术防范是降低跨境电子商务信用风险的重要手段。一方面，要加强网络安全防护，采用先进的加密技术、防火墙技术等手段，保障交易数据的安全传输和存储；另一方面，要利用大数据、人工智能等技术手段，对交易主体的信用状况进行实时监测和预警，及时发现潜在风险并采取相应措施。

（四）推广信用担保与保险机制

信用担保与保险机制是降低跨境电子商务信用风险的有效途径。通过引入第三方信用担保机构，为交易双方提供信用担保服务，可以降低因信息不对称而导致的信用风险。同时，推广跨境电子商务保险业务，为交易双方提供风险保障，减少因信用风险带来的损失。

（五）培养跨境电子商务信用风险意识

培养跨境电子商务信用风险意识是防范风险的关键。交易双方应充分认识到跨境电子商务信用风险的存在及其危害，提高风险防范意识。同时，交易双方要加强风险教育，提高交易双方的风险识别和应对能力。此外，跨境电子商务平台也应承担起风险教育的责任，为交易双方提供相关的风险信息和建议。

（六）加强国际合作与交流

跨境电子商务具有全球性的特点，因此加强国际合作与交流对于防范信用风险具有重要意义。各国政府、行业协会、企业等应加强沟通与合作，共同研究跨境电子商务信用风险问题，分享防范经验和技术手段，推动全球跨境电子商务信用体系的建立和完善。

（七）完善跨境支付与结算体系

跨境支付与结算体系是跨境电子商务交易的核心环节，也是信用风险的重要来源。因此，完善跨境支付与结算体系对于防范信用风险至关重要。一方面，要加强跨境支付机构的监管，确保其合规运营，防止因支付问题引发的信用风险；另一方面，要推动跨境支付技术的创新和应用，提高支付效率和安全性，降低信用风险的发生概率。

（八）建立失信惩戒机制

对在跨境电子商务交易中出现失信行为的企业或个人，应建立相应的失信惩戒机制。通过公示失信名单、限制交易资格、追究法律责任等手段，对失信行为进行严厉打击，维护市场秩序和交易双方的合法权益。

综上所述，防范与控制跨境电子商务信用风险需要从多个方面入手，包括建立健全信用评价体系、加强法律监管与制度建设、提升技术防范能力、推广信用担保与保险机制、培养信用风险意识、加强国际合作与交流、完善跨境支付与结算体系以及建立失信惩戒机制等。这些措施相互关联、相互补充，共同构成一个完整的跨境电子商务信用风险防范与控制体系。通过实施这些措施，可以有效降低跨境电子商务信用风险，促进跨境电子商务的健康发展。

　　未来，随着全球化和互联网的进一步深入发展，跨境电子商务将继续保持快速增长的态势。因此，我们需要不断完善和创新跨境电子商务信用风险的防范与控制措施，以适应市场的变化和挑战。同时，也需要加强跨境电子商务领域的国际合作与交流，共同推动全球跨境电子商务的健康发展。

四、跨境电子商务交易双方的信用管理

　　跨境电子商务作为全球经济一体化的重要体现，近年来得到了迅猛发展。然而，在跨境交易的过程中，由于地理距离、文化差异、法律差异等多种因素的影响，信用问题成为制约跨境电子商务进一步发展的关键因素。因此，加强跨境电子商务交易双方的信用管理，对保障交易安全、促进跨境电子商务健康发展具有重要意义。

（一）跨境电子商务交易双方信用管理的重要性

　　跨境电子商务交易涉及不同国家和地区的企业或个人，由于信息不对称、文化差异等因素，交易双方往往难以准确判断对方的信用状况。这导致交易风险增加，可能出现欺诈、违约等问题，给交易双方带来损失。因此，加强跨境电子商务交易双方的信用管理，有助于降低交易风险，提高交易成功率，促进跨境电子商务的健康发展。

（二）跨境电子商务交易双方信用管理的主要内容

　　跨境电子商务交易双方的信用管理首先需要对交易双方的信用信息进行收集和整理。这包括企业资质、经营历史、履约记录、客户评价等多方面的信息。通过收集这些信息，可以对交易双方的信用状况进行全面、客

观的评价。在收集到足够的信用信息后，需要对交易双方进行信用评估与评级。这可以通过建立信用评估模型，运用大数据分析、机器学习等技术手段，对交易双方的信用状况进行量化评估，并给出相应的信用等级。信用等级可以作为交易双方选择合作伙伴的重要参考依据。

在跨境电子商务交易过程中，需要对交易双方的信用风险进行实时预警和防范。这可以通过建立风险监测机制，对交易双方的交易行为、履约情况等进行实时监测，一旦发现异常情况，就要及时发出预警并采取相应措施，防止信用风险的发生。为了激励交易双方遵守信用规则，需要建立信用奖惩机制。对信用状况良好的交易双方，可以给予优惠政策、提高交易额度等奖励；对信用状况较差的交易双方，可以采取限制交易、降低信用等级等惩罚措施，以维护市场秩序和交易安全。

（三）跨境电子商务交易双方信用管理的实施策略

为了加强跨境电子商务交易双方的信用管理，需要建立统一的信用管理体系。这包括制定统一的信用评价标准和方法、建立信用信息共享平台、推广信用担保和保险机制等。通过统一的信用管理体系，可以促进不同国家和地区之间的信用信息互通，提高跨境电子商务交易的透明度和信任度。跨境电子商务交易涉及不同国家和地区的企业或个人，因此需要加强国际合作与交流，共同推动跨境电子商务信用管理的发展。各国政府、行业协会、企业等可以加强沟通与合作，共同制定跨境电子商务信用管理规则和标准，分享信用管理经验和技术手段，推动全球跨境电子商务信用体系的建立和完善。

加强跨境电子商务交易双方的信用管理，还需要提升企业和个人的信用意识。企业和个人应充分认识到信用在跨境电子商务交易中的重要性，自觉遵守信用规则，积极维护自己的信用形象。同时，跨境电子商务平台也应承担起信用教育的责任，为交易双方提供相关的信用知识和建议。

随着技术的不断进步，可以利用大数据、人工智能等先进技术手段来提升跨境电子商务交易双方的信用管理水平。通过大数据分析，可以对交易双方的信用信息进行深入挖掘和处理，提高信用评估的准确性和效率；通过人工智能技术，可以实现对交易行为的实时监测和预警，及时发现潜在风险并采取相应措施。

（四）跨境电子商务交易双方信用管理的未来展望

随着跨境电子商务的不断发展，交易双方的信用管理将面临更多的机遇和挑战。未来，跨境电子商务交易双方的信用管理将更加注重数据的收集和分析能力，利用先进技术手段提高信用评估的准确性和效率。同时，随着全球合作的不断加强，跨境电子商务信用管理体系将逐步实现国际化，为全球范围内的跨境电子商务交易提供更加全面、客观的信用评价服务。

综上所述，跨境电子商务交易双方的信用管理是保障交易安全、促进跨境电子商务健康发展的重要环节。通过建立统一的信用管理体系、加强国际合作与交流、提升企业和个人的信用意识以及利用技术手段提升信用管理水平等措施，可以有效加强跨境电子商务交易双方的信用管理，推动跨境电子商务的健康发展。

五、跨境电子商务信用纠纷的解决机制

作为全球化背景下的新兴商业模式，跨境电子商务在带来巨大商机的同时，也伴随着诸多信用纠纷。这些纠纷涉及不同国家、地区和文化背景的交易主体，具有复杂性和多样性，因此解决起来颇具挑战。本部分旨在探讨跨境电子商务信用纠纷的解决机制，为构建公正、高效的纠纷解决体系提供参考。

（一）跨境电子商务信用纠纷的特点

跨境电子商务信用纠纷具有以下几个显著特点：

涉及主体多样：跨境电子商务交易涉及卖家、买家、支付机构、物流公司等多个主体，纠纷可能发生在任何环节。

法律差异显著：不同国家和地区的法律体系、法律解释和司法实践存在差异，导致跨境电子商务纠纷在法律适用上存在困难。

信息不对称：由于跨境交易的信息透明度不高，交易双方往往难以充分了解对方的信用状况，增加了纠纷的风险。

语言和文化障碍：不同国家和地区的语言和文化差异可能导致沟通不

畅，加剧纠纷的复杂性。

（二）跨境电子商务信用纠纷解决机制的现状与问题

目前，跨境电子商务信用纠纷的解决机制主要包括协商、调解、仲裁和诉讼等方式。然而，这些机制在应对跨境电子商务纠纷时存在以下问题：

协商和调解效果有限：由于跨境交易涉及多个主体和复杂因素，协商和调解往往难以达成一致意见，导致纠纷无法解决。

仲裁成本高昂：跨境电子商务纠纷的仲裁往往需要在国外进行，涉及高昂的仲裁费用和长时间的等待，增加了纠纷解决的成本和难度。

诉讼程序繁琐：跨境诉讼涉及不同国家的法律体系和司法程序，程序繁琐且耗时较长，不利于纠纷的快速解决。

（三）完善跨境电子商务信用纠纷解决机制的建议

为了有效解决跨境电子商务信用纠纷，需要构建一个多元化、高效便捷的纠纷解决机制。以下是一些建议：

建立统一的纠纷解决平台：通过建立一个统一的跨境电子商务纠纷解决平台，整合协商、调解、仲裁等多种纠纷解决方式，为交易双方提供便捷、高效的纠纷解决途径。

推广在线纠纷解决方式：利用互联网技术，推广在线协商、在线调解等纠纷解决方式，降低纠纷解决的成本和时间成本。

加强国际合作与交流：加强不同国家和地区之间的法律合作与司法协助，推动建立统一的跨境电子商务纠纷解决规则和标准，提高纠纷解决的效率和公正性。

建立信用评价体系：通过收集和分析交易双方的信用信息，建立跨境电子商务信用评价体系，为交易双方提供信用参考，降低纠纷发生的风险。

加强消费者权益保护：针对跨境电子商务中消费者权益易受侵害的问题，加强消费者权益保护力度，建立消费者权益保护机制，为消费者提供有效的维权途径。

（四）跨境电子商务信用纠纷解决机制的创新实践

在跨境电子商务信用纠纷解决机制的创新实践中，一些国家和地区已经取得了显著成果。例如，一些国际组织推动建立了跨境电子商务纠纷解决中心，为交易双方提供中立、专业的纠纷解决服务；一些电商平台也积极探索在线纠纷解决方式，通过平台内部规则和技术手段，实现纠纷的快速解决。这些创新实践为进一步完善跨境电子商务信用纠纷解决机制提供了有益借鉴。

（五）跨境电子商务信用纠纷解决机制的未来展望

随着全球化和互联网的深入发展，跨境电子商务将继续保持快速增长的态势。未来，跨境电子商务信用纠纷解决机制将面临更多的挑战和机遇。一方面，需要进一步加强国际合作与交流，推动建立更加统一、高效的跨境电子商务纠纷解决体系；另一方面，也需要不断创新纠纷解决方式和手段，提高纠纷解决的效率和公正性。同时，还应加强对跨境电子商务交易的监管和规范，提高交易双方的信用意识和信用水平，从根本上减少纠纷的发生。

跨境电子商务信用纠纷的解决机制是保障跨境交易顺利进行、维护市场秩序和消费者权益的重要环节。通过构建多元化、高效便捷的纠纷解决机制，加强国际合作与交流，推广创新实践，可以有效解决跨境电子商务信用纠纷，促进跨境电子商务的健康发展。未来，随着技术的不断进步和全球合作的加强，跨境电子商务信用纠纷解决机制将不断完善和创新，为跨境交易提供更加安全、可靠的环境。

六、跨境电子商务信用体系的建设与发展

随着全球化和互联网的深度融合，跨境电子商务已经成为国际贸易的重要组成部分。然而，由于跨境交易涉及不同国家、文化和法律体系，信用问题成为制约跨境电子商务进一步发展的关键因素。因此，建设和完善跨境电子商务信用体系，对促进跨境电子商务的健康发展具有重要意义。

（一）跨境电子商务信用体系的重要性

跨境电子商务信用体系是保障交易安全、促进贸易便利化的重要基础。通过建设信用体系，可以规范交易行为，降低交易风险，提高交易效率，

增强消费者对跨境电子商务的信心。同时，信用体系还可以促进跨境电子商务市场的公平竞争，推动国际贸易的繁荣与发展。

（二）跨境电子商务信用体系的核心要素

跨境电子商务信用体系的建设需要关注以下几个核心要素：

信用体系的基础是全面、准确的信用信息。因此，需要建立有效的信用信息收集机制，包括企业资质、经营历史、履约记录、客户评价等多方面的信息。同时，还需要推动信用信息的共享，打破"信息孤岛"，实现信用信息的互通有无。

信用评价是信用体系的核心环节。需要制定科学合理的信用评价标准和方法，综合考虑企业的经营能力、履约能力、信用记录等因素，对跨境电子商务交易主体进行客观、公正的评价。

信用体系需要建立有效的监管机制，对跨境电子商务交易主体的信用行为进行监督和管理。同时，还需要建立奖惩机制，对信用良好的企业给予优惠政策和激励措施，对失信企业进行惩戒和限制，形成守信激励和失信惩戒的良好氛围。

（三）跨境电子商务信用体系的建设路径

为了建设和完善跨境电子商务信用体系，需要采取以下措施：

跨境电子商务涉及多个国家和地区，需要加强国际合作与交流，共同制定跨境电子商务信用管理的规则和标准。通过国际合作，可以推动信用信息的跨国共享，提高信用评价的准确性和公正性。为了实现信用信息的共享和互通，需要建立统一的跨境电子商务信用信息平台。该平台可以集成各方的信用信息资源，提供便捷的信用查询、评价和监管功能，为跨境电子商务交易提供全面的信用支持。

法律法规是信用体系建设的重要保障。需要完善跨境电子商务相关的法律法规，明确信用信息的收集、使用和保护规范，规范交易主体的行为，为信用体系的建设提供法律支持。信用意识和文化是信用体系建设的软实力。需要加强信用教育和宣传，提高交易双方的信用意识和诚信意识。同时，还需要培育良好的商业文化，营造诚实守信、公平竞争的市场环境。

（四）跨境电子商务信用体系的发展趋势

随着跨境电子商务的快速发展，信用体系的建设将呈现以下趋势：

随着大数据、人工智能等技术的应用，信用信息的收集和处理将更加智能化和高效化。跨境电子商务信用体系将能够更全面地收集交易主体的信用信息，实现信息的实时更新和共享，提高信用评价的准确性和透明度。随着信用评价方法的不断创新和完善，跨境电子商务信用体系将能够更加科学和精准地评价交易主体的信用状况。通过对交易历史、履约记录、客户评价等多维度数据的综合分析，可以更准确地判断交易主体的信用等级和风险水平。

为了维护跨境电子商务市场的公平竞争和交易安全，信用监管将更加严格和有效。监管部门将加强对交易主体的信用监管和执法力度，对失信行为进行严厉打击和处罚，形成有效的失信惩戒机制。随着全球化的深入推进，跨境电子商务信用体系将与国际接轨，实现与国际信用体系的互联互通。这将有助于提升我国跨境电子商务的国际竞争力，促进国际贸易的健康发展。

跨境电子商务信用体系的建设与发展是推动跨境电子商务健康发展的重要保障。通过加强国际合作与交流、建立统一的信用信息平台、完善法律法规体系以及提升信用意识与加强文化建设等措施，可以逐步构建和完善跨境电子商务信用体系。未来，随着技术的不断进步和市场的不断成熟，跨境电子商务信用体系将发挥更加重要的作用，为跨境电子商务的繁荣发展提供有力支持。

第三节　跨境电子商务的物流风险

一、跨境电子商务物流风险的类型与特点

跨境电子商务的快速发展，为全球范围内的商品交易提供了便利。然而，随着交易规模的扩大和交易范围的拓展，跨境电子商务物流风险也日

益凸显。本部分将探讨跨境电子商务物流风险的类型与特点，旨在为相关企业和个人提供风险防控的参考。

（一）跨境电子商务物流风险的类型

跨境电子商务物流风险涉及多个方面，主要包括以下几类：

运输风险是跨境电子商务物流中最常见的风险之一。由于跨境运输涉及多个国家和地区，不同国家的交通状况、运输法规、海关政策等差异较大，可能导致发生运输延误、货物损失或损坏等问题。此外，运输过程中的天气因素、交通事故等不可抗力因素也可能引发风险。仓储风险主要包括货物在仓库存储期间的损失、损坏和丢失等问题。跨境电子商务涉及的商品种类繁多，不同商品的存储要求各异，如温度、湿度等环境因素可能导致商品变质或损坏。此外，仓库的安全管理漏洞、人员操作不当等也是引发仓储风险的重要因素。

清关风险是跨境电子商务物流中不可忽视的一环。不同国家的海关政策、进出口税率、禁止和限制进出口商品等存在差异，可能导致货物被扣留、罚款或没收等风险。此外，清关过程中的文件准备、申报错误等也可能导致清关延误或失败。信息风险主要涉及物流信息的准确性和及时性。跨境电子商务物流涉及多个环节和多个参与方，信息在传递过程中可能出现丢失、错误或延迟等问题，导致物流进度无法准确掌握，影响交易双方的决策和沟通。

（二）跨境电子商务物流风险的特点

跨境电子商务物流风险具有以下几个显著特点：

跨境电子商务物流涉及多个国家和地区，不同国家的政治、经济、文化等背景差异较大，导致物流风险具有复杂性。不同国家的法律法规、政策规定等存在差异，企业需要了解并遵守各国的规定，以降低物流风险。同时，跨境电子商务物流还涉及多个参与方，如供应商、物流公司、海关等，各方之间的合作与沟通也是影响物流风险的重要因素。

跨境电子商务物流风险具有不可预测性。尽管企业可以通过加强风险管理和预防措施来降低风险，但许多风险因素如自然灾害、政治动荡等是不可控的。这些不可抗力因素可能导致物流中断、延误或损失，给企业带来不可预测的损失。

　　跨境电子商务物流风险具有较强的时效性。由于跨境交易涉及多个国家和地区，物流过程中的每个环节都可能影响整个交易的进程。因此，物流风险的发生和解决需要及时响应与处理，以确保交易的顺利进行。跨境电子商务物流风险的类型多样，包括运输风险、仓储风险、清关风险和信息风险等。这些风险既可能同时存在于同一笔交易中，也可能在不同交易中表现出不同的特点。因此，企业在跨境电子商务物流中需要综合考虑各种风险因素，制定全面的风险防控策略。

（三）跨境电子商务物流风险的防控措施

　　为了降低跨境电子商务物流风险，企业和个人可以采取以下措施：

　　企业和个人应充分认识到跨境电子商务物流风险的复杂性和多样性，增强风险意识和提高管理能力。通过制定完善的风险管理制度和流程，明确各方职责和权限，加强内部监管和协调合作，确保物流过程的安全和稳定。

　　选择具有丰富经验和良好信誉的物流公司是降低物流风险的关键。企业应综合考虑物流公司的实力、服务质量、运输网络等因素，选择最适合自己的合作伙伴。同时，与物流公司建立良好的沟通机制，确保信息的准确传递和及时响应。

　　企业和个人应充分了解并遵守各国的法规与政策，特别是与跨境电子商务物流相关的规定。通过咨询专业机构或律师团队，确保自己的经营行为合法合规，避免因违反规定而引发的风险。采用先进的物流技术和管理手段可以提高物流效率和质量，降低物流风险。例如，利用物联网技术实现物流信息的实时跟踪和监控，通过大数据分析预测物流需求和趋势，运用人工智能优化物流路径和降低成本等。

　　跨境电子商务物流风险涉及多个方面和环节，具有复杂性和多样性。企业和个人应充分认识到这些风险的存在和影响，加强风险意识和管理能力，采取有效的防控措施降低风险。通过加强合作与沟通、选择可靠的合作伙伴、遵守法规和政策以及采用先进的物流技术和管理手段，可以共同推动跨境电子商务物流的健康发展。

二、跨境电子商务物流风险的识别与评估

随着全球化和互联网的深入发展，跨境电子商务已成为推动国际贸易增长的重要力量。然而，跨境电子商务的复杂性和多样性也带来了诸多物流风险。为了有效应对这些风险，企业需要对其进行准确的识别和科学的评估。本部分将围绕跨境电子商务物流风险的识别与评估展开讨论，进而为相关企业提供有益的参考。

（一）跨境电子商务物流风险的识别

风险识别是跨境电子商务物流风险管理的基础。通过对物流过程中可能出现的各种风险因素进行系统、全面的分析，企业能够及时发现并应对潜在风险，从而确保物流活动的顺利进行。

1.识别风险的来源

跨境电子商务物流风险的来源多种多样，主要包括以下几个方面：

（1）运输风险：包括运输延误、货物损坏、丢失等，这些风险可能由天气、交通事故、人为因素等引起。

（2）仓储风险：涉及货物在仓库存储期间的损坏、变质、丢失等问题，以及仓库管理不善导致的安全风险。

（3）清关风险：包括海关查验、税收调整、禁限物品等问题，这些风险可能导致货物被扣留、罚款或没收。

（4）信息风险：包括信息传递不畅、信息失真、信息泄露等，这些风险可能影响物流决策的准确性和及时性。

2.确定风险的具体表现

在识别风险来源的基础上，企业还需要进一步确定风险的具体表现。例如，运输风险可能表现为运输成本的增加、运输时间的延长；仓储风险可能表现为库存积压、货物损耗；清关风险可能表现为通关效率低下、税收成本上升；信息风险可能表现为信息沟通不畅、决策失误等。

（二）跨境电子商务物流风险的评估

风险评估是对已识别风险进行量化分析和评价的过程。通过对风险的发生概率、影响程度进行估算，企业可以了解风险的严重性和优先级，从

而制定有效的风险应对策略。

为了科学评估跨境电子商务物流风险，企业需要建立一套完善的评估指标体系。这些指标应涵盖风险的各个方面，如发生概率、影响程度、持续时间等。同时，指标的选择应具有可操作性和可度量性，以便企业进行量化分析。评估跨境电子商务物流风险需要大量的数据支持。企业应通过问卷调查、实地访谈、历史数据分析等方法，收集与风险相关的数据。然后，运用统计学、概率论等方法对数据进行处理和分析，以得出风险的发生概率和影响程度。

根据评估结果，企业可以将跨境电子商务物流风险划分为不同的等级。一般来说，风险等级可以根据风险的发生概率和影响程度进行划分，如高风险、中风险、低风险等。不同等级的风险需要采取不同的应对策略和措施。在评估风险等级的基础上，企业应制定相应的风险应对策略。对高风险因素，企业应采取积极的防范措施，如加强物流监控、优化运输路线、提高清关效率等；对中风险因素，企业可采取一定的预防措施，同时加强风险监控和预警；对低风险因素，企业虽可适当降低防范措施的成本，但仍需保持一定的风险意识。

（三）跨境电子商务物流风险管理的注意事项

在进行跨境电子商务物流风险的识别与评估时，企业需要注意以下几点：

跨境电子商务物流风险涉及多个方面和环节，企业在识别和评估风险时应综合考虑各种因素，避免遗漏重要风险。跨境电子商务物流环境不断变化，新的风险因素可能随时出现。企业应定期对风险进行识别与评估，及时调整风险管理策略。跨境电子商务物流涉及多个参与方，企业应加强与供应商、物流公司、海关等各方的沟通与协作，共同应对物流风险。

跨境电子商务物流风险的识别与评估是确保物流活动顺利进行的关键环节。首先，企业应通过系统、全面的风险识别，确定风险的具体表现；其次，通过科学的风险评估，了解风险的严重性和优先级；最后，根据评估结果制定相应的风险应对策略。在风险管理过程中，企业还应注意综合考虑各种风险因素、保持动态调整以及加强与各方的沟通与协作。通过有效的风险管理，企业可以降低跨境电子商务物流风险，提高物流效率和服务质量，从而推动跨境电子商务的健康发展。

三、跨境电子商务物流风险的防范与控制措施

随着跨境电子商务的蓬勃发展，物流作为连接买卖双方的桥梁，其重要性日益凸显。然而，跨境电子商务物流过程中涉及多个环节和多个国家，面临着诸多风险。为了保障物流的顺畅与安全，企业必须采取有效的防范与控制措施。本部分将探讨跨境电子商务物流风险的防范与控制措施，进而为相关企业提供指导。

（一）跨境电子商务物流风险的主要类型

跨境电子商务物流风险多种多样，主要包括运输风险、仓储风险、清关风险和信息风险等。运输风险可能由天气、交通事故等不可抗力因素引发，导致货物损失或延误；仓储风险涉及货物在仓库存储期间的损坏、丢失等问题；清关风险则与海关政策、进出口税率等密切相关，可能导致货物被扣留或罚款；信息风险则可能因信息传递不畅或失真而导致决策失误。

（二）跨境电子商务物流风险的防范与控制措施

针对跨境电子商务物流风险，企业应采取以下防范与控制措施：

企业应建立完善的风险识别与评估机制，定期对物流过程中可能出现的风险进行全面分析。通过收集和分析历史数据、实地考察等方式，识别风险的来源和具体表现，并评估其发生概率和影响程度。根据评估结果，制定相应的风险应对策略，确保物流活动的顺利进行。为降低运输风险，企业应选择可靠的运输公司和合作伙伴，确保运输过程的安全与稳定。同时，根据货物的特性和目的地国家的法规要求，制订合适的运输方案，包括选择合适的运输方式、路线和包装方式等。此外，加强运输过程中的监控和跟踪，及时发现并解决问题，确保货物按时、安全到达目的地。

仓储管理是降低仓储风险的关键。企业应建立完善的仓储管理制度，明确货物的存储、保管、盘点等流程和要求。加强仓库的安全管理，防止货物被盗或损坏。同时，定期对仓库进行清洁和维护，确保货物的存储环境良好。此外，利用先进的仓储管理系统和技术手段，提高仓储管理的效

率和准确性。清关是跨境电子商务物流中的重要环节，也是风险较高的环节。企业应加强与海关的沟通与协作，了解并遵守各国的海关政策和进出口规定。建立完善的清关流程，确保货物的申报、查验、缴税等环节顺利进行。同时，加强清关人员的培训和管理，提高其业务水平和应对突发情况的能力。

信息风险是跨境电子商务物流中不可忽视的一环。企业应建立完善的信息安全管理制度，加强信息系统的安全防护，防止信息泄露或被篡改。同时，加强信息的传递和沟通，确保信息的准确性和及时性。利用先进的信息技术手段，如物联网、大数据等，提高物流信息的透明度和可追溯性。面对跨境电子商务物流风险，企业应建立完善的风险应对机制。制定应急预案，明确风险发生后的应对措施和责任人。加强风险监控和预警，及时发现并应对潜在风险。同时，加强与保险公司的合作，为物流活动投保相关险种，降低风险带来的损失。

（三）跨境电子商务物流风险防范与控制的注意事项

在实施跨境电子商务物流风险防范与控制措施时，企业需要注意以下几点：

跨境电子商务物流风险涉及多个方面和环节，企业在制定防范措施时应综合考虑各种风险因素，确保措施的全面性和有效性。不同国家和地区的物流环境、法规政策等存在差异，企业应根据实际情况灵活调整防范措施，确保措施的更具针对性和适用性。

跨境电子商务物流涉及多个参与方，企业应加强与供应商、物流公司、海关等各方的合作与沟通，共同应对物流风险。跨境电子商务物流风险的防范与控制是确保物流活动顺利进行的重要保障。企业应通过加强风险识别与评估、优化运输方案、完善仓储管理、加强清关能力、强化信息安全管理以及建立风险应对机制等措施，降低物流风险的发生概率和影响程度。同时，在实施防范措施时，企业需综合考虑多种风险因素，根据实际情况灵活调整，并加强与各方的合作与沟通。通过有效的风险防范与控制，企业可以提高跨境电子商务物流的效率和安全性，为企业的可持续发展提供有力支持。

四、跨境电子商务物流合作伙伴的选择与管理

随着全球化和互联网的深入发展，跨境电子商务已成为推动国际贸易增长的重要引擎。在跨境电子商务的运作过程中，物流合作伙伴的选择与管理至关重要，直接关系到企业运营的效率、成本和风险控制。本部分将深入探讨跨境电子商务物流合作伙伴的选择标准、管理策略及注意事项，为企业在这一领域的实践提供有益参考。

（一）跨境电子商务物流合作伙伴的选择标准

选择合适的物流合作伙伴是跨境电子商务成功的关键。以下是一些关键的选择标准：

企业应评估物流合作伙伴的服务质量和可靠性，包括运输时效、货物安全、信息追踪等方面。一个优秀的物流合作伙伴应能够提供稳定、高效的物流服务，确保货物按时、安全地送达目的地。物流合作伙伴的网络覆盖范围和运输能力也是重要的选择标准。企业应选择具备完善网络覆盖和强大运输能力的合作伙伴，以便在全球范围内提供灵活的物流解决方案。

成本效益是企业选择物流合作伙伴时需要考虑的重要因素。企业应综合评估合作伙伴的报价、服务质量和运输效率，选择性价比最高的合作伙伴。信息化水平是衡量物流合作伙伴现代化程度的重要指标。企业应选择具备先进信息系统和技术的合作伙伴，以便实现物流信息的实时共享和监控，提高物流运作的透明度和效率。

（二）跨境电子商务物流合作伙伴的管理策略

选择合适的物流合作伙伴只是第一步，如何有效地管理这些合作伙伴同样重要。以下是一些建议的管理策略：

企业应致力于与物流合作伙伴建立长期稳定的合作关系，通过共同发展和互惠互利实现双赢。在合作过程中，双方应相互信任、支持和配合，共同应对市场变化和风险挑战。为确保双方权益得到保障，企业应与合作伙伴签订明确的合作协议，明确服务范围、质量标准、价格条款、违约责任等内容。协议应具有法律约束力，确保双方在合作过程中遵守约定。

企业应定期对物流合作伙伴的服务质量和绩效进行评估，以便及时发现问题并采取措施加以改进。评估结果应作为调整合作策略、优化资源配置的重要依据。同时，企业应建立有效的反馈机制，及时与合作伙伴沟通评估结果和改进建议，促进双方共同成长。跨境电子商务物流涉及多个环节和多个国家，面临着诸多风险。企业应建立完善的风险管理机制，对物流合作伙伴进行风险评估和监控，制定应急预案以应对可能出现的风险事件。同时，企业应加强与合作伙伴的沟通与协作，共同应对风险和挑战。

（三）跨境电子商务物流合作伙伴选择的注意事项

在选择跨境电子商务物流合作伙伴时，企业需要注意以下几点：

企业应充分了解合作伙伴的企业背景、经营实力、行业经验等方面的信息，以便对其综合实力进行评估。通过实地考察、查阅相关资料等方式，获取准确的信息，为选择合适的合作伙伴提供依据。在跨境电子商务快速发展的背景下，企业应关注合作伙伴的创新能力和服务能力。优秀的合作伙伴应具备敏锐的市场洞察力和创新能力，能够为企业提供定制化的物流解决方案，满足企业不断变化的需求。

企业在选择物流合作伙伴时，应确保其遵守相关法律法规和行业标准，具备合法经营资质。同时，企业应关注合作伙伴在环保、安全等方面的表现，选择符合社会责任要求的合作伙伴。

跨境电子商务物流合作伙伴的选择与管理是企业实现高效、安全、低成本物流运作的关键环节。企业应根据自身需求和实际情况，制定合适的选择标准和管理策略，与合作伙伴建立长期稳定的合作关系，共同应对市场挑战和风险。通过不断优化物流合作伙伴的选择与管理，企业可以提高跨境电子商务的竞争力，实现可持续发展。

五、跨境电子商务物流保险的应用与实践

随着跨境电子商务的迅猛发展，物流环节的风险也随之增加。为了降低风险，保障交易双方的利益，跨境电子商务物流保险应运而生。本部分将探讨跨境电子商务物流保险的应用与实践，进而为相关企业和个人提供有益的参考。

（一）跨境电子商务物流保险的重要性

跨境电子商务物流保险在保障交易安全、降低风险方面发挥着重要作用。首先，物流保险能够覆盖货物在运输过程中的各种风险，如丢失、损坏、延误等，为卖家和买家提供经济上的保障。其次，物流保险能够增强交易双方的信任度，促进交易的顺利进行。在跨境交易中，由于距离、语言、文化等差异，买卖双方往往存在信任问题。物流保险的存在能够减少这种不信任感，使交易更加顺畅。最后，物流保险还能够提高企业的风险管理水平，提升企业的竞争力。

（二）跨境电子商务物流保险的主要类型

跨境电子商务物流保险涵盖了多种类型，以满足不同交易场景和风险需求。以下是一些主要的物流保险类型：

货物运输保险：该保险主要覆盖货物在运输过程中的损失或损坏风险。根据运输方式和货物特性，货物运输保险可分为海运保险、空运保险、陆运保险等。

仓储保险：仓储保险主要针对货物在仓库存储期间可能发生的损失或损坏。这种保险能够覆盖因火灾、盗窃、自然灾害等原因导致的货物损失。

延迟交货保险：延迟交货保险旨在补偿因物流延误导致的损失。在跨境交易中，由于各种原因可能导致货物不能按时到达，这种保险能够为买家或卖家提供经济上的补偿。

（三）跨境电子商务物流保险的应用实践

在选择跨境电子商务物流保险时，企业和个人应根据自身的交易特点和风险需求进行综合考虑。首先，要分析货物的特性、运输方式和目的地国家的法规要求，以确定所需的保险类型。其次，要比较不同保险公司的保险方案、保费和理赔服务，选择性价比最高的保险方案。

在购买物流保险前，企业和个人应仔细阅读保险条款，了解保险责任、免责条款和理赔流程。在货物发生损失或延误时，应及时向保险公司报案并提供相关证据，按照保险公司的要求完成理赔申请。同时，要保持与保险公司的沟通，及时了解理赔进度和结果。

物流保险虽然能够为交易双方提供经济上的保障，但风险管理和预防措施同样重要。企业和个人应加强对货物的包装、运输和存储管理，降低货物损失和延误的风险。同时，要关注国际物流市场的动态和变化，及时调整物流策略和保险方案。

（四）跨境电子商务物流保险的发展趋势

随着跨境电子商务的不断发展，物流保险市场也呈现出一些新的趋势。首先，个性化定制成为物流保险的一大特点。不同企业和个人的交易特点和风险需求各异，因此，物流保险方案也需要根据客户需求进行个性化定制。其次，数字化和智能化技术的应用将推动物流保险的创新发展。通过利用大数据、人工智能等技术手段，保险公司能够更准确地评估风险、制定保费和提供理赔服务。此外，绿色保险和可持续发展理念也将逐渐融入物流保险领域，推动行业的绿色发展和可持续发展。

跨境电子商务物流保险在保障交易安全、降低风险方面发挥着重要作用。企业和个人应根据自身需求选择合适的保险方案，了解保险条款与理赔流程，并加强风险管理与预防措施。同时，应关注物流保险市场的发展趋势，及时调整物流策略和保险方案。通过合理应用与实践跨境电子商务物流保险，企业和个人能够更好地应对物流风险，促进跨境电子商务的健康发展。

六、跨境电子商务物流风险管理的创新与发展

随着全球化进程的加速和互联网的普及，跨境电子商务逐渐成为推动世界经济发展的重要力量。然而，跨境电子商务物流环节的风险问题也日益凸显，对企业的运营和客户的满意度产生重要影响。因此，跨境电子商务物流风险管理的创新与发展成为行业关注的焦点。本部分将探讨跨境电子商务物流风险管理的现状、创新举措以及未来发展趋势。

（一）跨境电子商务物流风险管理的现状

跨境电子商务物流涉及多个环节和多个国家，风险来源多样化，包括运输风险、政治风险、法律风险、汇率风险等。当前，许多企业在跨境电

子商务物流风险管理方面仍面临诸多挑战。一方面，企业缺乏对跨境物流风险的全面认识，风险意识不足；另一方面，企业在风险管理手段和方法上相对滞后，难以有效应对各种风险。

（二）跨境电子商务物流风险管理的创新举措

企业应加强对跨境电子商务物流风险的认知，树立全面的风险管理意识。同时，建立完善的风险管理体系，包括风险识别、评估、监控和应对等环节，确保风险管理的全面性和有效性。借助大数据、人工智能等先进技术，企业可以实现对跨境物流风险的实时监测和预警。通过对海量数据的分析和挖掘，企业能够更准确地识别风险点，制定有针对性的风险管理策略。此外，区块链技术也为跨境物流风险管理提供了新的解决方案，通过构建分布式账本和智能合约，实现物流信息的透明化和可追溯性，降低风险发生的可能性。

跨境电子商务物流涉及多个国家和地区，因此加强国际合作是降低风险的重要途径。企业可以与国际物流公司、海关、保险公司等建立紧密的合作关系，共同制定风险管理标准和措施，提高跨境物流的安全性和效率。同时，参与国际物流组织和论坛，了解国际物流的最新动态和趋势，为企业风险管理提供有力支持。

第三方风险管理服务机构具备丰富的经验和专业知识，能够为企业提供全面的风险管理服务。企业可以引入这些服务机构，借助其专业力量提升风险管理水平。同时，与第三方机构的合作也有助于企业建立更加完善的风险管理体系，提高应对风险的能力。

（三）跨境电子商务物流风险管理的未来发展趋势

随着人工智能、大数据等技术的不断发展，智能化风险管理将成为跨境电子商务物流领域的主流趋势。通过应用智能算法和模型，实现对物流风险的自动识别和预警，提高风险管理的效率和准确性。随着全球环保意识的提高，绿色风险管理将成为跨境电子商务物流风险管理的重要方向。企业应关注物流过程中的环保问题，通过优化运输方式、减少包装废弃物等措施降低环境风险，实现可持续发展。

跨境电子商务物流作为供应链的重要环节，其风险管理将逐渐与供应链整体风险管理实现一体化发展。企业应将物流风险管理纳入供应链风险管理的整体框架中，通过协同管理和信息共享，降低整个供应链的风险水平。

跨境电子商务物流风险管理的创新与发展对提升企业的竞争力和客户满意度具有重要意义。企业应加强对跨境物流风险的认知和管理，运用先进技术手段和国际合作降低风险发生的可能性。同时，关注未来发展趋势，推动智能化、绿色化和一体化风险管理的发展，为跨境电子商务的健康发展提供有力保障。

第四节　跨境电子商务的支付风险

一、跨境电子商务支付风险的种类与成因

跨境电子商务作为国际贸易的重要组成部分，其支付环节的安全与稳定直接关系到交易的顺利进行和企业的经济利益。然而，由于跨境电子商务支付涉及多个国家和地区，涉及多种支付方式和货币种类，因此支付风险也相应增加。本部分将详细探讨跨境电子商务支付风险的种类及其成因，进而为相关企业和个人提供有益的参考。

（一）跨境电子商务支付风险的种类

信用风险是跨境电子商务支付中最常见的风险之一。由于跨境交易涉及不同国家和地区的卖家和买家，双方之间的信任程度相对较低，因此容易出现违约、欺诈等信用风险。例如，买家可能以虚假信息购买商品，或卖家可能不按照约定发货或提供劣质商品。汇率风险是跨境电子商务支付中不可避免的风险。由于不同国家使用的货币不同，跨境交易需要进行货币兑换。然而，汇率的波动可能导致交易双方的经济损失。例如，当买家支付时使用的货币贬值，而卖家收到货款时该货币升值，那么卖家就会面临汇率损失。技术风险是跨境电子商务支付中不可忽视的风险。跨境电子商务支付需要依赖电子支付系统和网络技术，而这些技术可能存在漏洞或

故障，导致支付失败、信息泄露等问题。此外，黑客攻击、网络病毒等网络安全问题也可能对跨境电子商务支付造成威胁。

由于跨境电子商务涉及多个国家和地区，不同国家的法律法规可能存在差异，因此法律风险也是跨境电子商务支付中需要关注的风险。例如，某些国家可能对跨境支付进行限制或监管，导致支付流程受阻或面临法律纠纷。

（二）跨境电子商务支付风险的成因

信息不对称是跨境电子商务支付风险产生的重要原因之一。由于跨境交易涉及不同国家和地区的卖家和买家，双方之间的信息获取和传递可能存在障碍。买家可能难以了解卖家的真实身份和信誉情况，而卖家也可能无法准确判断买家的支付能力和购买意图。这种信息不对称可能导致交易双方做出错误的决策，从而引发支付风险。

跨境支付体系涉及多个国家和地区的支付系统、清算机构、监管机构等，其复杂性和多样性增加了支付风险的发生概率。不同国家的支付标准和流程可能存在差异，跨境支付需要遵守多个国家的法律法规和监管要求，这使得支付过程变得更为复杂和繁琐。同时，跨境支付涉及多个环节和参与者，任何一个环节的失误或故障都可能导致支付风险的发生。

跨境电子商务支付高度依赖电子支付系统和网络技术，然而这些技术可能存在安全漏洞和故障，导致支付风险的发生。黑客攻击、网络病毒等网络安全问题可能对支付系统造成破坏或窃取支付信息，会给交易双方带来经济损失。此外，监管漏洞也是跨境电子商务支付风险的重要成因之一。由于跨境支付涉及多个国家的监管机构，不同国家之间的监管合作和协调可能存在困难，导致某些支付活动得不到有效监管，增加了支付风险的发生概率。

（三）降低跨境电子商务支付风险的策略

为了降低信息不对称带来的支付风险，交易双方应加强信息沟通和透明度。卖家既可以提供详细的商品信息和交易记录，买家也可以提供更多关于自身支付能力和购买意图的信息。同时，建立第三方信用评价机构，对交易双方的信誉进行评估和认证，为交易双方提供可信赖的参考依据。针对跨境支付体系的复杂性和多样性，各国应加强合作与协调，推动跨境支付体系的完善和标准化。建立统一的跨境支付标准和流程，减少不同国家之间的支付差异和障碍。同时，加强跨境支付监管合作，共同打击跨境支付中的违法行为和风险活动。

为了应对技术安全和监管漏洞带来的支付风险，跨境电子商务支付平台应不断提升技术安全水平，加强支付系统的安全防护和监测能力。采用先进的安全技术和加密算法，确保支付信息的机密性和完整性。同时，加强与监管机构的合作与沟通，及时报告和处理支付风险事件，确保跨境电子商务支付的安全与稳定。

跨境电子商务支付风险是跨境交易中不可忽视的问题。通过加强信息沟通与透明度、完善跨境支付体系与标准以及提升技术安全与监管能力等措施，可以有效降低跨境电子商务支付风险的发生概率。企业和个人在进行跨境电子商务交易时，应充分了解支付风险的种类和成因，采取相应的风险防范措施，确保交易的顺利进行和资金的安全。

二、跨境电子商务支付安全体系的构建

随着全球化和互联网的深入发展，跨境电子商务已成为推动全球贸易增长的重要引擎。然而，跨境电子商务支付环节面临着诸多安全风险，如欺诈、数据泄露、资金安全等，这些风险不仅威胁着交易双方的利益，也制约了跨境电子商务的健康发展。因此，构建一套完善的跨境电子商务支付安全体系显得尤为重要。

（一）跨境电子商务支付安全体系的重要性

跨境电子商务支付安全体系是保障交易双方资金安全、维护市场秩序的重要基础。通过构建安全体系，可以有效防范支付风险，保护交易双方的合法权益，促进跨境电子商务的健康有序发展。同时，安全体系的建设也有助于提升消费者对跨境电子商务的信任度，推动跨境电子商务市场的扩大和深化。

（二）跨境电子商务支付安全体系的构建原则

安全性原则：支付安全体系应确保交易双方的资金安全，防止任何形

式的欺诈和资金损失。

可靠性原则：支付系统应稳定可靠，确保交易的顺利进行，避免因系统故障或网络问题导致的交易中断或失败。

便捷性原则：支付过程应简单、快速，方便用户操作，提升用户体验。

合规性原则：支付体系应符合国际和国内的法律法规要求，遵循相关监管标准，确保合规经营。

（三）跨境电子商务支付安全体系的构建要素

跨境电子商务支付环境的安全是构建支付安全体系的基础。应加强对支付平台的安全防护，采用先进的加密技术和安全协议，确保支付数据在传输和存储过程中的机密性、完整性和可用性。同时，定期对支付平台进行安全检测和漏洞修复，及时发现并处理潜在的安全隐患。建立严格的身份认证和授权管理机制是保障支付安全的重要手段。通过采用多种认证方式（如生物识别、动态口令等），确保交易双方身份的真实性和合法性。同时，对支付操作进行权限控制，确保只有经过授权的用户才能进行支付操作，防止未经授权的访问和操作。

建立完善的风险识别和监控机制，对跨境电子商务支付过程中的异常行为进行实时监测和预警。通过数据分析、机器学习等技术手段，对欺诈行为、洗钱活动等进行识别和防范。同时，建立风险信息共享机制，加强与国际支付组织、监管机构的合作，共同打击跨境支付风险。跨境电子商务支付安全体系的构建离不开法律保障和监管支持。应制定和完善相关法律法规，明确跨境电子商务支付的合规要求和标准。同时，加强监管力度，对跨境支付机构进行定期检查和评估，确保其合规经营。此外，还应建立跨境支付纠纷解决机制，为交易双方提供有效的法律救济途径。

（四）跨境电子商务支付安全体系的发展趋势

随着人工智能、区块链等新兴技术的发展，跨境电子商务支付安全体系将迎来技术创新驱动下的升级。这些新技术将为支付安全提供更加强大的支持和保障，如人工智能可以用于风险识别和监控，区块链可以用于确保支付数据的不可篡改性和可追溯性。跨境电子商务支付涉及多个国家和地区，因此加强国际合作、共同构建安全体系成为必然趋势。各国应加强在支付安全标准、监管政策、风险信息共享等方面的合作与交流，共同推动跨境电子商务支付安全体系的建设和完善。

提升用户对跨境电子商务支付安全的认识和防范意识也是构建安全体系的重要一环。通过加强用户教育、普及安全知识、提高用户的自我保护能力，可以有效降低支付风险的发生概率。

跨境电子商务支付安全体系的构建是一个系统工程，需要从支付环境安全、身份认证与授权管理、风险识别与监控以及法律保障与监管等多个方面入手。同时，随着技术的发展和国际合作的加强，跨境电子商务支付安全体系将不断升级和完善。未来，我们期待一个更加安全、便捷、高效的跨境电子商务支付环境的到来，为全球贸易的繁荣和发展提供有力支撑。

三、跨境电子商务支付风险的防范与控制措施

跨境电子商务支付作为连接买卖双方的桥梁，其安全性与稳定性对于整个交易过程的顺利进行至关重要。然而，由于跨境支付涉及多个国家和地区的法律、货币、技术等因素，支付风险也相应增加。因此，采取有效的防范与控制措施对于降低跨境电子商务支付风险至关重要。本部分将详细探讨跨境电子商务支付风险的防范与控制措施，进而为相关企业和个人提供有益的参考。

（一）加强技术防范与安全保障

跨境电子商务支付平台应采用先进的安全技术，如数据加密、防火墙、入侵检测等，确保支付数据的传输和存储安全。同时，定期更新和升级安全系统，以应对不断变化的网络安全威胁。

为了应对潜在的支付风险，跨境电子商务支付平台应建立多层防护机制。这包括身份验证、支付密码、动态口令等多重验证方式，以及风险识别、实时监控、异常处理等风险防控措施。通过多层防护，可以有效降低支付风险的发生概率。

（二）完善风险识别与预警机制

跨境电子商务支付平台应利用大数据、人工智能等技术手段，建立风

险识别模型。通过对交易数据、用户行为等信息的深入挖掘和分析，及时发现并识别潜在的支付风险。

为了实现对支付风险的实时监控和预警，跨境电子商务支付平台应建立实时监控系统。该系统能够实时收集和分析支付数据，一旦发现异常情况，就要立即触发预警机制，通知相关人员进行处理。

（三）加强合规管理与法律保障

跨境电子商务支付平台应严格遵守国际和国内的法律法规，包括支付、反洗钱、数据保护等方面的规定。同时，加强与监管机构的沟通与合作，确保业务的合规经营。为了规范跨境电子商务支付平台的运营和管理，应建立完善的内部管理制度。这包括风险管理、用户权益保护、数据安全管理等方面的制度，确保平台运营的规范性和安全性。

（四）提升用户风险意识与防范能力

跨境电子商务支付平台应通过宣传、培训等方式，加强用户对支付风险的认识和防范意识。教育用户了解常见的支付风险类型、识别方法和防范措施，提高用户的自我保护能力。

针对不同用户、不同交易场景，跨境电子商务支付平台应提供个性化的风险提示。通过智能分析用户行为和交易数据，为用户提供有针对性的风险预警和建议，帮助用户更好地防范支付风险。

（五）加强国际合作与信息共享

跨境电子商务支付涉及多个国家和地区，因此需要加强与国际支付组织间的合作。通过共同制定支付标准、分享风险信息、协调监管政策等方式，共同应对跨境支付风险。为了更好地防范和控制跨境电子商务支付风险，各国应建立风险信息共享机制。通过共享风险案例、黑名单、可疑交易等信息，提高各国对跨境支付风险的识别和应对能力。

（六）优化跨境支付流程与用户体验

跨境电子商务支付平台应优化支付流程，减少不必要的环节和繁琐的操作。通过简化流程，降低用户在使用跨境支付服务时的难度和成本，提高用户体验。为了满足不同用户的需求和偏好，跨境电子商务支付平台应提供多元化的支付方式。这包括信用卡、借记卡、电子钱包等多种支付方式，方便用户根据自己的实际情况选择合适的支付方式。

　　跨境电子商务支付风险的防范与控制是一个系统工程，需要从技术防范、风险识别、合规管理、用户教育、国际合作等多个方面入手。通过加强技术防范与安全保障、完善风险识别与预警机制、加强合规管理与法律保障、提升用户风险意识与防范能力、加强国际合作与信息共享以及优化跨境支付流程与用户体验等措施，可以有效降低跨境电子商务支付风险的发生概率，保障交易双方的权益和安全。同时，随着技术的不断发展和国际合作的加强，跨境电子商务支付风险的防范与控制措施也将不断完善和升级，为跨境电子商务的健康发展提供有力保障。

四、跨境电子商务支付纠纷的解决机制

　　随着全球化进程的加速和互联网技术的普及，跨境电子商务活动日益频繁，支付纠纷也随之增多。跨境电子商务支付纠纷涉及不同国家、地区的法律、货币、文化等因素，解决起来相对复杂。因此，建立高效、公正的跨境电子商务支付纠纷解决机制对维护交易双方的权益、促进跨境电子商务健康发展具有重要意义。本部分将详细探讨跨境电子商务支付纠纷的解决机制，进而为相关企业和个人提供有益的参考。

（一）跨境电子商务支付纠纷的特点与成因

　　跨境电子商务支付纠纷具有多样性、复杂性和国际性的特点。其成因主要包括以下几个方面：

　　法律差异：不同国家和地区的法律体系存在差异，导致在跨境支付过程中可能出现法律适用冲突，从而引发纠纷。

　　货币问题：跨境支付涉及不同货币之间的兑换，汇率波动、手续费等因素可能导致支付金额与实际不符，引发纠纷。

　　技术故障：支付平台的技术故障可能导致支付失败、延迟或重复扣款等问题，进而引发纠纷。

　　信息不对称：交易双方对支付信息了解不全面或存在误解，可能导致支付过程中出现偏差，引发纠纷。

（二）跨境电子商务支付纠纷的解决途径

针对跨境电子商务支付纠纷的特点和成因，以下是一些常见的解决途径：

协商和解：交易双方可以通过协商达成和解协议，解决支付纠纷。这种方式简单易行，成本较低，但需要双方诚信合作，且对复杂的纠纷可能难以达成共识。

调解：在双方协商无果的情况下，可以寻求第三方调解机构的帮助。调解机构可以协助双方分析纠纷原因，提出解决方案，促进双方达成和解。调解结果对双方具有约束力，可以有效解决支付纠纷。

仲裁：仲裁是一种更加正式和具有法律效力的纠纷解决方式。交易双方可以约定将支付纠纷提交给仲裁机构进行裁决。仲裁裁决具有终局性，对双方具有强制执行力。然而，仲裁过程可能较为繁琐，成本较高。

诉讼：在无法通过协商、调解或仲裁解决纠纷的情况下，交易双方可以选择向法院提起诉讼。法院将依法对纠纷进行审理并作出判决。诉讼结果具有强制执行力，但诉讼过程可能耗时较长，诉讼成本较高。

（三）跨境电子商务支付纠纷解决机制的完善建议

为了更有效地解决跨境电子商务支付纠纷，以下是一些完善解决机制的建议：

加强国际合作：各国应加强在跨境电子商务支付纠纷解决方面的合作，共同制定统一的法律规则、调解仲裁程序和执行机制。通过国际合作，可以减少纠纷解决的成本和时间，提高解决效率。

建立专门的纠纷解决机构：可以设立专门的跨境电子商务支付纠纷解决机构，为交易双方提供一站式纠纷解决服务。这些机构应具备专业的法律、技术和调解能力，能够快速、公正地处理支付纠纷。

完善在线纠纷解决机制：利用互联网技术，建立在线纠纷解决平台，方便交易双方随时随地进行纠纷解决。在线纠纷解决机制应具备便捷、高效、低成本的特点，能够适应跨境电子商务的特点和需求。

加强消费者权益保护：在跨境电子商务支付纠纷解决过程中，应充分保护消费者的合法权益。可以建立消费者权益保护机制，为消费者提供投诉、举报和维权渠道，确保消费者在纠纷解决过程中得到公正对待。

跨境电子商务支付纠纷的解决是一个复杂而重要的任务。通过建立高效、公正的解决机制，可以有效维护交易双方的权益，促进跨境电子商务的健康发展。在实际操作中，应根据纠纷的特点和成因选择合适的解决途径，并不断完善解决机制以适应跨境电子商务的发展需求。同时，加强国际合作、建立专门的纠纷解决机构和完善在线纠纷解决机制也是未来发展的重要方向。

五、跨境电子商务支付工具的选择与使用

随着全球化进程的加速和互联网技术的普及，跨境电子商务活动日益频繁。在跨境电子商务交易中，支付环节是至关重要的一环，它涉及资金的安全、交易的速度以及成本的控制等方面。因此，选择合适的跨境电子商务支付工具对于保障交易顺利进行具有重要意义。本部分将详细探讨跨境电子商务支付工具的选择与使用，进而为相关企业和个人提供有益的参考。

（一）跨境电子商务支付工具的种类与特点

跨境电子商务支付工具种类繁多，常见的有信用卡、电子钱包、第三方支付平台、银行汇款等。这些支付工具各有特点，适用于不同的交易场景和需求。

信用卡支付是跨境电子商务中常见的支付方式之一。它具有使用广泛、方便快捷的特点，消费者可以通过信用卡在线支付商品或服务的费用。然而，信用卡支付也存在一些局限性，如手续费较高、可能存在欺诈风险等。

电子钱包是一种虚拟的支付工具，用户可以将资金存入电子钱包，然后在跨境电子商务平台上使用电子钱包进行支付。电子钱包支付具有快速、便捷的特点，尤其适用于小额支付。但是，电子钱包的安全性也是用户需要关注的问题。

第三方支付平台是独立于买家和卖家之外的支付机构，为交易双方提供资金托管、支付清算等服务。第三方支付平台具有安全、便捷、低成本的特点，能够降低交易风险，提高交易效率。然而，选择第三方支付平台

时，需要注意其信誉度和合规性。银行汇款是一种传统的跨境支付方式，通过银行渠道将资金从一个账户转移到另一个账户。银行汇款具有安全可靠的特点，但手续繁琐、速度慢，且汇款可能产生较高的手续费。

（二）跨境电子商务支付工具的选择原则

在选择跨境电子商务支付工具时，企业和个人应遵循以下原则：

支付安全是首要考虑的因素。应选择具有良好信誉和高度安全性的支付工具，确保资金安全、交易安全以及个人信息安全。支付工具的效率直接影响到交易的顺利进行。应选择操作简便、流程快捷的支付工具，以提高交易速度和客户满意度。

在选择支付工具时，应综合考虑手续费、汇率等因素，选择成本效益较高的支付工具，降低交易成本。支付工具应符合相关法律法规的要求，确保交易的合规性。企业和个人在选择支付工具时，应关注其合规性，避免因违规操作而引发风险。

（三）跨境电子商务支付工具的使用技巧

在使用跨境电子商务支付工具时，以下是一些实用的技巧和建议：

不同的支付工具具有不同的适用范围和限制，如支付限额、支持货币种类等。在使用支付工具前，应充分了解其适用范围和限制，以便更好地满足交易需求。在使用支付工具时，应注意保护个人信息和账户安全。避免在公共场合或不安全的网络环境下进行支付操作，定期更换密码，防止账户被盗用。

支付手续费和汇率是影响交易成本的重要因素。在选择支付工具时，应关注其手续费和汇率水平，并选择合适的时机进行支付，以降低交易成本。在跨境电子商务交易中，可能会出现支付问题或纠纷。遇到此类问题时，应及时与支付机构或交易平台沟通，寻求解决方案，确保交易的顺利进行。

（四）跨境电子商务支付工具的发展趋势

随着技术的不断进步和市场的不断变化，跨境电子商务支付工具也在不断发展创新。未来，跨境电子商务支付工具将呈现以下发展趋势：

未来，跨境电子商务支付工具将更加多元化，各种支付方式将相互融合，为用户提供更加灵活、便捷的支付体验。随着人工智能技术的发展，跨境电子商务支付服务将更加智能化。支付平台将利用大数据、机器学习等技术，为用户提供个性化的支付解决方案和风险管理服务。

随着跨境电子商务的快速发展，跨境支付监管也将更加严格。各国政府将加强跨境支付监管合作，共同打击支付领域的违法犯罪行为，保障跨境电子商务的健康发展。

跨境电子商务支付工具的选择与使用是跨境电子商务交易中的重要环节。选择合适的支付工具并合理使用，可以保障交易的安全、提高交易效率、降低交易成本。在实际操作中，企业和个人应充分了解各种支付工具的特点和适用范围，遵循安全性、效率性、成本效益和合规性原则进行选择和使用。同时，关注支付工具的发展趋势，及时适应市场变化，为跨境电子商务的持续发展提供有力支持。

六、跨境电子商务支付监管与合规性管理

随着跨境电子商务的迅猛发展，跨境支付活动日益频繁，涉及的资金流动、货币兑换以及信息交互等环节日益复杂。在这样的背景下，跨境电子商务支付监管与合规性管理显得尤为重要。本部分将深入探讨跨境电子商务支付监管的现状、挑战以及合规性管理的策略与实践，进而为相关企业和个人提供有益的参考。

（一）跨境电子商务支付监管的现状与挑战

跨境电子商务支付监管涉及多个国家和地区的法律法规、金融政策以及监管机制。目前，各国在跨境支付监管方面存在一定的差异和局限性，导致跨境电子商务支付监管面临诸多挑战。

首先，法律法规的不完善是跨境支付监管的一大难题。不同国家和地区在跨境支付领域的法律法规体系不尽相同，存在法律空白和监管盲区。这导致跨境支付活动可能面临法律风险和合规性问题，增加了企业和个人的经营成本和风险。

其次，跨境支付涉及多个国家和地区的金融监管机构，监管协调与合

作成为一大挑战。由于各国金融监管机构的监管标准、监管手段以及监管重点存在差异，导致跨境支付监管难以形成有效的合力。此外，跨境支付监管还涉及国际反洗钱、反恐怖融资等金融安全问题，需要各国加强合作，共同应对。

最后，跨境支付技术的发展带来了新的监管挑战。随着区块链、人工智能等技术的广泛应用，跨境支付活动变得更加便捷和高效。然而，这些新技术也带来了新的风险和挑战，如虚拟货币的监管、智能合约的合法性等问题，需要监管部门不断创新监管手段和方法，以适应跨境支付技术的发展。

（二）跨境电子商务支付合规性管理的策略与实践

面对跨境电子商务支付监管的挑战，企业和个人应积极加强合规性管理，确保跨境支付活动的合法性和安全性。以下是一些合规性管理的策略与实践：

企业和个人在进行跨境支付活动时，应首先了解并遵守相关国家和地区的法律法规。这包括了解跨境支付的基本规定、货币兑换的限制、税务政策等，以确保支付活动的合规性。同时，还应关注法律法规的更新和变化，及时调整合规策略。企业应建立完善的内部控制体系，包括制定跨境支付业务的风险管理制度、操作规程和内部监督机制等。通过内部控制体系的建立，可以规范跨境支付业务的操作流程，降低操作风险，确保支付活动的合规性。

企业应积极与所在国家和地区的监管机构保持沟通与合作，了解监管政策的变化和要求，及时获取监管机构的指导和帮助。通过与监管机构的合作，企业可以更好地了解监管要求，提升合规水平，降低合规风险。企业可以利用先进的技术手段，如大数据、人工智能等，提升合规管理的效率和准确性。例如，通过大数据分析，企业可以实时监测跨境支付活动的异常情况，及时发现并处理潜在的风险问题；通过人工智能技术的应用，企业可以自动化处理合规相关的数据和文档，提高合规工作的效率和准确性。

企业应加强对员工的合规培训和教育，提高员工对跨境支付合规性的认识和重视程度。通过培训和教育，员工可以更加深入地了解跨境支付的法律法规和监管要求，掌握合规操作的方法和技巧，提高合规意识和能力。

（三）跨境电子商务支付监管与合规性管理的未来展望

随着跨境电子商务的不断发展和技术的不断创新，跨境电子商务支付监管与合规性管理将面临更多的机遇和挑战。未来，我们可以从以下几个方面展望跨境电子商务支付监管与合规性管理的发展趋势：

首先，随着各国对跨境支付监管的重视程度的提高，相关法律法规将不断完善和统一。各国将加强跨境支付监管的协调与合作，形成更加有效的监管合力。这将有助于降低跨境支付的法律风险和合规成本，促进跨境电子商务的健康发展。

其次，随着新技术的广泛应用，跨境支付监管将更加注重技术创新和监管创新。监管部门将积极探索利用新技术手段提升监管效率和准确性，如利用区块链技术实现跨境支付的透明化和可追溯性，利用人工智能技术实现智能监管和风险评估等。

最后，企业和个人在跨境支付活动中将更加注重合规性管理。随着监管要求的不断提高和市场竞争的加剧，企业和个人将更加注重合规经营和风险管理，提升跨境支付业务的合规性和安全性。

综上所述，跨境电子商务支付监管与合规性管理是跨境电子商务发展的重要保障。面对当前的挑战和未来的机遇，企业和个人应积极加强合规性管理，提升跨境支付业务的合规性和安全性，促进跨境电子商务的健康发展。

第五节　跨境电子商务的法律风险

一、跨境电子商务法律风险的种类与特点

随着全球化进程的加快和互联网技术的飞速发展，跨境电子商务日益

成为国际贸易的重要组成部分。然而，跨境电子商务活动涉及多个国家和地区的法律体系、监管制度以及文化差异，因此不可避免地面临着各种法律风险。本部分将对跨境电子商务法律风险的种类与特点进行深入探讨，进而为企业和个人在跨境电子商务活动中防范和应对法律风险提供有益的参考。

（一）跨境电子商务法律风险的种类

跨境电子商务法律风险种类繁多，主要包括合同风险、知识产权风险、税收风险、个人信息保护风险以及支付风险等。

跨境电子商务交易往往涉及跨国合同，不同国家和地区的法律体系对合同的成立、履行、解除等方面存在差异。因此，合同风险是跨境电子商务中最常见的法律风险之一。企业和个人在跨境电子商务交易中应充分了解交易对方的信用状况、合同条款的合法性和有效性，避免因合同条款不明确或违反法律规定而导致纠纷和损失。

知识产权是跨境电子商务中不可或缺的重要资产，包括商标、专利、著作权等。然而，由于不同国家和地区的知识产权保护制度存在差异，跨境电子商务活动中知识产权侵权风险较高。企业和个人在跨境电子商务交易中应遵守知识产权法律法规，尊重他人的知识产权，避免侵犯他人权益。跨境电子商务交易涉及不同国家和地区的税收制度，税收风险也是跨境电子商务中的重要风险之一。企业和个人应了解并遵守相关国家和地区的税收法律法规，避免因税收问题导致法律风险和经济损失。

跨境电子商务交易涉及大量个人信息的传输和处理，如姓名、地址、电话号码等。不同国家和地区不仅对个人信息的保护标准和要求存在差异，因此个人信息保护风险也是跨境电子商务中的重要风险之一。企业和个人在跨境电子商务活动中应加强对个人信息的保护，确保个人信息的合法、安全和有效使用。

跨境电子商务支付涉及多个国家和地区的支付系统、货币兑换以及汇率波动等因素，因此支付风险也是跨境电子商务中不可忽视的风险之一。企业和个人在选择支付方式时应充分考虑支付安全、成本以及便捷性等因素，避免因支付问题导致交易失败或经济损失。

（二）跨境电子商务法律风险的特点

跨境电子商务法律风险具有以下几个显著特点：

跨境电子商务涉及多个国家和地区的法律体系和监管制度，不同国家和地区的法律规定存在差异，导致跨境电子商务法律风险的复杂性。企业和个人在跨境电子商务活动中需要充分了解并遵守相关国家和地区的法律法规，避免因法律差异而导致法律风险。跨境电子商务法律风险的另一个特点是其不确定性。由于跨境电子商务涉及多个国家和地区的法律体系，而法律体系和监管制度的变化往往难以预测，因此跨境电子商务法律风险具有较大的不确定性。企业和个人在跨境电子商务活动中需要密切关注相关国家和地区的法律动态和政策变化，及时调整经营策略和风险管理措施。

跨境性是跨境电子商务法律风险的核心特点。跨境电子商务活动涉及不同国家和地区的法律主体、法律关系和法律适用问题，因此跨境电子商务法律风险具有跨境性。企业和个人在跨境电子商务活动中需要充分考虑不同国家和地区的法律差异和冲突，寻求合法有效的解决方案。跨境电子商务法律风险的多样性主要体现在风险来源的多样性。跨境电子商务活动涉及合同、知识产权、税收、个人信息保护以及支付等多个方面，每个方面都可能产生法律风险。因此，企业和个人在跨境电子商务活动中需要全面考虑各种可能的法律风险，并采取相应的防范措施。

（三）应对跨境电子商务法律风险的策略

面对跨境电子商务法律风险的复杂性和多样性，企业和个人应采取以下策略来防范和应对风险：

企业和个人应加强对跨境电子商务法律知识的学习和培训，增强法律意识和风险防范能力。通过了解不同国家和地区的法律体系、监管制度以及文化差异，更好地应对跨境电子商务活动中的法律风险。企业应建立完善的风险管理机制，包括风险识别、评估、监控和应对等方面。通过制订详细的风险管理计划和应急预案，及时发现并处理跨境电子商务活动中的法律风险问题。

企业和个人在跨境电子商务活动中可以寻求专业法律支持，如聘请律师或法律顾问等。专业法律人士能够提供有针对性的法律建议和解决方案，帮助企业和个人更好地应对跨境电子商务法律风险。面对跨境电子商务法律风险的跨境性特点，各国应加强国际合作与交流，共同推动跨境电子商务法律制度的完善和发展。通过加强国际合作，可以更好地解决跨境电子商务活动中的法律冲突和纠纷问题。

综上所述，跨境电子商务法律风险种类繁多且特点复杂多样。企业和个人在跨境电子商务活动中应充分了解并应对各种法律风险，采取有效的防范措施和应对策略，确保跨境电子商务活动的合法性和安全性。

二、跨境电子商务合同法律风险的防范

随着跨境电子商务的迅速发展，跨境交易合同成为连接买卖双方的重要法律文件。然而，由于不同国家和地区的法律体系、商业习惯以及文化差异，跨境电子商务合同面临着诸多法律风险。本部分将分析跨境电子商务合同法律风险的来源，探讨风险防范的策略，进而为企业和个人在跨境交易中避免或减少合同法律风险提供指导。

（一）跨境电子商务合同法律风险的来源

跨境电子商务合同法律风险的来源多种多样，主要包括以下几个方面：

不同国家和地区的法律体系存在差异，法律原则、规定和解释可能不同。这可能导致跨境电子商务合同在解释和适用上产生歧义和纠纷。

跨境电子商务合同中可能存在条款不明确、模糊或遗漏的情况。这可能导致买卖双方对合同条款的理解产生分歧，进而引发合同争议。跨境电子商务合同的履行可能受到多种因素的影响，如物流、支付、税收等。这些因素可能导致合同履行延迟、中断或无法完成，从而引发合同风险。跨境电子商务交易中可能存在欺诈行为，如虚假宣传、伪造单据等。这些行为可能导致买方遭受损失，并引发合同法律风险。

（二）跨境电子商务合同法律风险的防范策略

为防范跨境电子商务合同法律风险，企业和个人可采取以下策略：

在签订跨境电子商务合同前，企业和个人应深入了解目标市场的法律体系、法律原则和规定。通过咨询专业律师或法律顾问，了解目标市场的

法律环境和潜在风险，为合同签订提供有力保障。企业和个人在制定跨境电子商务合同条款时，应确保合同条款明确、详尽且符合双方真实意愿。合同应涵盖商品描述、价格、支付方式、交货期限、售后服务等关键内容，并尽可能避免使用模糊或歧义性语言。

为降低合同履行风险，企业和个人应选择可靠、稳定的交易平台和支付方式。在选择交易平台时，应关注其信誉度、用户评价和交易安全性；在选择支付方式时，应考虑支付渠道的便捷性、安全性和成本效益。企业和个人应建立完善的合同履行监督机制，确保合同得到有效执行。这包括定期检查合同履行情况、及时沟通解决合同履行中的问题、采取必要措施防止欺诈行为等。

为有效解决跨境电子商务合同争议，企业和个人可合理利用国际商事仲裁机制。在合同中约定仲裁条款，明确仲裁机构、仲裁地点和仲裁规则，以便在发生争议时快速、高效地解决纠纷。

（三）跨境电子商务合同法律风险防范的注意事项

在防范跨境电子商务合同法律风险时，企业和个人还需注意以下事项：

在跨境电子商务交易中，企业和个人应保持警惕，防范欺诈行为。要仔细核实交易对方的身份和资质，避免与不良商家进行交易；要谨慎对待低价诱惑和虚假宣传，避免陷入欺诈陷阱。在跨境电子商务交易中，企业和个人应妥善保留相关证据，如交易记录、聊天记录、支付凭证等。这些证据在解决合同争议时具有重要作用，有助于维护自身权益。

企业和个人在跨境电子商务交易中应遵守相关法律法规，诚信经营。要遵守目标市场的法律规定，尊重当地商业习惯和文化传统；要遵循公平、公正、透明的交易原则，树立良好的商业形象。

跨境电子商务合同法律风险的防范是一个复杂而重要的任务。企业和个人应深入了解目标市场的法律体系，制定明确、详尽的合同条款，选择可靠的交易平台和支付方式，建立完善的合同履行监督机制，并合理利用国际商事仲裁机制。同时，要保持警惕，防范欺诈行为，保留相关证据，遵守法律法规，诚信经营。通过这些措施的实施，可以有效降低跨境电子商务合同法律风险，为企业和个人的跨境交易提供有力保障。

三、跨境电子商务知识产权法律风险的应对

随着跨境电子商务的蓬勃发展，知识产权问题日益凸显，成为制约其健康发展的重要因素。跨境电子商务涉及的知识产权类型广泛，包括商标、专利、著作权等，而不同国家和地区的法律体系、执法标准以及文化背景的差异，使得跨境电子商务中的知识产权风险更加复杂多变。因此，如何有效应对跨境电子商务中的知识产权法律风险，成为企业和个人亟待解决的问题。

（一）跨境电子商务知识产权法律风险的来源

跨境电子商务知识产权法律风险的来源多种多样，主要包括以下几个方面：

跨境电子商务活动中，企业和个人可能因未经授权使用他人的商标、专利或著作权等知识产权，而面临侵权风险。这种风险可能来自产品设计、宣传材料、网站内容等多个方面。知识产权具有地域性特点，即不同国家和地区的知识产权法律制度存在差异。因此，在跨境电子商务中，企业和个人可能因不了解目标市场的知识产权法律制度，而陷入侵权纠纷。

不同国家和地区的知识产权执法标准和力度存在差异，这可能导致跨境电子商务中的知识产权纠纷难以得到有效解决。此外，一些国家可能存在知识产权保护不力的情况，使得侵权行为得不到有效遏制。

（二）跨境电子商务知识产权法律风险的应对策略

为有效应对跨境电子商务中的知识产权法律风险，企业和个人可采取以下策略：

企业和个人应加强对知识产权法律知识的学习和培训，提高知识产权意识和风险防范能力。通过了解不同国家和地区的知识产权法律制度、侵权风险和维权途径等，为跨境电子商务活动提供有力保障。

企业应建立完善的知识产权管理制度，包括知识产权申请、维护、监测和维权等方面。通过制订详细的知识产权管理计划和应急预案，确保企

业在跨境电子商务活动中能够及时发现并处理知识产权风险。企业和个人在跨境电子商务活动中应严格遵守目标市场的知识产权法律制度，尊重他人的知识产权。在产品设计、宣传材料、网站内容等方面，应避免使用未经授权的知识产权，以免引发侵权纠纷。

在跨境电子商务中，企业和个人应加强与合作伙伴的沟通与合作，共同维护知识产权。通过签订知识产权保护协议、明确双方的权利和义务等方式，降低知识产权侵权风险。企业和个人在跨境电子商务活动中可寻求专业法律支持，如聘请律师或知识产权代理机构等。专业法律人士能够提供针对性的法律建议和解决方案，帮助企业和个人更好地应对知识产权法律风险。

（三）跨境电子商务知识产权法律风险应对的注意事项

在应对跨境电子商务知识产权法律风险时，企业和个人还需注意以下事项：

在进入新的跨境电子商务市场前，企业和个人应充分了解目标市场的知识产权环境，包括当地的知识产权法律制度、执法力度以及侵权风险等。这有助于企业和个人制定针对性的知识产权保护策略。知识产权法律制度和执法标准可能随着时间和地区的变化而发生变化。因此，企业和个人应保持对知识产权动态的持续关注，及时调整自身的知识产权保护策略。

在发现知识产权侵权风险时，企业和个人应迅速采取行动，如与侵权方进行沟通、向当地知识产权局投诉或提起诉讼等。通过建立快速响应机制，可以有效降低知识产权侵权风险对企业和个人造成的损失。

跨境电子商务知识产权法律风险的应对是一个复杂而长期的任务。企业和个人应加强知识产权意识培训，完善知识产权管理制度，遵守目标市场的知识产权法律制度，加强与合作伙伴的沟通与合作，并寻求专业法律支持。同时，还需充分了解目标市场的知识产权环境，保持对知识产权动态的持续关注，并建立快速响应机制。通过这些措施的实施，可以有效降低跨境电子商务中的知识产权法律风险，为企业和个人的跨境交易提供有力保障。

四、跨境电子商务消费者权益保护法律问题

跨境电子商务的快速发展为消费者提供了更为丰富多样的商品和服务选择，同时也带来了新的消费者权益保护问题。由于跨境交易的特殊性，消费者在购买商品或服务时可能面临信息不对称、维权困难等法律风险。因此，加强跨境电子商务消费者权益保护的法律制度建设显得尤为重要。

（一）跨境电子商务消费者权益保护的重要性

跨境电子商务消费者权益保护是维护市场秩序、促进经济健康发展的重要一环。跨境电子商务涉及多个国家和地区，消费者在购买商品或服务时可能面临语言、文化、法律等多重障碍。加强消费者权益保护，不仅可以保障消费者的合法权益，提高消费者满意度，还能促进跨境电子商务的可持续发展。

（二）跨境电子商务消费者权益保护面临的主要问题

跨境电子商务消费者权益保护面临的主要问题包括以下几个方面：

跨境电子商务中，消费者往往难以获取商品或服务的全部信息，如产品质量、售后服务等。一些不法商家可能会利用信息不对称，故意隐瞒或误导消费者，导致消费者权益受损。跨境电子商务涉及多个国家和地区，消费者在维权时可能面临法律管辖、证据收集、语言沟通等多重困难。此外，不同国家和地区的法律体系、执法标准存在差异，也可能导致消费者维权受阻。

跨境电子商务中的退换货问题也是消费者权益保护的一大难题。由于商品跨境运输的复杂性，消费者在购买商品后可能面临退换货难、运费高等问题，导致消费者利益受损。

（三）跨境电子商务消费者权益保护的法律制度建设

为加强跨境电子商务消费者权益保护，需要从以下几个方面加强法律制度建设：

国家和地区应加强对跨境电子商务消费者权益保护的法律制度建设，制定和完善相关法律法规。这些法规应明确跨境电子商务中消费者的基本

权利，如知情权、选择权、公平交易权、安全权等，并规定相应的法律责任和处罚措施。

国家和地区应建立跨境消费者权益保护机制，包括跨境消费者投诉处理机制、信息共享机制等。这些机制应能够协调不同国家和地区的法律体系，为消费者提供便捷的维权渠道，降低维权成本。跨境电商平台作为连接消费者和商家的桥梁，应承担起更多的消费者权益保护责任。平台应建立完善的商品信息审核机制，确保商品信息的真实性和准确性；同时，平台还应提供便捷的售后服务和退换货渠道，保障消费者的合法权益。

跨境电子商务涉及多个国家和地区，加强国际合作与交流是保护消费者权益的重要途径。国家和地区之间应建立跨境消费者权益保护合作机制，共同打击跨境电子商务中的违法行为。同时，合作双方还应加强法律、文化等方面的交流，增进相互理解和信任。

（四）跨境电子商务消费者权益保护的实践举措

除了法律制度建设，还应采取一系列实践举措来加强跨境电子商务消费者权益保护：

消费者应提高自身的权益保护意识，了解跨境电子商务中的风险和问题。在购买商品或服务时，消费者应仔细阅读商品信息、了解售后服务政策等，避免盲目购买。消费者在选择跨境电商平台时，应关注平台的信誉度和口碑。选择那些有完善售后服务、退换货政策以及良好消费者评价的平台，可以降低购物风险。

消费者在跨境电子商务中遇到问题时，可以寻求第三方维权机构的帮助。这些机构可以提供法律咨询、维权指导等服务，帮助消费者解决纠纷。

跨境电子商务消费者权益保护是一个复杂而重要的问题。通过完善法律法规、建立保护机制、强化平台责任和加强国际合作与交流等措施，可以加强跨境电子商务消费者权益保护，为消费者提供更加安全、便捷的购物环境。同时，消费者也应提高自身的权益保护意识，选择信誉良好的跨境电商平台和利用第三方维权机构等方式来维护自身权益。只有政府、企业和消费者共同努力，才能推动跨境电子商务健康、可持续发展。

五、跨境电子商务税收法律风险的规避

随着全球化和互联网的深入发展，跨境电子商务以其便捷性和高效性，迅速成为全球贸易的新引擎。然而，跨境电子商务在带来巨大商业机遇的同时，也带来了一系列的税收法律风险。如何规避这些风险，成为跨境电子商务企业亟待解决的问题。本部分将从税收法律风险的来源、特点以及规避策略等方面进行深入探讨。

（一）跨境电子商务税收法律风险的来源

跨境电子商务税收法律风险的来源主要包括以下几个方面：

不同国家和地区的税收法律法规存在显著差异，跨境电子商务企业在经营过程中可能因不了解或误解目标市场的税收法规，导致违反税法规定，面临税收处罚和法律纠纷。跨境电子商务交易涉及多个国家和地区，可能导致税收管辖权的重叠或冲突。企业和个人在跨境交易中可能面临双重征税或税收逃避等问题，增加了税收法律风险。随着科技的进步，税收征管手段不断更新。跨境电子商务企业可能因未及时适应新的征管手段，如电子发票、数据报告等，导致税收违规和处罚。

（二）跨境电子商务税收法律风险的特点

跨境电子商务税收法律风险具有以下几个特点：

跨境电子商务涉及多个国家和地区的税收法规，这些法规之间存在差异和冲突，使得税收法律风险具有复杂性和多样性。跨境电子商务税收法律风险一旦发生，就可能导致企业面临高额罚款、信誉损失甚至法律诉讼等严重后果，给企业带来巨大的经济损失。跨境电子商务交易具有匿名性和隐蔽性，使得税收征管部门难以对跨境交易进行有效监管。同时，税收法规的变化和更新也可能给企业带来难以预测的风险。

（三）跨境电子商务税收法律风险的规避策略

为有效规避跨境电子商务税收法律风险，企业可采取以下策略：

企业应加强对目标市场税收法规的学习和研究，了解税收政策和征管要求，确保企业经营活动符合税法规定。同时，企业还应关注国际税收协定和税收合作动态，以便及时调整经营策略。企业应建立完善的税收合规体系，包括税务登记、纳税申报、发票管理等方面。通过规范财务管理和税务操作，降低税收违规风险。此外，企业还应加强与税务机关的沟通和合作，建立良好的税企关系。

不同国家和地区为鼓励跨境电子商务发展，可能出台一系列税收优惠政策。企业应积极了解并合理利用这些政策，降低税收负担，提高竞争力。企业应建立完善的风险管理和内部控制机制，对跨境电子商务交易进行全程监控和管理。通过定期风险评估和内部审计，及时发现并解决潜在的税收法律风险问题。

跨境电子商务税收法律风险涉及多个国家和地区的税法规定，具有较高的专业性和复杂性。企业应寻求专业税务咨询和服务，借助专业机构的经验和资源，有效规避税收法律风险。

（四）跨境电子商务税收法律风险的应对注意事项

在应对跨境电子商务税收法律风险时，企业还需注意以下事项：

税收法规可能随着时间和地区的变化而发生变化。企业应保持对税收法规的动态关注，及时调整自身的税收合规策略。企业应遵循税收公平原则，确保在跨境电子商务活动中承担合理的税收义务。通过诚信纳税，树立良好的企业形象。

跨境电子商务涉及多个国家和地区，加强国际合作与交流是规避税收法律风险的重要途径。企业应积极参与国际税收合作，共同推动跨境电子商务税收法律的完善和发展。跨境电子商务税收法律风险的规避是一项长期而艰巨的任务。企业需要不断加强税收法规的学习和研究，建立完善的税收合规体系，利用税收优惠政策，强化风险管理和内部控制，并寻求专业税务咨询和服务。同时，企业还应保持对税收法规的动态关注，遵循税收公平原则，加强国际合作与交流。只有这样，企业才能在跨境电子商务活动中有效规避税收法律风险，实现可持续发展。

六、跨境电子商务法律风险防范体系的建立与完善

随着全球化进程的加速和信息技术的飞速发展，跨境电子商务已成为

全球贸易的重要组成部分。然而，跨境电子商务的快速发展也带来了一系列法律问题，如税收、消费者权益保护、知识产权保护等，这些问题给跨境电子商务企业带来了极大的法律风险。因此，建立与完善跨境电子商务法律风险防范体系显得尤为重要。

（一）跨境电子商务法律风险防范体系的必要性

跨境电子商务涉及多个国家和地区，不同国家和地区的法律体系、法律文化、执法标准等存在差异，这给跨境电子商务企业带来了极大的法律风险。同时，跨境电子商务的交易方式、交易主体、交易内容等也与传统贸易有所不同，这使得传统的法律风险防范体系难以适应跨境电子商务的发展需求。因此，建立与完善跨境电子商务法律风险防范体系，对保障跨境电子商务的健康发展具有重要意义。

（二）跨境电子商务法律风险防范体系的建立

跨境电子商务法律风险防范体系的基础是法律法规。国家和地区应加强对跨境电子商务的法律研究，制定和完善相关法律法规，明确跨境电子商务的法律地位、交易规则、税收政策等，为跨境电子商务提供法律保障。同时，还应加强国际法律合作，推动形成统一的跨境电子商务法律规则，降低跨境电子商务的法律风险。跨境电子商务企业应建立风险评估机制，对跨境电子商务交易中可能存在的法律风险进行识别和评估。通过对交易主体、交易内容、交易方式等进行全面分析，确定潜在的法律风险点，制定相应的风险防范措施。同时，企业还应定期对风险评估机制进行更新和完善，以适应跨境电子商务市场的变化。

合同是跨境电子商务交易的重要法律依据。企业应建立完善的合同管理制度，确保合同的合法性和有效性。在合同签订前，企业应对合同条款进行仔细审查，确保合同条款符合法律法规的要求。在合同履行过程中，企业应严格按照合同条款执行，确保交易双方的权益得到保障。知识产权是跨境电子商务中的重要法律问题。企业应加强对知识产权的保护，建立完善的知识产权管理制度。在产品开发、设计、生产等环节，企业应注重知识产权的申请和保护，避免侵犯他人的知识产权。同时，企业还应加强对员工的知识产权培训，提高员工的知识产权意识。

（三）跨境电子商务法律风险防范体系的完善

跨境电子商务的健康发展需要有效的监管和执法保障。国家和地区应加强对跨境电子商务的监管力度，建立完善的监管体系，对跨境电子商务企业进行定期检查和评估。同时，还应加强执法力度，对违法违规行为进行严厉打击，维护跨境电子商务市场的公平竞争秩序。

企业应提升法律风险防范意识，将法律风险防范纳入企业经营管理的重要环节。企业应加强法律培训和教育，提高员工的法律素养和风险防范能力。同时，企业还应建立法律顾问制度，聘请专业律师为企业提供法律咨询和风险防范服务。跨境电子商务涉及多个国家和地区，加强国际合作与交流是完善法律风险防范体系的重要途径。国家和地区之间应建立跨境电子商务法律风险防范合作机制，共同研究跨境电子商务法律问题，分享风险防范经验，推动形成国际统一的跨境电子商务法律规则。

（四）跨境电子商务法律风险防范体系的发展趋势

随着科技的进步和跨境电子商务的不断发展，跨境电子商务法律风险防范体系将呈现出以下发展趋势：

智能化和自动化：借助人工智能、大数据等技术手段，实现对跨境电子商务交易数据的实时分析和监控，提高风险防范的效率和准确性。

多元化和个性化：针对不同类型、不同规模的跨境电子商务企业，提供多元化、个性化的法律风险防范方案，满足企业的实际需求。

国际化和统一化：加强国际法律合作，推动形成统一的跨境电子商务法律规则和标准，降低跨境电子商务的法律风险。

建立与完善跨境电子商务法律风险防范体系是保障跨境电子商务健康发展的重要举措。通过加强法律法规建设、建立风险评估机制、完善合同管理制度、加强知识产权保护等措施，可以有效降低跨境电子商务的法律风险。同时，随着科技的进步和跨境电子商务的不断发展，跨境电子商务法律风险防范体系将不断完善和发展，为跨境电子商务提供更加安全、稳定的法律环境。

第八章 跨境电子商务背景下的 市场分析与营销策略

第一节 跨境电子商务的市场环境分析

一、全球经济环境与市场趋势分析

随着全球化进程的不断深入和信息技术的迅猛发展，全球经济环境正在发生深刻的变化。本部分将从全球经济环境的现状、市场趋势、挑战与机遇等方面进行分析，进而为投资者和企业决策者提供有价值的参考。

（一）全球经济环境现状

当前，全球经济环境呈现出以下几个特点：

过去几十年，全球经济主要由少数几个发达国家主导。然而，近年来，新兴市场和发展中经济体迅速崛起，成为全球经济发展的重要力量。这些国家不仅在经济规模上实现了快速增长，还在技术创新、产业升级等方面取得了显著成就。多极化趋势的加剧使得全球经济格局更加复杂多变。

尽管经济全球化带来了前所未有的机遇，但也引发了一系列问题，如贸易保护主义抬头、跨国企业面临更严格的监管等。这些挑战使得经济全球化的进程受到一定程度的阻碍，全球经济的联动性有所减弱。

新一轮科技革命和产业变革正在全球范围内蓬勃兴起，以人工智能、大数据、云计算、物联网等为代表的新兴技术正在深刻改变着传统产业的形态和模式。这些技术创新不仅提高了生产效率，还催生了新产业、新业态和新模式，为全球经济发展注入了新的动力。

（二）市场趋势分析

随着全球经济的发展和人们收入水平的提高，消费者对产品的品质、品牌、服务等方面的要求也越来越高。消费升级趋势在全球范围内日益显著，为高品质、高附加值的产品和服务提供了广阔的市场空间。面对日益严重的环境问题和资源压力，绿色低碳发展成为全球经济发展的主流趋势。各国纷纷出台相关政策，推动清洁能源、节能减排等领域的发展。同时，消费者对环保产品的需求也在不断增加，为绿色低碳产业发展提供了巨大的市场。

数字化转型已成为全球经济发展的重要趋势。越来越多的企业开始采用数字化技术，提高生产效率、优化管理流程、拓展销售渠道等。数字化转型不仅有助于企业降低成本、提高竞争力，还能为消费者提供更加便捷、个性化的服务体验。

（三）挑战与机遇

在全球经济环境与市场趋势的变化中，企业和投资者既面临着挑战，也迎来了机遇。

1.挑战

（1）贸易保护主义加剧：部分国家为保护本国产业和市场，采取了一系列贸易保护措施，导致全球贸易环境恶化。这不仅增加了企业出口的难度和成本，还可能引发贸易摩擦和导致出现全球经济衰退。

（2）地缘政治风险上升：地缘政治冲突和紧张局势可能导致出现国际油价波动、资本流动受限等问题，给全球经济发展带来不确定性。

（3）技术更新换代迅速：新兴技术的快速发展使得传统产业面临转型升级的压力。企业需要不断投入研发和创新，以适应市场变化和消费者需求。

2.机遇

（1）新兴市场潜力巨大：新兴市场和发展中经济体在人口规模、经济增长速度等方面具有巨大潜力。随着这些国家经济实力的提升和消费结构的升级，将为全球企业提供广阔的市场空间。

（2）绿色低碳产业蓬勃发展：随着全球范围内对环保和可持续发展的关注度不断提高，绿色低碳产业将迎来快速发展。企业可以抓住这一机遇，开发环保产品和服务，拓展新的市场领域。

（3）数字化转型带来新机遇：数字化转型将重塑传统产业的竞争格局和商业模式。企业可以通过数字化转型提高运营效率、降低成本、拓展销售渠道等，实现转型升级和可持续发展。

综上所述，全球经济环境与市场趋势正在发生深刻的变化。面对这些变化，企业和投资者需要密切关注全球经济动态和市场趋势，制订合理的发展战略和投资计划。同时，企业和投资者还需要加强国际合作与交流，共同应对全球经济面临的机遇和挑战。只有这样，才能在激烈的市场竞争中立于不败之地，实现可持续发展。

二、行业竞争态势与市场份额分析

随着全球化的推进和科技的日新月异，各个行业都面临着前所未有的竞争态势。在这样的背景下，对行业竞争态势进行深入分析，了解市场份额的分布情况，对于企业和投资者来说至关重要。本部分将对当前行业竞争态势及市场份额进行详细分析，进而为相关企业和投资者提供有价值的参考。

（一）行业竞争态势分析

在任何一个行业中，竞争对手的数量和实力都是决定竞争态势的关键因素。首先，我们需要对行业内的主要竞争对手进行梳理，包括其市场地位、产品特点、营销策略等。通过对比各竞争对手的优势和劣势，可以了解行业的竞争格局和潜在机会。技术创新是驱动行业发展的重要动力。当前，许多行业都面临着技术创新的挑战。企业需要不断投入研发，推出具有竞争力的新产品，以在市场中占据有利地位。同时，企业还需要关注行业内的技术趋势，及时调整自身的技术战略，以保持竞争优势。

品牌是企业的重要资产，也是企业在市场中获得竞争优势的关键。品牌竞争主要体现在品牌知名度、品牌美誉度以及品牌形象等方面。企业需要通过各种手段提升品牌影响力，如加强广告宣传、提升产品质量和服务水平等。价格竞争是市场竞争的一种常见形式。在价格竞争中，企业需要制定合理的价格策略，既要考虑成本控制，又要兼顾市场份额的拓展。同时，企业还需要关注竞争对手的价格动态，及时调整自身的价格策略，以应对市场竞争的变化。

（二）市场份额分析

市场份额是衡量企业在市场中地位的重要指标。通过对市场份额的分析，可以了解企业在行业内的竞争地位以及市场的整体竞争格局。一般来说，市场份额较高的企业具有较强的市场影响力和话语权，而市场份额较低的企业则可能面临较大的生存压力。市场份额的变化可以反映企业在市场中的发展态势。如果企业的市场份额持续增长，就说明企业在市场中具有较强的竞争力，发展前景较好；反之，如果市场份额不断下降，则可能意味着企业面临着较大的市场竞争压力，需要调整战略以应对市场变化。

市场份额的变化会受到多种因素的影响，包括企业自身的实力、市场需求、竞争对手的策略等。其中，企业的产品质量、服务水平、营销策略等因素对市场份额的影响尤为显著。因此，企业需要不断优化自身的产品和服务，提升品牌影响力，以扩大市场份额。

（三）行业竞争态势与市场份额的关联分析

行业竞争态势与市场份额之间存在密切的关联。一方面，行业竞争态势的变化会影响市场份额的分布。在激烈的竞争中，市场份额可能会向具有竞争优势的企业集中；在竞争相对缓和的情况下，市场份额的分布可能更加均衡。另一方面，市场份额的大小会反过来影响企业的竞争地位。拥有较高市场份额的企业通常具有更强的竞争力，能够更好地应对市场变化及挑战。

（四）行业发展趋势与前景预测

根据当前行业竞争态势和市场份额的分析，我们可以对行业未来的发展趋势和前景进行预测。例如，如果行业内的技术创新不断涌现，那么拥有强大研发实力的企业就可能会在未来的竞争中占据优势地位；如果品牌竞争成为主导，那么品牌建设成为企业发展的重要方向。同时，我们还需要关注政策环境、市场需求等外部因素的变化，以更全面地把握行业的发展趋势。

通过对行业竞争态势和市场份额的深入分析，我们可以得出以下结论：当前行业内的竞争日益激烈，企业需要不断提升自身的竞争力以应对市场挑战；市场份额是衡量企业在市场中地位的重要指标，企业需要关注市场份额的变化并制定相应的策略；行业竞争态势与市场份额之间存在密切的关联，二者相互影响、相互制约。

基于以上结论，我们提出以下建议：企业应加强技术创新和品牌建设，提升产品质量和服务水平；关注市场份额的变化并制定相应的市场策略；加强与其他企业的合作与竞争，实现共赢发展；关注行业发展趋势和政策环境的变化，灵活调整战略以适应市场变化。

综上所述，通过对行业竞争态势与市场份额进行深入分析，有助于企业和投资者更好地把握市场动态和竞争态势，为制订合理的发展战略和投资计划提供有力支持。

三、消费者需求与购买行为分析

在现今日益激烈的市场竞争中，了解并深入剖析消费者的需求和购买行为对企业制定有效的市场策略至关重要。消费者需求与购买行为分析不仅有助于企业把握市场动态，更能指导企业优化产品和服务，提升市场竞争力。本部分将从消费者需求、购买行为及其影响因素等多个维度进行深入分析，进而为相关企业提供有价值的参考。

（一）消费者需求分析

消费者需求是指消费者在市场上对某种商品或服务的欲望和购买能力。消费者需求往往会受到多种因素的影响，包括个人因素、社会因素、经济因素等。

首先，个人因素是影响消费者需求的基础。个人因素包括消费者的年龄、性别、职业、收入、教育程度等。例如，不同年龄段的消费者对产品的需求存在较大差异，年轻消费者可能更注重产品的时尚性和个性化，而中老年消费者则可能更注重产品的实用性和性价比。

其次，社会因素对消费者需求产生重要影响。社会因素包括文化、价值观、社会阶层等。不同文化背景和价值观的消费者在消费观念、消费习惯等方面存在差异，进而影响其购买决策。

最后，经济因素是影响消费者需求的重要因素。经济因素包括消费者的收入水平、物价水平、通货膨胀等。消费者的购买能力直接受到其收入水平的制约，而物价水平和通货膨胀则会影响消费者的购买力。

（二）购买行为分析

购买行为是消费者在满足自身需求的过程中所表现出的具体行动。购买行为受到消费者需求、产品信息、购买环境等多种因素的影响。

首先，消费者需求是购买行为的出发点。消费者在购买产品时，首先会考虑自己的需求，如产品的功能、品质、价格等。只有当产品满足消费者的需求时，消费者才会产生购买意愿。

其次，产品信息对购买行为具有重要影响。产品信息包括产品的性能、外观、品牌、口碑等。消费者在购买产品前，会通过各种渠道获取产品信息，以便做出明智的购买决策。

此外，购买环境也是影响购买行为的重要因素。购买环境包括购物场所的布局、氛围、服务等。一个舒适、便捷的购物环境能够提升消费者的购物体验，进而促进购买行为的发生。

（三）影响因素分析

消费者需求和购买行为受到多种因素的影响，以下是一些主要的影响因素：

心理因素：消费者的心理活动对购买行为具有重要影响。例如，消费者的认知、情感、态度等都会影响其购买决策。

市场因素：市场因素包括产品的价格、品质、品牌、促销活动等。这些因素会直接影响消费者的购买意愿和购买行为。

社会因素：如前所述，社会因素如文化、价值观、社会阶层等会对消费者的需求和购买行为产生影响。

经济因素：经济因素如收入水平、物价水平、通货膨胀等是影响消费者购买能力的重要因素。

四、政策法规与市场准入条件分析

随着全球经济的不断发展和市场的日益开放，政策法规与市场准入条件成为影响企业经营和发展的重要因素。政策法规为企业提供了经营活动的法律框架，而市场准入条件则决定了企业能否顺利进入市场并开展业务。本部分将对当前的政策法规与市场准入条件进行深入分析，进而为企业决策者提供有价值的参考。

（一）政策法规分析

政策法规是指政府为规范市场秩序、保护消费者权益、促进经济发展而制定的一系列法律法规和政策措施。政策法规对企业的经营和发展具有深远的影响。

首先，政策法规为企业提供了明确的经营方向和规范。通过制定相关法律法规，政府明确了企业的权利和义务，规范了企业的市场行为。企业在经营过程中必须遵守相关法律法规，否则将面临法律制裁和市场排斥。其次，政策法规为企业提供了良好的营商环境。政府通过简化审批流程、降低税费负担、加强知识产权保护等措施，为企业创造了更加宽松和公平的市场环境。这些措施有助于降低企业的经营成本，提高企业的竞争力。然而，政策法规也存在一些不足。例如，某些政策法规可能存在滞后性，无法及时适应市场变化和企业需求；一些政策法规的执行力度不足，导致市场秩序混乱和消费者权益受损。因此，企业在遵守政策法规的同时，也需要关注政策法规的变化和不足，以便及时调整经营策略。

（二）市场准入条件分析

市场准入条件是指企业进入市场并开展业务所需满足的一系列条件和要求。市场准入条件的设置旨在保护市场秩序、维护消费者权益、促进公平竞争。

首先，市场准入条件包括资质要求。企业必须具备相应的资质才能进入市场开展业务。例如，一些行业需要企业取得特定的经营许可证或资质认证，以确保企业具备从事该行业的基本能力和条件。其次，市场准入条件还包括技术标准和质量要求。企业必须符合相关的技术标准和质量要求，以确保其产品或服务的安全性和可靠性。这些技术标准和质量要求有助于保护消费者权益，提高市场的整体质量水平。同时，市场准入条件还可能涉及资本要求、人员配备、环保要求等方面。这些要求旨在确保企业具备足够的实力和资源来开展业务，并遵守相关的环保法规，保护环境资源。然而，市场准入条件也存在一些问题。一些市场准入条件可能过于严格或繁琐，导致企业难以进入市场或面临较高的成本压力。另外，一些地方可能存在保护主义倾向，设置不公平的市场准入条件，阻碍外地企业的进入。这些问题需要政府加强监管，以促进市场的公平竞争和健康发展。

（三）政策法规与市场准入条件的关联分析

政策法规与市场准入条件之间存在密切的关联。政策法规的制定和实施往往会对市场准入条件产生影响，而市场准入条件的设置也需要符合相关的政策法规要求。

一方面，政策法规通过规范市场秩序和保护消费者权益，为市场准入条件的设置提供了法律依据和指导。政策法规要求企业在进入市场前必须满足一定的条件和要求，以确保市场的公平竞争和消费者的利益。

另一方面，市场准入条件的设置需要符合相关的政策法规要求。企业在申请进入市场时，必须遵守相关的法律法规，并按照规定的程序和要求进行申请和审批。同时政府也需要根据政策法规的要求，对市场准入条件进行监管和调整，以确保市场的健康发展。

五、市场机会与潜在威胁识别

在竞争激烈的市场环境中，识别市场机会与潜在威胁是企业成功的关键。市场机会是指那些能够满足消费者需求、带来利润增长的可能性，而潜在威胁则是可能对企业经营产生不利影响的风险因素。本部分将从多个维度出发，深入剖析市场机会与潜在威胁的识别方法，进而为企业制定有效的市场策略提供指导。

（一）市场机会的识别

市场机会的识别是企业发展的重要环节，它涉及对市场需求、技术趋势、竞争格局等多方面的分析。以下是一些识别市场机会的主要方法：

分析消费者需求：消费者需求是市场机会的重要来源。通过市场调研、用户访谈等方式，企业可以深入了解消费者的需求变化，从而发现新的市场机会。例如，随着人们生活水平的提高，对健康、环保等方面的需求逐渐增加，企业可以针对这些需求开发新的产品或服务。

关注技术发展趋势：技术创新是推动市场发展的重要动力。企业应密切关注新技术、新工艺的发展，以便将其应用于产品或服务中，提升竞争力。例如，互联网、大数据、人工智能等技术的快速发展为企业提供了更多的创新空间。

研究竞争对手：了解竞争对手的战略、产品、市场定位等信息，有助于企业发现自身的优势和不足，从而找到新的市场机会。企业可以通过竞品分析、行业报告等途径获取这些信息。

挖掘细分市场：细分市场是市场机会的重要来源。通过对市场的细分，企业可以发现未被满足的消费需求，从而开发出针对特定群体的产品或服务。例如，针对年轻人、老年人、女性等不同群体，企业可以分别设计不同的产品策略。

（二）潜在威胁的识别

潜在威胁的识别同样重要，它有助于企业提前应对风险，避免或减少损失。以下是一些识别潜在威胁的主要方法：

关注政策法规变化：政策法规的变化可能对企业的经营产生重大影响。企业应密切关注政策法规的动态，及时调整经营策略，以应对可能出现的风险。例如，环保政策的加强可能对企业的生产成本和市场准入产生影响。

分析市场需求变化：市场需求的波动可能导致企业面临销售下滑、库存积压等风险。企业应通过市场调研、数据分析等方式，及时了解市场需求的变化趋势，以便调整产品结构和市场策略。

评估供应链风险：供应链的稳定对企业的经营至关重要。企业应评估供应商的稳定性、产品质量、交货期等方面的风险，以确保供应链的可靠性。同时，企业还应建立供应链风险应对机制，以应对可能出现的供应中断等问题。

防范竞争对手攻击：竞争对手的攻击可能对企业的市场份额、品牌形象等造成威胁。企业应密切关注竞争对手的动态，加强自身的技术研发、市场营销等方面的能力，以应对竞争对手的挑战。

（三）市场机会与潜在威胁的综合分析

在识别市场机会与潜在威胁的基础上，企业还需要进行综合分析，以确定自身在市场中的定位和发展方向。综合分析应考虑以下因素：

企业自身实力：企业应根据自身的技术、资金、人才等资源情况，评估自身在市场中的竞争力，以便选择合适的市场机会和应对潜在威胁。

市场发展趋势：企业应关注市场的整体发展趋势，预测未来市场的变化方向，以便制定长远的市场策略。

风险与收益权衡：企业在选择市场机会和应对潜在威胁时，应权衡风险与收益的关系，选择那些既能带来较高收益又能有效控制风险的机会和策略。

六、市场环境变化的应对策略

随着全球化的加速推进和科技的飞速发展，市场环境正经历着前所未有的变化。这些变化不仅给企业带来了无限机遇，也带来了诸多挑战。为了保持竞争力并实现可持续发展，企业需要制定有效的应对策略来应对市场环境的变化。本部分将深入探讨市场环境变化的应对策略，进而为企业决策者提供有价值的参考。

（一）加强市场分析与预测

市场环境的变化往往难以预测，因此企业需要加强市场分析与预测工作。首先，企业要建立完善的市场信息收集系统，及时收集并整理相关信息，以便了解市场的最新动态。其次，企业可以运用先进的数据分析技术，对市场趋势进行预测，以便提前做出调整。此外，企业还应关注政策法规的变化，以及国内外经济形势的发展，从而把握市场变化的脉搏。

（二）调整产品策略与定位

市场环境的变化可能导致消费者需求的变化，因此企业需要根据市场变化调整产品策略与定位。首先，企业应对产品进行差异化定位，突出产品的独特卖点，以满足不同消费者的需求。其次，企业可以加大研发投入，不断推出创新产品，以适应市场的变化。此外，企业还可以根据市场需求调整产品线，优化产品结构，提高市场竞争力。

（三）优化渠道布局与拓展

市场环境的变化可能导致销售渠道的变化，因此企业需要优化渠道布局与拓展。首先，企业应根据产品特点和目标消费者群体选择合适的销售渠道，如线上商城、实体店、代理商等。其次，企业应加强与渠道合作伙伴的沟通与协作，确保渠道畅通无阻。此外，企业还可以尝试拓展新的销售渠道，如跨境电商、社交媒体等，以扩大市场份额。

（四）提升品牌形象与口碑

市场环境的变化往往伴随着消费者对品牌认知的变化，因此企业需要提升品牌形象与口碑。首先，企业应注重品牌形象的塑造，通过设计独特的标识、宣传语等方式，提升品牌的知名度和美誉度。其次，企业应关注消费者的声音，及时回应消费者的需求和投诉，提高客户满意度。此外，企业还可以通过举办品牌活动、参与公益事业等方式，提升品牌的社会责任感，增强消费者对品牌的信任感。

（五）加强人才队伍建设

市场环境的变化要求企业具备更高的应对能力和创新能力，因此企业需要加强人才队伍建设。首先，企业应注重招聘和培养具备创新思维和专业技能的人才，为企业的发展提供有力的人才保障。其次，企业应建立完善的激励机制，激发员工的积极性和创造力，鼓励员工为企业的发展贡献智慧和力量。此外，企业还应加强员工培训和教育，提升员工的专业素养和综合能力，以适应市场环境的变化。

（六）建立灵活的组织结构

市场环境的变化要求企业具备快速响应和灵活调整的能力，因此企业需要建立灵活的组织结构。首先，企业应打破传统的层级式管理模式，推行扁平化管理，减少决策层级，提高决策效率。其次，企业应建立跨部门协作机制，促进各部门之间的信息共享和资源整合，形成合力应对市场变化。此外，企业还可以尝试采用项目管理、敏捷开发等新型工作方式，提高组织的灵活性和适应性。

（七）强化风险管理与控制

市场环境的变化往往伴随着各种风险，因此企业需要强化风险管理与控制。首先，企业应建立完善的风险评估体系，对潜在风险进行识别和评估，制定相应的应对措施。其次，企业应建立风险预警机制，及时发现并应对可能出现的风险。此外，企业还应加强内部控制和合规管理，确保企业运营符合相关法规和政策要求，降低法律风险。

综上所述，市场环境的变化给企业带来了诸多机遇和挑战。为了应对这些变化，企业需要加强市场分析与预测、调整产品策略与定位、优化渠道布局与拓展、提升品牌形象与口碑、加强人才队伍建设、建立灵活的组织结构以及强化风险管理与控制。通过这些应对策略的实施，企业可以更好地适应市场环境的变化，保持竞争力并实现可持续发展。当然，这些策略并非一成不变，企业需要根据市场变化不断调整和优化策略，以适应新的市场环境。

第二节　跨境电子商务的消费者行为分析

一、消费者特征与偏好分析

在竞争激烈的市场环境中，了解消费者特征与偏好是企业制定有效市场策略的关键。消费者特征涉及人口统计信息、心理特征以及社会文化背景等多个方面，而消费者偏好则反映了他们对产品、服务以及品牌的选择倾向。通过对消费者特征与偏好的深入分析，企业可以更加精准地把握市场需求，优化产品设计，提升营销效果，进而实现业务增长。

（一）消费者特征分析

消费者特征分析主要包括以下几个方面：

人口统计特征包括年龄、性别、职业、收入等基本信息。这些特征对了解消费者的购买能力和消费习惯具有重要意义。例如，不同年龄段的消费者对产品的需求和偏好存在显著差异，年轻消费者可能注重产品的时尚性和创新性，而中老年消费者则可能注重产品的实用性和性价比。

心理特征涉及消费者的个性、价值观、生活态度等方面。这些因素会影响消费者的决策过程和购买行为。例如，一些消费者可能属于冲动型购买者，容易受到广告促销的影响，而另一些消费者则可能更加理性，注重产品的性价比和口碑评价。

消费者的社会文化背景包括地域、教育水平、宗教信仰等因素。这些特征会影响消费者的消费习惯和品牌选择。例如，不同地域的消费者可能对某些产品具有特定的偏好和认同感，而受教育水平较高的消费者可能更加注重产品的品质和品牌的文化内涵。

（二）消费者偏好分析

消费者偏好分析旨在揭示消费者对产品、服务以及品牌的喜好和倾向。以下是一些主要的分析方法：

市场调研和问卷调查是了解消费者偏好的常用方法。通过设计合理的问卷，企业可以收集到关于消费者需求、购买动机、品牌认知等方面的信息。这些信息有助于企业把握市场趋势，优化产品设计，提升品牌形象。通过分析消费者的购买记录、浏览行为等数据，企业可以深入了解消费者的偏好和购买习惯。例如，通过分析消费者在电商平台的浏览和购买数据，企业可以发现消费者的购买偏好、价格敏感度等信息，为制定精准的营销策略提供依据。

社交媒体平台是消费者表达意见和分享经验的重要渠道。通过分析消费者在社交媒体上的发言和互动，企业可以了解消费者对于产品和品牌的看法和态度。此外，社交媒体上的话题讨论和趋势分析也有助于企业把握市场热点与消费者需求变化。

（三）基于消费者特征与偏好的市场策略

在了解消费者特征与偏好的基础上，企业可以制定更加精准的市场策略，以下是一些建议：

　　根据消费者的特征和偏好，企业可以对产品进行精准定位，并突出产品的独特卖点。例如，针对年轻消费者的时尚需求，企业可以推出具有创新设计和个性化元素的产品；针对中老年消费者的实用需求，企业可以注重产品的舒适性和耐用性。根据消费者的收入水平和价格敏感度，企业可以制定合理的价格策略。对价格敏感型消费者，企业可以通过优化成本、提高生产效率等方式降低产品价格；对注重品质的消费者，企业可以推出高端产品线，满足他们对品质和品牌的需求。

　　根据消费者的购买习惯和社交媒体使用情况，企业可以选择合适的营销渠道和方式。例如，针对年轻消费者群体，企业可以加大在社交媒体平台的宣传力度，利用短视频、直播等新型营销方式吸引消费者关注；针对中老年消费者群体，企业则可以通过电视广告、户外广告等传统渠道进行推广。品牌形象是影响消费者选择的重要因素之一。根据消费者的心理特征和社会文化背景，企业可以塑造具有吸引力的品牌形象，并通过各种渠道进行传播。例如，企业可以通过赞助文化活动、参与公益事业等方式提升品牌的社会责任感和文化内涵；通过邀请明星代言、举办品牌活动等方式增强品牌的知名度和美誉度。

　　通过对消费者特征与偏好的深入分析，企业可以更加精准地把握市场需求和消费者心理，为制定有效的市场策略提供有力支持。未来，随着大数据、人工智能等技术的不断发展，消费者特征与偏好分析将更加智能化和精准化。企业应积极采用新技术，不断提升数据分析能力，以便更好地满足消费者需求，实现可持续发展。同时，企业也应关注消费者特征与偏好的变化趋势，及时调整市场策略，以适应不断变化的市场环境。

二、消费者决策过程与影响因素分析

　　消费者决策过程是消费者在购买商品或服务时，从识别需求到做出购买决策的整个过程。这一过程涉及多个环节和因素，包括需求的产生、信息的收集、评估与选择、购买决策以及购后行为等。这些环节不仅会受到消费者个人特征的影响，还会受到外部环境的制约。因此，深入分析消费者决策过程及其影响因素，对企业制定有效的营销策略具有重要意义。

（一）消费者决策过程分析

消费者决策过程通常包括以下几个阶段：

需求识别是消费者决策过程的起点。当消费者意识到某种需求或问题时，便会开始寻找解决方案。这种需求既可能源自内部因素，如生理或心理需求，也可能源于外部因素，如社会压力或广告宣传。在识别需求后，消费者会开始收集相关信息，以便了解市场上可供选择的商品或服务。信息来源包括个人经验、亲友推荐、媒体广告以及网络评价等。消费者会根据自身需求和偏好，选择性地收集和筛选信息。

在收集到足够的信息后，消费者会对各种商品或服务进行评估和比较。评估标准可能包括价格、品质、功能、品牌声誉等。消费者会根据自身价值观和需求，对这些标准进行权衡和选择。经过评估和选择后，消费者会做出购买决策。购买决策可能受到多种因素的影响，如价格敏感度、品牌忠诚度、促销活动等。此外，消费者的购买决策还可能受到情境因素的影响，如时间压力、购物环境等。

购买决策完成后，消费者会进行购买并体验商品或服务。购后行为包括使用产品、评价产品以及向他人推荐产品等。购后行为不仅可以反映消费者对产品的满意度，还可能影响其未来的购买决策。

（二）消费者决策过程的影响因素

消费者决策过程受到多种因素的影响，这些因素可以大致分为个人因素和环境因素两大类。

1.个人因素

（1）消费者特征

消费者的年龄、性别、职业、收入等特征会影响其购买决策。例如，年轻消费者可能更注重产品的时尚性和创新性，而中老年消费者则可能更注重产品的实用性和性价比。

（2）消费者心理

消费者的心理特征，如个性、价值观、生活态度等，会影响其购买决策。例如，一些消费者可能属于冲动型购买者，容易受到广告促销的影响，而另一些消费者则可能更加理性，注重产品的性价比和口碑评价。

（3）消费者经验

消费者的购买经验和产品使用经验会对其购买决策产生重要影响。经验丰富的消费者通常更加了解市场和产品，能够做出更加明智的购买决策。

2.环境因素

（1）社会因素

社会因素包括家庭、朋友、同事等社会群体的影响，以及社会文化、风俗习惯等的影响。这些因素会影响消费者的价值观、购买偏好和行为模式。

（2）经济因素

经济因素如价格、收入、通货膨胀等会影响消费者的购买决策。例如，价格上涨可能导致消费者减少购买量或选择替代产品。

（3）技术因素

技术的发展和变革会对消费者决策产生影响。例如，互联网和移动设备的普及使得消费者可以更加方便地获取信息和进行购物，从而改变了消费者的购买方式和决策过程。

（4）营销因素

企业的营销策略，如产品定价、促销活动、广告宣传等，会对消费者的购买决策产生影响。有效的营销策略能够吸引消费者的注意力，激发其购买欲望，进而促进销售。

消费者决策过程是一个复杂而多变的过程，会受到多种因素的影响。企业要想在激烈的市场竞争中脱颖而出，就必须深入了解消费者的决策过程及其影响因素，制定有针对性的营销策略。未来，随着科技的进步和市场的变化，消费者决策过程可能会呈现出新的特点和趋势。企业应密切关注市场动态，不断调整和优化营销策略，以适应不断变化的市场需求。同时，企业还应注重提升产品质量和服务水平，以增加消费者的信任度和忠诚度，实现可持续发展。

三、消费者行为变化与趋势分析

随着科技的快速发展、全球化的深入推进以及社会文化的多元化演变，消费者行为正经历着前所未有的变革。从传统的线下购物到线上购物的普及，从单一的品牌选择到个性化的消费追求，消费者的决策过程、购买习惯以及价值观都在悄然发生变化。本部分旨在深入分析当前消费者行为的变化及其背后的原因，并探讨未来的发展趋势。

（一）消费者行为变化分析

近年来，随着互联网和移动设备的普及，线上购物已成为消费者日常生活的重要组成部分。越来越多的消费者选择通过电商平台、社交媒体或移动应用进行购物，这不仅会节省时间，还可以提供更为丰富的商品选择和便捷的支付方式。同时，直播带货、社交电商等新型购物模式的兴起，进一步推动了线上购物的普及和深化。在消费升级的背景下，消费者对产品的需求不再满足于基本的功能和品质，而是更加注重个性化和差异化。他们希望通过消费来体现出自己的独特品位和个性特征，因此，定制化、限量版、联名款等个性化产品受到越来越多消费者的青睐。

随着全球气候变暖、环境污染等问题的日益严重，消费者的环保意识也在逐渐增强。他们开始关注产品的环保性能、可循环利用性以及生产过程的可持续性。因此，绿色消费、低碳生活等理念逐渐成为消费者行为的重要趋势。社交媒体的普及使得消费者的购物行为更加具有社交属性。消费者在购买商品时，往往会受到朋友、家人或网红等意见领袖的影响，通过分享、点赞、评论等方式参与社交互动。这种社交属性的增强不仅影响了消费者的购买决策，还为企业提供了更多的营销机会。

（二）消费者行为变化的原因

科技的发展是推动消费者行为变化的重要因素。互联网、大数据、人工智能等技术的应用使得消费者能够更加方便地获取信息、进行比较和做出决策。同时，新型支付方式、物流技术等也为线上购物提供了有力支持。随着经济的发展和人民生活水平的提高，消费者的购买力不断增强，他们对品质、个性化和差异化的需求也日益旺盛。这不仅为企业提供了更多的市场机会，也推动了消费者行为的变革。

社会文化的演变也对消费者行为产生了深远影响。年轻一代消费者的价值观、审美观和生活方式都在发生变化，他们更加注重自我表达、追求新鲜刺激和体验式消费。这种文化背景的演变使得消费者行为更加多元化和个性化。

（三）消费者行为未来趋势

随着新零售模式的兴起，线上线下融合将成为未来消费者行为的重要趋势。企业将通过线上线下一体化、全渠道营销等方式提供更加便捷、个性化的购物体验，满足消费者的多元化需求。人工智能、大数据等技术的应用将进一步提升消费者的购物体验。智能推荐、虚拟试衣、智能客服等功能将为消费者提供更加精准、高效的服务，提升购物的便捷性和满意度。

随着环保意识的普及和政策的推动，绿色消费将成为未来消费者行为的重要方向。企业将更加注重产品的环保性能和可持续性，进而推动绿色生产和消费模式的形成。

社交媒体在消费者行为中的作用将愈发重要。社交电商将继续发展，通过社交互动、用户生成内容等方式提升消费者的参与度和忠诚度，为企业创造更多价值。

消费者行为的变化是市场发展的必然趋势，企业需要密切关注消费者行为的变化趋势，及时调整战略和业务模式，以适应市场需求的变化。同时，企业还应积极拥抱新技术、新模式，创新产品和服务，提升消费者的购物体验，赢得消费者的信任和忠诚。展望未来，随着科技的不断进步和社会文化的不断演变，消费者行为将继续呈现多元化、个性化和智能化的趋势，进而为企业带来更多的机遇和挑战。

四、消费者心理与行为研究

消费者心理与行为研究是市场营销领域的重要组成部分，它深入探讨消费者在购物决策过程中的心理活动和行为特征。通过理解消费者的心理机制和行为模式，企业可以更加精准地把握市场需求，制定有效的营销策略，提升市场竞争力。本部分将对消费者心理与行为进行深入探讨，进而为企业提供有价值的参考。

（一）消费者心理研究

消费者心理研究主要关注消费者在购物过程中的认知、情感、动机和态度等方面的心理活动。这些心理活动对消费者的购买决策起着至关重要的作用。

认知过程涉及消费者对商品信息的接收、处理、存储和回忆等环节。消费者的认知过程受到多种因素的影响，如信息的来源、内容的真实性、个人的知识结构和经验等。因此，企业在传递商品信息时，应注重信息的准确性和可信度，同时考虑到消费者的认知特点和需求。情感反应是消费者在购物过程中对商品或服务的直观感受。积极的情感反应能够增强消费者的购买意愿，而消极的情感反应则可能导致消费者放弃购买。因此，企业应努力提升商品和服务的质量，营造愉悦的购物环境，以激发消费者的积极情感。

购买动机是驱使消费者进行购买活动的内在动力。不同的消费者具有不同的购买动机，如需求满足、价值追求、社交需求等。了解消费者的购买动机有助于企业制定有针对性的营销策略，满足消费者的个性化需求。消费者的态度和信念对购买决策具有重要影响。态度是消费者对商品或服务的整体评价，而信念则是消费者对商品或服务的固有认知。企业应关注消费者的态度和信念，通过有效的沟通和引导，改变消费者的负面认知，提升品牌形象和美誉度。

（二）消费者行为研究

消费者行为研究主要关注消费者在购物过程中的行为特征和决策过程。通过对消费者行为的研究，企业可以深入了解消费者的购物习惯和需求，从而制定更加精准的营销策略。

购物决策过程包括需求识别、信息收集、评估选择、购买决策和购后评价等环节。在这个过程中，消费者会受到多种因素的影响，如个人特征、社会环境、文化背景等。企业应关注消费者在购物决策过程中的关键环节，提供有针对性的营销支持，帮助消费者做出购买决策。购买习惯与偏好是消费者在购物过程中形成的相对稳定的行为模式。不同的消费者具有不同的购买习惯和偏好，如品牌忠诚度、价格敏感度、购物渠道选择等。企业应深入了解消费者的购买习惯和偏好，以便制定符合消费者需求的营销策略。

消费者的购物行为往往会受到群体影响和社交互动的影响。消费者在购买决策过程中可能会受到亲朋好友、社交媒体、意见领袖等人的影响。

因此，企业在营销活动中应充分利用社交媒体和意见领袖的力量，扩大品牌影响力，引导消费者做出购买决策。

消费者心理与行为研究对企业的营销策略制定具有重要意义。通过深入了解消费者的心理机制和行为特征，企业可以更加精准地把握市场需求，提升品牌形象和美誉度，实现可持续发展。未来，随着科技的进步和市场的变化，消费者心理与行为研究将面临新的机遇和挑战。企业应持续关注消费者心理与行为的变化趋势，不断完善营销策略和手段，以适应市场的需求和变化。同时，企业还应加强与其他领域的合作与交流，共同推动消费者心理与行为研究的发展。

五、消费者满意度与忠诚度提升策略

在当今竞争激烈的市场环境中，消费者满意度和忠诚度对企业而言至关重要。高满意度的消费者更有可能成为忠诚的顾客，从而为企业带来稳定的收益和持续的发展。因此，制定有效的策略来提升消费者满意度和忠诚度成为企业面临的重要课题。本部分将探讨消费者满意度与忠诚度的含义、影响因素，并提出相应的提升策略。

（一）消费者满意度与忠诚度的含义及其重要性

消费者满意度是指消费者对购买的产品或服务的整体评价和满意程度。它涉及消费者对产品质量的认知、对服务态度的感受以及对价格的接受程度等多个方面。消费者满意度的高低直接影响到其是否愿意再次购买该产品或服务，并推荐给亲朋好友。

消费者忠诚度是指消费者对企业品牌的忠诚程度，表现为持续购买、积极推荐以及对企业活动的参与等。忠诚的消费者不仅为企业带来稳定的收益，还能通过口碑传播为企业吸引更多潜在顾客。

提升消费者满意度和忠诚度对企业的意义在于：首先，高满意度和忠诚度的消费者更有可能成为企业的长期客户，为企业带来稳定的收益流；其次，忠诚的消费者往往愿意支付更高的价格，从而提高企业的盈利能力；最后，忠诚的消费者还能通过口碑传播为企业树立良好的品牌形象，吸引更多新客户。

（二）影响消费者满意度与忠诚度的主要因素

产品质量：产品质量的优劣直接影响消费者的购买决策和满意度。高质量的产品能够满足消费者的需求，提升消费者的满意度，进而增加其忠诚度。

服务水平：优质的服务能够给消费者留下深刻的印象，增强其对企业的信任感和好感度。良好的服务态度、专业的技能以及及时的售后服务都是提升消费者满意度和忠诚度的重要因素。

价格因素：价格是消费者在购买过程中非常关注的一个因素。合理的定价能够吸引更多消费者，提高购买意愿。同时，企业还可以通过优惠活动、会员制度等方式降低消费者的购买成本，进一步提升其满意度和忠诚度。

品牌形象：品牌形象是消费者对企业的整体印象和评价。良好的品牌形象能够提升消费者的信任度和认同感，从而增加其购买意愿和忠诚度。

（三）提升消费者满意度与忠诚度的策略

企业应关注产品质量的提升，确保产品符合消费者的期望和需求。同时，通过不断创新，推出具有竞争力的新产品，满足消费者不断变化的需求。这不仅能够提升消费者的满意度，还能吸引更多潜在顾客。企业应注重提升服务水平，包括售前咨询、售中服务和售后服务等各个环节。通过提供专业的咨询、快速的响应和贴心的关怀，增强消费者的购买信心和满意度。此外，企业还可以利用数字化手段，如在线客服、智能客服等，提升服务效率和质量。

企业应根据市场情况和消费者需求制定合理的价格策略。通过市场调研和竞争分析，确定合理的定价范围，避免过高或过低的价格对消费者满意度产生负面影响。同时，企业还可以通过优惠券、折扣活动等方式吸引消费者，提高其购买意愿。企业应重视品牌形象的塑造和传播。通过精心设计的品牌标识、独特的品牌故事以及积极的品牌活动等方式，提升消费者对品牌的认知度和好感度。同时，利用社交媒体、广告等多种渠道进行品牌传播，扩大品牌影响力和知名度。

建立会员制度和积分体系是提升消费者忠诚度的有效手段。通过为会员提供专属优惠、生日礼物等福利，增加其对企业的归属感和忠诚度。同时，积分体系能够鼓励消费者多次购买和推荐他人购买，从而扩大企业的客户群范围。

提升消费者满意度和忠诚度是企业实现可持续发展的重要保障。通过优化产品质量、服务水平、价格策略以及加强品牌建设与传播等策略，企业能够不断提升消费者的满意度和忠诚度，赢得市场竞争优势。未来，随着消费者需求的不断变化和市场竞争的加剧，企业需要采取不断创新和完善提升消费者满意度和忠诚度的策略，以适应市场发展的需求。同时，企业还应注重与消费者的沟通和互动，深入了解其需求和期望，为消费者提供更加个性化、精准化的产品和服务，进一步提升消费者的满意度和忠诚度。

六、消费者行为数据收集与分析方法

在现代商业环境中，消费者行为数据对于理解市场需求、优化产品设计和制定有效的营销策略至关重要。通过对消费者行为的深入研究，企业可以洞察消费者的购买决策过程、偏好变化以及市场趋势，从而制定更加精准的市场战略。本部分将探讨消费者行为数据的收集与分析方法，为企业提供实用的指导。

（一）消费者行为数据收集方法

问卷调查法是一种常用的消费者行为数据收集方法。通过设计问卷，向目标消费者群体发放并收集数据，可以了解消费者的购买习惯、偏好、态度等信息。问卷调查法虽具有成本低、操作简便的优点，但需要注意问卷设计的合理性和有效性，以确保数据的准确性和可靠性。访谈法是通过与消费者进行面对面或电话交流，深入了解其购买决策过程、需求痛点以及对产品或服务的看法。访谈法可以获得更加详细和深入的信息，有助于发现潜在的市场机会和消费者需求。然而，访谈法需要投入较多的时间和精力，且样本量相对较小，可能存在一定的局限性。

观察法是通过观察消费者的购买行为、使用习惯以及与其他消费者的互动，来收集消费者行为数据。这种方法可以直接观察消费者的实际行为，获取第一手资料，有助于发现消费者行为中的潜在规律和趋势。但需要注意的是，观察法可能受到观察者主观性的影响，因此需要确保观察的客观性和准确性。数据分析法是通过收集和分析已有的消费者数据，如销售记录、用户行为数据等，来揭示消费者行为的特征和规律。这种方法可以充分利用现有的数据资源，发现隐藏在数据背后的有价值信息。随着大数据技术的发展，数据分析法在消费者行为研究中的应用越来越广泛。

（二）消费者行为数据分析方法

描述性分析是对收集到的消费者行为数据进行整理、分类和统计，以描述消费者行为的总体特征和分布情况。通过描述性分析，企业可以了解消费者的基本特征、购买习惯以及市场需求等信息，为企业制定市场策略提供依据。关联性分析是探索消费者行为数据之间的关联性和相关性，以发现不同变量之间的潜在关系。例如，通过分析消费者的购买记录和产品偏好，可以发现某些产品之间的关联性，从而进行捆绑销售或推荐购买。

预测性分析是利用统计学和机器学习等方法，对消费者行为数据进行建模和预测，以预测未来的市场趋势和消费者需求。通过预测性分析，企业可以制定更加前瞻性的市场策略，提前布局市场，抓住市场机遇。情感分析是通过自然语言处理等技术，对消费者的评论、反馈等文本数据进行情感倾向分析，以了解消费者对产品或服务的满意度、态度等情感信息。情感分析有助于企业及时发现消费者的问题和不满情况，从而进行有针对性的改进和优化。

（三）注意事项与建议

在收集消费者行为数据时，企业需要确保数据收集的合法性，遵守相关法律法规和伦理规范。同时，要重视消费者的隐私保护，确保消费者的个人信息不被泄露或滥用。数据的质量和准确性对分析结果的有效性至关重要。企业需要确保收集到的数据真实、完整、可靠，避免数据失真或误导分析结果。不同的数据收集和分析方法各有优缺点，企业应分别根据研究目的和实际情况综合运用多种方法，以获得更加全面和准确的结果。数据分析结果只是揭示了消费者行为的一些特征和规律，企业需要结合实际情况对结果进行解读和应用。同时，要注意避免过度解读或误读结果，以免误导决策。

消费者行为数据收集与分析是现代商业决策的重要依据。通过合理的数据收集方法和科学的分析技术，企业可以深入了解消费者的购买决策过程、需求变化和市场趋势，为制定有效的市场策略提供有力支持。然而，消费者行为研究是一个复杂而多变的领域，企业需要不断学习和探索新的方法和技术，以适应不断变化的市场环境。未来，随着大数据、人工智能等技术的不断发展，消费者行为数据收集与分析将更加智能化和精准化，为企业带来更加强大的竞争优势。

第三节 跨境电子商务的市场定位与策略

一、市场细分与目标市场选择

在激烈的市场竞争中，企业要想获得成功，必须对市场进行深入的分析和精准的定位。市场细分与目标市场选择是企业制定市场营销策略的关键环节，它们对企业的产品定位、渠道选择、促销策略等方面都具有重要的指导意义。本部分将详细探讨市场细分与目标市场选择的理论基础、实施步骤及其实践意义。

（一）市场细分的概念与意义

市场细分是指将一个广泛的市场划分为若干个具有相似需求、购买行为和偏好的消费者群体的过程。每个细分市场都具有独有的特征和需求，企业需要针对这些特征分别制定不同的市场营销策略。市场细分有助于企业更好地了解消费者需求，发现市场机会，提高营销效率，降低营销成本。

（二）市场细分的依据与步骤

市场细分的依据主要包括地理因素、人口因素、心理因素和行为因素等。地理因素包括地区、城市规模、气候等；人口因素包括年龄、性别、收入、职业等；心理因素包括个性、价值观、生活方式等；行为因素包括购买频率、品牌忠诚度、使用习惯等。

市场细分的步骤主要包括以下几个方面：确定市场细分的目标和范围，明确细分的依据和标准。收集和分析相关数据，了解消费者的需求、购买行为和偏好。根据分析结果，划分出不同的细分市场，并对每个市场进行描述和特征归纳。评估各细分市场的潜力和吸引力，确定目标市场。

（三）目标市场选择的原则与策略

目标市场选择是指企业在经过市场细分后，根据自身的资源和能力，选择进入一个或多个细分市场的过程。目标市场选择的原则主要包括市场规模、市场增长率、竞争状况、企业资源和能力等。在选择目标市场时，企业需要综合考虑这些因素，以确保选择的市场既具有潜力又符合企业的战略定位。

目标市场选择的策略主要有以下几种：

无差异市场营销策略：企业将整个市场视为一个整体，采用统一的产品、价格和促销策略。这种策略适用于市场规模较大、消费者需求差异较小的情况。

差异市场营销策略：企业分别针对不同细分市场制定不同的产品、价格和促销策略，以满足不同消费者的需求。这种策略有助于企业更好地适应市场变化，提高市场占有率。

集中市场营销策略：企业选择一个或少数几个细分市场作为目标市场，集中资源进行深入开发和营销。这种策略有助于企业在特定市场建立竞争优势，实现快速发展。

（四）目标市场定位

目标市场定位是指企业在选定的目标市场中，根据消费者的需求和竞争对手的情况，确定自己的市场位置和产品特色。定位的目的是使企业的产品在消费者心中形成独特的印象，从而与竞争对手区分开来。

在进行目标市场定位时，企业需要考虑以下几个方面：

消费者需求：深入了解目标市场的消费者需求，确定产品应满足的核心功能和利益点。

竞争对手分析：了解竞争对手的产品特点、市场策略等，以便找到自己的差异化和竞争优势。

企业资源和能力：评估企业的技术、资金、人才等资源，确保定位符合企业的实际情况和发展战略。

（五）市场细分与目标市场选择的实践意义

市场细分与目标市场选择对企业的市场营销活动具有重要的实践意义。首先，它们有助于企业更好地了解消费者需求和市场变化，从而制定更加精准的市场营销策略。其次，通过选择合适的目标市场，企业可以集中资源进行深入开发和营销，提高营销效率和降低成本。最后，有效的市场细分和目标市场选择有助于企业在激烈的市场竞争中建立竞争优势，实现可持续发展。

总之，市场细分与目标市场选择是企业制定市场营销策略的关键环节。通过深入的市场分析和精准的定位，企业可以更好地满足消费者需求，抓住市场机遇，实现业务额增长和市场份额的提升。因此，企业应当重视市场细分与目标市场选择的工作，不断优化和完善相关策略，以适应不断变化的市场环境。

二、市场定位与品牌形象塑造

在激烈的市场竞争中，企业为了获得竞争优势，不仅需要对市场进行深入的分析和精准的定位，还需要通过有效的品牌形象塑造来传递自身的价值和特色。市场定位与品牌形象塑造是企业营销策略中的两个重要环节，它们相互关联、相互影响，共同构成企业在市场中的独特地位。本部分将详细探讨市场定位与品牌形象塑造的概念、关系及其实践应用。

（一）市场定位的概念与意义

市场定位是指企业根据目标市场的需求和竞争状况，确定自身产品或服务在市场中的独特位置。它涉及企业对目标市场的选择、产品或服务的差异化以及消费者心理需求的把握等多个方面。通过市场定位，企业可以明确自身的竞争优势，避免与竞争对手发生直接冲突，从而在市场中获得更好的发展机会。

市场定位的意义在于为企业提供了一个明确的发展方向和战略指导。它有助于企业更好地了解目标市场的需求和特点，从而调整产品或服务的策略，提高市场竞争力。同时，市场定位也有助于企业在消费者心中形成独特的印象和认知，增强品牌的认知度和忠诚度。

（二）品牌形象塑造的概念与要素

品牌形象塑造是指企业通过一系列营销活动和传播手段，塑造并传播自身的品牌形象，以树立在消费者心中的独特地位。品牌形象包括品牌的名称、标志、口号、视觉形象等多个方面，它代表了企业的价值观、文化理念和产品特色。

品牌形象塑造的要素主要包括以下几个方面：

品牌识别：包括品牌的名称、标志和视觉形象等，它们是消费者识别和记忆品牌的重要依据。

品牌理念：指企业所倡导的核心价值观和文化理念，它是品牌形象塑造的灵魂和基础。

品牌体验：指消费者在使用产品或服务过程中所感受到的品牌质量和价值，它是品牌形象塑造的关键环节。

（三）市场定位与品牌形象塑造的关系

市场定位与品牌形象塑造之间存在着密切的联系。首先，市场定位是品牌形象塑造的前提和基础。企业在进行品牌形象塑造之前，只有先明确自身的市场定位，了解目标市场的需求和特点，才能制定出符合市场需求的品牌形象策略。

其次，品牌形象塑造是实现市场定位的重要手段。通过塑造独特的品牌形象，企业可以更好地传递自身的价值观和特色，从而在市场中获得竞争优势。同时，品牌形象也可以增强消费者对产品的认知和信任，提高品牌的忠诚度和口碑。

最后，市场定位与品牌形象塑造相互促进、相互影响。市场定位的准确性直接影响到品牌形象塑造的效果，而品牌形象的成功塑造也会反过来巩固和强化市场定位。因此，企业在制定营销策略时，需要综合考虑市场定位和品牌形象塑造的因素，确保两者之间的协调性和一致性。

（四）市场定位与品牌形象塑造的实践应用

在实践应用中，企业可以根据自身的特点和市场需求，采取以下策略来进行市场定位与品牌形象塑造：

精准定位目标市场：企业需要对市场进行深入的分析和研究，了解目标市场的消费者需求、竞争状况和发展趋势，从而确定自身的市场定位和目标市场。

突出品牌特色：企业需要通过产品或服务的差异化来突出自身的品牌特色，使消费者在众多品牌中能够轻易识别和记住自己的品牌。

塑造独特的品牌形象：企业可以通过设计独特的品牌名称、标志和视觉形象等，来塑造具有个性和辨识度的品牌形象。

强化品牌理念和文化：企业需要明确自身的品牌理念和文化，通过传播和推广这些理念和文化，来增强消费者对品牌的认知和信任。

市场定位与品牌形象塑造是企业营销策略中不可或缺的两个环节。它们相互关联、相互影响，共同构成企业在市场中的独特地位。通过精准的市场定位和成功的品牌形象塑造，企业可以更好地满足消费者需求，树立独特的品牌形象，从而在激烈的市场竞争中获得优势。因此，企业应当重视市场定位与品牌形象塑造的工作，不断探索和实践符合自身特点的营销策略。

三、市场进入策略与路径选择

随着全球化的加速和市场竞争的日益激烈，企业为了拓展业务、实现增长，往往需要进入新的市场。市场进入策略与路径选择成为企业决策的关键环节，它涉及企业如何有效地进入目标市场、如何与竞争对手展开竞争以及如何实现可持续发展。本部分将对市场进入策略与路径选择进行深入探讨，进而为企业的市场进入决策提供参考。

（一）市场进入策略的概念与类型

市场进入策略是指企业为进入新市场而制定的总体规划和行动方案。它涉及企业如何评估目标市场的潜力和风险、如何选择合适的市场进入方式以及如何制定有效的市场营销策略等多个方面。根据不同的划分标准，市场进入策略可以分为多种类型。

从进入方式来看，市场进入策略可以分为直接出口、间接出口、合资经营和直接投资等。直接出口是指企业直接将产品销往目标市场，这种方式虽较为简单，但可能面临文化差异、贸易壁垒等问题。间接出口则是通过中间商或代理商进入目标市场，这种方式虽可以降低企业的风险，但可能失去对市场的直接控制。合资经营是指企业与目标市场的当地企业合作，共同经营业务，这种方式虽可以充分利用当地资源和优势，但也可能存在合作伙伴选择不当的风险。直接投资则是企业在目标市场设立分支机构或子公司，直接进行生产经营活动，这种方式虽可以更好地控制市场和资源，但需要投入大量的资金和时间。

从市场营销策略来看，市场进入策略可以分为差异化策略、低成本策略、聚焦策略等。差异化策略强调通过产品、服务或品牌形象等方面的差异化来赢得市场份额；低成本策略注重通过降低成本、提高效率来获得价格优势；聚焦策略则是集中资源在某一特定市场或领域进行深耕细作。

（二）市场进入路径的选择依据

企业在选择市场进入路径时，需要综合考虑多个因素，以确保选择的路径既符合企业的战略目标，又能有效应对市场的挑战。以下是一些主要的选择依据：

目标市场的特点：企业需要对目标市场的规模、增长潜力、竞争状况、法律法规等方面进行深入分析，以了解市场的整体情况和潜在机会。

企业的资源和能力：企业需要评估自身的资金、技术、人才等资源以及市场营销、产品开发等能力，以确定能够支持哪种类型的市场进入方式。

风险和收益的平衡：市场进入涉及一定的风险，企业需要权衡不同路径可能带来的风险和收益，选择最适合自己的路径。

合作伙伴的选择：如果选择合资经营或通过与当地企业合作的方式进入市场，企业就需要对合作伙伴进行充分的调查和评估，确保合作伙伴的可靠性和合作的有效性。

（三）市场进入策略与路径选择的实践应用

在实践中，企业可以根据自身的实际情况和目标市场的特点，灵活选择市场进入策略和路径。以下是一些具体的实践应用案例：

通过直接出口方式进入新兴市场：对初次进入某个新兴市场的企业而言，可以选择直接出口的方式试探市场反应。通过少量产品的出口，企业可以了解目标市场的需求和竞争状况，为后续的市场进入策略调整提供依据。

利用合资经营方式实现本土化运营：为了更好地适应目标市场的文化和商业环境，企业可以选择与当地企业合资经营。通过合作，企业可以充分利用当地资源和优势，降低市场进入的风险和成本。

采用直接投资方式构建全球产业链：对实力雄厚的跨国企业而言，可以选择直接投资的方式在目标市场设立生产基地或研发中心，构建全球产业链。这种方式可以更好地控制市场和资源，提高企业的国际竞争力。

（四）市场进入策略与路径选择的注意事项

在制定市场进入策略和选择路径时，企业需要注意以下几点：

充分调研和分析：在制定市场进入策略前，企业需要对目标市场进行深入调研和分析，了解市场的整体情况和潜在机会。同时，企业也需要对竞争对手进行充分的研究，以便制定有针对性的营销策略。

灵活应对市场变化：市场环境是不断变化的，企业需要根据市场的实际情况灵活调整市场进入策略和路径。例如，当目标市场的竞争态势发生变化时，企业就可能需要调整产品定价、营销策略等以应对竞争。

建立良好的合作关系：在选择合资经营或通过与当地企业合作的方式进入市场时，企业需要与合作伙伴建立良好的合作关系，确保合作的顺利进行。同时，企业也需要尊重当地的文化和习惯，以便更好地融入当地市场。

市场进入策略与路径选择是企业拓展业务、实现增长的关键环节。在制定市场进入策略和选择路径时，企业需要综合考虑目标市场的特点、自身的资源和能力、风险和收益的平衡以及合作伙伴的选择等多个因素。通过灵活应用不同的市场进入策略和路径，企业可以更好地适应市场的变化和挑战，实现可持续发展。

四、市场定位的动态调整与优化

在快速变化的商业环境中，市场定位不再是一成不变的策略，而是需要随着市场趋势、消费者需求以及竞争对手的变化进行动态调整与优化。本部分旨在探讨市场定位的动态调整与优化的重要性、实施策略及其实践应用，为企业更好地适应市场变化、提升竞争力提供有益的参考。

（一）市场定位动态调整与优化的重要性

市场定位的动态调整与优化对企业而言至关重要。首先，随着消费者需求的不断变化，企业需要不断调整市场定位，以满足消费者的期望和需求。其次，竞争对手的策略调整可能影响企业的市场地位，因此企业需要及时调整自身定位，以保持竞争优势。此外，市场趋势的变化也可能为企业带来新的发展机遇，通过优化市场定位，企业可以抓住这些机遇，实现快速增长。

（二）市场定位动态调整与优化的实施策略

要实现市场定位的动态调整与优化，企业就需要深入了解市场趋势、消费者需求以及竞争对手的情况。通过收集和分析市场数据，企业可以把握市场的脉搏，为定位调整提供有力支持。品牌定位是企业市场定位的重要组成部分。企业需要明确自身的品牌特色和核心价值，以便在竞争激烈的市场中脱颖而出。通过强化品牌形象和传播品牌理念，企业可以增强消费者对品牌的认知和忠诚度。

根据市场变化和消费者需求，企业需要灵活调整产品线和营销策略。例如，当市场出现新的消费热点时，企业就可以迅速推出相关产品，以满足消费者需求。同时，企业还可以通过优化定价策略、促销活动等手段，提高产品的市场竞争力。加强与消费者的沟通与互动有助于企业更好地了解消费者需求，从而调整和优化市场定位。企业可以通过市场调研、用户反馈等方式收集消费者的意见和建议，为定位调整提供有力依据。此外，企业还可以通过社交媒体、线上社区等渠道与消费者进行实时互动，增强消费者的参与感和忠诚度。

市场定位的动态调整与优化需要企业保持持续的创新和改进精神。企业需要关注新技术、新趋势的发展，以便及时调整自身的市场定位。同时，企业还需要不断优化内部流程、提高运营效率，以应对市场的快速变化。

（三）市场定位动态调整与优化的实践应用

以某电商平台为例，该平台在成立初期主要定位为综合性电商平台。随着市场的变化和消费者需求的多样化，该平台逐渐发现其在某些特定领域的竞争优势并不明显。为了优化市场定位，该平台开始进行深入的市场研究，发现家居用品市场具有巨大的潜力。于是，该平台决定调整市场定位，将家居用品作为重点发展领域，并加大了在该领域的投入力度。

通过优化产品线、加强品牌营销以及与家居品牌合作等手段，该平台成功吸引了大量家居用品消费者，其业务额实现了快速增长。同时，该平台还不断创新营销策略，如推出家居定制服务、举办线上线下活动等，进一步提升了消费者体验和市场竞争力。

（四）市场定位动态调整与优化的挑战与应对

尽管市场定位的动态调整与优化为企业带来了诸多机遇，但在实施过程中也面临着一些挑战。例如，企业需要投入大量资源进行市场研究和数据分析，以确保定位调整的准确性。同时，企业还需要克服内部阻力和惯性思维，推动定位调整的实施。为了应对这些挑战，企业需要加强内部管理，提高员工的创新意识和执行能力。此外，企业还可以寻求外部合作与支持，如与咨询公司合作进行市场研究、与高校合作进行人才培养等，以提升企业的整体竞争力。

市场定位的动态调整与优化是企业应对市场变化、提升竞争力的关键手段。通过深入市场研究、明确品牌定位与核心价值、灵活调整产品线与营销策略以及加强与消费者的沟通与互动等措施，企业可以实现市场定位的动态调整与优化。同时，企业还需要关注创新与持续改进，以应对市场的快速变化。在实践中，企业需要克服挑战、加强内部管理并寻求外部合作与支持，以实现市场定位的动态调整与优化的目标。

五、市场竞争策略与差异化营销

随着市场经济的不断发展，企业间的竞争日益激烈。为了在市场中脱颖而出，企业需要制定有效的市场竞争策略，并采用差异化营销手段来满足消费者的多样化需求。本部分将从市场竞争策略的定义、类型，差异化营销的概念、实施方法以及两者之间的关系等方面展开探讨，进而为企业制定市场竞争策略和实施差异化营销提供参考。

（一）市场竞争策略概述

市场竞争策略是指企业在市场中为获取竞争优势而采取的一系列行动和策略。它涉及产品定位、价格策略、促销手段以及渠道选择等多个方面。根据企业所处的市场环境和竞争态势，市场竞争策略可分为成本领先战略、差异化战略和集中化战略等。成本领先战略强调通过降低成本、提高效率来获得价格优势，从而在市场中占据领先地位。差异化战略注重通过产品创新、服务升级等方式满足消费者的独特需求，以区别于竞争对手。集中化战略则是企业集中资源在某一特定市场或领域进行深耕细作，以形成局部优势。

（二）差异化营销的概念与实施

差异化营销是企业为满足不同消费者的需求，通过产品、服务、品牌形象等方面的差异化来赢得市场份额的一种营销策略。它强调在激烈的市场竞争中，企业需要找到自身的独特之处，并以此为基础制定营销策略。实施差异化营销的关键在于深入了解消费者需求和市场趋势。企业需要通过市场调研、用户画像等手段，准确把握消费者的需求和偏好。在此基础上，企业可以针对不同消费者群体制定不同的产品策略、价格策略和推广策略。例如，针对年轻消费者群体，企业可以推出具有创新性和时尚感的产品，并通过社交媒体等渠道进行推广；针对中老年消费者群体，企业可以注重产品的实用性和品质保障，通过传统渠道进行销售。

此外，企业还需要关注品牌形象的差异化。通过塑造独特的品牌形象和价值观，企业可以在消费者心中形成独特的印象和认知。这有助于提升企业的知名度和美誉度，进而增强消费者的忠诚度和购买意愿。

（三）市场竞争策略与差异化营销的关系

市场竞争策略与差异化营销之间存在着密切的关系。一方面，市场竞争策略的制定需要考虑差异化营销的需求。企业需要根据市场环境和竞争态势，选择合适的竞争策略，并通过差异化营销手段来实现这些策略。例如，在实施成本领先战略时，企业不仅需要通过降低成本、提高效率来获得价格优势。还需要通过差异化营销来突出产品的性价比优势。在实施差异化战略时，企业需要通过产品创新、服务升级等方式满足消费者的独特需求，并通过差异化营销来强化产品的独特性和品牌形象。

另一方面，差异化营销是实现市场竞争策略的重要手段。通过差异化营销，企业可以更好地满足消费者的多样化需求，提升市场份额和竞争力。同时，差异化营销也有助于企业形成独特的竞争优势和品牌形象，从而在市场中脱颖而出。

（四）市场竞争策略与差异化营销的实践应用

在实际应用中，企业需要根据自身的实际情况和市场环境来制定市场竞争策略和实施差异化营销。例如，一些企业在进入新市场时，就会采用成本领先战略来迅速占领市场份额；在成熟市场中，这些企业则可能会转向差异化战略或集中化战略来进一步提升竞争力。

同时，企业还需要根据消费者需求和市场趋势不断调整和优化市场竞争策略与差异化营销手段。例如，随着消费者对环保和可持续性的关注度不断提高，企业可以在产品设计和生产过程中注重环保元素的融入，并通过差异化营销来强调产品的环保性能。随着数字化技术的快速发展，企业还可以利用大数据、人工智能等技术手段来精准分析消费者需求和市场趋势，为市场竞争策略和差异化营销手段的制定提供更加有力的支持。

市场竞争策略与差异化营销是企业在激烈的市场竞争中获取优势的重要手段。企业需要深入了解消费者需求和市场趋势，制定合适的竞争策略，并通过差异化营销手段来实现这些策略。同时，企业还需要根据市场变化不断调整和优化市场竞争策略与差异化营销手段，以适应不断变化的市场环境。通过有效的市场竞争策略和差异化营销手段的实施，企业可以在市场中脱颖而出，实现可持续发展。

六、市场定位与营销策略的协同

在当今竞争激烈的商业环境中，企业的成功往往取决于其市场定位与营销策略的协同作用。市场定位决定了企业在目标市场中的发展方向和竞争优势，而营销策略则是实现市场定位目标的具体手段。两者的协同对于提升企业形象、增强市场竞争力以及实现可持续发展具有重要意义。

（一）市场定位的重要性

市场定位是指企业根据市场需求和竞争态势，确定自身产品或服务在目标市场中的竞争地位和特色。一个明确的市场定位有助于企业更好地了解消费者需求，把握市场趋势，从而在竞争中占据有利地位。

首先，市场定位有助于企业明确目标市场。通过对市场的细分和目标消费者的分析，企业可以确定最适合自己的市场领域和消费者群体，为后续的营销策略制定提供有力依据。

其次，市场定位有助于企业形成独特的竞争优势。在市场竞争中，企业需要找到自身的差异化点，通过产品创新、服务提升等方式形成独特的竞争优势，吸引和留住消费者。

最后，市场定位有助于企业塑造品牌形象。一个明确的市场定位可以帮助企业塑造独特的品牌形象，提升品牌知名度和美誉度，从而增强消费者的信任和忠诚度。

（二）营销策略的制定与实施

营销策略是企业为实现市场定位目标而制定的一系列具体行动方案。一个有效的营销策略应该包括产品策略、价格策略、渠道策略和促销策略等多个方面。

产品策略关注产品的设计、功能、品质等方面，以满足消费者的需求和期望。价格策略需要考虑成本、竞争状况以及消费者的支付能力等因素，制定合理的定价策略。渠道策略涉及产品的销售渠道选择和管理，以确保产品能够顺利到达目标消费者手中。促销策略则是通过各种促销手段来刺激消费者的购买欲望，提升销售业绩。

在营销策略的制定与实施过程中，企业需要充分考虑市场定位的要求。营销策略应该紧密围绕市场定位展开，确保各项策略能够与市场定位保持一致，形成协同效应。

（三）市场定位与营销策略的协同作用

市场定位与营销策略的协同作用体现在多个方面。首先，市场定位为营销策略的制定提供了方向和目标。一个明确的市场定位可以指导企业制定符合市场需求和竞争态势的营销策略，确保策略的有效性和针对性。

其次，营销策略的实施有助于实现市场定位目标。通过精心设计的产品策略、价格策略、渠道策略和促销策略，企业可以更好地满足消费者的需求，提升品牌形象和市场竞争力，从而实现市场定位目标。

此外，市场定位与营销策略的协同还可以提升企业的整体运营效率。通过优化资源配置和协调各部门的工作，企业可以确保市场定位与营销策略的有效衔接和顺利实施，进而提高整体运营效率和市场响应速度。

（四）市场定位与营销策略协同的实践应用

在实际应用中，企业需要不断调整和优化市场定位与营销策略的协同关系。首先，企业需要密切关注市场动态和消费者需求的变化，及时调整市场定位以适应新的市场环境。同时，企业还需要根据市场定位的变化对营销策略进行相应的调整和优化，确保两者之间的协同作用得以充分发挥。

其次，企业需要加强内部沟通和协作，确保各部门之间能够形成合力共同推进市场定位与营销策略的协同实施。通过加强跨部门合作和信息共享，企业可以更加高效地利用资源，提升整体运营效率和市场竞争力。

最后，企业需要注重市场定位与营销策略的长期性和稳定性。虽然市场环境和消费者需求会不断变化，但企业的市场定位和营销策略应该保持一定的稳定性与连续性。通过持续的市场调研和策略调整，企业可以确保市场定位与营销策略的协同作用能够长期发挥作用，进而为企业的发展提供有力保障。

综上所述，市场定位与营销策略的协同对企业运营的成功至关重要。一个明确的市场定位可以指导企业制定有效的营销策略，而精心设计的营销策略则可以帮助企业实现市场定位目标。在实践中，企业需要不断调整和优化市场定位与营销策略的协同关系，以适应不断变化的市场环境，实现可持续发展。通过加强内部沟通和协作以及注重长期性和稳定性，企业可以确保市场定位与营销策略的协同作用能够充分发挥，进而为企业的成功奠定坚实基础。

第四节　跨境电子商务的品牌建设与管理

一、品牌价值的构建与提升

随着市场竞争的日益激烈，品牌成为企业竞争的核心要素之一。品牌价值不仅关乎企业的市场地位，更直接关系到企业的经济效益和长期发展。因此，构建和提升品牌价值成为企业的重要任务。本部分将从品牌价值的内涵、构建品牌价值的策略以及提升品牌价值的途径等方面展开探讨。

（一）品牌价值的内涵

品牌价值是指品牌在消费者心目中的价值体现，是品牌所代表的产品或服务在市场上的竞争力。它包括品牌的知名度、美誉度、忠诚度等多个方面，是企业无形资产的重要组成部分。品牌价值的高低直接决定了消费者对品牌的认可度和购买意愿，进而影响企业的市场份额和经济效益。

（二）构建品牌价值的策略

品牌定位是构建品牌价值的基础。企业需要根据自身的产品特性、目标消费者以及市场环境等因素，确定品牌在市场上的定位。通过清晰的品牌定位，企业可以形成独特的品牌形象，从而在消费者心中占据一席之地。产品品质是品牌价值的基础。优质的产品能够赢得消费者的信任和口碑，为品牌价值的提升奠定坚实基础。因此，企业需要不断提高产品研发和生产能力，确保产品的品质符合消费者的期望和需求。

品牌传播是提升品牌知名度的重要手段。企业需要通过广告、公关、营销等多种渠道，将品牌信息传递给目标消费者。在传播过程中，企业需要注重传播内容的创意性和针对性，以吸引消费者的关注并激发他们的购买欲望。品牌形象是品牌价值的重要体现。企业需要通过良好的企业形象、社会责任感和公益活动等方式，塑造积极的品牌形象。一个具有良好形象的品牌，更容易赢得消费者的好感和信任，从而提升其品牌价值。

（三）提升品牌价值的途径

创新是提升品牌价值的关键。企业需要紧跟市场趋势，不断进行产品和服务的创新。通过推出具有差异化竞争力的新产品或服务，企业可以满足消费者的多元化需求，提高品牌的竞争力。消费者关系管理是提升品牌忠诚度的重要途径。企业需要建立完善的客户关系管理系统，通过数据分析和精准营销等手段，深入了解消费者的需求和偏好，提供个性化的服务。同时，企业还需要积极回应消费者的反馈和建议，不断改进产品和服务，增强消费者的满意度和忠诚度。

品牌合作与联盟是提升品牌价值的有效方式。企业可以寻找与自身品牌定位相符的其他品牌进行合作，共同开展市场推广活动，实现资源共享和优势互补。通过合作与联盟，企业可以扩大品牌的影响力，提升品牌的知名度和美誉度。品牌文化是品牌价值的重要组成部分。企业需要构建独特的品牌文化，通过内部传播和员工培训等方式，让品牌文化深入人心。一个具有鲜明个性的品牌文化，能够激发员工的归属感和自豪感，提高品牌的凝聚力和向心力。

（四）品牌价值构建与提升的挑战与应对

在构建和提升品牌价值的过程中，企业面临着诸多挑战，如市场竞争激烈、消费者需求多变、品牌形象受损等。为应对这些挑战，企业需要保持敏锐的市场洞察力，及时调整品牌策略；加强消费者关系管理，提升消费者满意度；积极应对品牌危机，维护品牌形象；同时，注重品牌文化的传承与创新，确保品牌价值的持续提升。

品牌价值的构建与提升是企业发展的重要战略任务。企业需要明确品牌定位，注重产品品质，强化品牌传播，建立良好的品牌形象；同时，通过创新产品与服务、深化消费者关系管理、拓展品牌合作与联盟以及强化品牌文化建设等途径，不断提升品牌价值。面对市场挑战，企业需要保持敏锐的市场洞察力，积极应对品牌危机，确保品牌价值的稳健发展。通过不断努力，企业可以创建出具有强大竞争力的品牌，实现可持续发展。

二、品牌传播与推广策略

在当今激烈的市场竞争中，良好的品牌传播与推广策略对企业的成功至关重要。一个有效的品牌传播与推广策略不仅可以提升品牌知名度，增强消费者对品牌的认知，还能够塑造积极的品牌形象，促进销售增长。本部分将深入探讨品牌传播与推广策略的重要性、核心要素以及实施策略，进而为企业在品牌传播与推广方面提供有益的参考。

（一）品牌传播与推广的重要性

品牌传播与推广是企业塑造品牌形象、传递品牌价值、扩大市场份额的重要手段。通过有效的品牌传播与推广，企业可以让更多的消费者了解品牌，增强品牌认知度和记忆度，从而提升品牌的竞争力。此外，品牌传播与推广还能够增强消费者对品牌的信任感和忠诚度，为企业赢得更多忠实的消费者。

（二）品牌传播与推广的核心要素

在进行品牌传播与推广时，首先需要明确目标受众。通过对目标受众的需求、兴趣、行为等进行深入分析，企业可以制定更加精准的传播策略，确保信息能够准确传达给目标受众，提高传播效果。品牌定位是品牌传播与推广的基础。企业需要明确品牌的独特性和差异化优势，确定品牌的核心价值和传播信息。传播信息应该简洁明了、易于理解，能够突出品牌特色，吸引消费者的关注。

传播渠道的选择对品牌传播与推广的效果至关重要。企业需要根据目标受众的特点和传播信息的内容，选择合适的传播渠道，如广告、公关、社交媒体、内容营销等。同时，企业还需要考虑不同渠道的协同作用，形成多渠道、全方位的传播网络。

（三）品牌传播与推广的实施策略

在进行品牌传播与推广时，企业需要制定明确的传播目标，如提升品牌知名度、塑造品牌形象、促进销售增长等。这些目标应该具体、可衡量，以便企业在传播过程中进行效果评估和调整。创意内容和视觉呈现是品牌传播与推广的关键要素。企业需要设计吸引人的创意内容，通过有趣、生动的方式展现品牌特色和价值。同时，视觉呈现也需要符合品牌形象和风格，使消费者能够一眼认出品牌。

整合营销传播是一种将各种传播手段有机结合起来的策略。企业可以通过广告、公关、销售促进、直接营销等多种手段，实现品牌信息的全方位传播。这种策略有助于形成品牌传播合力，提高传播效果。社交媒体已经成为现代品牌传播的重要平台。企业可以利用社交媒体平台建立品牌形象、发布产品信息、与消费者互动等。通过精准定位目标受众、发布高质量内容、引导用户参与等方式，企业可以在社交媒体上积累粉丝、扩大影响力。

口碑营销是一种利用消费者口碑进行品牌传播的策略。企业可以通过提供优质的产品和服务、鼓励消费者分享使用体验、开展口碑奖励活动等方式，激发消费者的口碑传播意愿。口碑营销有助于提升品牌的信任度和美誉度，吸引更多潜在消费者。

（四）品牌传播与推广的注意事项

在进行品牌传播与推广时，企业需要保持品牌信息的一致性。无论是传播内容、视觉呈现还是传播渠道，都应该体现品牌的独特性和核心价值，避免给消费者带来混淆或误解。市场环境和消费者需求在不断变化，品牌传播与推广策略也需要根据实际情况进行灵活调整。企业需要密切关注市场动态和消费者反馈，及时优化传播策略，确保品牌传播与推广始终保持高效和精准。

在进行品牌传播与推广时，企业需要遵守相关法律法规，如广告法、消费者权益保护法等。企业应确保传播内容真实合法、不侵犯他人权益，避免出现因违规操作而引发的法律风险。

品牌传播与推广策略是企业塑造品牌形象、提升市场竞争力的重要手段。企业需要明确目标受众定位、制定明确的传播目标、选择合适的传播渠道、创意内容与视觉呈现以及整合营销传播等多种策略，实现品牌信息的有效传播。同时，企业还需要注意保持品牌信息的一致性、灵活调整传播策略以及遵守相关法律法规等注意事项，确保品牌传播与推广始终保持高效和精准。通过不断优化和完善品牌传播与推广策略，企业可以不断提升品牌价值和市场地位，实现可持续发展。

三、品牌危机管理与维护

品牌危机，是指由于企业外部环境的突变或品牌运营管理的失常，而对品牌整体形象造成不良影响，并在短时间内波及社会公众，使企业品牌价值大幅度贬值，甚至危及企业生存的窘迫状态。在竞争激烈的市场环境中，品牌危机已成为企业不得不面对的挑战。因此，品牌危机管理与维护显得尤为重要。本部分将从品牌危机的识别、预防、应对以及后续维护等方面展开探讨，旨在为企业提供一套有效的品牌危机管理与维护策略。

（一）品牌危机的识别

品牌危机的识别是危机管理的第一步。企业需要建立一套完善的危机预警机制，通过收集和分析市场、媒体、消费者等各方面的信息，及时发现可能引发品牌危机的因素。这些因素可能包括产品质量问题、服务失误、负面媒体报道、竞争对手恶意攻击等。同时，企业还需要对品牌危机进行风险评估，确定危机的严重程度和可能带来的负面影响，以便制定相应的应对措施。

（二）品牌危机的预防

预防是品牌危机管理的关键。企业应从以下几个方面着手，来降低品牌危机发生的风险：

产品质量和服务水平是品牌形象的基础。企业应不断优化产品设计、生产流程和服务体系，确保产品和服务的质量稳定可靠，满足消费者的期望和需求。企业应积极传播品牌理念和文化，树立良好的品牌形象。同时，企业还需关注品牌形象的维护，及时回应消费者的质疑和投诉，避免负面信息的扩散。

媒体是品牌信息传播的重要渠道。企业应与媒体建立良好的合作关系，及时沟通品牌信息，确保媒体对品牌的报道客观公正。在危机发生时，媒体关系网络将有助于企业及时获取危机信息，减少危机对品牌形象的损害。

（三）品牌危机的应对

当品牌危机发生时，企业就应迅速启动危机应对机制，采取以下措施：

企业应迅速成立由高层领导牵头的危机应对小组，负责统筹协调危机应对工作。小组应明确职责分工，确保各项工作有序进行。企业应尽快了解危机事件的真相，向公众和媒体发布准确、全面的信息，澄清误解，避免负面信息的进一步传播。同时，企业还需表达歉意和承担相应责任的态度，积极寻求解决方案，以赢得消费者的理解和信任。

企业应事先制定针对不同类型危机的应对预案，以便在危机发生时能够迅速启动预案，有效地控制危机的发展。预案应包括危机应对流程、信息传递机制、资源调配方案等内容。

（四）品牌危机的后续维护

品牌危机过后，企业还需要进行一系列的后续维护工作，以修复受损的品牌形象，恢复消费者信任。这些工作包括：

针对危机事件暴露出的问题，企业应深入分析原因，制定改进措施，提升产品质量和服务水平。通过持续改进，企业可以重建消费者信任，提升品牌形象。企业应主动与消费者沟通，了解他们的需求和期望，积极回应他们的关切和投诉。通过加强与消费者的互动，企业与消费者可以建立更加紧密的关系，提升品牌忠诚度。在危机事件中，媒体报道可能会对企业产生了一定的负面影响。因此，企业需要积极与媒体沟通，澄清误解，修复关系。同时，企业还可以通过与媒体合作开展公益活动等方式，提升品牌形象和美誉度。

品牌危机管理与维护是企业应对市场风险、维护品牌形象的重要手段。企业应建立完善的危机预警机制，加强品牌形象的塑造与维护，建立良好的媒体关系，以预防品牌危机的发生。在危机发生时，企业应迅速启动危机应对机制，采取有效措施控制危机的发展。危机过后，企业还需进行后续维护工作，修复受损的品牌形象，恢复消费者信任。只要通过不断努力，企业就可以成功应对品牌危机，实现品牌的可持续发展。

四、品牌形象的塑造与维护

品牌形象是企业核心竞争力的体现，是企业在市场竞争中的重要资产。一个成功的品牌形象能够提升消费者对品牌的认知度、信任度和忠诚度，从而为企业创造更多的商业价值。因此，品牌形象的塑造与维护显得尤为重要。本部分将从品牌定位、视觉识别、传播策略以及危机管理等方面，深入探讨品牌形象的塑造与维护之道。

（一）品牌定位：明确核心价值与特色

品牌定位是品牌形象塑造的起点。企业需要明确品牌的核心价值和特色，从而确定在市场中的定位。这要求企业对目标消费者进行深入分析，了解他们的需求、喜好和行为习惯，进而确定品牌能够满足消费者的哪些需求，以及品牌在市场上的竞争优势。在品牌定位过程中，企业需要关注品牌的差异化。通过寻找与竞争对手不同的独特卖点，企业可以塑造出具有鲜明个性的品牌形象，从而在消费者心中留下深刻印象。

（二）视觉识别：构建独特且易于识别的视觉元素

视觉识别是品牌形象塑造的重要组成部分。企业需要通过设计独特的标志、字体、色彩等视觉元素，构建出易于识别和记忆的品牌形象。这些视觉元素在品牌传播过程中发挥着重要作用，能够迅速吸引消费者的注意力，提升品牌的知名度和美誉度。在视觉识别设计中，企业需要注重创意和美感。通过富有创意的设计，企业可以塑造出具有个性和吸引力的品牌形象。同时，注重美感的设计也能够提升消费者对品牌的好感度，增强品牌的亲和力。

（三）传播策略：多维度传播品牌信息

传播策略是品牌形象塑造的关键环节。企业需要通过多种渠道和方式，将品牌信息传递给目标消费者。这包括广告、公关、社交媒体、内容营销等多种手段。

在传播策略制定过程中，企业需要注重传播内容的创意性和实用性。创意性的内容能够吸引消费者的关注，提升品牌的知名度和影响力；实用性的内容则能够满足消费者的需求，增强品牌的信任度和忠诚度。此外，企业还需要根据不同渠道的特点和受众特点，制订个性化的传播方案，以实现最佳的传播效果。

（四）品牌体验：提升消费者对品牌的感知与认同

品牌体验是消费者与品牌互动过程中形成的感受和认知。一个优秀的品牌体验能够加深消费者对品牌的认知和认同，从而提升品牌形象。企业需要从多个方面提升品牌体验，如优化产品设计、提升服务质量、营造舒适的购物环境等。

此外，企业还可以通过举办活动、开展会员计划等方式，增强与消费者的互动和联系。这些活动不仅能够让消费者更加深入地了解品牌，还能够增加消费者对品牌的归属感和忠诚度。

（五）危机管理：应对挑战，维护品牌形象

在市场竞争日益激烈的环境下，品牌面临着各种挑战和危机。这些危机可能来自产品质量问题、服务失误、负面舆论等方面。企业需要建立完善的危机管理机制，以应对可能出现的挑战，维护品牌形象。

在危机发生时，企业需要迅速反应，及时采取措施解决问题。同时，企业还需要坦诚面对问题，积极与消费者和媒体沟通，传递正面信息，减少负面影响。通过有效的危机管理，企业可以保护品牌形象，赢得消费者的信任和支持。

（六）持续创新：保持品牌形象的活力与竞争力

品牌形象并非一成不变，它需要随着市场环境和消费者需求的变化而不断调整和优化。因此，企业需要保持持续创新的意识，不断推陈出新，为品牌形象注入新的活力和竞争力。

在创新过程中，企业需要关注行业趋势和消费者需求的变化，及时调整品牌定位和传播策略。同时，企业还需要加强研发和创新投入，推出更具创意和实用性的产品与服务，满足消费者的多元化需求。

品牌形象的塑造与维护是一个长期而复杂的过程，需要企业付出持续的努力和投入。通过明确品牌定位、构建独特的视觉识别、制定有效的传

播策略、提升品牌体验、应对危机以及持续创新等方式，企业可以塑造出具有吸引力和竞争力的品牌形象，为企业的发展奠定坚实的基础。在未来的市场竞争中，拥有优秀品牌形象的企业将更具优势，能够赢得更多消费者的信任和支持，实现更加稳健和可持续的发展。

五、品牌资产的管理与增值

品牌资产作为企业的无形资产，是企业在市场竞争中的重要资本。有效管理和增值品牌资产，不仅能够提升企业的市场竞争力，还能够为企业创造持续的经济价值。本部分将围绕品牌资产的管理与增值展开讨论，从品牌资产的构成、管理策略以及增值途径等方面进行深入剖析。

（一）品牌资产的构成

品牌资产是一个综合性的概念，它包括品牌知名度、品牌美誉度、品牌忠诚度等多个方面。其中，品牌知名度是品牌资产的基础，它反映了消费者对品牌的认知和记忆程度；品牌美誉度体现了消费者对品牌的评价和口碑；品牌忠诚度则是品牌资产的核心，它代表了消费者对品牌的依赖和信任程度。这些要素共同构成了品牌资产的价值体系，为企业创造了独特的竞争优势。

（二）品牌资产的管理策略

品牌定位是品牌资产管理的基础。企业需要通过深入的市场调研和消费者分析，明确品牌在目标市场中的定位，并找到与竞争对手的差异化点。通过独特的品牌定位，企业可以塑造出独特的品牌形象，吸引目标消费者的关注。品牌传播是提升品牌知名度和美誉度的重要手段。企业需要制定有效的传播策略，通过广告、公关、社交媒体等多种渠道，将品牌信息传递给目标消费者。同时，企业还需要注重传播内容的创意性和实用性，以吸引消费者的关注和兴趣。

品牌体验是消费者与品牌互动过程中形成的感受和认知。企业需要注重提升消费者的品牌体验，通过优质的产品和服务，满足消费者的需求和期望。良好的品牌体验能够增强消费者对品牌的信任度和忠诚度，为品牌资产增值奠定基础。

品牌维护是保持品牌资产价值稳定的关键。企业需要建立品牌维护机制，定期对品牌形象进行评估和调整，确保品牌与市场需求保持同步。同时，企业还需要制定危机应对预案，及时应对可能出现的品牌危机，保护品牌形象不受损害。

（三）品牌资产的增值途径

品牌延伸是品牌资产增值的重要途径。企业可以通过推出新产品、进入新市场等方式，将品牌的影响力扩展到更广泛的领域。在品牌延伸过程中，企业需要注重保持品牌形象的统一性和连贯性，确保新产品或新市场能够与原有品牌形成良好的协同效应。品牌合作与联盟是快速提升品牌资产价值的有效手段。企业可以通过与其他知名品牌进行合作，共同开展市场推广活动、共享资源等方式，实现品牌价值的互利共赢。通过合作与联盟，企业可以借助对方的优势资源，提升品牌知名度和美誉度，进而实现品牌资产的增值。

品牌创新与升级是品牌资产持续增值的关键。企业需要不断关注市场趋势和消费者需求的变化，对品牌进行持续的创新和升级。这包括产品创新、服务创新、传播创新等多个方面。通过创新，企业可以保持品牌的活力和竞争力，为品牌资产增值注入新的动力。

品牌资产的管理与增值是一个复杂而持续的过程，需要企业付出长期的努力和投入。通过明确品牌资产的构成、制定有效的管理策略以及寻找合适的增值途径，企业可以逐步积累和提升品牌资产的价值，为企业的长远发展奠定坚实的基础。在未来的市场竞争中，拥有强大品牌资产的企业将更具优势，能够抵御各种风险和应对挑战，实现持续稳健的发展。

六、品牌国际化战略与实践

在全球化日益深入的今天，品牌国际化已经成为众多企业追求的重要战略目标。通过国际化战略，企业不仅能够扩大市场份额，提升品牌影响力，还能够获取更多的资源和机会，实现可持续发展。本部分将深入探讨品牌国际化的战略与实践，进而为企业的国际化进程提供有益的参考。

（一）品牌国际化的战略意义

品牌国际化是企业将品牌推向全球市场的过程，它具有重要的战略意义。首先，品牌国际化有助于企业扩大市场规模，提高市场份额。通过进入新的市场，企业可以接触到更多的潜在客户，从而增加销售额和利润。其次，品牌国际化有助于提升企业的品牌形象和知名度。在全球市场上建立起强大的品牌形象，可以增强消费者对品牌的信任和认可，提升品牌价值。最后，品牌国际化有助于企业获取更多的资源和机会。通过与国际合作伙伴建立关系，企业可以获得先进的技术、管理经验和市场信息，为企业的发展提供有力支持。

（二）品牌国际化的战略制定

在制定品牌国际化战略时，企业首先需要对目标市场进行深入分析，了解市场的规模、潜力、竞争态势以及消费者需求等信息。在此基础上，企业需要对自身品牌进行定位，明确品牌的核心价值、竞争优势以及目标受众。通过精准的市场定位，企业可以制定出更加符合市场需求的品牌国际化战略。不同国家和地区的消费者需求和文化背景存在差异，因此企业在国际化过程中需要对产品和服务进行适应性调整。这包括对产品功能、外观设计、包装等方面的改进，以及对服务流程、沟通方式等方面的优化。通过适应性调整，企业可以更好地满足目标市场的需求，提升品牌竞争力。

品牌传播与推广是品牌国际化的关键环节。企业需要制定有效的传播策略，通过广告、公关、社交媒体等多种渠道，将品牌信息传递给目标市场的消费者。同时，企业还需要注重与当地文化和价值观的融合，以更好地融入目标市场。

（三）品牌国际化的实践案例

华为作为中国领先的科技企业，其品牌国际化战略的成功实践值得借鉴。华为通过持续的技术创新和研发投入，提升了产品的品质和竞争力。同时，华为注重与当地市场的融合，针对不同国家和地区的需求进行产品与服务的适应性调整。在品牌传播方面，华为通过赞助国际体育赛事、开展公益活动等方式，提升了品牌知名度和美誉度。这些举措使得华为在全球市场上取得了显著的成就。

可口可乐作为全球知名的饮料品牌，其品牌国际化战略同样具有代表性。可口可乐通过统一的品牌形象和标志设计，确保了品牌在全球范围内的识别度和一致性。此外，可口可乐还针对不同国家和地区消费者的需求，推出了多样化的产品系列。在营销方面，可口可乐善于运用本土化策略，与当地文化相结合，开展各类营销活动。这些举措使得可口可乐在全球范围内赢得了广泛的认可和喜爱。

（四）品牌国际化的挑战与对策

尽管品牌国际化具有诸多优势，但企业在实践过程中也面临着诸多挑战。例如，文化差异、法律法规、汇率波动等因素都可能对企业的国际化进程产生影响。为了应对这些挑战，企业需要制订灵活的战略调整计划，及时应对市场变化。同时，企业还需要加强与国际合作伙伴的沟通与协作，共同应对各种风险和挑战。

品牌国际化是企业实现全球发展的重要战略途径。通过深入分析市场、精准定位品牌、适应性调整产品与服务以及有效传播与推广等措施，企业可以成功地将品牌推向全球市场。然而，品牌国际化并非一蹴而就的过程，企业需要不断总结经验教训，持续优化战略与实践，以实现品牌的长期稳定发展。在未来的全球化竞争中，拥有强大品牌影响力的企业将更加具有竞争优势和市场地位。

第五节　跨境电子商务的营销策略与工具

一、产品策略与定价策略

在当今竞争激烈的市场环境中，产品策略和定价策略是企业取得成功的两大关键要素。它们不仅可以影响企业的销售业绩，还可以直接关系到企业的长期发展。本部分将深入探讨产品策略和定价策略的内涵、重要性以及实施方法，旨在为企业制定科学、合理的营销策略提供指导。

（一）产品策略

产品策略是企业根据市场需求和竞争态势，通过研发、设计、生产等环节，制订出一系列符合消费者需求的产品组合和计划。一个成功的产品策略能够帮助企业塑造独特的品牌形象，提升市场竞争力，实现可持续发展。

产品组合策略是指企业根据市场需求和自身资源，对产品线进行规划和调整。企业应分析消费者的需求差异，将产品划分为不同的层次和类型，以满足不同消费者的需求。同时，企业还需要关注产品组合的协调性，确保各产品之间能够形成良好的互补关系，提升整体竞争力。在快速变化的市场环境中，产品创新是企业保持竞争力的关键。企业应加大研发投入力度，积极引进新技术、新工艺和新材料，推动产品的升级换代。此外，企业还应关注消费者的反馈和需求变化，及时调整产品设计和功能，以满足市场的不断变化。

产品生命周期管理策略是指企业在产品生命周期的不同阶段，制定相应的营销策略。在产品导入期，企业应加大宣传推广力度，提高产品知名度；在成长期，企业应注重提升产品质量和服务水平，巩固市场地位；在成熟期和衰退期，企业应通过产品创新、市场细分等方式，延长产品生命周期或寻找新的增长点。

（二）定价策略

定价策略是企业根据产品成本、市场需求、竞争态势等因素，制定合理的价格，以实现利润最大化。一个科学的定价策略能够提升企业的市场竞争力，促进销售增长。

成本导向定价策略是以产品成本为基础，并加上一定的利润加成来确定价格。这种策略简单易行，但可能忽视市场需求和竞争态势的变化。因此，企业在采用成本导向定价策略时，应充分考虑市场需求和竞争状况，避免制定的价格过高或过低。

竞争导向定价策略是根据竞争对手的价格水平来制定价格的。企业可以分析竞争对手的成本、产品特点和市场定位，制定相应的价格策略。这种策略虽有助于企业在竞争激烈的市场中保持价格优势，但也可能导致价格战和利润下降。因此，企业在采用竞争导向定价策略时，应谨慎评估风险，避免陷入恶性竞争。

市场导向定价策略是根据市场需求和消费者心理来制定价格的。企业应深入了解消费者的需求、购买力和心理预期，制定出符合市场规律的价格。这种策略虽能够更好地满足消费者需求，提升品牌形象，但也需要企业具备敏锐的市场洞察力和分析能力。

（三）产品策略与定价策略的协同作用

产品策略和定价策略是相互关联、相互影响的。一个成功的产品策略需要合理的定价策略来支撑，而定价策略的制定也需要考虑产品特点和市场需求。因此，企业在制定营销策略时，应将产品策略和定价策略紧密结合，形成协同作用。

具体而言，企业应根据产品组合策略和产品创新策略，制定出符合市场需求的产品线。在此基础上，企业应分析产品的成本、市场需求和竞争态势，制定出合理的价格水平。同时，企业还应关注产品生命周期的变化，适时调整产品策略和定价策略，以适应市场的变化。

（四）实施产品策略与定价策略的挑战与对策

在实施产品策略与定价策略的过程中，企业可能会面临市场需求变化、竞争态势加剧、成本波动等挑战。为了应对这些挑战，企业需要加强市场调研，密切关注市场动态和消费者需求变化；加强与竞争对手的比较分析，制定针对性的竞争策略；加强成本控制和质量管理，提高产品附加值和竞争力。此外，企业还应注重营销策略的灵活性和创新性。随着市场环境的变化和消费者需求的升级，企业需要不断调整和优化产品策略和定价策略，以适应市场的变化。同时，企业还应积极探索新的营销模式和手段，如线上营销、定制化营销等，以提升营销效果和市场份额。

产品策略和定价策略是企业营销策略的重要组成部分，它们对企业的发展具有深远的影响。一个成功的产品策略和定价策略能够帮助企业塑造独特的品牌形象，提升市场竞争力，实现可持续发展。因此，企业应高度重视产品策略和定价策略的制定与实施，不断优化和完善营销策略，以适应市场的变化和满足消费者的需求。

二、促销策略与广告推广

在竞争激烈的市场环境中，促销策略和广告推广成为企业吸引消费者、提升销售业绩的重要手段。通过精心策划和执行的促销策略，企业能够刺激消费者的购买欲望，增加销售额；广告推广则能够通过广泛的传播渠道，提升企业的知名度和品牌形象。本部分将深入探讨促销策略和广告推广的内涵、作用以及实施方法，进而为企业制定有效的营销策略提供指导。

（一）促销策略的内涵与作用

促销策略是企业为了刺激消费者购买欲望、促进销售增长而采取的一系列措施。这些措施包括价格优惠、赠品赠送、折扣促销、限时抢购等多种形式。通过促销策略，企业能够吸引消费者的注意力，激发他们的购买兴趣，从而增加销售额。

促销策略的作用主要体现在以下几个方面：

增加销售额：通过价格优惠、赠品赠送等方式，降低消费者的购买成本，刺激其购买欲望，从而增加销售额。

提升品牌知名度：促销活动能够吸引更多消费者的关注，提升品牌在市场中的曝光度，进而提升品牌知名度。

增强消费者忠诚度：通过定期的促销活动，企业能够与消费者建立更紧密的联系，增强消费者对品牌的忠诚度和信任感。

（二）促销策略的实施方法

价格促销：通过降价、折扣等方式，直接降低产品的售价，吸引消费者购买。这种方式简单易行，但可能导致利润下降，需要谨慎使用。

赠品促销：在购买特定产品时，赠送其他产品或礼品，增加产品的附加值，提升消费者的购买体验。

限时抢购：在特定时间段内，提供价格优惠或限量销售，营造紧张氛围，激发消费者的购买欲望。

组合销售：将多个产品组合在一起销售，以更优惠的价格吸引消费者购买。这种方式虽能够提升整体销售额，但需要注意产品组合的合理性。

（三）广告推广的内涵与作用

广告推广是企业通过各种传播媒介，向目标消费者传递产品信息、品牌形象和促销信息的过程。广告推广能够扩大企业的知名度和影响力，提升品牌形象，吸引潜在消费者，促进销售增长。

广告推广的作用主要体现在以下几个方面：

提升品牌知名度：通过广告推广，企业能够将品牌信息传递给更多的消费者，提升品牌在市场中的知名度和曝光度。

塑造品牌形象：广告推广能够传递企业的价值观、文化理念和产品特点，塑造独特的品牌形象，提升消费者对品牌的认同感和好感度。

传递促销信息：广告推广能够及时向消费者传递促销活动的信息，吸引他们参与活动，增加销售机会。

（四）广告推广的实施方法

电视广告：通过电视媒体播放广告片，覆盖广泛的受众群体，提升品牌知名度和形象。

网络广告：利用互联网平台进行广告投放，包括搜索引擎广告、社交媒体广告、视频广告等，精准触达目标消费者。

户外广告：在公共场所如商场、车站、街头等设置广告牌、横幅等，吸引过往行人的注意力。

印刷品广告：通过报纸、杂志、宣传册等印刷品进行广告投放，针对特定受众群体进行精准传播。

（五）促销策略与广告推广的协同作用

促销策略和广告推广在营销过程中具有协同作用。一方面，广告推广能够提升品牌的知名度和形象，为促销活动营造良好的市场氛围；另一方面，促销活动能够刺激消费者的购买欲望，增加销售机会，进一步巩固和提升品牌形象。因此，企业在制定营销策略时，应将促销策略和广告推广紧密结合，形成有效的营销组合。

在实施促销策略和广告推广时，企业还需要注意以下几点：

目标明确：明确营销活动的目标和受众群体，确保促销策略和广告推广能够精准触达目标消费者。

创意独特：在促销策略和广告推广中注重创意和独特性，以吸引消费者的注意力和兴趣。

数据分析：对营销活动的效果进行数据分析，评估促销策略和广告推广的效果，为后续的营销活动提供参考和改进方向。

促销策略和广告推广是企业营销活动中不可或缺的两个环节。通过精心策划和实施的促销策略，企业能够刺激消费者的购买欲望，增加销售额；广告推广则能够提升品牌的知名度和形象，为促销活动提供有力的支持。因此，企业应充分重视促销策略和广告推广的制定与实施，以实现营销目标并提升市场竞争力。

三、社交媒体营销与内容营销

在数字化时代的浪潮下，社交媒体营销和内容营销已经成为企业营销战略中不可或缺的重要组成部分。社交媒体以其广泛的用户基础和高度互动性可以为企业提供全新的营销渠道，而内容营销则通过有价值、有吸引力的内容来构建品牌形象，吸引并留住目标受众。本部分将深入探讨社交媒体营销与内容营销的内涵、作用以及实施策略，旨在为企业制定有效的营销策略提供有益的参考。

（一）社交媒体营销的内涵与作用

社交媒体营销是指利用社交媒体平台（如微博、微信、抖音等）进行品牌推广、产品宣传、客户关系管理等营销活动的过程。社交媒体平台具有用户基数大、传播速度快、互动性强等特点，使得企业能够更直接地与消费者进行沟通和交流，从而建立更紧密的品牌关系。

社交媒体营销的作用主要体现在以下几个方面：

提升品牌知名度：通过社交媒体平台的广泛传播，企业能够快速扩大品牌曝光度，提升品牌在市场中的知名度和影响力。

增强消费者互动：社交媒体平台提供了丰富的互动功能，企业可以通过发布有趣、有价值的内容吸引用户参与讨论、分享和转发，从而增强与消费者之间的互动和联系。

建立品牌形象：通过精心策划的社交媒体营销活动，企业能够展示其独特的企业文化、价值观和产品特点，从而塑造出积极的品牌形象。

监测市场动态：社交媒体平台上的用户讨论和反馈能够为企业提供宝贵的市场信息，帮助企业及时了解消费者需求和市场变化，为决策提供支持。

（二）内容营销的内涵与作用

内容营销是指通过创作和发布有价值、有吸引力的内容来吸引、留住和转化目标受众的一种营销方式。内容营销注重内容的质量和创新性，旨在通过提供有用的信息和解决问题的方案来建立品牌信任度和忠诚度。

内容营销的作用主要体现在以下几个方面：

吸引目标受众：有价值的内容能够吸引潜在客户的注意力，使他们对企业产生兴趣并主动寻求更多信息。

建立品牌信任：通过持续发布高质量的内容，企业能够展示其专业性和可靠性，从而建立起消费者对品牌的信任感。

提升客户粘性：有趣、有用的内容能够吸引用户持续关注和参与，提高客户对企业的忠诚度，为后续的转化和复购打下基础。

促进销售增长：通过内容营销，企业能够引导潜在客户了解产品、产生购买意愿并最终实现销售转化。

（三）社交媒体营销与内容营销的实施策略

确定目标受众：在实施社交媒体营销和内容营销之前，企业需要明确自己的目标受众是谁，了解他们的需求、兴趣和行为习惯，以便制定有针对性的营销策略。

制定内容计划：根据目标受众的特点和企业的营销目标，制订详细的内容计划。内容应涵盖多个方面，包括产品介绍、行业资讯、用户故事等，以保持多样性和吸引力。

选择合适的社交媒体平台：根据目标受众的活跃平台和企业的品牌定位，选择合适的社交媒体平台进行营销活动。不同的平台有不同的特点和用户群体，需要有针对性地制定营销策略。

优化内容质量：注重内容的质量和创新性，确保内容有价值、有吸引力。同时，注意内容的排版、图片和视频的选取等细节，提升用户的阅读体验。

定期更新与互动：保持内容的定期更新，及时回应用户的评论和反馈，增强与消费者之间的互动和联系。通过举办线上活动、发起话题讨论等方式，激发用户的参与热情。

数据分析与优化：利用社交媒体平台提供的数据分析工具，对营销活动的效果进行实时监测和分析。根据数据分析结果，调整营销策略和内容方向，优化营销效果。

（四）社交媒体营销与内容营销的协同作用

社交媒体营销和内容营销在营销战略中相互补充、相互促进。通过社交媒体平台发布有价值的内容，能够吸引更多用户关注和参与讨论，提升品牌知名度和影响力；优质的内容能够激发用户的分享欲望，进一步扩大内容的传播范围。同时，社交媒体平台上的用户反馈和互动数据能够为内容营销提供宝贵的参考信息，帮助企业更精准地把握目标受众的需求和偏好。

社交媒体营销和内容营销是现代营销战略中不可或缺的重要组成部分。通过精心策划和实施这些营销活动，企业能够提升品牌知名度、增强消费者互动、建立品牌形象并促进销售增长。因此，企业应充分认识到社交媒体营销和内容营销的重要性，积极投入资源和精力进行实践和创新，以在激烈的市场竞争中脱颖而出。

四、数据驱动的精准营销

在数字化时代，数据已经成为企业运营和营销决策的重要依据。数据驱动的精准营销，正是基于大数据分析和挖掘，以精准定位目标受众、优化营销策略和提升营销效果为核心的一种营销方式。本部分将深入探讨数据驱动的精准营销的内涵、作用以及实施策略，进而为企业制定有效的营销战略提供指导。

（一）数据驱动的精准营销的内涵与作用

数据驱动的精准营销是指通过收集、分析和利用大量数据，识别并理解消费者的需求、行为和偏好，进而制定个性化的营销策略，实现精准推送和有效转化的一种营销方式。其核心在于利用数据来指导营销决策，提升营销活动的针对性和效果。

数据驱动的精准营销的作用主要体现在以下几个方面：

精准定位目标受众：通过对消费者数据的深度分析，企业能够更准确地识别目标受众的特征和需求，从而制定更具针对性的营销策略。

优化营销策略：基于数据分析结果，企业能够发现哪些营销策略更为有效，哪些需要调整或优化，从而提升营销活动的整体效果。

提升营销效果：精准营销能够降低营销成本，提高营销效率，同时增强消费者对企业的认知和信任，促进销售增长。

（二）数据驱动的精准营销的实施策略

数据驱动的精准营销的首要任务是收集并整合各类数据。这包括消费者行为数据、购买数据、社交媒体数据、市场调研数据等。企业可以通过自建数据库、与第三方数据提供商合作或利用大数据平台等方式获取这些数据。同时，为了确保数据的准确性和有效性，企业还需要对数据进行清洗和校验。

在收集到足够的数据后，企业需要进行深入的数据分析和挖掘。这包括描述性分析、预测性分析和因果分析等。通过数据分析，企业可以发现消费者的购买习惯、偏好以及潜在需求，为制定精准的营销策略提供依据。此外，数据挖掘技术还可以帮助企业发现市场趋势和潜在商机，为企业的战略决策提供支持。

基于数据分析结果，企业需要对目标受众进行细分和定位。通过识别不同消费者群体的特征和需求，企业可以制定更具针对性的营销策略。例如，针对年轻消费者群体，企业可以采用更加时尚、潮流的营销策略；针对中老年消费者群体，则可能需要注重产品的实用性和性价比。

在目标受众细分与定位的基础上，企业需要制定个性化的营销策略。这包括产品推荐、价格策略、促销活动等。通过为消费者提供符合其需求和偏好的个性化营销内容，企业能够提升消费者的购买意愿和忠诚度。同时，企业需要对营销效果进行评估和优化。通过对营销活动的效果进行实时监测和分析，企业可以了解哪些策略有效，哪些需要改进。另外，企业还可以根据消费者的反馈和行为数据，不断调整和优化营销策略，以实现更好的营销效果。

（三）数据驱动的精准营销的挑战与应对策略

尽管数据驱动的精准营销具有诸多优势，但在实施过程中也面临着一些挑战。首先，数据安全问题不容忽视。企业在收集和使用消费者数据时，必须遵守相关法律法规，确保数据的安全性和隐私性。其次，数据质量对营销效果具有重要影响。企业需要确保收集到的数据准确、完整且具有代表性，以避免因数据质量问题导致的营销策略失误。此外，随着技术的不断发展，企业需要不断更新和升级数据分析工具和方法，以应对日益复杂的市场环境和消费者需求。

为应对这些挑战，企业可以采取以下策略：一是加强数据安全管理，建立健全的数据保护制度，确保消费者数据的安全和隐私；二是提升数据质量，加强数据清洗和校验工作，确保数据的准确性和有效性；三是加强技术研发和创新，不断引进和应用新的数据分析工具和方法，提升精准营销的效果和效率；四是加强人才培养和团队建设，培养一支具备数据分析和营销技能的专业团队，为企业的精准营销提供有力支持。

数据驱动的精准营销是现代营销的重要趋势之一。通过收集、分析和利用大数据，企业能够更精准地定位目标受众、制定个性化的营销策略并优化营销效果。然而，在实施过程中，企业也需要注意数据安全和质量问题，并不断更新和升级技术工具和方法以应对市场变化。只有充分利用数据的力量并克服相关挑战，企业才能在激烈的市场竞争中脱颖而出并实现可持续发展。

五、跨界合作与资源整合

在全球化与信息化高速发展的今天，跨界合作与资源整合已成为企业乃至整个经济社会发展的重要策略。跨界合作打破了传统行业的界限，为企业带来了更广阔的发展空间；资源整合则通过对内外部资源的优化配置，提升了企业的竞争力和创新力。本部分将深入探讨跨界合作与资源整合的内涵、作用以及实施策略，进而为企业实现可持续发展提供有益的参考。

（一）跨界合作的内涵与作用

跨界合作是指不同行业、不同领域之间的企业或组织，通过共享资源、互通有无、共同研发等方式，实现互利共赢的一种合作模式。这种合作模式打破了传统行业的壁垒，使得企业能够跨越界限，寻找新的增长点和发展空间。

跨界合作的作用主要体现在以下几个方面：

拓展市场与资源：跨界合作能够帮助企业拓展新的市场领域，获取更多的客户资源。同时，通过合作，企业还能够共享彼此的资源，包括技术、人才、资金等，从而增强自身的实力。

提升品牌与形象：跨界合作有助于提升企业的品牌知名度和美誉度。通过与知名品牌或机构的合作，企业能够借助其影响力，提升自身品牌形象，增强消费者的信任感。

创新业务模式：跨界合作能够激发企业的创新思维，推动业务模式的创新。通过引入不同行业的思维方式和资源，企业能够打破传统模式的束缚，创造出更具竞争力的业务模式。

（二）资源整合的内涵与作用

资源整合是指企业通过对内外部资源的优化配置和有效利用，实现资源价值的最大化。这包括人力资源、物质资源、技术资源、信息资源等多个方面。

资源整合的作用主要体现在以下几个方面：

提高资源利用效率：通过资源整合，企业能够将有限的资源投入到更具价值的领域，提高资源的利用效率。这有助于降低企业的运营成本，提升盈利能力。

增强企业竞争力：资源整合有助于企业形成独特的竞争优势。通过对内外部资源的有效整合，企业能够打造出更具竞争力的产品或服务，从而在市场中脱颖而出。

促进企业创新：资源整合为企业创新提供了有力支持。通过整合不同领域的资源，企业能够获取更多的创新灵感和解决方案，推动企业的创新发展。

（三）跨界合作与资源整合的实施策略

明确合作目标与资源需求：企业在实施跨界合作与资源整合时，首先需要明确自身的合作目标和资源需求。这有助于企业有针对性地寻找合适的合作伙伴和资源整合方式，确保合作与整合的顺利进行。

寻找合适的合作伙伴：企业在选择合作伙伴时，应充分考虑对方的行业地位、资源实力、技术水平等因素。通过深入了解和评估，选择那些能够带来互补优势和共同价值的合作伙伴，为合作与整合的成功奠定基础。

制定详细的合作与整合计划：企业在实施跨界合作与资源整合时，应制定详细的合作与整合计划。这包括合作的具体内容、时间节点、责任分工、风险防控等方面。通过制定详细的计划，企业能够确保合作与整合的顺利进行，降低潜在风险。

加强沟通与协调：跨界合作与资源整合涉及多个企业或组织，因此加强沟通与协调至关重要。企业应建立有效的沟通机制，确保各方能够及时了解合作与整合的进展情况，共同解决问题，推动合作与整合的顺利进行。

持续优化与调整：跨界合作与资源整合是一个持续的过程，企业需要不断优化和调整合作与整合策略。通过定期评估合作与整合的效果，企业能够发现存在的问题和不足，及时进行调整和改进，确保合作与整合的持续性和有效性。

（四）跨界合作与资源整合的挑战与应对

尽管跨界合作与资源整合为企业带来了诸多机遇和优势，但在实施过程中也面临着一些挑战。例如，不同行业之间的文化差异、管理差异等可能导致合作过程中的摩擦和冲突；同时，资源整合也可能涉及知识产权、利益分配等敏感问题。

为应对这些挑战，企业可以采取以下策略：一是加强文化融合与团队建设，提升团队的凝聚力和执行力；二是建立完善的合作机制与规范，明确各方的责任与义务，确保合作的顺利进行；三是加强知识产权保护和利益分配机制的建设，确保各方的合法权益得到保障。

跨界合作与资源整合是企业在全球化与信息化背景下实现可持续发展的重要策略。通过明确合作目标与资源需求、寻找合适的合作伙伴、制订详细的合作与整合计划以及加强沟通与协调等措施，企业能够成功实施跨界合作与资源整合，拓展市场与资源、提升品牌与形象、创新业务模式并提高企业竞争力。同时，企业也需要应对并关注实施过程中可能出现的挑战和问题，确保合作与整合的顺利进行。

六、营销效果评估与优化

在竞争激烈的市场环境中，营销活动的成功与否直接关系到企业的生存和发展。因此，对营销效果进行科学的评估与优化显得尤为重要。本部分将从营销效果评估的目的、方法、指标以及优化策略等方面进行深入探讨，进而为企业提升营销效果提供有益的参考。

（一）营销效果评估的目的与意义

营销效果评估是指通过对营销活动实施后的结果进行量化分析和评价，以衡量营销活动是否达到预期目标，并发现存在的问题和不足之处。其目的在于为企业决策者提供客观、准确的数据支持，以便对营销活动进行有针对性的调整和优化。

营销效果评估的意义主要体现在以下几个方面：

衡量投资回报率：通过对营销活动的投入与产出进行对比分析，评估营销活动的投资回报率，从而判断营销活动的经济效益。

发现问题并改进：评估结果能够揭示营销活动中存在的问题和不足，为企业改进营销策略、提升营销效果提供指导。

优化资源配置：根据评估结果，企业可以更加合理地配置营销资源，提高资源利用效率。

（二）营销效果评估的方法与指标

营销效果评估的方法多种多样，常用的包括问卷调查、数据分析、客户反馈等。这些方法各有优劣，企业应根据实际情况选择合适的评估方法。

在评估指标方面，可以从以下几个方面进行考量：

销售业绩：包括销售额、销售量、市场占有率等，是衡量营销活动效果最直接、最客观的指标。

品牌知名度与美誉度：通过调查消费者对品牌的认知度和评价，评估营销活动对品牌形象的提升效果。

客户满意度与忠诚度：通过客户满意度调查和客户回头率等指标，评估营销活动对客户关系的影响。

渠道效果：评估不同营销渠道的效果，包括线上渠道和线下渠道，以便优化渠道布局和投入。

成本效益分析：对营销活动的成本投入与收益进行对比分析，评估营销活动的经济效益。

（三）营销效果优化策略

根据营销效果评估的结果，企业可以制定相应的优化策略，以提升营销效果。以下是一些常见的优化策略：

调整营销策略：根据评估结果，对营销策略进行调整，包括目标市场定位、产品定价、促销方式等，以更好地满足消费者需求。

优化营销渠道：根据渠道效果评估结果，优化渠道布局和加强投入，提高渠道效率。例如，加强线上渠道的建设，提升线上营销的效果。

提升品牌形象：通过加强品牌宣传和推广，提升品牌知名度和美誉度，增强消费者对品牌的认知和信任。

改进客户服务：通过提升客户服务质量，增强客户满意度和忠诚度，提高客户回头率。

创新营销手段：探索新的营销手段和方法，如社交媒体营销、内容营销、数据营销等，以拓展营销渠道和提升营销效果。

（四）营销效果评估与优化的挑战与应对

在营销效果评估与优化过程中，企业可能会面临一些挑战，如数据收集不全、评估指标设置不合理、优化策略执行不力等。为应对这些挑战，企业可以采取以下措施：

完善数据收集与分析体系：建立完善的数据收集与分析体系，确保评估数据的准确性和完整性。同时，加强数据分析能力的提升，以便更准确地评估营销效果。

合理设置评估指标：根据企业实际情况和营销目标，合理设置评估指标，确保评估结果的客观性和有效性。

强化优化策略的执行与监控：制订详细的优化策略执行计划，明确责任人和执行时间，确保优化策略得到有效执行。同时，建立监控机制，对优化策略的执行情况进行跟踪和评估，及时调整和优化策略。

加强团队协作与沟通：建立高效的团队协作机制，加强部门之间的沟通与协作，确保营销效果评估与优化工作的顺利进行。

营销效果评估与优化是企业提升营销效果、实现可持续发展的关键环节。通过对营销效果进行科学评估，企业可以发现存在的问题和不足，制定相应的优化策略，从而提升营销效果和市场竞争力。在评估与优化过程中，企业需要关注数据收集与分析、评估指标设置、优化策略执行等方面的问题，并采取有效措施加以应对。同时，企业还应积极探索新的营销手段和方法，以适应不断变化的市场环境和消费者需求。

第九章　跨境电子商务背景下的
国际贸易融资

第一节　国际贸易融资的基本概念

一、国际贸易融资的定义与类型

（一）国际贸易融资的定义

国际贸易融资，是银行围绕国际商品交易，为进出口商提供的各种金融服务的总称。它是国际贸易中与国际结算密切相关的一种综合性金融服务。国际贸易融资具有双重性，它既是国际贸易活动得以顺利进行的必要条件，又是银行信用介入国际贸易领域的必然结果。国际贸易融资作为银行的一项业务，既为国际结算服务的，同时又为国际贸易服务，具有促进和推动国际贸易发展的作用。国际贸易融资的基本方式主要有授信开证、进口押汇、提货担保、出口押汇、打包放款、外汇票据贴现、国际保理融资和福费廷等业务。

国际贸易融资的发展是一个不断创新的过程，它必将与国际贸易、新型国际结算与支付方式的发展齐头并进，不断采用新的融资形式，融资技术日益创新，使国际贸易融资向更灵活、更便捷、更规范的方向发展。未来，国际贸易融资将向着筹资渠道更广、资金成本更低、资金调拨更灵活、资金使用效益更高的方向发展，为国际贸易提供更大的发展空间。

（二）国际贸易融资的主要类型

国际贸易融资的方式多种多样，从不同的角度出发有不同的分类：

按照资金来源划分，可分为一般性贸易融资和政策性贸易融资。一般性贸易融资直接来源于商业银行或其他金融机构；政策性贸易融资一般源自政府的财政资金或政府主导下的金融机构资金。

按照融资的货币划分，可分为本币、外币和混合融资。例如，企业既使用外汇资金又使用人民币资金进行的融资就属混合融资。

按照融资期限划分，可分为短期贸易融资、中期贸易融资和长期贸易融资。短期贸易融资，是指贷款期限不超过一年（含一年）的贸易融资，主要用于企业正常生产经营周转的资金需求；中期贸易融资，是指贷款期限在一年以上（不含一年）五年以下（含五年）的贸易融资，主要用于企业正常生产经营中经常占用、长期或大量使用的资金需求；长期贸易融资是指贷款期限在五年以上（不含五年）的贸易融资，这种贸易融资形式一般较少使用。

按银行在融资过程中的作用划分，可分为传统贸易融资和新型贸易融资。传统的贸易融资方式主要有信用证、托收、汇款等结算方式，以及银行承兑汇票、押汇、打包放款、保理、福费廷等业务。新型贸易融资是相对传统的贸易融资方式而言的，它是指在贸易结算的相关环节上提供的创新型的融资方式，主要有国际保理融资、结构性贸易融资等。

按有无抵押品划分，可分为有抵押品的贸易融资和无抵押品的贸易融资。有抵押品的贸易融资，是指要求企业提供一定抵押物才能获得的贸易融资；无抵押品的贸易融资，是指不需要企业提供抵押物，而仅凭企业信用或银行给予的授信额度便可获得的贸易融资。

下面详细介绍几种主要的国际贸易融资方式：

信用证融资是国际贸易中使用最为广泛的融资方式。信用证融资是商业银行应进口商的要求，向出口方开出信用证，保证进口商凭与信用证条款相符的单据向指定银行付款后，取得代表货物的单据，从而完成货物的出口和资金的划拨。信用证融资方式主要包括打包贷款、出口押汇、票据贴现、信托收据和进口押汇等。

福费廷融资，也称包买票据融资，是指银行（或包买商）无追索权地买入因商品或服务贸易所产生的未到期债权（通常是远期信用证项下已承兑的汇票或本票）的行为。出口商将经进口商银行承兑的期限在半年以上的远期汇票，无追索权地转让给出口地银行或第三国银行，提前取得现款的一种融资方式。它是一种改善进出口商现金流的有效融资手段。福费廷融资业务的优点在于终局性融资便利及改善现金流量。具体体现在：

（1）终局性融资便利：福费廷是一种无追索权的贸易融资方式。出口商一旦取得融资款项，就不必再对债务人偿债与否负责，同时不占用银行授信额度。

（2）改善现金流量：将远期收款变为当期现金流入，有利于出口商改善财务状况和清偿能力，从而避免资金占压，进一步提高筹资能力。

保理融资，是指卖方申请由保理银行购买其与买方因商品赊销产生的应收账款，卖方对买方到期付款承担连带保证责任，在保理银行要求下还应承担回购该应收账款的责任。简单地说就是指销售商通过将其合法拥有的应收账款转让给银行，从而获得融资的行为，分为有追索与无追索两种。前者是指当应收账款收不回来时，银行在追索应收账款无果的情况下，对融资方有追索权；后者则相反。国际贸易保理融资业务的优点在于融资门槛较低，基于应收账款即可融资，手续简便，可以有效降低企业应收账款管理成本，加快资金周转，扩大销售规模。

国际保理融资，是保理业务的一种形式，主要在国际贸易中使用。它涉及出口商将其对进口商的应收账款权益转让给保理商（通常是银行或专门的保理公司），从而获得融资。在这种融资方式中，保理商负责应收账款的管理、催收以及信用风险控制，为出口商提供综合性的金融服务。

国际保理融资的主要优点包括：

（1）降低风险：通过转让应收账款给保理商，出口商可以转移与进口商交易中的信用风险，降低坏账风险。

（2）改善现金流：出口商可以立即获得与应收账款相对应的融资，从而改善现金流状况，加速资金周转。

（3）专业服务：保理商提供专业的应收账款管理和催收服务，出口商可以专注于其核心业务，减少管理成本。

　　结构性贸易融资是一种较为复杂的贸易融资方式，它根据具体的贸易背景和融资需求，结合多种金融产品和工具，为进出口商提供定制化的融资解决方案。结构性贸易融资可以涉及多种资产和权益的转让、抵押或质押，以满足不同层次的融资需求。

　　结构性贸易融资的优点在于其灵活性和创新性。它可以根据不同的贸易背景和融资需求，设计出符合各方利益的融资方案，从而实现风险的分散和融资成本的优化。然而，由于其复杂性和定制化特点，结构性贸易融资通常需要较高的专业水平和经验。

　　总的来说，国际贸易融资的方式多种多样，每种方式都有其特点和适用场景。企业在选择国际贸易融资方式时，应综合考虑自身的融资需求、风险承受能力、贸易背景以及市场环境等因素，选择最适合自己的融资方式。同时，企业还应加强与金融机构的合作与沟通，充分利用金融机构的专业知识和资源，为企业的国际贸易活动提供有力的金融支持。

二、国际贸易融资的作用与意义

　　国际贸易融资作为连接国际贸易与国际金融的重要桥梁，在现代国际经济活动中发挥着不可或缺的作用。它不仅为进出口商提供了必要的资金支持，促进了贸易活动的顺利进行，同时也为金融机构带来了丰厚的收益，推动了国际金融市场的发展。本部分将详细探讨国际贸易融资的作用与意义。

（一）国际贸易融资的作用

　　国际贸易融资为进出口商提供了必要的资金支持，使得企业能够克服资金短缺的困难，顺利完成贸易活动。通过融资，企业可以扩大生产规模，增加出口量，提高市场竞争力，进而推动国际贸易的发展。同时，国际贸易融资还可以帮助企业规避汇率风险、信用风险等，保障贸易活动的安全稳定进行。国际贸易融资有助于实现全球范围内的资源优化配置。通过融资，企业可以更加灵活地调配资金、物资等生产要素，实现资源的有效利用。这不仅可以提高企业的经济效益，还可以促进全球经济的协调发展。

　　国际贸易融资过程中，金融机构会对企业的信用状况进行评估。通过融资活动，企业可以展示自己的经济实力和履约能力，提升企业的信用水平。这有助于企业在国际市场上树立良好的形象，为企业未来的贸易活动奠定坚实的基础。

国际贸易融资的不断发展推动了金融创新的步伐。为了满足不同企业的融资需求，金融机构不断创新融资产品、优化融资流程，提高了融资效率。同时，国际贸易融资也促进了金融市场的国际化发展，使得金融机构能够更好地服务于全球贸易活动。

（二）国际贸易融资的意义

国际贸易融资为企业提供了多元化的融资渠道，使得企业可以根据自身需求和实际情况选择合适的融资方式。这不仅可以降低企业的融资成本，还可以提高企业的融资效率，为企业的可持续发展提供有力支持。通过国际贸易融资，企业可以获得更多的资金支持，用于扩大生产规模、提高产品质量、开拓新市场等。这将有助于提升企业的市场竞争力，使企业在激烈的国际竞争中脱颖而出。

国际贸易融资为金融机构提供了广阔的业务发展空间。通过参与国际贸易融资活动，金融机构可以拓展国际业务，提高国际化水平。同时，国际贸易融资也有助于金融机构提升风险管理能力、优化金融服务质量，增强其在国际金融市场上的竞争力。国际贸易融资作为连接各国经济的纽带，有助于增进国际经济合作与交流。通过融资活动，各国企业可以加强相互了解与信任，推动贸易与投资活动的顺利开展。这有助于促进全球经济的繁荣与发展，实现共赢局面。

国际贸易融资对维护国家经济安全具有重要意义。通过合理引导和规范国际贸易融资活动，国家可以实现对外贸易的平衡发展，防范和化解国际经济风险。同时，国际贸易融资还有助于提升国家在国际经济体系中的地位和影响力，为国家经济发展提供有力保障。

国际贸易融资在促进国际贸易发展、优化资源配置、提升企业信用水平、推动金融创新等方面发挥着重要作用。同时，它还具有拓宽融资渠道、增强企业竞争力、促进金融机构国际化发展、增进国际经济合作与交流以及维护国家经济安全等重要意义。因此，企业应该充分认识和重视国际贸易融资的作用与意义，积极推动其健康发展，为全球经济的繁荣与发展做出更大的贡献。

然而，国际贸易融资也面临着一些挑战和风险，如信用风险、汇率风险、市场风险等。因此，在推动国际贸易融资发展的同时，企业还需要加强风险管理和监管，确保融资活动的安全稳定进行。此外，随着全球经济格局的不断变化和国际贸易环境的日益复杂，企业还需要不断创新融资方式和手段，以适应新的市场需求和发展趋势。

总之，国际贸易融资在推动全球经济发展、促进国际贸易活动、优化资源配置等方面具有不可替代的作用和意义。企业应该充分发挥其优势，克服其挑战，推动国际贸易融资的健康发展，为全球经济的繁荣与稳定做出积极贡献。

三、国际贸易融资的主要参与者

国际贸易融资是一个涉及多方参与者的复杂过程，这些参与者各自扮演着不同的角色，共同推动着贸易融资活动的顺利进行。本部分将详细探讨国际贸易融资的主要参与者及其所承担的角色和功能。

（一）进出口商

进出口商是国际贸易融资活动的核心参与者，是贸易合同的签订者，负责货物的买卖和交付。在融资过程中，进出口商通常作为融资申请方，向金融机构提出融资需求，以获取资金支持来完成贸易活动。

进出口商在贸易融资中的角色包括但不限于：

提交融资申请：根据贸易合同和资金需求，向金融机构提交融资申请，并提供相关贸易单据和证明文件。

履行贸易合同：按照合同约定的条件和期限，履行货物的买卖、交付和收款等义务。

承担风险：承担与贸易活动相关的信用风险、汇率风险和市场风险等。

（二）金融机构

金融机构是国际贸易融资的主要提供者，包括商业银行、政策性银行、国际金融机构等。它们通过提供贷款、保理、福费廷等融资服务，满足进出口商的融资需求，促进贸易活动的顺利进行。

金融机构在贸易融资中的角色包括：

评估融资申请：对进出口商的融资申请进行评估，包括信用评估、贸易背景真实性审查等，以确定是否提供融资支持。

提供融资服务：根据评估结果和市场需求，为进出口商提供贷款、保理、福费廷等融资服务，满足其不同层次的融资需求。

风险管理：通过制定风险管理策略、建立风险预警机制等方式，对贸易融资过程中的风险进行有效管理和控制。

（三）国际金融机构

国际金融机构，如国际货币基金组织、世界银行等，在国际贸易融资中发挥着重要作用。它们通过提供贷款、担保和技术援助等方式，支持发展中国家的贸易发展，促进全球经济的稳定增长。

国际金融机构在贸易融资中的角色包括：

提供贷款支持：为发展中国家提供低息或无息的贷款，用于支持其贸易活动和基础设施建设。

提供担保服务：通过提供担保或信用增强措施，降低发展中国家在国际贸易中的融资成本和风险。

提供技术援助和政策建议：通过分享经验、提供培训和政策建议等方式，帮助发展中国家提升贸易融资能力和水平。

（四）信用保险公司

信用保险公司是国际贸易融资中不可或缺的参与者。它们为进出口商提供信用保险服务，保障其在贸易活动中因对方违约而遭受的损失。

信用保险公司在贸易融资中的角色包括：

提供信用保险：为进出口商提供信用保险服务，覆盖其因对方违约而可能遭受的损失。

评估信用风险：通过对贸易伙伴的信用状况进行评估和分析，为进出口商提供风险预警和决策支持。

协助追偿：在发生违约事件时，协助进出口商进行追偿工作，维护其合法权益。

（五）其他参与者

除了上述主要参与者，国际贸易融资还涉及一些其他参与者，如贸易中介、律师、会计师等。这些参与者为贸易融资活动提供咨询、法律、会计等专业服务，确保融资活动的合规性和顺利进行。

这些参与者在贸易融资中扮演着重要角色，共同构成一个完整的贸易融资生态系统，并使得国际贸易融资活动更加高效、安全和可靠，为全球贸易的繁荣发展提供了有力支持。

国际贸易融资的主要参与者包括进出口商、金融机构、国际金融机构、信用保险公司以及其他专业服务提供者。这些参与者各自承担着不同的角色和功能，共同推动着贸易融资活动的顺利进行。通过深入了解这些参与者的角色和功能，我们可以更好地理解国际贸易融资的运作机制，为企业在全球贸易中成功融资提供有益的参考和指导。

同时，随着全球经济的不断发展和贸易格局的不断变化，国际贸易融资的参与者也在不断创新和拓展其业务范围和服务模式。例如，一些新兴的金融机构和科技公司正通过运用大数据、人工智能等先进技术，为贸易融资提供更加便捷、高效的服务。这些创新不仅有助于提升贸易融资的效率和质量，也为全球贸易的发展注入了新的活力。

因此，对国际贸易融资的参与者来说，需要不断适应市场变化和技术创新，提升自身的专业能力和服务水平，以更好地满足全球贸易的融资需求。同时，各国政府和国际组织应加强合作，共同推动国际贸易融资的发展和创新，为全球经济的繁荣稳定做出积极贡献。

四、国际贸易融资的市场现状与发展趋势

国际贸易融资作为连接全球贸易活动与金融市场的重要桥梁，近年来在全球经济一体化的推动下，其市场规模不断扩大，融资方式也日益多样化。本部分将深入剖析国际贸易融资的市场现状，并探讨其未来的发展趋势。

（一）国际贸易融资的市场现状

随着全球贸易的不断发展，国际贸易融资的市场规模也在不断扩大。

各国企业为了扩大出口、优化资源配置，对贸易融资的需求日益增长。同时，金融机构也积极创新融资产品，满足企业的多样化融资需求，推动了国际贸易融资市场的繁荣发展。

国际贸易融资方式多种多样，包括福费廷、保理、信用证等传统方式，以及结构性贸易融资、供应链金融等新兴方式。这些融资方式各具特色，能够满足不同企业的融资需求。同时，随着金融科技的发展，国际贸易融资方式也在不断创新，如区块链技术在贸易融资中的应用，提高了融资的效率和透明度。

随着国际贸易融资市场的不断扩大，越来越多的金融机构进入这一领域，市场竞争日益激烈。金融机构为了争夺市场份额，纷纷加大投入力度，提升服务质量，降低融资成本。这种竞争态势有助于推动国际贸易融资市场的健康发展，但同时也给企业带来了更多的选择和挑战。

（二）国际贸易融资的发展趋势

随着金融科技的不断进步，国际贸易融资将越来越依赖数字化和智能化的技术手段。区块链、人工智能、大数据等先进技术将广泛应用于贸易融资领域，提高融资效率、降低风险，并为企业提供更加便捷、个性化的融资服务。供应链金融作为国际贸易融资的重要组成部分，将在未来得到进一步发展。金融机构将通过与供应链上的各个环节进行深度合作，为企业提供全方位的金融服务，实现资金的优化配置和风险的有效控制。

随着全球环保意识的提高，绿色贸易融资将成为国际贸易融资的重要发展方向。金融机构将更加注重对环保项目的支持，推动绿色产业的发展，实现经济效益和社会效益的双赢。随着跨境电商的快速发展，跨境电商贸易融资的需求也日益增长。金融机构将积极创新跨境电商贸易融资产品，为电商企业提供更加灵活、便捷的融资服务，推动跨境电商的健康发展。

国际贸易融资涉及多个国家和地区的法律、法规和监管要求，因此国际合作与监管的加强将是未来发展的重要趋势。各国政府和金融机构将加强沟通与合作，共同制定和完善国际贸易融资的规则与标准，提高市场的透明度和规范性。

国际贸易融资市场在当前全球经济一体化的背景下呈现出蓬勃发展的态势。市场规模的扩大、融资方式的多样化以及市场竞争的加剧共同构成了当前的市场现状。随着金融科技的发展、供应链金融的兴起、绿色贸易融资的普及以及跨境电商贸易融资的崛起等趋势的推动，国际贸易融资市场将迎来更加广阔的发展空间和机遇。

然而，我们也需要认识到国际贸易融资市场面临的挑战和风险，如跨境融资的法律风险、汇率风险、信用风险等。因此，在未来的发展中，我们需要在不断创新和完善融资方式的同时，加强风险管理和监管力度，确保国际贸易融资市场的稳健运行和可持续发展。同时，各国政府和国际组织也应加强合作，推动国际贸易融资的国际化和标准化进程。通过加强政策协调、信息共享和监管合作等方式，共同打造一个公平、透明、高效的国际贸易融资环境，为全球贸易的繁荣发展注入新的动力。

综上所述，国际贸易融资市场在未来将继续保持快速发展的态势，并呈现出数字化、智能化、绿色化等多元化的发展趋势。我们应抓住机遇，积极应对挑战，推动国际贸易融资市场的健康发展，为全球经济的繁荣稳定做出积极贡献。

五、国际贸易融资的风险与机遇

国际贸易融资作为连接全球贸易与金融市场的桥梁，在推动世界经济发展中发挥着举足轻重的作用。然而，伴随着全球化进程的加速和贸易环境的不断变化，国际贸易融资既面临着诸多风险，也蕴含着丰富的机遇。本部分将深入探讨国际贸易融资的风险与机遇，进而为相关企业和金融机构提供有益的参考。

（一）国际贸易融资的风险

信用风险是国际贸易融资中最常见也最重要的风险之一。由于国际贸易涉及多个国家和地区的不同法律体系、文化背景和商业习惯，信用风险的评估和管理难度较大。进出口商可能因各种原因无法按时履行贸易合同和偿还融资款项，导致金融机构和投资者面临损失。国际贸易融资通常涉及不同货币之间的兑换，因此汇率风险也是不可忽视的。汇率的波动可能导致融资成本的增加或融资收益的减少，甚至可能引发融资方的违约风险。

国家风险主要源自贸易伙伴所在国家的政治、经济和社会稳定性。政治动荡、经济衰退、法律环境变化等因素都可能对国际贸易融资产生不利影响，导致融资方无法按时收回款项或面临资产损失。操作风险主要源自国际贸易融资过程中的内部管理和操作失误。例如，融资文件的错误、贸易单据的伪造、信息传递的延误等都可能导致融资方遭受损失。

（二）国际贸易融资的机遇

随着全球化的深入推进，国际贸易规模不断扩大，为国际贸易融资提供了广阔的市场空间。各国企业为了扩大出口、优化资源配置，对贸易融资的需求日益增长，为金融机构和投资者提供了丰富的业务机会。随着全球贸易结构的不断优化和创新，国际贸易融资的方式和工具也在不断创新和完善。例如，供应链金融、跨境电商融资等新兴融资方式的出现，为国际贸易融资提供了更多的选择和可能性。这些新兴融资方式不仅降低了融资成本，提高了融资效率，还为企业提供了更加灵活和个性化的融资服务。

金融科技的发展为国际贸易融资提供了强大的技术支持和创新动力。区块链、大数据、人工智能等先进技术的应用，提高了贸易融资的透明度和效率，降低了融资成本和风险。同时，金融科技还有助于推动国际贸易融资的数字化转型和智能化升级，提升整体服务水平和竞争力。为了促进国际贸易的发展，各国政府纷纷出台了一系列支持政策，包括税收优惠、贷款支持、担保机制等。这些政策的实施为国际贸易融资提供了有力的支持和保障，降低了融资门槛和成本，提高了融资的可行性和可持续性。

（三）风险与机遇并存下的应对策略

面对国际贸易融资的风险与机遇，企业和金融机构需要采取一系列应对策略来平衡风险与收益。

首先，加强风险评估和管理。企业和金融机构应建立完善的风险评估体系，对贸易伙伴的信用状况、汇率风险、国家风险等进行全面评估，并制定相应的风险管理措施。同时，加强内部管理和操作规范，降低操作风险的发生概率。

其次，推动融资方式和工具的创新。企业和金融机构应积极探索和尝试新的融资方式和工具，如供应链金融、跨境电商融资等，以满足不同企业的融资需求。同时，关注金融科技的发展动态，积极应用先进技术提升融资服务的效率和质量。

最后，加强国际合作与协调。国际贸易融资涉及多个国家和地区的不同法律体系和文化背景，因此需要加强国际合作与协调，共同制定和完善国际贸易融资的规则和标准。通过加强信息共享、监管合作等方式，共同应对风险和挑战，推动国际贸易融资的健康发展。

国际贸易融资既面临着信用风险、汇率风险、国家风险和操作风险等挑战，也蕴含着全球化带来的市场机遇、贸易结构的优化与创新、金融科技的助力以及政策支持的加强等机遇。在风险与机遇并存的环境下，企业和金融机构需要采取积极有效的应对策略，加强风险评估和管理，推动融资方式和工具的创新，加强国际合作与协调，以平衡风险与收益，实现可持续发展。

展望未来，随着全球经济的不断发展和贸易环境的不断变化，国际贸易融资将继续发挥重要作用。企业和金融机构应密切关注市场动态和技术发展趋势，不断调整和优化融资策略和服务模式，以适应日益复杂的国际贸易环境，实现共赢发展。

六、国际贸易融资的未来发展方向

随着全球经济的深度融合和贸易自由化的不断推进，国际贸易融资作为连接全球贸易与金融市场的桥梁，其重要性日益凸显。未来，国际贸易融资将朝着更加多元化、数字化、绿色化和普惠化的方向发展，以满足全球贸易不断增长的需求，并推动世界经济的持续繁荣。

（一）多元化融资方式的发展

未来，国际贸易融资将不再局限于传统的融资方式，如信用证、保理等，而是将涌现出更多元化的融资方式。例如，供应链金融、跨境电商融资、结构性贸易融资等新兴融资方式将逐渐成为主流。这些融资方式不仅能够降低融资成本，提高融资效率，还能够更好地满足企业的个性化融资需求。

此外，随着金融科技的发展，国际贸易融资将借助区块链、人工智能、大数据等先进技术，实现融资过程的智能化和自动化。这将进一步简化融资流程，降低操作风险，提高融资成功率。

（二）数字化融资平台的崛起

数字化是国际贸易融资未来发展的重要趋势之一。未来，数字化融资平台将成为国际贸易融资的主要载体。这些平台将利用先进的技术手段，将金融机构、贸易企业、政府机构等各方连接起来，形成一个高效、透明、便捷的融资生态系统。

数字化融资平台不仅能够提供一站式的融资服务，包括融资申请、风险评估、资金匹配等，还能够实现数据的实时共享和监控，提高融资的透明度和可追溯性。这将有助于降低融资风险，提高融资效率，推动国际贸易融资的健康发展。

（三）绿色贸易融资的推广

随着全球环保意识的提高，绿色贸易融资将成为国际贸易融资的重要发展方向。未来，金融机构将更加注重对环保项目的支持，推动绿色产业的发展。

绿色贸易融资不仅有助于实现经济效益和社会效益的双赢，还能够提升企业的品牌形象和市场竞争力。因此，未来国际贸易融资将更加注重对环保因素的考量，推动绿色贸易融资的普及和发展。

（四）普惠贸易融资的实现

普惠贸易融资是国际贸易融资未来发展的另一个重要方向。普惠贸易融资旨在让更多的小微企业和弱势群体能够享受到贸易融资的便利，促进贸易的公平和包容性。

为了实现普惠贸易融资，金融机构需要降低融资门槛，简化融资流程，提供更加灵活和个性化的融资服务。同时，政府和社会各界也需要加强合作，共同推动普惠贸易融资的发展，为全球贸易的繁荣稳定贡献力量。

（五）国际合作与监管的加强

国际贸易融资涉及多个国家和地区的法律、法规和监管要求，因此国际合作与监管的加强将是未来发展的重要趋势。各国政府和金融机构将加强沟通与合作，共同制定和完善国际贸易融资的规则和标准，提高市场的透明度和规范性。

同时，随着跨境贸易的不断发展，跨境贸易融资的监管也将面临新的挑战。未来，各国监管机构将加强跨境合作，共同打击贸易融资领域的违法行为，维护市场的公平和秩序。

（六）人才培养与创新能力的提升

国际贸易融资的未来发展还需要依赖人才培养和创新能力的提升。随着贸易融资方式的不断创新和融资平台的不断升级，对具备专业知识和创新精神的人才的需求将越来越迫切。

因此，金融机构和高校等教育机构应加强合作，共同培养具备国际贸易、金融、法律等多学科背景的专业人才。同时，鼓励创新思维的培养和创新实践的探索，为国际贸易融资的未来发展提供源源不断的人才支持和智力保障。

综上所述，国际贸易融资的未来发展方向将朝着多元化、数字化、绿色化、普惠化以及国际合作与监管加强等方向迈进。这些趋势将共同推动国际贸易融资市场的健康发展，为全球贸易的繁荣稳定注入新的动力。然而，实现这些目标需要政府、金融机构、企业和社会各界的共同努力和协作，通过加强政策引导、创新融资方式、完善监管体系、提升人才培养水平和创新能力等措施，共同推动国际贸易融资迈向更加美好的未来。

第二节　跨境电子商务与国际贸易融资的关系

一、跨境电子商务对国际贸易融资的影响

跨境电子商务作为全球化贸易的新兴模式，近年来在全球范围内迅速发展，对国际贸易融资产生了深远的影响。跨境电子商务通过简化交易流

程、提高交易效率、降低交易成本等方式，为国际贸易融资带来了新的机遇与挑战。本部分将详细探讨跨境电子商务对国际贸易融资的影响，并分析其中面临的机遇与挑战。

（一）跨境电子商务推动国际贸易融资的创新发展

跨境电子商务的兴起使得国际贸易融资方式更加多样化。传统的国际贸易融资方式如信用证、保理等仍然占据重要地位，但新兴的融资方式如跨境电商平台融资、供应链金融等也逐渐崭露头角。这些新兴融资方式更加灵活、便捷，能够更好地满足中小企业的融资需求。跨境电子商务通过数字化手段简化了融资流程，提高了融资效率。传统国际贸易融资涉及繁琐的纸质文件传递和人工审核过程，而跨境电子商务利用区块链、大数据等技术实现了融资信息的实时共享和自动化处理，大大缩短了融资周期。

跨境电子商务降低了国际贸易融资的成本。一方面，通过线上平台交易，减少了中间环节和物理运输成本；另一方面，数字化融资平台降低了信息获取和处理的成本，使得融资变得更加经济实惠。

（二）跨境电子商务带来的国际贸易融资机遇

跨境电子商务使得国际贸易更加便利化，为中小企业提供了更广阔的市场空间。中小企业可以通过跨境电商平台直接触达海外消费者，实现产品的全球化销售。同时，跨境电子商务也促进了贸易便利化，降低了贸易门槛，使得更多企业能够参与到国际贸易中来。跨境电子商务为国际贸易融资提供了更多的融资渠道。除了传统的金融机构，跨境电商平台、第三方支付机构等也逐渐成为国际贸易融资的重要参与者。这些新型融资渠道的出现，为中小企业提供了更加灵活和便捷的融资方式。

（三）跨境电子商务带来的国际贸易融资挑战

跨境电子商务涉及多个国家和地区，不同国家的法律体系、文化背景和商业习惯存在差异，这使得国际贸易融资的风险评估和管理变得更加复杂。同时，跨境电子商务中的交易主体多样、交易数据庞大，也给风险评估带来了挑战。跨境电子商务涉及大量敏感信息和资金的流动，信息安全问题日益突出。黑客攻击、数据泄露等事件时有发生，给国际贸易融资带来了潜在的风险。此外，不同国家的法律法规存在差异，跨境电子商务在合规方面也面临着一定的挑战。

（四）应对跨境电子商务对国际贸易融资影响的策略

金融机构应建立完善的风险评估体系，对跨境电子商务交易进行全面、准确的风险评估。同时，加强与国际合作与交流，共同制定和完善风险评估标准和管理制度。金融机构和跨境电商平台应加大技术投入力度，提升信息安全防护能力。采用先进的加密技术、防火墙技术等手段，确保交易数据和资金的安全。同时，加强员工的信息安全培训，提高信息安全意识。跨境电子商务企业应遵守各国法律法规，确保合规经营。同时，各国政府和监管机构应加强合作，共同推动监管创新，为跨境电子商务和国际贸易融资提供更加宽松和灵活的政策环境。

跨境电子商务对国际贸易融资产生了深远的影响，既带来了机遇也带来了挑战。面对这一趋势，金融机构、跨境电商平台和企业应积极应对，采取加强风险评估与管理、提升信息安全防护能力、推动合规经营与监管创新等措施，共同推动国际贸易融资的健康发展。同时，政府和国际组织也应加强合作与交流，共同制定和完善相关政策和标准，为跨境电子商务和国际贸易融资提供有力的支持与保障。

展望未来，随着技术的不断进步和市场的不断扩大，跨境电子商务将继续推动国际贸易融资的创新发展。

二、跨境电子商务融资模式与创新

随着全球化和互联网技术的快速发展，跨境电子商务已成为推动国际贸易增长的重要引擎。跨境电子商务的兴起不仅为消费者提供了更为便捷的购物方式，也为企业提供了更广阔的市场空间。然而，跨境电商企业在快速发展的同时，也面临着融资难、融资贵等问题。因此，探索跨境电子商务融资模式与创新，对促进跨境电商企业的健康发展具有重要意义。

（一）跨境电子商务融资模式概述

跨境电子商务融资模式主要包括传统融资模式和新型融资模式两大类。

传统融资模式如银行贷款、股权融资等,在跨境电商领域仍然发挥着重要作用。然而,由于跨境电商企业具有轻资产、高风险等特点,传统融资模式往往难以满足其融资需求。因此,新型融资模式如供应链金融、跨境电商平台融资、跨境电商金融服务等逐渐崭露头角。

供应链金融是指银行或其他金融机构通过对供应链中的物流、信息流和资金流进行有效整合,并为供应链上的企业提供融资服务。在跨境电商领域,供应链金融可以通过对跨境供应链的深入分析,为跨境电商企业提供更加精准的融资解决方案。

跨境电商平台融资是指跨境电商平台利用自身优势和资源,为平台上的卖家提供融资服务。平台可以通过对卖家交易数据、信用记录等信息进行评估,为卖家提供信用贷款、订单融资等融资产品。

跨境电商金融服务是指专门为跨境电商企业提供金融服务的机构或平台。这些机构或平台通过整合各类金融资源,为跨境电商企业提供"一站式"金融服务,包括融资、支付、结算等。

(二)跨境电子商务融资模式创新

区块链技术以其去中心化、透明化和不可篡改的特性,为跨境电子商务融资带来了创新机遇。通过区块链技术,可以实现跨境贸易中的信息共享和信任建立,降低融资过程中的信息不对称风险。同时,区块链技术还可以提高融资流程的自动化和智能化水平,降低融资成本和提高融资效率。

大数据征信是指利用大数据技术对借款人的信用状况进行全面、深入的分析和评估。在跨境电子商务融资中,大数据征信可以帮助金融机构更加准确地评估跨境电商企业的信用状况,降低融资风险。同时,大数据征信还可以为跨境电商企业提供更加个性化的融资服务,满足其不同阶段的融资需求。

跨境电商平台与金融机构的合作是跨境电子商务融资创新的重要方向。平台可以利用自身的数据优势和资源优势,为金融机构提供跨境电商企业的信用信息和融资需求,帮助金融机构更好地了解和服务跨境电商企业。同时,金融机构也可以为平台提供专业的融资产品和服务,满足平台上卖家的融资需求。这种合作模式可以实现资源共享和优势互补,推动跨境电子商务融资的创新发展。

（三）跨境电子商务融资创新面临的挑战与采取的对策

跨境电子商务融资创新面临着法律法规不完善的问题。不同国家和地区的法律法规存在差异，导致跨境融资面临合规风险。因此，需要加强国际间的法律法规协调和合作，为跨境电子商务融资创新提供有力的法律保障。跨境电子商务融资涉及大量敏感信息和资金的流动，信息安全风险不容忽视。为了应对这一挑战，需要加强信息安全管理，采用先进的技术手段保护数据和资金的安全。同时，加强员工的信息安全培训，提高其信息安全意识。

跨境电子商务融资创新使得风险评估与管理的难度增加。由于跨境贸易的复杂性和不确定性，对跨境电商企业的信用评估和融资风险管理提出了更高的要求。因此，需要建立完善的风险评估体系和管理制度，加强对跨境电商企业的信用监管和风险预警。

跨境电子商务融资模式与创新是推动跨境电商企业健康发展的重要手段。通过探索新型融资模式和应用先进技术，可以降低融资成本和风险，提高融资效率和成功率。然而，跨境电子商务融资创新也面临着诸多挑战，需要政府、金融机构、跨境电商平台等多方共同努力，加强合作与创新，共同推动跨境电子商务融资的健康发展。

展望未来，随着技术的不断进步和市场的不断扩大，跨境电子商务融资模式与创新将继续深化。我们相信，在各方共同努力下，跨境电子商务融资将为全球贸易的繁荣和发展注入新的活力。

三、跨境电子商务融资的风险与挑战

跨境电子商务作为国际贸易的新兴业态，近年来得到了迅猛的发展。随着全球化和互联网的深度融合，越来越多的企业开始涉足跨境电商领域，寻求更广阔的市场和商机。然而，跨境电商企业在快速发展的同时，也面临着诸多融资风险与挑战。本部分将从不同角度探讨跨境电子商务融资的风险与挑战，并提出相应的应对策略。

（一）跨境电子商务融资面临的风险

跨境电子商务融资中的信用风险主要来自交易双方的不确定性和信息不对称。由于跨境电商涉及多个国家和地区，各国的法律体系、商业环境、文化背景等存在较大差异，这使得交易双方在合作过程中容易出现信任问题。此外，跨境电商企业的信用状况不仅难以准确评估，也增加了融资过程中的信用风险。跨境电子商务融资往往涉及多种货币的交易和结算，因此汇率波动成为影响融资成本和还款能力的重要因素。汇率的变动可能导致融资成本的增加或还款能力的下降，给跨境电商企业带来经济损失。

不同国家和地区的法律法规存在差异，跨境电子商务融资可能涉及多个法律体系的管辖和适用问题。跨境电商企业在融资过程中可能面临合同纠纷、知识产权侵权等法律风险，给企业的正常运营带来不确定性。

跨境电子商务企业在融资过程中往往依赖单一的融资渠道，如银行贷款或跨境电商平台融资等。这种单一的融资渠道可能导致融资成本的上升和融资效率的下降，同时也增加了企业的融资风险。

（二）跨境电子商务融资面临的挑战

跨境电子商务融资中的信息不对称问题较为突出。由于跨境电商企业通常分布在不同的国家和地区，金融机构难以获取全面的企业信息，导致融资决策的难度增加。此外，跨境电商企业的交易数据、信用记录等信息也存在一定的不透明性，进一步加剧了信息不对称问题。

跨境电子商务融资往往面临着较高的融资门槛。由于跨境电商企业的规模相对较小、运营风险较高，金融机构在提供融资服务时往往更加谨慎。此外，跨境融资还需要满足各国金融监管机构的要求和规定，这也增加了融资的难度和成本。跨境电子商务融资过程中涉及的环节较多，包括信用评估、合同签订、资金划转等，这些环节可能导致融资效率的降低。此外，不同国家和地区的金融体系和监管政策存在差异，也增加了融资过程中的协调成本和时间成本。

（三）应对跨境电子商务融资风险与挑战的策略

建立健全的信用体系是降低跨境电子商务融资风险的关键。政府、金融机构和跨境电商企业应共同推动信用信息的共享和互通，完善信用评估机制，提高信用信息的透明度和准确性。同时，加强信用监管和失信惩戒力度，减少违约成本，降低信用风险。跨境电商企业应积极探索多元化的融资渠道，降低对单一融资渠道的依赖。除了传统的银行贷款，还可以考虑利用股权融资、债券融资、供应链金融等方式筹集资金。此外，与跨境电商平台、金融机构等建立战略合作关系，共同开发创新的融资产品和服务，也是降低融资风险的有效途径。

　　跨境电商企业应提高风险管理意识，建立完善的风险管理制度和流程。通过加强内部风险控制和监督，及时发现和应对潜在风险。同时，借助专业的风险管理机构和工具，提高风险识别、评估和应对的能力，降低融资过程中的风险损失。面对跨境电子商务融资的法律风险和挑战，各国应加强国际合作与协调，推动跨境融资领域的法律规范和监管政策的统一和协调。通过加强信息共享、监管合作和争端解决机制的建设，降低跨境融资的法律风险和不确定性。

　　跨境电子商务融资在推动跨境电商企业发展的同时，也伴随着诸多风险与挑战。为了降低融资风险和提高融资效率，跨境电商企业需要加强信用体系建设、多元化融资渠道、提高风险管理水平以及加强国际合作。同时，政府、金融机构和社会各界也应共同努力，为跨境电子商务融资创造更加有利的环境和条件。

　　随着全球化和互联网技术的深入发展，跨境电子商务融资面临的风险与挑战将不断演变和复杂化。因此，我们需要持续关注跨境电子商务融资的最新动态和趋势，及时调整和完善应对策略，确保跨境电商企业的健康、稳定和可持续发展。

四、跨境电子商务融资政策的支持与引导

　　随着全球化和互联网技术的深入发展，跨境电子商务（以下简称"跨境电商"）作为新兴贸易形态，正逐渐成为推动全球经济增长的重要引擎。然而，跨境电商企业在迅速发展的同时，普遍面临着融资难、融资贵等问题，这严重制约了其进一步发展壮大。因此，各国政府纷纷出台跨境电子商务融资政策，以支持和引导跨境电商企业的健康发展。

（一）跨境电子商务融资政策的必要性

跨境电商企业通常具有轻资产、高风险、高成长性的特点，这使得传统金融机构在为其提供融资服务时存在较大的顾虑。此外，跨境电商涉及多个国家和地区的法律法规、货币体系、文化背景等差异，进一步增加了融资的难度和复杂性。因此，政府需要出台专门的跨境电子商务融资政策，为跨境电商企业提供更加便捷、高效、低成本的融资支持。

跨境电子商务融资政策的支持与引导，不仅可以解决跨境电商企业的融资难题，还可以促进国际贸易的便利化和自由化，推动全球经济的繁荣与发展。通过政策引导，可以优化跨境电商企业的融资结构，减少融资成本，提高其市场竞争力。同时，还可以引导社会资本流向跨境电商领域，推动行业的创新和发展。

（二）跨境电子商务融资政策的主要内容

政府可以通过制定相关政策，优化跨境电商企业的融资环境。例如，简化融资审批流程，缩短审批时间，降低融资门槛；推动金融机构与跨境电商平台的合作，共同开发适应跨境电商特点的融资产品和服务；加强金融监管，规范市场秩序，防范金融风险等。政府可以通过设立专项资金、提供财政补贴、减免税收等方式，为跨境电商企业提供财政支持。这些资金支持可以用于缓解企业的资金压力，降低融资成本，提高其融资能力。同时，政府还可以通过财政资金引导社会资本投入跨境电商领域，促进产业发展和创新。

为了解决跨境电商企业融资难的问题，政府可以建立融资担保机制，为符合条件的跨境电商企业提供融资担保服务。这可以降低金融机构的风险顾虑，提高其为跨境电商企业提供融资服务的积极性。同时，政府还可以通过担保机制引导社会资本流向优质跨境电商企业，推动行业健康发展。跨境电商涉及多个国家和地区的法律法规、货币体系等差异，因此加强国际合作与交流对推动跨境电子商务融资具有重要意义。政府可以与其他国家签订双边或多边协议，推动跨境融资领域的法律规范和监管政策的统一和协调。同时，加强与国际金融机构、跨境电商平台等的合作与交流，共同推动跨境电子商务融资的发展。

（三）跨境电子商务融资政策的实施效果与影响

跨境电子商务融资政策的实施，对促进跨境电商企业的发展和推动全球经济的增长具有重要意义。首先，政策实施可以减少跨境电商企业的融资成本，提高其融资效率，从而增强其市场竞争力。其次，政策引导可以优化跨境电商企业的融资结构，降低其经营风险，促进其稳健发展。此外，政策的支持与引导还可以吸引更多的社会资本投入跨境电商领域，推动行业的创新和发展。

然而，跨境电子商务融资政策的实施也面临着一些挑战和困难。例如，不同国家和地区的法律法规、货币体系等差异可能导致政策实施存在障碍。同时，在政策执行过程中也可能出现信息不对称、监管不到位等问题。因此，政府需要不断完善和调整政策内容，加强与国际合作与交流，以确保政策的顺利实施和取得实效。

（四）跨境电子商务融资政策的未来发展趋势

随着全球化和互联网技术的进一步发展，跨境电子商务融资政策将继续向更加开放、包容、创新的方向发展。首先，政府将更加注重政策的更具针对性和实效性，根据跨境电商企业的实际需求和发展阶段制定更加精准的政策及措施。其次，政府将加强与金融机构、跨境电商平台等的合作与交流，共同开发更加适应跨境电商特点的融资产品和服务。此外，政府还将推动跨境融资领域的国际合作与交流，加强与其他国家和地区的沟通与协作，共同推动全球电子商务融资的发展。

跨境电子商务融资政策的支持与引导对促进跨境电商企业的发展和推动全球经济的增长具有重要意义。政府应继续加强政策制定和执行力度，优化融资环境，提供财政支持，建立融资担保机制，并加强国际合作与交流。同时，跨境电商企业也应积极适应政策变化，加强自身建设和管理，提高融资能力和市场竞争力。在双方共同努力下，相信跨境电子商务融资将迎来更加广阔的发展前景。

五、跨境电子商务融资与国际贸易的协同发展

跨境电商作为全球化背景下的一种新型贸易模式，正在迅速崛起并深

刻改变着传统的国际贸易格局。与此同时，跨境电商融资作为支持其发展的关键因素，与国际贸易之间形成了紧密的协同发展关系。本部分将从跨境电商融资与国际贸易的相互关系、协同发展的现状、面临的挑战以及应对策略等方面进行深入探讨。

（一）跨境电商融资与国际贸易的相互关系

跨境电商融资与国际贸易之间存在密切的相互促进关系。首先，跨境电商的快速发展为国际贸易提供了新的增长点。通过跨境电商平台，企业可以突破地域限制，将产品销售到全球市场，从而扩大贸易规模、提高贸易效率。跨境电商融资则为企业提供了必要的资金支持，帮助这些企业解决资金短缺问题，实现快速扩张。

其次，国际贸易的繁荣为跨境电商融资提供了广阔的市场空间。随着全球经济的深度融合和贸易自由化程度的提高，越来越多的国家和地区加入国际贸易体系中，为跨境电商融资提供了丰富的业务机会。同时，国际贸易的多样化需求也推动了跨境电商融资产品的创新和发展，以满足不同企业的融资需求。

（二）跨境电商融资与国际贸易协同发展的现状

当前，跨境电商融资与国际贸易的协同发展已经取得了一定的成果。一方面，跨境电商融资机构不断创新融资产品和服务，为国际贸易提供更加便捷、高效、低成本的融资支持。例如，一些金融机构推出了针对跨境电商企业的专项贷款、信用证等融资产品，帮助企业解决资金瓶颈问题。

另一方面，国际贸易的繁荣发展为跨境电商融资提供了更多的业务机会。越来越多的跨境电商企业开始涉足国际贸易领域，通过跨境电商平台开展进出口业务，带动了跨境电商融资需求的增长。同时，国际贸易的多样化需求也推动了跨境电商融资产品的创新和发展，以满足不同企业的融资需求。

（三）跨境电商融资与国际贸易协同发展面临的挑战

尽管跨境电商融资与国际贸易的协同发展取得了一定的成果，但仍面临一些挑战。首先，跨境电商融资的风险管理难度较大。由于跨境电商企业涉及多个国家和地区的法律法规、货币体系等差异，其融资风险相对较高。金融机构需要加强对跨境电商企业的风险评估和监控，以确保融资安全。

其次，国际贸易的复杂性和不确定性对跨境电商融资提出了更高的要求。国际贸易受到多种因素的影响，包括政治、经济、文化等方面的变化，这些因素都可能对跨境电商融资产生影响。因此，金融机构需要密切关注国际贸易形势的变化，及时调整融资策略，以应对潜在风险。

此外，跨境电商融资与国际贸易之间的信息不对称问题也是制约其协同发展的一个重要因素。由于跨境电商企业和金融机构之间的信息不对称，可能导致融资过程中的信任问题和效率问题。因此，建立有效的信息共享机制和信用评价体系对促进跨境电商融资与国际贸易的协同发展具有重要意义。

（四）促进跨境电商融资与国际贸易协同发展的策略

为了促进跨境电商融资与国际贸易的协同发展，需要采取以下策略：

加强政策支持和引导。政府应出台相关政策，鼓励和支持跨境电商融资与国际贸易的协同发展。例如，通过设立专项资金、提供税收优惠等方式，降低跨境电商企业的融资成本，提高其融资能力。

创新融资产品和服务。金融机构应根据跨境电商企业的特点和需求，创新融资产品和服务，满足其不同阶段的融资需求。同时，加强与跨境电商平台的合作，共同开发适应跨境电商特点的融资解决方案。

加强风险管理和监管。金融机构应加强对跨境电商企业的风险管理，建立完善的风险评估和监控体系，确保融资安全。同时，政府应加强跨境电商融资领域的监管，规范市场秩序，防范金融风险。

促进信息共享和信用体系建设。建立有效的信息共享机制和信用评价体系，降低信息不对称问题，提高融资效率和信任度。通过加强跨境电商企业与金融机构之间的信息交流和合作，共同推动跨境电商融资与国际贸易的协同发展。

跨境电商融资与国际贸易的协同发展是全球化背景下的一种必然趋势。通过加强政策支持和引导、创新融资产品和服务、加强风险管理和监管以及促进信息共享和信用体系建设等措施，可以推动跨境电商融资与国际贸易的深度融合和协同发展，为全球经济的繁荣和发展注入新的动力。

六、跨境电子商务融资的国际化战略

随着全球化的深入发展和互联网技术的不断创新，跨境电商逐渐成为推动全球贸易增长的重要力量。跨境电商融资作为支持其发展的关键环节，其国际化战略的实施对提升跨境电商企业的国际竞争力、促进国际贸易的便利化具有重要意义。本部分将从跨境电商融资的国际化战略背景、目标、实施路径以及面临的挑战与应对策略等方面进行深入探讨。

（一）跨境电商融资国际化战略的背景

跨境电商融资的国际化战略是在全球化背景下，跨境电商企业为寻求更广阔的发展空间、降低融资成本、提升融资效率而提出的重要战略。随着全球经济一体化的加速，跨境电商企业面临着日益激烈的市场竞争和不断变化的贸易环境。为了实现可持续发展，跨境电商企业需要积极拓展国际市场，加强与国际金融机构的合作，实现融资渠道的多元化和国际化。

（二）跨境电商融资国际化战略的目标

跨境电商融资国际化战略的主要目标包括以下几个方面：

拓展融资渠道：通过与国际金融机构建立合作关系，为跨境电商企业提供更加多元化的融资渠道，降低融资成本，提高融资效率。

优化融资结构：通过引入国际资本，优化跨境电商企业的融资结构，降低经营风险，提高企业稳健性。

提升国际竞争力：借助国际融资平台的优势，提升跨境电商企业的品牌知名度和国际影响力，增强企业在国际市场的竞争力。

促进国际贸易便利化：通过跨境电商融资的国际化战略，推动国际贸易的便利化和自由化，为全球贸易增长注入新的动力。

（三）跨境电商融资国际化战略的实施路径

为了实现跨境电商融资的国际化战略目标，需要采取以下实施路径：

加强与国际金融机构的合作：跨境电商企业应积极寻求与国际金融机构的合作机会，建立长期稳定的合作关系，共同开发适应跨境电商特点的融资产品和服务。

推动跨境融资市场的开放与创新：政府应加大对跨境融资市场的支持力度，推动相关政策的制定和实施，为跨境电商融资提供更加开放、透明的市场环境。同时，鼓励金融机构创新融资产品和服务，满足跨境电商企业多元化的融资需求。

建立完善的风险管理体系：跨境电商融资涉及多个国家和地区的法律法规、货币体系等差异，风险较高。因此，需要建立完善的风险管理体系，包括风险评估、监控和处置等方面，确保跨境融资活动的安全和稳定。

加强信息共享与信用体系建设：推动跨境电商企业与金融机构之间的信息共享，降低信息不对称问题。同时，加强信用体系建设，提高跨境电商企业的信用评级和融资能力。

（四）跨境电商融资国际化战略面临的挑战与应对策略

在实施跨境电商融资的国际化战略过程中，也面临着一些挑战，需要采取相应的应对策略：

法律法规差异：不同国家和地区的法律法规存在差异，可能导致跨境融资活动受到限制或产生纠纷。因此，跨境电商企业需要加强对相关法律法规的研究和了解，确保合规经营。

货币体系差异：跨境融资涉及不同货币体系的转换和结算，可能带来汇率风险和流动性风险。为降低风险，跨境电商企业可以选择合适的货币进行融资和结算，或利用金融工具进行风险管理。

文化差异与沟通障碍：不同国家和地区之间存在文化差异和沟通障碍，可能影响跨境融资活动的顺利进行。因此，跨境电商企业需要加强跨文化沟通和交流能力，建立有效的沟通机制。

针对以上挑战，应对策略包括：

加强政策协调与合作：政府应加强与其他国家在跨境电商融资领域的政策协调与合作，推动建立统一的监管标准和规范，降低跨境融资的障碍。

提高企业风险管理水平：跨境电商企业应加强对跨境融资风险的管理和防范，建立完善的风险管理机制和应急预案，确保融资活动的安全和稳定。

加强人才培养与引进：培养具有国际化视野和跨文化沟通能力的跨境电商融资人才，同时积极引进国际优秀人才，为跨境融资活动提供有力的人才保障。

跨境电商融资的国际化战略是提升跨境电商企业国际竞争力、促进国际贸易便利化的重要途径。通过加强与国际金融机构的合作、推动跨境融资市场的开放与创新、建立完善的风险管理体系以及加强信息共享与信用体系建设等措施的实施，可以有效推动跨境电商融资的国际化进程。同时，面对法律法规差异、货币体系差异以及文化差异等挑战，需要采取相应的应对策略以确保跨境融资活动的顺利进行。未来，随着全球经济一体化的深入发展和跨境电商业务量的持续增长，跨境电商融资的国际化战略将发挥更加重要的作用。

第三节　跨境电子商务背景下的贸易融资方式

一、信用证融资与保理融资

信用证融资和保理融资是现代国际贸易中两种常见的融资方式，它们各自具有独特的特点和优势，为企业在不同情境下提供了多样化的融资选择。本部分将分别介绍信用证融资和保理融资的基本概念、运作机制、优势以及潜在风险，并对两者进行比较分析，以便读者可以更好地理解和运用这两种融资工具。

（一）信用证融资

信用证融资是一种基于银行信用保证的融资方式。在国际贸易中，买方（进口商）的银行根据买方的请求和指示，向卖方（出口商）或其指定的银行开出一种书面保证，承诺在符合信用证规定的条件下，凭规定的单据向卖方或其指定人进行付款、承兑或议付。这种融资方式的核心在于银行的信用保证，降低了买卖双方之间的信用风险，促进了贸易的顺利进行。

信用证融资的优势在于：首先，它具有较高的信用度，因为银行作为中介参与了融资过程，为买卖双方提供了信用保证；其次，信用证融资手续相对简便，只需按照规定的流程操作即可；最后，它有利于买卖双方降低风险，因为银行会对单据进行严格审核，确保交易的真实性和合规性。

然而，信用证融资也存在一些潜在风险。例如，信用证开立银行可能会因各种原因无法履行其付款义务，导致卖方无法及时收到货款。此外，信用证融资的成本相对较高，因为银行需要收取一定的手续费和利息。

（二）保理融资

保理融资是一种基于应收账款转让的融资方式。在这种融资方式下，卖方将其与买方之间的应收账款转让给保理商，保理商在审核应收账款的真实性和合规性后，向卖方提供融资服务。保理融资的核心在于应收账款的转让和融资，有助于卖方提前回收货款，缓解资金压力。

保理融资的优势在于：首先，它可以帮助卖方提前实现资金回收，提高资金使用效率；其次，保理商通常会提供催收服务，降低卖方的收款风险；最后，保理融资可以降低卖方的融资成本，因为保理商通常会根据应收账款的质量和风险程度来确定融资利率。

然而，保理融资也存在一些潜在风险。例如，保理商可能会因买方信用问题而无法按时收回应收账款，导致卖方无法及时偿还保理融资款项。此外，保理融资通常需要卖方承担一定的转让费用和保理费用，增加了融资成本。

（三）信用证融资与保理融资的比较分析

信用证融资和保理融资在国际贸易中各具特色，具有不同的适用场景和优势。从信用保证角度来看，信用证融资依赖银行的信用保证，具有较高的信用度；保理融资则依赖应收账款的转让和融资，信用保证程度相对较低。从融资成本来看，信用证融资的成本相对较高，因为涉及银行的手续费和利息；保理融资的成本则相对较低，需要考虑应收账款的转让费用和保理费用。

在实际应用中，企业应根据自身的贸易需求和风险承受能力选择合适的融资方式。对信用风险较高或贸易条件较为复杂的交易，可以选择信用证融资以确保交易的安全和顺利进行；对应收账款较多且希望提前实现资金回收的企业，可以选择保理融资以缓解资金压力。

信用证融资和保理融资是现代国际贸易中两种重要的融资工具，它们各自具有独特的优势和潜在风险。企业应根据自身的实际情况和需求选择合适的融资方式，以实现资金的有效利用和风险的有效控制。同时，企业在运用这两种融资工具时，也应注意防范潜在风险，确保融资活动的安全和合规性。

随着国际贸易的不断发展和金融市场的不断创新，信用证融资和保理融资也将不断发展和完善。未来，这两种融资方式可能会更加灵活多样，为企业在国际贸易中提供了更多的融资选择和支持。因此，企业应保持对这两种融资方式的关注和了解，以便更好地把握市场机遇和应对挑战。

二、福费廷融资与打包贷款

福费廷融资与打包贷款是国际贸易中两种常见的融资方式，它们在帮助企业解决资金问题、促进贸易活动方面发挥着重要作用。本部分将对福费廷融资与打包贷款进行详细的介绍和比较，以便更好地理解和应用这两种融资工具。

（一）福费廷融资

福费廷融资，又称无追索权融资，是一种国际贸易中常用的中长期融资方式。它是指出口商将已经承兑的、通常由进口商所在地银行担保的远期汇票，无追索权地转让给福费廷公司，从而提前获得货款的一种融资方式。福费廷融资的核心在于无追索权，即出口商将汇票转让给福费廷公司后，无论汇票是否能够得到承兑或付款，福费廷公司均不得向出口商追索。

福费廷融资的优势在于：首先，它能够帮助出口商提前获得货款，缓解资金压力，加速资金周转；其次，由于是无追索权融资，出口商无需担心汇票承兑或付款风险，降低了贸易风险；最后，福费廷融资通常具有较为灵活的融资期限和利率，可以根据企业的实际需求进行调整。

然而，福费廷融资也存在一些局限性。首先，由于是无追索权融资，福费廷公司需要承担较高的风险，因此通常会对汇票的质量、承兑银行的信誉等进行严格的审查，导致融资门槛较高；其次，福费廷融资的成本相对较高，因为福费廷公司需要收取一定的贴现利息和手续费；最后，福费廷融资主要适用于中长期贸易融资，对短期贸易融资可能不太适用。

（二）打包贷款

打包贷款是出口地银行为支持出口商按期履行合同、出运交货，向收到合格信用证的出口商提供的用于采购、生产和装运信用证项下货物的专项贷款。打包贷款是一种装船前融资，使出口商在自有资金不足的情况下仍然可以办理采购、备料、加工，顺利完成货物出运。

打包贷款的优势在于：首先，它能够帮助出口商解决采购、生产和装运过程中的资金问题，确保贸易合同的顺利履行；其次，打包贷款的申请流程相对简单，只需提供合格的信用证和相关担保措施即可；最后，打包贷款的利率通常较低，降低了企业的融资成本。

然而，打包贷款也存在一些潜在风险。首先，由于打包贷款是基于信用证的融资，因此信用证的真实性和有效性对贷款安全至关重要。如果信用证存在虚假或无效的情况，银行可能就会面临损失；其次，打包贷款的还款来源主要依赖出口商的出口收汇，如果出口商无法按时收汇或收汇金额不足，可能就会导致贷款违约；最后，打包贷款的期限通常较短，如果需要企业在短时间内完成货物的采购、生产和出运，否则可能就会影响贷款的还款计划。

（三）福费廷融资与打包贷款的比较分析

福费廷融资与打包贷款在国际贸易融资领域各具特色，具有不同的适用场景和优势。从融资方式来看，福费廷融资是一种无追索权的融资方式，主要解决出口商在远期汇票承兑或付款前的资金问题；打包贷款则是一种基于信用证的装船前融资，主要解决出口商在采购、生产和装运过程中的资金问题。

从融资期限和利率来看，福费廷融资通常具有较为灵活的融资期限和利率，可以根据企业的实际需求进行调整；打包贷款的期限通常较短，利率也相对较低。因此，在选择融资方式时，企业需要根据自身的贸易周期和资金需求进行权衡。

从风险角度来看，福费廷融资由于是无追索权融资，福费廷公司需要承担较高的风险，因此对汇票质量和承兑银行信誉有严格要求；打包贷款的风险主要来自信用证的真实性和有效性以及出口商的出口收汇情况。因此，企业在选择融资方式时，需要充分考虑各种风险因素，确保融资安全。

福费廷融资与打包贷款是国际贸易中两种重要的融资工具，在帮助企业解决资金问题、促进贸易活动方面发挥着重要作用。企业在选择融资方式时，应根据自身的贸易需求、资金状况和风险承受能力进行综合考虑。同时，企业在运用这两种融资工具时，也应注意防范潜在风险，确保融资活动的安全和合规性。

随着国际贸易的不断发展和金融市场的不断创新，福费廷融资与打包贷款等融资工具也将不断完善和优化。未来，这些融资工具可能会更加灵活多样，可以为企业在国际贸易中提供更多的融资选择和支持。因此，企业应保持对金融市场和贸易政策的关注，以便更好地把握市场机遇和应对挑战。

三、跨境电商平台融资与供应链金融

跨境电商作为国际贸易的重要组成部分，近年来得到了迅猛的发展。然而，随着市场的扩大和竞争的加剧，跨境电商企业在运营过程中面临着越来越多的资金压力。为了缓解这一压力，跨境电商平台融资与供应链金融成为了解决企业资金问题的重要手段。本部分将对跨境电商平台融资与供应链金融进行深入的探讨和分析。

（一）跨境电商平台融资概述

跨境电商平台融资是指跨境电商企业借助平台自身的信用、数据、技术等优势，通过向金融机构申请贷款、发行债券、股权融资等方式筹集资金的行为。这种融资方式可以帮助跨境电商企业解决短期或长期的资金需求，促进企业的快速发展。

跨境电商平台融资的优势在于：首先，平台拥有大量的交易数据和用户信息，能够为金融机构提供准确的信用评估和风险控制依据；其次，平台可以整合供应链资源，提高融资效率，降低融资成本；最后，平台可以通过与金融机构的合作，创新融资产品和服务，满足企业多样化的融资需求。

然而，跨境电商平台融资也面临一些挑战。首先，跨境电商行业具有高风险性，企业运营风险、市场风险、汇率风险等都会对融资产生影响；其次，不同国家和地区的金融政策和监管要求存在差异，企业需要了解并遵守相关规定，以确保融资的合规性；最后，跨境电商平台的信用体系尚不完善，需要加强信用建设，提高平台的信用评级。

（二）供应链金融在跨境电商中的应用

供应链金融是指金融机构通过对供应链中各环节的资金流、信息流、物流进行整合和优化，为供应链上的企业提供融资支持的一种金融服务模式。在跨境电商领域，供应链金融可以帮助解决企业在采购、生产、销售等环节的资金问题，提高企业的资金利用效率。

供应链金融在跨境电商中的应用主要体现在以下几个方面：首先，金融机构可以通过与跨境电商平台的合作，了解供应链上的企业信用状况和经营情况，为其提供定制化的融资方案；其次，金融机构可以通过应收账款融资、存货融资等方式，为企业提供流动性支持，缓解企业的资金压力；最后，金融机构可以提供风险管理服务，帮助企业应对市场风险、汇率风险等挑战。

供应链金融在跨境电商中的优势在于：首先，通过整合供应链资源，降低企业的融资成本，提高融资效率；其次，通过优化资金流和信息流，提高企业的运营效率和风险管理能力；最后，通过与金融机构的合作，企业可以获得更多的融资支持和金融服务，促进企业的健康发展。

然而，供应链金融在跨境电商中也存在一些问题和挑战。首先，供应链金融需要高度依赖供应链上的企业信用状况和经营情况，如果供应链出现断裂或企业信用出现问题，就会对融资产生负面影响；其次，不同国家和地区的金融政策和监管要求存在差异，供应链金融的跨境操作需要遵守相关规定，确保合规性；最后，供应链金融需要建立完善的风险管理体系，以应对可能出现的风险事件。

（三）跨境电商平台融资与供应链金融的协同发展

跨境电商平台融资与供应链金融在解决企业资金问题方面具有天然的

互补性。跨境电商平台可以通过融资解决企业的资金需求，而供应链金融则可以通过优化资金流和信息流提高企业的运营效率和风险管理能力。因此，跨境电商平台与金融机构应加强合作，推动跨境电商平台融资与供应链金融的协同发展。

首先，跨境电商平台应与金融机构建立紧密的合作关系，共同开发适合跨境电商企业的融资产品和服务。金融机构可以利用平台的数据和信用优势，为企业提供更加精准的融资方案；平台则可以借助金融机构的资金和专业能力，为企业提供更加全面的金融服务。

其次，跨境电商平台应加强对供应链金融的理解和应用。平台可以通过整合供应链资源，为供应链上的企业提供融资支持。同时，平台还可以利用自身的技术和数据优势，优化供应链金融的风险管理和运营效率。

最后，政府和相关机构应加强对跨境电商平台融资与供应链金融的支持和引导。政府可以出台相关政策，鼓励金融机构与跨境电商平台的合作；相关机构则可以加强行业自律和监管，推动跨境电商平台融资与供应链金融的健康发展。

跨境电商平台融资与供应链金融是解决跨境电商企业资金问题的重要手段。通过加强平台与金融机构的合作，推动两者的协同发展，可以有效降低企业的融资成本，提高融资效率，促进企业的健康发展。同时，政府和相关机构也应加强对跨境电商平台融资与供应链金融的支持和引导，为行业的发展创造更加良好的环境。

随着跨境电商市场的不断扩大和竞争的加剧，跨境电商平台融资与供应链金融的作用将越来越重要。未来，随着技术的不断创新和金融服务的不断完善，跨境电商平台融资与供应链金融将会有更加广阔的发展前景。因此，企业应加强对这两种融资方式的了解和应用，以更好地解决资金问题，推动企业的持续发展。

四、跨境股权融资与债券融资

随着全球化的深入发展，跨境融资已成为企业获取资金、扩大经营规模、实现国际化战略的重要手段。其中，跨境股权融资和债券融资是两种常见的融资方式。本部分将分别对跨境股权融资和债券融资进行深入探讨，并分析其特点、优势及面临的挑战，进而为企业选择合适的融资方式提供参考。

（一）跨境股权融资概述

跨境股权融资是指企业通过向境外投资者出售股权，获取外资以支持企业发展的融资方式。这种方式主要包括直接在境外发行股票上市、引入战略投资者或进行跨国并购等。跨境股权融资能够为企业带来长期稳定的资本，增强企业的国际竞争力。

跨境股权融资的优势主要体现在以下几个方面：首先，股权融资不涉及负债，不会增加企业的偿债压力；其次，通过引入境外战略投资者，企业可以获得更多的资源、技术和市场渠道，促进企业的国际化发展；最后，上市融资可以提高企业的知名度和品牌价值，有利于企业形象的塑造。

然而，跨境股权融资也面临一些挑战。首先，跨境股权融资需要遵守不同国家和地区的法律法规，涉及复杂的法律程序和监管要求；其次，境外投资者对企业的经营状况、市场前景等可能存在信息不对称的问题，导致融资难度增加；最后，跨境股权融资可能导致企业股权结构的改变，进而影响企业的决策和管理。

（二）跨境债券融资概述

跨境债券融资是指企业通过发行境外债券，向境外投资者筹集资金的融资方式。这种方式具有融资成本低、期限灵活、用途广泛等特点，受到许多企业的青睐。

跨境债券融资的优势主要体现在以下几个方面：首先，债券融资的成本相对较低，因为债券的利息支付通常具有税前扣除的优惠；其次，债券融资的期限灵活，企业可以根据自身需求选择短期、中期或长期债券；最后，债券融资的资金用途广泛，可以用于企业的日常运营、扩张投资或偿还债务等。

然而，跨境债券融资同样存在一些挑战和风险。首先，跨境债券融资需要企业具备较高的信用评级和偿债能力，否则可能难以吸引境外投资者；其次，债券市场的波动性和不确定性可能导致融资成本上升或融资难度增加；最后，跨境债券融资可能受到不同国家和地区的法律法规、汇率风险、利率风险等多种因素的影响。

（三）跨境股权融资与债券融资的比较分析

跨境股权融资和债券融资各有其特点和优势，企业在选择时应根据自身的实际情况和需求进行权衡。

从融资成本和期限来看，跨境债券融资通常具有较低的融资成本和灵活的期限选择，适合需要长期稳定资金支持的企业；跨境股权融资虽不涉及负债，但可能导致企业股权结构的改变，影响企业的决策和管理。

从风险角度来看，跨境股权融资的风险主要来自法律程序、监管要求以及境外投资者的信息不对称等问题；跨境债券融资则可能面临市场风险、汇率风险以及利率风险等。因此，企业在选择融资方式时应充分考虑风险因素，尽量选择风险可控的融资方式。

此外，企业还应考虑自身的经营状况、市场前景以及国际化战略等因素。例如，对处于快速成长阶段的企业，跨境股权融资可能更有利于其吸引战略投资者、扩大市场份额；对需要稳定现金流支持的企业，跨境债券融资可能更为合适。

跨境股权融资和债券融资都是企业实现国际化融资的重要手段，具有各自的特点和优势。企业在选择融资方式时，应充分考虑自身的实际情况和需求，权衡各种因素，选择最适合自己的融资方式。

同时，政府和相关机构也应加强对跨境融资的支持和引导。政府可以出台相关政策，简化跨境融资的审批程序，降低融资成本；相关机构则可以加强跨境融资市场的监管和规范，提高市场的透明度和公平性。

此外，企业还应加强自身的风险管理能力，建立健全的风险管理体系，以应对跨境融资可能带来的各种风险。通过加强风险管理，企业可以更好地利用跨境融资的优势，实现国际化战略和可持续发展。

总之，跨境股权融资和债券融资都是企业获取国际资本的重要途径。企业在选择融资方式时，应综合考虑自身条件、市场环境以及风险因素等多方面因素，做出明智的决策。同时，政府和相关机构也应积极发挥作用，为企业跨境融资提供有力支持。

五、贸易融资方式的创新与组合

随着全球化的深入发展和国际贸易的日益繁荣，贸易融资作为支持国际贸易活动的重要手段，其方式和手段也在不断创新和组合。本部分将对贸易融资方式的创新及组合进行深入探讨，分析其在支持国际贸易中的作用和意义。

（一）贸易融资方式的创新

传统的贸易融资方式主要包括信用证、保理、福费廷等，这些方式在一定程度上满足了企业的融资需求。然而，随着市场的变化和技术的进步，贸易融资方式也在不断创新，以适应新的贸易环境和需求。

供应链金融是一种基于供应链管理的贸易融资方式，通过整合供应链上下游企业的资源，提供全方位的金融服务。这种方式能够降低企业的融资成本，提高融资效率，同时也有助于加强供应链的稳定性和协同性。区块链技术以其去中心化、透明化和不可篡改的特点，为贸易融资提供了新的解决方案。通过区块链技术，可以实现贸易信息的实时共享和验证，降低信息不对称风险，提高融资决策的准确性和效率。

随着全球对环保和可持续发展的重视，绿色贸易融资逐渐成为新的趋势。这种融资方式注重环保和可持续发展，通过支持绿色产品和绿色项目，推动国际贸易向更加环保和可持续的方向发展。

（二）贸易融资方式的组合

贸易融资方式的组合是指根据企业的具体需求和贸易特点，将不同的融资方式进行有机组合，以达到最佳的融资效果。

信用证作为一种传统的贸易融资方式，具有高度的信用保障和融资便利性。供应链金融则能够实现对供应链上下游企业的全面金融服务。将两者组合起来，可以为企业提供更加全面和灵活的融资解决方案。保理作为一种应收账款融资方式，能够解决企业应收账款回收周期长、风险高的问题。区块链技术则可以提高贸易信息的透明度和可信度。将保理与区块链技术相结合，可以实现对应收账款的快速、准确验证和融资，降低融资成本和风险。

绿色贸易融资注重环保和可持续发展，而单一的融资方式可能无法满足企业的全部需求。因此，可以将绿色贸易融资与其他融资方式进行组合，如与供应链金融、保理等方式相结合，以实现对绿色项目的全方位支持。

（三）贸易融资方式创新与组合的意义

贸易融资方式的创新与组合对支持国际贸易活动具有重要意义。

首先，创新和组合能够丰富贸易融资手段，满足不同企业的多样化需求。通过引入新的融资方式和组合方式，可以为企业提供更加灵活和个性化的融资解决方案，降低融资门槛和成本。其次，创新和组合有助于提高贸易融资的效率和安全性。新技术的应用和融资方式的优化可以简化融资流程、提高融资速度，同时也有助于降低信息不对称和欺诈风险，保障贸易活动的顺利进行。最后，创新和组合有助于推动国际贸易的可持续发展。绿色贸易融资等创新方式的出现，可以引导企业更加注重环保和可持续发展，推动国际贸易向更加绿色、低碳的方向发展。

贸易融资方式的创新与组合是国际贸易发展的重要趋势。通过不断创新和组合融资方式，可以更好地满足企业的融资需求，提高贸易融资的效率和安全性，推动国际贸易的可持续发展。

未来，随着技术的不断进步和市场的不断变化，贸易融资方式还将继续创新和演变。企业应密切关注市场动态和技术发展趋势，积极探索适合自身需求的融资方式组合，以应对日益复杂的贸易环境和挑战。同时，政府和相关机构也应加强对贸易融资的支持和引导，推动贸易融资市场的健康发展。

总之，贸易融资方式的创新与组合对支持国际贸易活动具有重要意义。通过不断创新和优化融资方式，可以为企业提供更加高效、安全、可持续的融资服务，推动国际贸易的繁荣发展。

六、贸易融资方式的成本效益分析

贸易融资作为支持企业国际贸易活动的重要手段，其成本效益分析对企业选择合适的融资方式至关重要。本部分将对贸易融资方式的成本效益进行深入分析，进而为企业决策提供参考。

（一）贸易融资方式的成本分析

贸易融资方式的成本主要包括融资成本、手续费用以及其他潜在成本。

融资成本是贸易融资方式中最为直接的成本，它通常表现为利息支出或资金使用费用。不同的贸易融资方式，其融资成本有所差异。例如，信用证融资通常涉及较高的开证费用和利息支出，而保理融资则可能涉及应收账款的折扣费用。因此，企业在选择贸易融资方式时，需要充分考虑融资成本的高低。除了融资成本，贸易融资还涉及一系列手续费用，如申请费、评估费、担保费等。这些费用虽然可能相对较低，但也会对企业的财务成本产生影响。企业在选择融资方式时，应对各种手续费用进行全面比较，以选出成本最优的方案。

除了上述直接成本，贸易融资还可能涉及一些潜在成本。例如，企业可能因为融资方式的选择而面临更高的汇率风险或信用风险，这些风险可能导致企业遭受损失。因此，在进行成本分析时，企业还需充分考虑这些潜在成本。

（二）贸易融资方式的效益分析

贸易融资方式的效益主要体现在资金支持、风险降低以及业务拓展等方面。

贸易融资为企业提供了必要的资金支持，有助于企业解决国际贸易中的资金缺口问题。通过融资，企业可以顺利完成订单、采购原材料、支付关税等，从而保障贸易活动的顺利进行。这种资金支持效益有助于企业扩大经营规模、提高市场竞争力。

贸易融资方式还可以帮助企业降低风险。例如，信用证融资通过银行信用担保，可以降低买卖双方的信用风险；保理融资则通过应收账款的转让，可以降低企业的坏账风险。此外，一些创新的贸易融资方式，如供应链金融和区块链融资，通过整合供应链资源和提高信息透明度，有助于降低信息不对称风险。这些风险降低效益有助于企业稳健经营、减少损失。

贸易融资方式的选择对企业的业务拓展也具有重要意义。通过选择合适的融资方式，企业可以更好地拓展国际市场、增加客户粘性、提高市场份额。例如，一些金融机构提供的贸易融资服务，可以为企业提供定制化的融资解决方案，支持企业的个性化需求，从而有助于企业在国际市场上取得更好的业绩。

（三）成本效益综合分析

在进行贸易融资方式的成本效益综合分析时，企业需要综合考虑融资成本、手续费用、潜在成本以及效益等多个方面。企业应根据自身的经营特点、融资需求以及市场环境，权衡各种因素，选择成本效益最优的融资方式。

此外，企业还应关注贸易融资方式的灵活性和可持续性。灵活的融资方式可以更好地适应企业的经营变化和市场波动，有助于企业在不同情况下保持稳定的融资环境。可持续的融资方式则有助于企业实现长期稳定发展，降低财务风险。

贸易融资方式的成本效益分析是企业选择融资方式的重要依据。企业应综合考虑融资成本、手续费用、潜在成本以及效益等多个方面，权衡各种因素，选择成本效益最优的融资方式。同时，企业还应关注融资方式的灵活性和可持续性，以适应不断变化的市场环境和经营需求。

为了更好地利用贸易融资支持企业发展，政府和相关机构也应加强贸易融资市场的建设和管理。通过完善法律法规、优化融资环境、加强监管等措施，推动贸易融资市场的健康发展，为企业提供更多优质、高效的融资服务。

总之，贸易融资方式的成本效益分析是一个复杂而重要的过程。企业需要全面考虑各种因素，做出明智的决策，以实现企业的长期发展。同时，政府和相关机构也应积极发挥作用，为企业的贸易融资活动提供有力支持。

第四节　跨境电子商务背景下的贸易融资风险管理

一、融资风险的识别与评估

融资风险是企业在进行融资活动中所面临的各种潜在损失或不利影响的可能性。准确识别与评估融资风险，对企业的稳健经营和可持续发展至关重要。本部分将从融资风险的识别、评估方法以及应对措施等方面进行探讨。

（一）融资风险的识别

融资风险的识别是风险管理的首要环节，其目的在于及时发现潜在风险，为后续的风险评估和控制提供依据。

市场风险主要包括利率风险、汇率风险和商品价格风险等。企业在进行融资时，应密切关注市场利率、汇率的变动趋势，以及商品市场的价格波动情况。这些因素的变化可能导致企业融资成本上升或资产价值下降，进而影响企业的盈利能力和偿债能力。信用风险是指借款人或担保人因各种原因无法按时履行还款义务而导致的风险。企业应对借款人的信用状况进行全面评估，包括其经营状况、财务状况、还款意愿等。同时，企业还应对担保人的担保能力进行审查，确保其具备足够的担保实力。

流动性风险是指企业在融资过程中因资金流动不畅或资金链断裂而导致的风险。企业应关注自身的资金状况，确保在融资期间能够保持充足的现金流，以应对可能出现的资金短缺问题。法律风险主要涉及融资合同、担保合同等法律文件的合规性和有效性。企业应对融资活动涉及的法律问题进行深入研究，确保合同条款的合法性和可操作性，避免因合同纠纷而引发的法律风险。

（二）融资风险的评估

融资风险的评估是对已识别风险进行量化分析和判断的过程，旨在确定风险的大小和可能带来的影响。

定性评估方法主要通过对风险因素进行描述和分析，判断其可能带来的影响程度。常用的定性评估方法包括风险矩阵法、专家打分法等。这些方法可以根据企业的实际情况和风险特点进行灵活应用，有助于企业深入了解融资风险的本质和特征。定量评估方法主要运用数学模型和统计方法对风险进行量化分析。常用的定量评估方法包括敏感性分析、蒙特卡罗模拟等。这些方法可以更加精确地计算风险的可能性和影响程度，为企业制定风险应对策略提供有力支持。

在融资风险评估过程中，企业还应关注风险的动态变化。由于市场环境、企业经营状况等因素的不断变化，融资风险也会随之发生变化。因此，企业应定期对融资风险进行重新评估，及时调整风险应对策略，确保风险管理的有效性。

（三）融资风险的应对措施

针对识别与评估出的融资风险，企业应制定相应的应对措施，以降低风险发生的可能性或减少风险带来的损失。

企业应建立完善的风险管理体系，明确风险管理的目标、原则和方法，确保风险管理工作的规范化和系统化。同时，还应加强风险管理的组织保障，明确各级人员的风险管理职责，确保风险管理工作得到有效执行。

企业应加强内部控制，完善各项管理制度和业务流程，确保融资活动的合规性和有效性。同时，还应加强风险管理文化建设，提高全员的风险意识和风险管理能力，形成共同应对风险的良好氛围。企业可以通过购买保险、进行信用担保等方式转移融资风险。同时，企业也可以通过多元化融资渠道、分散投资等方式降低单一融资来源带来的风险。这些工具的运用可以有效降低企业的融资风险水平。

企业应加强与金融机构的合作与沟通，建立良好的合作关系和信任机制。通过与金融机构的深入合作，企业可以获得更加优惠的融资条件和更加专业的风险管理建议，有助于降低融资成本和风险水平。

融资风险的识别与评估是企业进行风险管理的重要环节。通过准确识别潜在风险、采用合适的评估方法以及制定有效的应对措施，企业可以降低融资风险的发生概率和影响程度，保障企业的稳健经营和可持续发展。同时，企业还应不断完善风险管理体系和内部控制机制，提高风险管理水平，为企业的长远发展奠定坚实基础。

二、融资风险的预防与控制

融资风险是企业在融资过程中不可避免的挑战，它可能源于市场环境的变化、企业内部管理的不完善或是决策失误等多方面因素。为了确保企业的稳健经营和持续发展，对融资风险进行有效的预防与控制显得尤为重要。本部分将从融资风险的预防和控制两个方面进行深入探讨。

（一）融资风险的预防

预防融资风险是风险管理的首要任务，它要求企业在融资活动开始之前，通过采取一系列措施来降低风险发生的可能性。

企业应建立健全的风险管理制度，明确风险管理的职责和流程，确保风险管理工作得到有效执行。制度应涵盖风险评估、风险控制、风险监测和风险应对等方面，进而为企业的融资活动提供全面的风险保障。企业应定期对员工进行风险意识培训，提高员工对融资风险的认识和警觉性。通过培训，使员工了解融资风险的特点、危害和防范措施，从而在日常工作中更加注重风险管理。

企业应根据自身的经营情况和市场环境，合理规划融资结构，避免过度依赖某一种融资方式或融资渠道。通过多元化融资，分散风险，降低单一融资来源带来的风险。企业在选择融资项目时，应进行严格的审核和评估，确保项目的可行性和盈利性。对风险较高的项目，企业应谨慎决策，避免盲目跟风或过度投资。企业应建立风险预警机制，对融资活动中可能出现的风险进行实时监测和预警。通过设定风险阈值和指标，及时发现潜在风险，为风险的应对提供有力支持。

（二）融资风险的控制

当融资风险发生时，企业需要采取有效的控制措施来降低风险的影响，确保企业的稳健经营。

企业应针对不同的融资风险制定相应的应对策略，明确应对措施和责任人。策略应包括风险规避、风险减轻、风险转移和风险承担等方面，以确保在风险发生时能够迅速做出反应。企业应加强与金融机构的沟通与合作，建立良好的合作关系和信任机制。通过与金融机构的深入沟通，企业可以及时了解市场动态和融资政策变化，为风险应对提供有力支持。同时，金融机构也可以为企业提供专业的风险管理建议和帮助。

在融资风险发生时，企业应根据实际情况调整融资结构和策略，以降低风险水平。例如，对高风险的融资项目，企业可以考虑暂停或缩减融资规模；对成本较高的融资方式，企业可以寻求更优惠的融资条件或寻找新的融资渠道。企业应充分利用各种风险管理工具来降低融资风险。例如，通过购买保险来转移风险，通过信用担保来提高融资成功率，通过多元化投资来分散风险等。这些工具的运用可以有效降低企业的融资风险水平。

企业应加强内部审计与监督，对融资活动的合规性和有效性进行定期检查和评估。通过内部审计，企业可以发现潜在的风险点和管理漏洞，及时采取措施进行改进和纠正。同时，监督机制的建立也可以确保风险管理制度得到有效执行，防止风险失控。

（三）建立长期风险防控机制

除了上述具体的预防与控制措施，企业还应建立长期的风险防控机制，以确保融资风险的持续管理和降低。

企业应定期对风险管理策略进行评估和更新，以适应不断变化的市场环境和业务需求。通过定期评估，企业可以及时发现策略中的不足和缺陷，并进行调整和优化。企业应强化风险文化建设，将风险管理理念融入企业的核心价值观和日常经营活动中。通过风险文化的建设，企业可以形成全员参与风险管理的良好氛围，提高整个企业的风险管理水平。

企业应加强与外部机构的合作与交流，如与行业协会、研究机构等建立合作关系，共享风险管理经验和信息。通过与外部机构的合作，企业可以及时了解行业内的最新动态和趋势，为风险防控提供有力支持。

融资风险的预防与控制是企业风险管理的重要组成部分。通过完善风险管理制度、加强风险意识培训、合理规划融资结构、严格审核融资项目以及建立风险预警机制等措施，企业可以有效预防融资风险的发生。当风险发生时，通过制定风险应对策略、加强与金融机构的沟通与合作、调整融资结构和策略以及充分利用风险管理工具等方式，企业可以控制风险的影响并降低损失。此外，建立长期的风险防控机制也是确保企业稳健经营的关键所在。

综上所述，企业在融资过程中应始终保持高度的风险意识，加强风险管理和控制工作，确保企业的稳健发展和持续经营。

三、融资安全与合规性管理

融资是企业发展的重要手段，但在融资过程中，安全与合规性管理至关重要。融资安全关乎企业的财务稳健和持续发展，而合规性则是确保企业遵循法律法规、维护良好声誉的基础。本部分将详细探讨融资安全与合规性管理的重要性、面临的主要挑战以及实施策略。

（一）融资安全与合规性管理的重要性

融资安全与合规性管理是企业稳健经营的重要保障。首先，融资安全直接关系到企业的资金链和偿债能力。如果融资过程中存在安全隐患，就可能导致企业资金链断裂，甚至陷入破产境地。其次，合规性管理是企业遵守法律法规、维护市场秩序的基本要求。违反法律法规的融资行为不仅可能面临法律制裁，还会损害企业的声誉和信誉，影响企业的长期发展。

（二）融资安全与合规性管理面临的主要挑战

市场风险是融资安全与合规性管理面临的主要挑战之一。市场利率、汇率、商品价格等波动可能对企业融资成本、还款能力产生影响。此外，市场环境的变化也可能导致融资政策调整，企业需要密切关注市场动态，及时应对风险。信用风险是企业在融资过程中面临的不可忽视的风险之一。借款人或担保人的信用状况不佳可能导致违约风险增加，影响企业的融资安全。企业需要建立完善的信用评估体系，对借款人和担保人进行严格的信用审查。

法律风险主要涉及融资合同的合规性和有效性。企业在融资过程中需要遵守相关法律法规，确保合同条款的合法性和可操作性。同时，企业还需要关注国内外法律环境的变化，及时调整融资策略，避免法律风险。操作风险是指在融资过程中因人为失误、系统故障等原因导致的风险。企业需要建立完善的风险管理制度和内部控制机制，规范操作流程，降低操作风险。

（三）融资安全与合规性管理的实施策略

企业应建立完善的风险管理制度，明确风险管理职责和流程。制度应涵盖风险识别、评估、监控和应对等方面，确保融资活动的安全可控。同时，企业还应建立风险预警机制，及时发现和应对潜在风险。企业在融资过程中应加强合规性审查，确保融资活动符合法律法规要求。这包括对融资合同、担保合同等法律文件的合规性审查，以及对借款人、担保人信用状况的严格审查。企业还应关注国内外法律环境的变化，及时调整融资策略，确保合规性。

企业应建立有效的内部控制机制，规范融资活动的操作流程。通过设立专门的融资管理部门或岗位，明确职责分工，确保融资活动的专业性和规范性。同时，企业还应加强内部审计和监督，确保内部控制机制的有效执行。企业应加强对员工的融资安全与合规性培训和教育。通过培训，使员工了解融资风险的特点和危害，掌握风险识别和应对的方法。同时，企业还应加强对员工的合规性教育，提高员工的法律意识和合规意识。

企业应充分利用技术手段提高融资安全与合规性管理水平。例如，利用大数据、人工智能等技术手段进行风险识别和评估；利用区块链等技术手段提高融资合同的安全性和可追溯性；利用信息化手段规范操作流程，降低操作风险。

融资安全与合规性管理是企业稳健经营的重要保障。面对市场风险、信用风险、法律风险和操作风险等挑战，企业需要建立完善的风险管理制度和内部控制机制，加强合规性审查和员工培训与教育，充分利用技术手段提高管理水平。通过这些措施的实施，企业可以有效降低融资风险，确保融资活动的安全合规，为企业的稳健发展和持续经营奠定坚实基础。

四、融资风险应急预案的制定与实施

融资风险应急预案是企业为应对可能出现的融资风险而预先制定的一套紧急应对措施和程序。在融资过程中，由于市场环境的变化、企业内部管理的不完善或外部因素的影响，企业可能面临各种融资风险，如资金链断裂、信用危机等。因此，制定和实施融资风险应急预案对企业的稳健经营和持续发展具有重要意义。

（一）融资风险应急预案的制定

在制定融资风险应急预案之前，企业需要对可能面临的融资风险进行全面识别和评估。通过深入分析市场趋势、行业竞争格局、企业自身状况等因素，识别出可能引发融资风险的关键因素和潜在风险点。同时，对风险的大小、发生概率和影响程度进行评估，为应急预案的制定提供科学依据。制定融资风险应急预案应遵循以下原则：一是实用性原则，应急预案应紧密结合企业实际情况，具有可操作性和实用性；二是全面性原则，应急预案应覆盖所有可能的融资风险，确保风险应对的完整性；三是灵活性原则，应急预案应具有一定的灵活性，能够根据风险变化及时调整和完善。

融资风险应急预案应包括以下内容：一是应急组织机构和职责分工，明确应急领导小组、应急工作小组等组织机构的设置和职责；二是风险预警机制，建立风险监测、预警和报告制度，确保及时发现和应对风险；三是风险应对措施，针对不同类型的融资风险，制定相应的应对措施和处置流程；四是资源保障措施，包括资金、人力、物资等方面的保障措施，确保应急工作的顺利开展。

（二）融资风险应急预案的实施

制定好的融资风险应急预案需要得到全体员工的认同和支持，因此，企业应加强应急预案的宣传和培训。通过组织培训、讲座等形式，向员工普及融资风险知识，提高员工的风险意识和应急能力。同时，建立应急预案的演练机制，定期组织应急演练，检验应急预案的有效性和可操作性。

企业应设立专门的应急组织机构，负责融资风险应急预案的组织和实施。应急组织机构应明确各成员的职责和分工，确保在风险发生时能够迅速响应、有效应对。同时，建立应急通信机制，确保应急组织机构内部和外部的通信畅通无阻。

企业应建立风险实时监测与预警系统，对融资风险进行持续监测和预警。通过收集和分析市场、政策、信用等方面的信息，及时发现潜在风险并发出预警信号。同时，建立风险报告制度，定期向上级领导和相关部门报告风险情况，为决策提供有力支持。

在融资风险发生时，企业应迅速启动应急预案，按照预案中的应对措施和处置流程进行处置。首先，要立即组织应急工作小组开展风险应对工作，包括风险评估、资源调配、危机公关等方面的工作。其次，加强与金融机构、政府部门等外部机构的沟通与合作，争取外部支持和帮助。同时，做好信息披露工作，及时向公众和投资者通报风险情况和应对措施，维护企业声誉和信誉。

在融资风险应急工作结束后，企业应对整个应急过程进行总结和评估，分析应急预案的有效性和不足之处，并提出改进意见和建议。通过总结经验教训，不断完善和优化应急预案，提高企业的风险应对能力和水平。

制定和实施融资风险应急预案是企业应对融资风险、保障稳健经营的重要手段。通过科学识别风险、制定全面实用的应急预案、加强宣传培训和演练、建立有效的组织机构和通信机制、实时监测预警与迅速响应处置以及总结经验教训并不断改进完善，企业可以有效降低融资风险的发生概率和影响程度，确保企业的持续健康发展。同时，这也体现了企业对市场变化的敏锐洞察力和对风险管理的重视，有助于提升企业的整体竞争力和市场地位。

五、融资风险管理的技术与工具

融资是企业发展的重要环节，然而在这一过程中，企业也面临着多种风险，如市场风险、信用风险、流动性风险等。因此，有效地管理融资风险，对企业来说至关重要。而要实现这一目标，就需要借助一系列的技术与工具。本部分将对融资风险管理的技术与工具进行详细的探讨。

（一）融资风险识别与评估技术

风险识别与评估是融资风险管理的第一步，它涉及对潜在风险的识别、分类和量化。在这一环节中，企业可以利用以下几种技术：

敏感性分析：通过分析关键变量（如利率、汇率等）的变化对融资成本和还款能力的影响，评估潜在风险。

压力测试：模拟极端市场条件或不利情境，测试企业的融资策略和风险承受能力。

风险矩阵：将风险按照发生概率和影响程度进行分类，形成风险矩阵，便于企业优先处理高风险事件。

（二）信用风险管理工具

信用风险是融资过程中的重要风险之一，主要涉及借款人的违约风险。以下是一些常用的信用风险管理工具：

信用评级：通过专业的信用评级机构对借款人进行评级，了解其信用状况，为决策提供参考。

信用保险：购买信用保险，将信用风险转移给保险公司，降低企业自身的风险承担。

担保措施：要求借款人提供抵押、质押或第三方担保，增加还款保障。

（三）市场风险管理工具

市场风险主要来自市场价格的波动，如利率风险、汇率风险等。以下是一些常用的市场风险管理工具：

利率互换：通过利率互换协议，将固定利率转换为浮动利率或反之，以规避利率风险。

远期外汇合约：通过签订远期外汇合约，锁定未来的汇率，降低汇率风险。

期权：利用期权合约，在市场价格波动时，通过买卖期权来获得收益或规避损失。

（四）流动性风险管理工具

流动性风险是指企业在需要资金时无法及时获得足够资金的风险。以下是一些常用的流动性风险管理工具：

现金储备：保持足够的现金储备，以应对突发的资金需求。

信贷额度：与金融机构建立信贷关系，获得一定的信贷额度，以备不时之需。

流动性风险管理模型：利用模型预测企业的资金流动情况，制订合理的资金调度计划。

（五）量化风险管理技术

随着金融市场的不断发展和复杂化，量化风险管理技术在融资风险管理中扮演着越来越重要的角色。以下是一些常用的量化风险管理技术：

风险价值（VaR）模型：通过计算在一定置信水平下，企业可能面临的最大潜在损失，帮助企业了解自身风险水平。

在险价值（CVaR）模型：在VaR的基础上，进一步考虑尾部风险，更全面地评估企业的风险状况。

蒙特卡罗模拟：通过模拟大量可能的市场情境，评估不同情境下企业的融资风险，为决策提供依据。

（六）融资风险管理信息系统

融资风险管理信息系统是整合上述技术与工具的重要平台。通过构建完善的信息系统，企业可以实现以下功能：

数据整合与共享：将各类风险数据整合到一个平台中，实现数据的共享和统一管理。

风险监控与预警：实时监控融资风险的变化情况，当风险超过预设阈值时，及时发出预警信号。

报告与决策支持：生成各类风险报告和统计分析结果，为企业管理层提供决策支持。

融资风险管理的技术与工具种类繁多，企业应根据自身的实际情况和需求选择合适的技术与工具。同时，随着市场环境的变化和技术的不断发展，企业还应不断调整和优化风险管理策略，确保融资活动的安全和稳健。通过综合运用上述技术与工具，企业可以更加有效地识别、评估和应对融资风险，为企业的稳健发展提供有力保障。

值得注意的是，虽然这些技术与工具在融资风险管理中发挥着重要作用，但它们并非万能。企业还需要结合自身的经营策略、市场环境等因素，灵活运用这些工具，形成具有针对性的风险管理方案。此外，加强风险文化建设，提高全员风险意识，也是实现有效融资风险管理的重要一环。

综上所述，融资风险管理的技术与工具是企业应对融资风险的重要武器。企业应充分了解并掌握这些技术与工具的使用方法，将其应用于实际的风险管理工作中，以确保企业的融资活动安全、稳健地进行。

六、融资风险管理能力的提升与培训

随着市场经济的深入发展和全球化的加速推进，企业融资活动日益频繁和复杂，融资风险管理成为企业稳健经营和可持续发展的关键环节。因

此，提升融资风险管理能力，加强相关培训，对企业的长远发展具有重要
意义。

（一）融资风险管理能力的现状与挑战

当前，许多企业在融资风险管理方面仍面临诸多挑战。一方面，部分
企业对融资风险的认识不足，缺乏系统的风险管理体系和专业的风险管理
人才；另一方面，随着市场环境的变化和融资方式的创新，新的融资风险
不断涌现，对企业的风险管理能力提出了更高的要求。

（二）提升融资风险管理能力的必要性

提升融资风险管理能力，有助于企业更好地识别、评估和控制融资风
险，保障资金安全，维护企业声誉和信誉。同时，有效的融资风险管理还
能提高企业的决策效率和经营效益，增强企业的市场竞争力。

（三）融资风险管理能力提升的途径

一是建立完善的风险管理体系。企业应建立完善的风险管理体系，包
括风险识别、评估、监控和应对等环节。通过制定风险管理政策、流程和
标准，明确各部门和人员的风险管理职责和权限，确保风险管理工作有序
开展。

二是强化风险管理意识与文化。企业应加强风险管理意识的培养，将
风险管理理念融入企业文化中。通过举办风险管理知识培训、分享风险管
理案例等方式，提高全员对风险管理的认识和重视程度。

三是提升风险管理专业技能。企业应加强对风险管理人员的专业培训，
提高其专业技能和素质。通过邀请专家授课、组织内部交流学习等方式，
使风险管理人员掌握先进的风险管理理念和方法，提高风险识别、评估和
应对的能力。

（四）融资风险管理培训的内容与方法

1.培训内容

（1）风险管理基础知识：包括风险的定义、分类、识别方法等，使参
训人员对风险管理有基本的了解。

（2）融资风险管理理论与实践：介绍融资风险管理的理论框架和实践

经验，包括风险评估模型、风险控制措施等，使参训人员掌握融资风险管理的核心技能。

（3）案例分析：通过分析实际案例，让参训人员了解融资风险管理的具体操作和应对策略，提高其实践能力。

2.培训方法

（1）线上培训：利用网络平台进行远程培训，方便参训人员随时随地学习。可以通过视频课程、在线测试等方式进行学习和巩固。

（2）线下培训：组织面对面的培训活动，邀请专家授课或组织内部经验分享。可以通过讲座、研讨、模拟演练等形式，增强培训的互动性和实效性。

（3）实践操作：安排参训人员进行实际操作或模拟演练，使其在实践中掌握融资风险管理的技能和方法。

（五）培训效果评估与持续改进

为确保培训效果，企业应对培训成果进行评估，并根据评估结果进行持续改进。可以通过以下方式进行评估：

培训前后对比：对比参训人员在培训前后掌握的风险管理知识和技能水平，评估培训效果。

培训反馈调查：通过问卷调查或面谈等方式，收集参训人员对培训内容和方法的反馈意见，为改进培训提供参考。

实际应用效果评估：观察参训人员在实际工作中运用融资风险管理知识和技能的情况，评估培训成果的实际应用效果。

根据评估结果，企业应及时调整培训内容和方法，优化培训流程，提高培训质量。同时，建立培训成果的跟踪机制，定期对参训人员进行复训和巩固，确保其持续保持较高的风险管理能力。

提升融资风险管理能力是企业应对复杂市场环境、保障稳健经营的关键举措。通过建立完善的风险管理体系、强化风险管理意识与文化、提升风险管理专业技能以及加强相关培训等措施，企业可以不断提高融资风险管理水平，为企业的可持续发展提供有力保障。在未来的发展中，企业应持续关注风险管理领域的最新动态和技术发展，不断更新和完善风险管理理念和方法，以适应不断变化的市场环境。

　　此外，企业还应注重风险管理的跨部门协同与信息共享，确保各部门在风险管理工作中的有效沟通与协作。通过加强内部沟通与协作，企业可以更加全面地识别和评估融资风险，制定更加有效的风险控制措施，提高企业的整体风险管理水平。

　　综上所述，提升融资风险管理能力及加强相关培训是企业应对融资风险、保障稳健经营的重要措施。企业应结合实际情况，制订针对性的风险管理策略和培训计划，不断提高风险管理水平，为企业的长远发展奠定坚实基础。

第五节　跨境电子商务背景下的贸易融资创新

一、融资模式的创新与实践

　　在当今复杂多变的商业环境中，传统的融资模式已难以满足企业日益增长的资金需求。因此，融资模式的创新与实践成为企业寻求持续发展的关键。本部分旨在探讨融资模式的创新趋势以及这些创新在实践中的应用，进而为企业提供更广阔的融资思路。

（一）融资模式创新的必要性

　　随着全球化的加速和市场竞争的加剧，企业面临着日益严峻的资金挑战。传统的融资方式，如银行贷款、股权融资等，虽然为企业提供了资金支持，但也存在融资成本高、融资期限固定、审批流程繁琐等问题。此外，随着科技的进步和金融市场的创新，新的融资工具和平台不断涌现，为企业提供了更多的融资选择。因此，融资模式的创新不仅有助于解决企业面临的资金问题，还能推动金融市场的深化发展。

（二）融资模式的创新趋势

　　传统的融资方式往往依赖单一的融资渠道，如银行贷款或股权融资。然而，随着金融市场的发展，多元化的融资方式逐渐成为主流。这包括发行债券、资产证券化、租赁融资等多种方式，企业可以根据自身需求和市场环境选择适合的融资方式，降低融资成本，提高融资效率。

金融科技的发展为融资模式的创新提供了强大的技术支持。大数据、云计算、人工智能等技术的应用，使得融资过程更加便捷、高效。例如，通过大数据分析，金融机构可以更准确地评估企业的信用状况和风险水平，为企业提供更精准的融资服务。同时，金融科技也推动了互联网金融的发展，为中小企业和个人提供了更加灵活的融资选择。

随着全球对环保和可持续发展的日益关注，绿色金融和可持续发展融资成为新的融资趋势。这些融资模式强调将资金投向环保、节能、清洁能源等领域，推动经济的绿色转型。这不仅有助于企业实现社会责任，还能获得政府在税收、贷款等方面的优惠政策支持。

（三）融资模式创新在实践中的应用

企业在实践中开始积极探索多元化的融资方式。除了传统的银行贷款和股权融资，越来越多的企业也开始尝试发行债券、进行资产证券化等操作。这些多元化的融资方式不仅拓宽了企业的融资渠道，还降低了融资成本，提高了融资效率。

金融科技在融资领域的应用日益广泛。许多企业开始利用大数据、云计算等技术手段进行风险评估和信用评级，以提高融资成功率。同时，互联网金融平台也为企业提供了更加便捷的融资服务，如P2P网贷、众筹等模式，使得企业可以更加灵活地获取资金。

越来越多的企业开始关注绿色金融和可持续发展融资。这些企业通过发行绿色债券、参与绿色投资基金等方式，将资金投向环保、节能等领域。这不仅有助于企业实现社会责任，还能提高企业的社会声誉和市场竞争力。

（四）融资模式创新面临的挑战与对策

虽然融资模式的创新为企业带来了诸多机遇，但也让企业面临着一些挑战。首先，监管政策的不确定性是融资模式创新面临的主要风险之一。企业需要密切关注政策动向，及时调整融资策略。其次，技术风险是不容忽视的问题。企业在应用金融科技进行融资时，需要确保数据安全和系统稳定。此外，市场风险也是企业需要考虑的因素之一。在选择融资方式时，企业需要充分评估市场环境和风险水平，做出明智的决策。

为了应对这些挑战，企业需要采取一系列对策。首先，加强风险管理意识，建立完善的风险管理体系，确保融资活动的安全和稳定。其次，积极采用新技术，利用金融科技手段提高融资效率和风险管理水平。同时，加强与金融机构和政府的合作，共同推动融资模式的创新和发展。

融资模式的创新与实践是企业应对市场变化、推动持续发展的重要手段。通过多元化融资方式、金融科技驱动的融资创新以及绿色金融与可持续发展融资等创新趋势的实践应用，企业可以更加灵活地获取资金，降低融资成本，提高融资效率。然而，融资模式创新也面临着监管政策、技术风险和市场风险等挑战。因此，企业需要加强风险管理意识，积极拥抱新技术，并与金融机构和政府加强合作，共同推动融资模式的创新和发展。

展望未来，随着科技的不断进步和金融市场的深化发展，融资模式的创新将继续深入。企业应保持敏锐的市场洞察力，不断探索和实践新的融资模式，以适应不断变化的市场环境，实现持续稳健的发展。同时，政府和社会各界也应加强对融资模式创新的支持和引导，为企业提供良好的融资环境和政策保障，共同推动经济的繁荣和可持续发展。

二、融资技术的应用与发展

融资技术，作为金融领域的重要组成部分，对企业的发展和市场的繁荣起着至关重要的作用。随着科技的进步和金融市场的不断创新，融资技术也在不断演变和进步，为企业提供了更多样化、高效的融资方式。本部分将对融资技术的应用与发展进行深入探讨，进而为相关领域的研究和实践提供参考。

（一）融资技术的基本概念与分类

融资技术，简而言之，是指企业或个人通过特定的金融工具和策略，从资本市场或其他金融机构获取资金的过程。根据融资方式的不同，融资技术可以分为直接融资和间接融资两大类。直接融资主要包括股票发行、债券发行等方式，企业通过向公众出售证券直接获取资金；间接融资则主要通过银行等金融机构作为中介，以贷款等形式为企业提供资金支持。

（二）融资技术的应用现状

随着互联网技术的快速发展，互联网融资技术应运而生。P2P网贷、众筹等新型融资模式通过互联网平台实现了资金供需双方的直接对接，降低了融资成本，提高了融资效率。同时，大数据、云计算等技术的应用也使得风险评估和信用评级更加精准，为投资者提供了更多样化的投资选择。区块链技术以其去中心化、透明化和不可篡改的特性，在融资领域展现出巨大的应用潜力。通过区块链技术，可以实现融资信息的实时共享和验证，提高融资过程的透明度和可信度。此外，智能合约的应用也可以简化融资流程，降低操作成本，提高融资效率。

随着全球对环保和可持续发展的重视，绿色融资技术逐渐成为新的融资热点。绿色债券、绿色信贷等融资方式将资金投向环保、节能、清洁能源等领域，推动经济的绿色转型。这不仅有助于企业实现社会责任，还能获得政府在税收、贷款等方面的优惠政策支持。

（三）融资技术的发展趋势

随着数字化技术的深入应用，融资过程将更加智能化和自动化。通过人工智能、机器学习等技术，可以实现融资需求的智能匹配、风险评估的自动化以及融资决策的智能化。这将极大地提高融资效率和降低运营成本。随着市场竞争的加剧和企业需求的多样化，融资技术将更加注重个性化和定制化服务。金融机构将根据不同企业的融资需求和风险状况，提供量身定制的融资方案和风险管理策略，以满足企业的个性化需求。

未来的融资技术将更加注重跨界融合与创新。金融机构将与其他行业进行合作，共同探索新的融资模式和技术应用。同时，金融科技企业的崛起也将为融资技术的创新提供更多可能性。

（四）融资技术发展面临的挑战与采取的对策

随着融资技术的不断创新和应用，监管和合规问题也日益凸显。金融机构需要密切关注政策动向，加强风险管理和合规意识，确保融资活动的合规性和合法性。在数字化和智能化的趋势下，数据安全与隐私保护成为融资技术发展的重要问题。金融机构需要加强数据管理和安全防护措施，确保客户信息的安全性和隐私性。

融资技术的快速发展对金融机构的技术更新和人才培养提出了更高要求。金融机构需要加大技术投入和人才培养力度，提高员工的技术水平和创新能力。

融资技术的应用与发展为企业提供了更多样化、高效的融资方式，推动了金融市场的繁荣和经济的发展。然而，面对监管与合规、数据安全与隐私保护以及技术更新与人才培养等挑战，金融机构需要积极应对并寻求创新解决方案。

随着科技的不断进步和市场的不断变化，融资技术将继续朝着数字化、智能化、个性化和跨界融合的方向发展。我们期待在不久的未来，能够看到更多创新性的融资技术应用于实践，为企业和投资者带来更大的价值与便利。同时，政府和社会各界也应加强对融资技术创新的支持和引导，为其发展创造良好的环境和条件。

三、融资服务的优化与升级

在当今快速发展的经济环境中，融资服务作为连接资金供需双方的重要桥梁，其优化与升级显得尤为重要。通过优化融资流程、提升服务质量、创新服务模式等手段，融资服务能够更好地满足企业和个人的融资需求，推动经济的稳健发展。本部分将从多个方面探讨融资服务的优化与升级，进而为相关行业的进步提供有益的思考。

（一）融资服务优化的必要性

随着金融市场的不断发展和竞争的加剧，传统的融资服务模式已经难以满足市场的多样化需求。一方面，企业和个人对于融资服务的效率和便捷性提出了更高的要求；另一方面，金融机构需要在风险控制和成本控制之间寻求平衡。因此，对融资服务进行优化与升级，既是满足市场需求的重要举措，也是提升金融机构竞争力的关键所在。

（二）融资服务流程的优化

传统的融资审批流程往往繁琐复杂，耗时较长。为了提升融资效率，金融机构应简化审批流程，减少不必要的环节和文件要求。同时，可以利用大数据、人工智能等技术手段，实现自动化审批和风险评估，进一步提高审批效率。

加强信息披露和透明度是优化融资服务流程的重要手段。金融机构应及时向融资申请人提供详细的融资信息，包括融资条件、利率、期限等关键要素。同时，也应建立有效的沟通机制，及时解答申请人的疑问和反馈。

（三）融资服务质量的提升

金融机构应提升服务人员的专业素养和业务能力，确保他们能够提供专业、准确的融资建议和解决方案。此外，还可以建立专业化的服务团队，针对不同行业和领域的融资需求提供定制化服务。客户满意度是衡量融资服务质量的重要指标。金融机构应建立客户满意度调查机制，及时了解客户的反馈和需求，并针对问题进行改进。同时，还应加强客户关系管理，建立长期稳定的合作关系。

（四）融资服务模式的创新

随着互联网技术的发展，线上融资服务逐渐成为新的趋势。金融机构可以开发线上融资平台，实现融资申请的在线提交、审批和放款等操作，提高融资服务的便捷性和效率。供应链金融是一种基于供应链管理的融资服务模式，通过整合供应链上下游企业的资源和信息，实现资金的优化配置和风险控制。这种模式有助于降低中小企业的融资门槛和成本，提升整个供应链的竞争力。随着环保意识的提升，绿色融资服务逐渐成为新的热点。金融机构可以推出绿色信贷、绿色债券等融资产品，支持环保、节能等领域的项目发展，推动经济的绿色转型。

（五）融资服务升级面临的挑战与对策

融资服务的优化与升级需要借助先进的技术手段。然而，金融机构在技术应用方面往往面临人才短缺、技术更新滞后等问题。因此，金融机构应加大技术投入和人才培养力度，积极引进新技术和创新模式。随着融资服务模式的创新，新的风险点也随之出现。金融机构需要在追求效率和创新的同时，加强风险管理和内部控制，确保融资业务的安全稳健。融资服务市场的竞争日益激烈，金融机构需要在市场中脱颖而出。因此，金融机构应密切关注市场动态和客户需求变化，及时调整和优化服务策略，提升市场竞争力。

融资服务的优化与升级是金融行业发展的必然趋势。通过简化流程、提升质量、创新模式等手段，融资服务能够更好地满足市场需求，推动经济的稳健发展。然而，在优化与升级的过程中，金融机构也面临着技术、风险和市场等多重挑战。因此，金融机构需要不断创新和完善自身服务体系，以应对日益复杂多变的市场环境。

展望未来，随着科技的不断进步和市场的不断成熟，融资服务将进一步实现智能化、个性化和综合化。金融机构应紧跟时代步伐，积极探索新的服务模式和技术应用，为企业和个人提供更加优质、高效的融资服务。同时，政府和社会各界也应加强对融资服务行业的支持和引导，推动其健康、可持续发展。

四、融资创新的市场响应与效果评估

在金融领域，融资创新始终是推动金融市场发展的重要力量。随着金融科技的迅猛发展和市场需求的多元化，融资创新层出不穷，为企业和个人提供了更多元化、更高效的融资方式。然而，融资创新的市场响应如何，其效果又如何评估，这些都是值得关注和研究的问题。本部分将对融资创新的市场响应与效果评估进行深入探讨，进而为相关领域的实践和发展提供有益参考。

（一）融资创新的市场响应

融资创新往往能够满足投资者对更高收益、更低风险的需求。例如，一些创新的融资产品如股权众筹、P2P网贷等，通过降低投资门槛、提高透明度等方式，吸引了大量中小投资者的关注。这些创新产品不仅为投资者提供了更多的投资选择，也促进了资本的有效配置。对企业来说，融资创新意味着更多的融资渠道和更低的融资成本。通过创新的融资方式，企业可以更加灵活地筹集资金，满足其不同发展阶段的资金需求。同时，融资创新也能够降低企业的融资门槛，使更多的小微企业和创新型企业得以获得资金支持。

融资创新带来了市场竞争格局的演变。传统的金融机构如银行、券商等面临着来自金融科技公司的竞争压力，不得不加快自身的创新步伐。同时，新的融资模式的出现也促进了金融市场的多元化发展，使得市场竞争更加激烈。

（二）融资创新的效果评估

融资创新的一个重要效果是提升了融资效率。通过引入先进的技术手段和创新的融资模式，使融资过程更加便捷、高效。例如，利用大数据和人工智能技术，金融机构可以更快速地评估借款人的信用状况和风险水平，从而缩短审批时间和降低交易成本。此外，一些创新的融资平台如P2P网贷、股权众筹等，实现了资金供需双方的直接对接，减少了中间环节，提高了融资效率。融资创新还有助于降低融资成本。一方面，通过创新的融资方式，企业可以更加灵活地选择融资期限、利率等条件，从而降低融资成本；另一方面，融资创新促进了金融市场的竞争，使得金融机构不得不降低服务费用以吸引客户。这些都有利于降低企业的融资成本，提高其盈利能力。

风险控制是融资创新中不可忽视的一环。通过引入新的风险评估模型和技术手段，金融机构可以更准确地识别和管理风险。例如，利用大数据和机器学习技术，可以对借款人的信用记录、经营状况等进行全面分析，从而更准确地评估其还款能力和违约风险。此外，一些创新的融资产品如担保贷款、信用保险等，也为投资者提供了更多的风险保障措施。

融资创新的社会经济效益也是评估其效果的重要方面。通过支持小微企业和创新型企业的发展，融资创新有助于推动经济增长和就业创造。同时，融资创新还能够促进金融资源的优化配置，提高金融市场的效率和稳定性。这些都有利于提升整个社会的经济效益和福利水平。

（三）面临的挑战与对策

尽管融资创新带来了诸多积极效果，但在实际运作中也面临着一些挑战。例如，技术风险、法律风险、市场风险等都可能对融资创新的效果产生负面影响。为了应对这些挑战，需要采取以下对策：

融资创新离不开先进的技术支持和专业的人才队伍。因此，金融机构应加大技术研发投入力度，积极引进和培养具有创新精神和专业技能的人才，为融资创新提供有力支撑。法律法规和监管体系是保障融资创新健康发展的重要基础。政府应加强对融资创新的监管力度，完善相关法律法规和政策措施，为融资创新提供有力的法律保障和政策支持。

风险管理是融资创新中不可或缺的一环。金融机构应建立完善的风险管理体系和内部控制机制，确保融资创新在风险可控的前提下进行。同时，还应加强对借款人的信用评估和贷后管理，降低违约风险。

融资创新作为金融市场发展的重要驱动力量，在推动金融创新和促进经济发展方面发挥着重要作用。通过提升融资效率、降低融资成本、增强风险控制能力等方式，融资创新为投资者和企业带来了实实在在的利益。然而，在实际运作中也面临着一些挑战和问题。因此，我们需要不断加强技术研发和人才培养、完善法律法规和监管体系、加强风险管理和内部控制等方面的工作，以推动融资创新的持续健康发展。

展望未来，随着金融科技的不断进步和市场需求的不断变化，融资创新将继续呈现出新的发展趋势和特点。我们期待看到更多的创新产品和服务涌现出来，为金融市场的发展注入新的活力和动力。同时，我们也呼吁各方共同努力，为融资创新的健康发展创造良好的环境和条件。

五、融资创新的风险与机遇分析

随着金融市场的不断发展和深化，融资创新成为推动经济发展的重要力量。然而，任何创新都伴随着风险与机遇并存的情况，融资创新也不例外。本部分将对融资创新的风险与机遇进行深入分析，进而为相关领域的决策和实践提供有益的参考。

（一）融资创新的风险分析

市场风险是融资创新中不可忽视的一种风险。由于融资创新产品往往具有新颖性和复杂性，市场对其接受程度和价格波动可能存在较大的不确定性。一旦市场出现不利变化，就可能导致融资创新产品的价值大幅缩水，甚至面临流动性风险。此外，市场竞争的加剧也可能导致融资创新产品的收益率下降，进而影响其吸引力。信用风险是融资创新中另一种重要的风险。由于融资创新产品往往涉及多个参与方和复杂的交易结构，信用风险的管理难度相对较大。一旦某个参与方出现违约行为，就可能引发连锁反应，导致整个融资创新项目陷入困境。此外，信息不对称和道德风险也可能加剧信用风险的发生。

法律风险是融资创新中需要特别关注的风险之一。由于融资创新产品往往涉及新的交易模式和法律关系，相关法律法规可能尚未完善或存在空白。这可能导致融资创新项目在法律上存在一定的不确定性，增加了法律风险的发生概率。此外，不同国家和地区的法律差异也可能给跨国融资创新项目带来法律合规的挑战。

技术风险是融资创新中不可忽视的风险因素。融资创新往往依赖先进的技术手段和信息系统，如大数据、人工智能、区块链等。然而，这些技术的稳定性和安全性可能存在一定的问题，一旦出现故障或被黑客攻击，就可能导致融资创新项目的正常运行受到严重影响。

（二）融资创新的机遇分析

融资创新为企业和个人提供了更多元化的融资渠道。传统的融资渠道往往受到诸多限制，如银行信贷额度有限、债券发行门槛高等。而融资创新产品如股权众筹、P2P网贷等，降低了融资门槛，使得更多的小微企业和创新型企业得以获得资金支持。这有助于缓解融资难、融资贵的问题，促进经济的持续发展。

融资创新通过引入先进的技术手段和创新的融资模式，提高了融资效率。传统的融资过程往往繁琐复杂，审批时间长、成本高。而融资创新产品如智能合约、快速贷款等，能够实现资金的快速匹配和交易，降低了融资成本和时间成本。这有助于提升金融市场的效率和竞争力，推动金融服务的普惠化。

融资创新是推动金融创新的重要动力。通过引入新的交易模式、风险评估方法和产品设计理念，融资创新能够推动金融市场的创新和发展。这有助于提升金融服务的质量和效率，满足市场和客户的多样化需求。同时，融资创新也能够促进金融机构之间的合作与竞争，推动金融行业的整体进步。

融资创新有助于支持实体经济的发展。通过为小微企业和创新型企业提供资金支持，融资创新能够促进这些企业的成长和发展，推动经济的创新和转型。同时，融资创新也能够优化金融资源的配置，使金融服务更具针对性和有效性，为实体经济的发展提供有力的金融支撑。

（三）应对风险与把握机遇的策略建议

面对融资创新的风险，金融机构应建立完善的风险管理体系和内部控制机制。通过加强风险评估、监测和预警，及时发现和应对潜在风险。同时，加强内部控制，确保业务操作的合规性和稳健性。政府应加强对融资创新的监管和引导，推动相关法律法规的完善。通过明确融资创新产品的法律地位、规范交易行为、保护投资者权益等措施，为融资创新的健康发展提供有力的法律保障。

金融机构应加大技术研发投入力度，提升技术水平和创新能力。通过引入先进的技术手段和创新的融资模式，提高融资效率和风险控制能力。同时，加强与科技企业的合作，共同推动融资创新的发展。金融机构应密切关注市场需求和变化，及时调整和优化融资创新产品和服务。通过深入了解客户需求和偏好，设计更符合市场需求的融资创新产品，提升客户满意度和市场竞争力。

融资创新作为金融市场发展的重要力量，既带来了丰富的机遇，也伴随着一定的风险。通过加强风险管理和内部控制、推动相关法律法规的完善、提升技术水平和创新能力以及关注市场需求和变化等措施，我们可以更好地应对融资创新的风险并把握其带来的机遇。未来，随着金融科技的不断发展和市场的不断变化，融资创新将继续发挥重要作用，为经济的持续健康发展提供有力支持。

六、融资创新的持续推动与发展战略

融资创新作为金融市场发展的重要驱动力，对提升金融服务的效率、促进经济增长具有至关重要的作用。然而，融资创新的推动并非一蹴而就，它需要持续的努力和精心的战略规划。本部分将探讨融资创新的持续推动因素以及相应的发展战略，进而为相关领域的实践提供指导。

（一）融资创新的持续推动因素

市场需求的多样化和变化是融资创新持续推动的重要因素。随着经济的发展和产业结构的升级，不同企业和个人对于融资方式、成本、期限等方面的需求日益多样化。这种多样化的需求促使金融机构不断创新融资产品和服务，以满足市场的不同需求。技术进步和创新为融资创新提供了有力支持。大数据、云计算、人工智能等先进技术的应用，使得金融机构能够更准确地评估风险、提高融资效率、降低运营成本。同时，区块链等新兴技术也为融资创新提供了新的可能性和方向。

政府在融资创新中发挥着重要的引导和支持作用。通过出台相关政策，政府可以鼓励金融机构加大创新力度，推动融资创新的发展。此外，政府还可以通过提供资金支持、税收优惠等措施，为融资创新提供良好的发展环境。

（二）融资创新的发展战略

深入了解市场需求和变化是制定融资创新发展战略的基础。金融机构应加强对市场的研究和分析，准确把握市场的发展趋势和潜在需求。同时，通过与客户的沟通和交流，了解他们的真实需求和痛点，为融资创新提供有针对性的解决方案。技术创新是推动融资创新的关键。金融机构应加大技术研发和投入力度，积极引入和应用新技术。通过利用大数据、云计算等技术手段，提高风险评估的准确性和融资效率；通过探索区块链等技术的应用，优化融资流程和降低交易成本。

拓宽融资渠道和方式是融资创新的重要方向。金融机构应积极探索多元化的融资方式，如股权众筹、P2P网贷等，为不同需求的企业和个人提供多样化的融资选择。同时，加强与政府、企业等各方的合作，共同推动融资市场的繁荣发展。风险管理是融资创新中不可忽视的一环。金融机构应建立完善的风险管理机制，通过引入先进的风险评估模型和技术手段，提高风险识别和防范能力。同时，加强内部控制和合规管理，确保融资创新业务在风险可控的前提下进行。

人才是融资创新的核心力量。金融机构应重视人才培养和团队建设，积极引进和培养具有创新精神和专业技能的人才。通过建立良好的激励机制和培训体系，激发员工的创新热情和创造力，为融资创新提供有力的人才保障。

（三）面临的挑战与对策

尽管融资创新具有广阔的发展前景和重要的战略意义，但在实际推动过程中也面临着一些挑战。例如，技术风险、市场风险、法律风险等都可能对融资创新产生不利影响。为了应对这些挑战，金融机构需要采取以下对策：

建立完善的风险管理体系，加强风险监测和预警，确保融资创新业务的风险可控。加强与监管机构的沟通和合作，及时了解政策动向和监管要求，确保融资创新业务的合规性。加大技术研发和投入力度，提高技术水平和创新能力，为融资创新提供有力的技术支持。加强与各方的合作与交流，共同推动融资创新的发展，形成良好的生态环境。

融资创新作为金融市场发展的重要驱动力，将持续推动金融服务的升级和经济的增长。通过加强市场研究与需求分析、强化技术创新与应用、拓展融资渠道与方式、优化风险管理机制，以及加强人才培养与团队建设等战略措施的实施，我们可以更好地推动融资创新的发展并取得显著成效。

展望未来，随着技术的不断进步和市场的不断变化，融资创新将面临更多的机遇和挑战。我们需要保持敏锐的洞察力和创新精神，不断调整和优化发展战略，以适应市场的需求和变化。同时，我们也需要加强合作与交流，共同推动融资创新的发展，为经济的持续健康发展贡献力量。

总之，融资创新的持续推动与发展战略是一个复杂而重要的课题。通过深入研究和探索，我们可以找到更加有效的推动因素和战略措施，为融资创新的繁荣发展提供有力的支持和保障。

第十章　跨境电子商务背景下的
关税与贸易壁垒

第一节　关税与贸易壁垒的基本概念

一、关税的定义与种类

关税是一个涉及国家经济、贸易和财政的复杂概念，它不仅影响着国家的进出口政策，也反映了国家在国际经济中的地位和角色。在深入探讨关税的定义与种类之前，我们首先需要明确关税的基本概念。

简单来说，关税就是当进口和出口货物经过一国关境时，由政府所设置的海关向其进口和出口商所征收的税收。关税是国家授权海关对出入关境的货物征收的一种税，属于国家最高行政单位指定税率的高级税种。对于对外贸易发达的国家而言，关税往往是国家税收乃至国家财政的主要收入。关税的征税对象是准许进出境的货物，这些货物在通过国家关境时，需要按照一定的税率缴纳税款。

关税的种类繁多，可以从多个角度进行分类。以下是几种主要的关税分类方式。

（一）按征收对象分类

进口税：指海关在外国货物进口时所课征的关税。进口税是关税中最主要的部分，其征收目的在于保护本国市场和增加财政收入。通过对外国进口商品征收关税，政府可以控制外国商品在本国市场的流通，从而保护本国经济的发展。

出口税：指海关在本国货物出口时所课征的关税。与进口税不同，出口税的征收较为少见，因为过高的出口税可能会降低本国商品的国际竞争力。然而，为了限制某些特定资源和产品的出口或出于其他特定的经济、社会考量，一些国家仍会对部分出口货物征收关税。

过境税：又称通过税，是对外国货物通过本国国境或关境时征收的一种关税。过境税的目的在于防止外国货物在本国境内无限制地转运，从而维护本国的经济秩序和利益。

（二）按征税目的分类

财政关税：主要以增加国家财政收入为目的，通常对所有进出口货物征收，税率较为统一。

保护关税：旨在保护本国经济和市场，通常对特定进口货物征收较高税率，以限制其在本国市场的流通。

惩罚关税或报复关税：针对某些特定国家或地区的货物征收，以作为对其不公平贸易行为或违反国际贸易协定的惩罚或报复。

（三）按关税待遇分类

普通关税：又称一般关税，是对与本国没有签订贸易或关税协定、或虽已签订有关协定但对方未给予最惠国待遇国家的进口货物，按照普通税率征收的关税。

优惠关税：对特定的进口货物或特定的出口国给予的关税减免待遇。例如，最惠国待遇、协定关税、特惠关税、普惠制关税等。

（四）按常规与临时划分

法定关税：在税则中事先规定好进出口货物应征的关税税率，进出口货物按法定税率计征关税。

附加关税：在海关税则规定的正税之外，另行加征的关税。

综上所述，关税的种类繁多，每种关税都有其特定的征收对象和目的。关税作为一种重要的经济工具，在调节国际贸易、保护国内产业、增加财政收入等方面发挥着重要作用。然而，关税的征收也需要遵循国际贸易规则，避免过度保护本国经济而导致贸易壁垒和贸易摩擦。因此，在制定关税政策时，政府需要综合考虑国内外经济形势、产业发展状况、国际贸易环境等多个因素，以实现关税政策的最佳效果。

此外，关税政策也需要与其他经济政策相协调，如汇率政策、贸易协定等。通过这些政策的综合运用，可以更好地实现国家经济发展目标，提高国际竞争力，促进全球经济繁荣。

在全球化日益深入的今天，关税政策不仅是一个国家的内部事务，也是国际经济合作与竞争的重要组成部分。各国需要共同努力，通过谈判和协商，建立公平、透明、可预测的关税制度，以促进全球贸易的自由化和便利化。

未来，随着科技的进步和全球经济格局的变化，关税政策也将面临新的挑战和机遇。例如，数字贸易、跨境电商等新兴贸易形态的出现，将对传统关税制度提出新的要求。因此，各国需要不断研究和探索新的关税政策，以适应新的经济形势和发展需求。

总的来说，关税作为一种重要的经济工具，在国际贸易和国内经济发展中发挥着不可替代的作用。通过深入研究和理解关税的定义与种类，我们可以更好地利用这一工具，促进国家经济的繁荣和发展。

二、非关税壁垒的形式与特点

非关税壁垒，作为国际贸易中的一种重要手段，与关税壁垒不同，它主要通过非税收的方式来限制外国商品的进口。这些手段包括但不限于进口配额、自愿出口限制、进口许可证制、外汇管制、进口押金制、歧视性政府采购政策、国内税、进口最低限价、海关估价制、贸易技术壁垒等。这些措施在形式上多种多样，各具特点，都会对国际贸易产生深远的影响。

（一）非关税壁垒的主要形式

进口配额制是指一国政府在一定时期内对某些商品的进口数量或金额加以直接限制。这种方式通过规定进口配额的数量或金额，直接限制了外国商品的进入，从而保护了本国产业和市场。自愿出口限制是指出口国在进口国的压力下自行限定某些商品出口数额的措施。虽然名为"自愿"，但实际上往往是受到进口国压力或双方协议的结果。

进口许可证制是指进口国规定某些商品的进口须领取特别进口许可证方可进口，否则一律不准进口。这种方式通过控制许可证的发放，间接限制了进口商品的数量和种类。外汇管制是指一国政府通过法令对国际结算和外汇汇率所实行的限制性措施。外汇管制可以通过限制外汇的兑换和使用，从而间接影响进口商品的数量和种类。

贸易技术壁垒是指通过制定严格的技术标准、认证制度等方式，限制外国商品的进口。这种方式虽然以保护消费者安全、环保等名义出现，但实际上往往成为限制外国商品进入的手段。

（二）非关税壁垒的特点

与关税壁垒相比，非关税壁垒具有更强的灵活性和针对性。政府可以根据国内产业的需要和市场情况，随时调整非关税壁垒的措施和力度。同时，非关税壁垒可以针对特定的商品或国家进行限制，更加精准地保护本国产业和市场。非关税壁垒往往以技术、环保、安全等名义出现，具有很强的隐蔽性，这使得外国商品在面临非关税壁垒时，往往难以察觉和应对。此外，非关税壁垒往往具有歧视性，即针对特定国家或地区的商品进行限制，从而引发贸易摩擦和争端。

非关税壁垒不仅影响着商品的进口数量和价格，还可能影响到企业的投资决策、市场布局等方面。长期来看，非关税壁垒可能导致国际贸易秩序的混乱和失衡，对全球经济产生负面影响。非关税壁垒与国际贸易规则之间的关系复杂多变。一方面，一些非关税壁垒措施可能违反国际贸易规则，如WTO的相关规定；另一方面，一些非关税壁垒措施可能被视为合理的技术、环保或安全措施而得到认可。这使得非关税壁垒在国际贸易中的合法性和有效性成为一个争议的话题。

（三）非关税壁垒的影响与挑战

非关税壁垒对国际贸易的影响是显而易见的。它限制了商品的自由流动，降低了国际市场的竞争程度，可能导致资源配置的扭曲和效率的降低。同时，非关税壁垒也增加了国际贸易的不确定性和风险，给企业的跨国经营带来挑战。

然而，非关税壁垒的存在也有一定的合理性。在某些情况下，非关税壁垒可以保护国内产业和市场免受不公平竞争和损害。此外，一些非关税壁垒措施也是出于保护消费者安全、环保等公共利益的需要。

因此，在应对非关税壁垒时，各国需要权衡利弊，采取合适的措施。一方面，各国可以通过加强国际合作和谈判，推动国际贸易规则的完善和发展，减少非关税壁垒的负面影响；另一方面，各国可以通过加强自身的技术创新和产业升级，提高产品的竞争力和附加值，从而更好地应对非关税壁垒的挑战。

非关税壁垒作为国际贸易中的一种重要手段，具有灵活、隐蔽、针对性强等特点。它在一定程度上保护了国内产业和市场，但也给国际贸易带来了挑战和不确定性。因此，各国在应对非关税壁垒时，需要采取综合措施，既要保护本国利益，又要促进国际贸易的健康发展。

在未来的国际贸易中，随着科技的进步和全球经济的深度融合，非关税壁垒的形式和特点可能会发生新的变化。各国需要密切关注国际贸易形势的变化，不断调整和完善自身的贸易政策，以适应并应对新的国际贸易环境和挑战。同时，各国也应加强国际合作和交流，共同推动国际贸易的公平、自由和可持续发展。

三、关税与贸易壁垒对国际贸易的影响

关税与贸易壁垒作为国际贸易中的重要政策工具，对全球贸易格局、各国经济发展以及企业竞争力等方面产生了深远的影响。本部分将从关税与贸易壁垒的定义、形式及特点出发，深入探讨它们对国际贸易的影响，并提出相应的对策建议。

（一）关税与贸易壁垒概述

关税是指进出口商品在经过一国关境时，由政府所设置的海关向其进出口商所征收的税收。关税的主要目的是增加国家财政收入、保护国内产业、调节市场供求等。贸易壁垒则是指一国政府为保护本国产业和市场，通过立法或其他措施对进口商品设置障碍，限制其进入本国市场的做法。贸易壁垒不仅包括关税壁垒，还包括非关税壁垒，如进口配额、许可证制度、技术壁垒等。

（二）关税对国际贸易的影响

关税的高低直接影响到进出口商品的成本和价格，进而影响贸易规模和结构。高关税使得进口商品成本增加，降低其市场竞争力，导致进口减少。同时，国内产业因关税保护而减少竞争压力，可能导致生产效率低下和创新能力不足。反之，低关税有助于降低进口成本，促进贸易自由化，推动全球贸易规模的扩大。

关税政策往往受到国家利益、政治关系以及地缘政治等因素的影响，因此可能导致贸易伙伴关系的调整。一方面，高关税可能引发贸易战和贸易摩擦，破坏贸易伙伴之间的互信和合作；另一方面，通过降低关税或达成贸易协定，可以加强贸易伙伴之间的合作，促进互利共赢。

关税政策对产业竞争力和就业市场也有显著影响。高关税保护本国产业免受外国竞争，但可能导致产业创新不足、效率低下。同时，过高的关税可能增加消费者负担，降低生活水平。低关税则有助于引入国外先进技术和管理经验，提升本国产业竞争力；同时，通过扩大出口市场，创造更多就业机会。

（三）贸易壁垒对国际贸易的影响

贸易壁垒的实施往往导致贸易限制和保护主义的抬头。通过设立进口配额、许可证制度等措施，限制外国商品的进入，保护本国产业和市场。这种保护主义做法可能引发其他国家采取类似措施，形成贸易摩擦，破坏全球贸易秩序和稳定。贸易壁垒的存在导致资源在全球范围内无法得到有效配置。由于贸易壁垒限制了商品的自由流动，使得资源无法从生产效率低的地区流向生产效率高的地区，从而降低了全球经济的整体效率。

贸易壁垒可能阻碍技术的跨国传播和创新。非关税壁垒如技术壁垒往往对外国商品的技术标准和认证要求设置障碍，使得一些具有创新技术的产品难以进入市场。这限制了技术的传播和应用，阻碍了全球技术创新的发展。

（四）对策建议

各国应积极推动贸易自由化进程，降低关税水平，减少非关税壁垒，促进商品的自由流动。通过加强国际合作，推动多边贸易协定的签署和实施，为全球贸易创造更加公平、透明和可预测的环境。各国应加强贸易政策的协调与沟通，避免采取单方面的保护主义措施。通过双边或多边谈判，解决贸易争端和摩擦，维护全球贸易秩序和稳定。

各国应通过技术创新、产业升级等方式提升产业竞争力和创新能力，以应对国际贸易环境的变化。同时，加强人才培养和引进，提高劳动力素质和技能水平，为产业发展提供有力支撑。各国应完善国内贸易体系和法规建设，为国际贸易提供有力保障。通过建立健全贸易法律法规、加强市场监管和执法力度等措施，维护公平竞争的市场环境，促进国际贸易的健康发展。

综上所述，关税与贸易壁垒对国际贸易的影响是复杂而深远的。各国应积极推动贸易自由化进程，加强贸易政策协调与沟通，提升产业竞争力与创新能力，完善国内贸易体系与法规建设，共同推动全球贸易的繁荣与发展。

四、关税与贸易壁垒的经济学分析

关税与贸易壁垒作为国际贸易政策的重要组成部分，对全球经济格局、资源配置效率、国家福利水平等方面产生了深远的影响。本部分将从经济学的角度，对关税与贸易壁垒的效应进行深入分析，并探讨其背后的经济逻辑和潜在影响。

（一）关税的经济学效应

关税首先影响的是进出口商品的价格。对进口商品而言，关税提高了其在国内市场的售价，使得消费者面临更高的购买成本；对出口商品而言，虽然关税直接作用于外国市场，但也会通过国际市场价格机制影响本国出口商品的价格。这种价格效应不仅可以影响消费者的购买决策，还可以对企业的生产和销售策略产生重要影响。关税通过价格机制进一步影响生产和消费。高关税导致进口商品价格上涨，使得国内生产替代品的厂商获得更大的市场空间，从而可能扩大生产规模。同时，高关税也减少了消费者对进口商品的需求，转而购买国内替代品，从而促进了国内产业的发展。

然而，这种效应也可能导致资源配置的扭曲，因为关税可能使得一些原本具有比较优势的产业失去竞争力。

另外，关税还会影响一国的贸易条件。一般来说，关税的实施会使出口商品价格上涨，进口商品价格下降，从而改善一国的贸易条件。然而，这种改善是以牺牲外国利益为代价的，可能引发贸易伙伴采取的报复性措施，导致贸易摩擦的升级。关税作为一种税收工具，可以增加政府的财政收入。然而，这种收入效应并不是无成本的。过高的关税可能导致贸易量的减少，从而降低关税的总收入。此外，关税还可能引发一系列的经济和社会成本，如资源配置的扭曲、生产效率的降低以及消费者福利的损失等。

（二）贸易壁垒的经济学效应

贸易壁垒通过限制外国商品的进入，保护国内产业免受外国竞争。这种市场准入限制使得国内产业在相对封闭的市场环境中运营，虽然减少了竞争压力，但同时也可能导致生产效率低下和创新能力不足。此外，贸易壁垒还可能阻碍技术的跨国传播和应用，限制全球创新资源的共享。贸易壁垒的存在可能导致资源配置的扭曲。在自由贸易的环境下，资源可以根据比较优势在各国之间自由流动，实现全球范围内的优化配置。然而，贸易壁垒限制了这种自由流动，使得资源可能无法流向最具效率的生产领域，从而降低了全球经济的整体效率。

贸易壁垒的实施往往导致福利损失。从消费者的角度来看，贸易壁垒提高了进口商品的价格，降低了消费者的购买能力和生活水平。从生产者的角度来看，贸易壁垒虽然可以保护国内产业免受外国相关产业竞争，但也可能导致生产效率低下和产能过剩等问题。此外，贸易壁垒还可能引发贸易战和贸易摩擦，进一步加剧全球经济发展的不稳定性和不确定性。

（三）关税与贸易壁垒的经济学分析

从经济学的角度来看，关税与贸易壁垒的实施需要权衡其利弊得失。一方面，适度的关税和贸易壁垒可以保护国内产业和市场免受不公平竞争和损害，维护国家经济安全和利益；另一方面，过高的关税和严格的贸易壁垒可能导致资源配置的扭曲、生产效率的降低以及消费者福利的损失等问题。因此，在制定贸易政策时，需要综合考虑国家经济发展、产业竞争力、国际政治关系等多个因素，寻求一个平衡点以实现经济的可持续发展。

此外，随着全球经济一体化和贸易自由化的深入发展，各国之间的经济联系和相互依存程度不断加深。在这种情况下，过度依赖关税和贸易壁垒来保护国内产业与市场可能不再是明智的选择。相反，加强国际合作、推动贸易自由化进程、促进全球经济的共同发展可能更符合各国的长远利益。

关税与贸易壁垒作为国际贸易政策的重要工具，对全球经济产生了深远的影响。从经济学的角度来看，其效应具有复杂性和多样性，需要在制定贸易政策时进行综合考量和权衡。在推动全球贸易自由化和经济一体化的过程中，各国应加强合作与交流，共同应对挑战和解决问题，以实现全球经济的共同繁荣与发展。

五、关税与贸易壁垒的国际规则与协议

在全球化的背景下，关税与贸易壁垒的国际规则与协议在促进国际贸易发展、维护公平竞争、推动经济发展等方面发挥着至关重要的作用。这些规则与协议不仅为各国提供了明确的贸易准则，也为解决贸易争端提供了有效的机制。本部分将深入探讨关税与贸易壁垒的国际规则与协议，分析其主要内容、影响及未来发展趋势。

（一）关税的国际规则与协议

关税作为国际贸易中的一种重要手段，其设置与调整受到一系列国际规则与协议的约束。其中，最具代表性的便是世界贸易组织（World Trade Organization，WTO）的相关规则。

WTO作为全球贸易治理的核心机构，其框架下的《关税与贸易总协定》（General Agreement on Tariffs and Trade，GATT）是规范关税行为的基础性文件。GATT要求成员国在关税设置上应遵循最惠国待遇原则，即一国给予另一国的贸易优惠和减免应无条件地适用于所有WTO成员国。此外，GATT还规定了关税的约束性、透明度和非歧视性等原则，以确保关税政策的公平性和合理性。

除了GATT，WTO还通过一系列协议对关税进行进一步规范。例如，

《农业协议》对农产品关税的削减和关税配额的使用进行了详细规定；《纺织品与服装协议》则对纺织品和服装的关税进行了特殊安排。这些协议旨在通过降低关税水平、减少关税壁垒，推动全球贸易的自由化和便利化。

（二）贸易壁垒的国际规则与协议

贸易壁垒是阻碍国际贸易自由化的重要因素，因此国际社会对贸易壁垒的规制也给予了高度关注。WTO作为国际贸易规则的制定者和维护者，在贸易壁垒的规制方面发挥了重要作用。

WTO框架下的《贸易技术壁垒协议》（Agreement on Technical Barriers to Trade，TBT）和《卫生与植物卫生措施协议》（Agreement On The Application Of Sanitary And Phytosanitary Measures，SPS）是规范非关税壁垒的主要协议。TBT要求成员国在制定和实施技术法规、标准和合格评定程序时，应遵循非歧视性、透明度等原则，避免对国际贸易造成不必要的障碍。SPS则针对食品、动植物及其产品的卫生和植物卫生措施，要求成员国在制定相关措施时应基于科学原则，避免对国际贸易造成过度限制。

此外，WTO还可以通过争端解决机制对贸易壁垒进行监管和处理。当成员国之间出现贸易争端时，可以通过WTO的争端解决程序进行调解和仲裁，以维护国际贸易秩序和公平竞争。

（三）国际规则与协议的影响

关税与贸易壁垒的国际规则与协议对国际贸易和各国经济发展产生了深远影响。首先，这些规则与协议降低了关税水平，减少了贸易壁垒，促进了全球贸易的自由化和便利化。这有助于各国充分利用国际市场和资源，提高经济效益和竞争力。

其次，国际规则与协议为各国提供了明确的贸易准则和预期，降低了贸易不确定性。这有助于企业制定更加合理的生产和经营策略，减少贸易风险。

最后，国际规则与协议还促进了国际贸易的公平性和透明度。通过要求成员国遵守最惠国待遇原则、透明度原则等，国际规则与协议有助于消除贸易歧视和减少不公平竞争现象，维护国际贸易秩序。

然而，需要注意的是，国际规则与协议的实施也面临一些挑战和困难。

例如，一些国家可能出于自身利益考虑而违反规则与协议。同时，随着全球贸易格局的变化和新兴市场的崛起，现有的规则与协议可能需要进行调整和完善。

（四）未来发展趋势

未来，关税与贸易壁垒的国际规则与协议将继续发挥重要作用。随着全球贸易自由化进程的加速推进，各国将更加重视国际规则与协议在维护公平竞争、促进经济发展等方面的作用。同时，面对全球贸易格局的变化和新兴市场的崛起，国际规则与协议也将不断进行调整和完善，以适应新的贸易形势和需求。

此外，随着数字经济、绿色经济等新兴领域的快速发展，未来的国际规则与协议将更加注重对这些领域的规范和引导。例如，加强数字贸易规则的制定和实施、推动绿色贸易壁垒的消除等将成为未来国际规则与协议发展的重要方向。

总之，关税与贸易壁垒的国际规则与协议在促进全球贸易自由化、维护公平竞争、推动经济发展等方面发挥着重要作用。未来，随着全球贸易形势的变化和新兴领域的发展，这些规则与协议将继续发挥重要作用，并不断完善和调整以适应新的贸易需求。

六、关税与贸易壁垒的未来发展趋势

在全球经济一体化的浪潮下，关税与贸易壁垒作为国际贸易的重要组成部分，其未来发展趋势对于全球经济的稳定与繁荣具有至关重要的影响。本部分将深入探讨关税与贸易壁垒的未来发展趋势，分析可能的变化因素及其对全球经济格局的影响。

（一）关税的未来发展趋势

随着全球贸易自由化进程的加速推进，各国之间的关税水平有望在未来继续降低。这一趋势不仅体现在传统贸易伙伴之间，也体现在新兴市场和发展中国家之间。通过降低关税，各国可以进一步打开市场，促进商品和服务的自由流通，从而推动全球经济的增长和繁荣。在未来，区域性关税同盟和自由贸易区可能成为关税发展的重要方向。这些组织通过协商和谈判，消除或降低成员国之间的关税壁垒，促进区域内的贸易自由化。这种趋势有助于加强区域经济一体化，提高成员国的经济效益和竞争力。

全球贸易形势的变化和新兴市场的崛起，关税政策可能会变得更加灵活和更有针对性。各国可能根据自身的产业优势和发展需求，对特定商品或行业实施不同的关税政策。这种趋势有助于各国更好地应对贸易挑战，保护国内产业和市场。

（二）贸易壁垒的未来发展趋势

虽然关税是贸易壁垒的一种重要形式，但在未来，非关税壁垒可能会变得更加重要。非关税壁垒包括技术壁垒、环保壁垒、社会壁垒等多种形式，它们通过制定严格的技术标准、环保要求和社会责任标准等，限制外国商品的进入。这种趋势不仅反映了全球贸易对环境保护、社会公正等方面的关注增加，也体现了各国对于自身产业和市场保护的加强。

在全球经济不确定性增加的背景下，贸易保护主义可能会抬头。一些国家可能会出于自身经济利益和政治考虑，采取更加严格的贸易壁垒措施，限制外国商品的进入。这种趋势可能加剧全球贸易紧张局势，引发贸易摩擦，对全球经济稳定造成威胁。然而，需要指出的是，贸易保护主义并非长久之计。过度的贸易壁垒不仅会损害其他国家的利益，也会对本国经济造成负面影响。因此，各国在采取贸易壁垒措施时，需要权衡利弊得失，寻求合理的平衡点。

随着全球贸易格局的变化和新兴市场的崛起，贸易壁垒可能会呈现出更加多元化和复杂化的趋势。除了传统的关税和非关税壁垒，还可能出现新的贸易壁垒形式，如数字贸易壁垒、绿色贸易壁垒等。这些新的贸易壁垒形式可能会涉及更加复杂的技术和规则问题，需要各国加强合作与沟通，共同应对挑战。

（三）未来发展趋势的影响

未来，关税与贸易壁垒将对全球经济格局产生深远影响。一方面，关税的降低和贸易壁垒的减少将有助于推动全球贸易自由化和便利化，促进商品和服务的自由流通，提高全球经济的效率和竞争力；另一方面，非关税壁垒的加强和贸易保护主义的抬头可能引发贸易紧张和冲突，对全球经济稳定造成威胁。

因此，各国需要密切关注关税与贸易壁垒的未来发展趋势，加强国际合作与沟通，共同应对挑战。同时，各国也应根据自身的实际情况和发展需求，制定合理的贸易政策，平衡国内产业保护和国际贸易自由化的关系，实现经济的可持续发展。

综上所述，关税与贸易壁垒的未来发展将受到多种因素的影响，包括全球经济形势、贸易政策取向、技术进步等。在未来，随着全球贸易自由化进程的推进和新兴市场的崛起，关税水平有望降低，贸易壁垒形式可能更加多样化和复杂化。同时，各国需要加强合作与沟通，共同应对贸易挑战和风险，推动全球贸易的健康发展。

未来，随着数字经济、绿色经济等新兴领域的快速发展，关税与贸易壁垒的规则和形式也可能发生新的变化。因此，各国需要密切关注全球贸易形势的变化，及时调整和完善自身的贸易政策，以适应并应对新的贸易需求和挑战。同时，国际组织如WTO等也需要在推动全球贸易自由化的过程中发挥更加积极的作用，加强规则制定和争端解决机制的建设，为全球贸易的稳定和繁荣提供有力保障。

第二节　跨境电子商务背景下的关税问题

一、跨境电子商务的关税政策与规定

随着全球化和互联网的快速发展，跨境电子商务已成为国际贸易的重要组成部分。跨境电子商务的兴起为消费者提供了更多选择和便利，同时也为企业带来了更广阔的市场和商机。然而，跨境电子商务的发展也面临着诸多挑战，其中关税政策与规定是其中的重要问题。本部分将探讨跨境电子商务的关税政策与规定，分析其影响及应对策略。

（一）跨境电子商务的关税政策概述

跨境电子商务的关税政策是指各国政府针对跨境电子商务交易所制定的税收政策和规定。这些政策旨在保护国内产业、调节贸易平衡、增加财政收入等。由于跨境电子商务具有全球性、虚拟性和复杂性等特点，其关税政策也呈现出多样性和复杂性。

各国政府在制定跨境电子商务关税政策时，通常需要考虑以下因素：首先是保护国内产业，通过关税政策限制外国商品的进口，保护本国产业的发展；其次是调节贸易平衡，通过调整关税水平，促进国际贸易的平衡发展；最后是增加财政收入，通过征收关税，为国家财政提供稳定的收入来源。

（二）跨境电子商务的关税规定

跨境电子商务的关税规定涉及多个方面，包括税率、税基、免税额度、申报程序等。下面将对这些规定进行详细介绍。

税率是跨境电子商务关税政策的核心内容。各国政府根据商品的性质、来源地、价值等因素，制定不同的税率。一般来说，对高价值、高风险的商品，税率往往较高；对低价值、低风险的商品，税率则相对较低。此外，一些国家还与特定国家或地区签订自由贸易协定，对协定范围内的商品实行更低的税率。

税基是指计算关税的依据，通常是商品的完税价格。完税价格包括商品的成交价格、运费、保险费等相关费用。各国政府在确定税基时，会考虑商品的实际价值、交易条件、市场情况等因素，以确保关税的公平性和合理性。

免税额度是指一定金额以下的商品可以免除关税。这一规定的目的是鼓励小额贸易，促进跨境电子商务的发展。各国政府通常会根据国内产业发展情况和财政收入需要，设定不同的免税额度。对超过免税额度的商品，则需要按照规定的税率缴纳关税。

申报程序是跨境电子商务关税规定中的重要环节。进口商或电商平台需要按照相关规定，向海关提交商品信息、价格、数量等申报材料。海关会根据申报材料对商品进行核验，并征收相应的关税。申报程序的规范化和透明化有助于确保关税的征收和监管的有效性。

（三）跨境电子商务关税政策与规定的影响

跨境电子商务关税政策与规定对国际贸易、消费者和企业都产生了深远的影响。

首先，对国际贸易而言，跨境电子商务关税政策与规定有助于促进贸易自由化和便利化。通过降低关税水平、简化申报程序等措施，可以减少贸易壁垒，推动国际贸易的发展。同时，这些政策也有助于加强各国之间的经济联系和合作，促进全球经济的繁荣和稳定。

其次，对消费者而言，跨境电子商务关税政策与规定直接影响其购物成本和选择范围。较低的关税水平意味着消费者可以以更低的价格购买外国商品，增加了消费者购物的选择性和便利性。然而，如果关税过高或申报程序繁琐，可能就会增加消费者的购物成本和风险，降低其购买意愿。

最后，对企业而言，跨境电子商务关税政策与规定既是机遇也是挑战。一方面，企业需要遵守各国的关税规定，确保合规经营；另一方面，企业也可以利用关税政策调整市场策略，拓展国际市场。例如，企业可以针对低税率或免税额度的商品进行重点推广，提高市场竞争力。

（四）应对跨境电子商务关税政策与规定的策略

面对跨境电子商务关税政策与规定的挑战，企业和政府需要采取以下一系列应对策略。

对企业而言，首先需要加强对各国关税政策的研究和了解，确保在跨境电商交易中遵守相关规定。其次可以优化供应链和物流体系，降低关税成本。最后可以通过技术创新和品牌建设等方式，提高产品的附加值和竞争力，以应对关税政策带来的挑战。

对政府而言，一方面需要加强与其他国家的沟通与协商，推动建立更加公平、合理的跨境电子商务关税政策体系；另一方面需要完善国内相关法规和标准，加强对跨境电商平台的监管和管理，保障消费者的权益和安全。

跨境电子商务的关税政策与规定是影响国际贸易发展的重要因素。随着全球化和互联网的深入发展，跨境电子商务将继续保持快速增长的态势。

因此，各国政府和企业需要密切关注关税政策的变化和发展趋势，加强合作与沟通，共同推动跨境电子商务的健康发展。同时，消费者也应关注关税政策对自身购物成本和选择范围的影响，理性消费，享受跨境电商带来的便利与优惠。

二、关税对跨境电子商务的影响与挑战

跨境电子商务作为一种新兴的商业模式，近年来在全球范围内呈现出迅猛的发展势头。然而，关税作为国际贸易中的重要因素，对跨境电子商务的影响不可忽视。本部分将探讨关税对跨境电子商务的影响，并分析由此带来的挑战，进而为相关企业和政策制定者提供有价值的参考。

（一）关税对跨境电子商务的直接影响

关税的征收直接增加了进口商品的成本，从而导致商品价格的上升。在跨境电子商务中，消费者往往对价格较为敏感，因此关税的上升可能导致消费者减少购买量或转向其他更便宜的替代品。这种价格效应可能对跨境电子商务平台的销售额和利润产生负面影响。高额的关税可能成为跨境电子商务企业进入某些市场的障碍。一些国家为了保护本国产业，可能通过提高关税来限制外国商品的进入。这可能导致跨境电子商务企业在这些市场的竞争力下降，甚至无法进入市场。

关税的调整往往引发贸易伙伴之间的紧张关系。当一国提高关税时，其贸易伙伴可能采取报复性措施，导致贸易摩擦的发生。这种紧张关系可能对跨境电子商务企业带来不确定性和风险，影响其经营策略和市场布局。

（二）关税对跨境电子商务的间接影响

关税的变动可能导致跨境电子商务企业调整其供应链策略。为了降低关税成本，企业可能选择改变采购渠道、调整库存布局或寻找新的合作伙伴。这种供应链调整可能带来一系列挑战，如物流成本的增加、供应链不稳定性的提高等。

关税的上升可能导致消费者对跨境电子商务的信心下降。消费者可能担心商品价格的上涨、购买渠道的受限以及售后服务的保障等问题。这种

信心下降可能影响消费者的购买意愿和忠诚度，对跨境电子商务市场的稳定发展构成威胁。

（三）关税带来的挑战

关税政策的调整往往具有不确定性和不可预测性。跨境电子商务企业难以准确预测关税的变化趋势，这增加了企业经营的风险和不确定性。企业可能需要在短时间内做出决策，以适应关税政策的变化，这对其战略规划和市场应对能力提出了更高要求。关税的增加直接提高了跨境电子商务企业的运营成本。企业不仅需要承担更高的进口关税，还可能面临物流成本的增加、汇率波动等风险。这些成本的上升可能会挤压企业的利润空间，影响其竞争力和可持续发展。

关税政策的调整可能导致市场竞争格局的变化。一些企业可能通过降低价格或提供其他优惠措施来应对关税上升带来的压力，从而加剧了市场竞争。跨境电子商务企业需要在激烈的市场竞争中保持优势，不断创新和提升服务质量，以吸引和留住消费者。

（四）应对关税挑战的策略

面对关税带来的挑战，跨境电子商务企业需要采取一系列应对策略。首先，企业可以加强市场调研和预测，密切关注关税政策的变化趋势，以便及时调整经营策略。其次，企业可以优化供应链管理，降低运营成本，提高运营效率。最后，企业还可以加强品牌建设和营销推广，提升消费者信心和忠诚度。同时，政府和国际组织也应加强合作，推动建立更加公平、合理的国际贸易规则，为跨境电子商务的发展创造有利条件。

关税对跨境电子商务的影响是多方面的，既包括直接影响也包括间接影响。这些影响给跨境电子商务企业带来了诸多挑战，如市场不确定性增加、运营成本上升和市场竞争加剧等。为了应对这些挑战，企业需要采取一系列策略，包括加强市场调研和预测、优化供应链管理、加强品牌建设和营销推广等。同时，政府和国际组织也应发挥积极作用，推动国际贸易规则的完善和发展，为跨境电子商务的繁荣创造良好环境。

在未来的发展中，随着全球化和互联网的深入发展，跨境电子商务将继续保持快速增长的态势。然而，关税政策的变化和不确定性仍然是跨境电子商务企业面临的重要问题。因此，企业和政策制定者需要密切关注关税政策的发展趋势，加强合作与沟通，共同推动跨境电子商务的健康、稳定发展。

三、应对关税问题的策略与方法

在全球化日益加深的今天，跨境电子商务作为推动国际贸易的重要力量，其发展受到关税政策的深刻影响。关税的变动不仅会直接影响跨境电商的运营成本，还可能对市场布局、消费者信心等方面产生广泛影响。因此，对跨境电商企业来说，制定有效的策略和方法来应对关税问题，显得尤为重要。

（一）深入了解关税政策及其变化

首先，跨境电商企业需要深入研究并了解各国关税政策及其变化趋势。关税政策往往受到政治、经济等多种因素的影响，因此企业需要密切关注国际政治经济形势的变化，以及各国政府的相关政策动态。通过了解这些信息，企业可以预测关税政策的可能变化，从而及时调整自己的经营策略。

其次，企业可以通过参加国际贸易展览、研讨会等活动，与各国政府、行业协会等建立联系，获取更多的关税政策信息。这些活动不仅可以为企业提供了解政策变化的机会，还可以帮助企业拓展人脉资源，为其未来的发展打下基础。

（二）优化供应链管理以降低关税成本

优化供应链管理是应对关税问题的重要手段之一。企业可以通过优化采购渠道、调整库存布局、降低运输成本等方式来降低关税成本。例如，企业可以选择与低税率国家的供应商建立长期合作关系，或者将库存布局在靠近目标市场的地区，以减少运输距离和关税支出。

此外，企业还可以考虑采用多种运输方式相结合的策略，以降低运输成本。例如，对体积和重量较大的商品，可以选择海运或铁路运输；对体积小、价值高的商品，则可以选择空运。通过灵活选择各种运输方式，企业可以在保证运输效率的同时，降低运输成本，进而减少关税支出。

（三）加强品牌建设以提升产品附加值

品牌建设是提升产品附加值、应对关税问题的重要途径。通过加强品牌建设，企业可以提高产品的知名度和美誉度，从而增强消费者对产品的信任度和忠诚度。当产品具有较高的附加值时，即使关税有所上升，消费者也愿意购买该产品。

为了加强品牌建设，企业可以加大在市场推广和广告宣传方面的投入力度，提升品牌知名度和影响力。同时，企业还可以注重提升产品质量和服务水平，以赢得消费者的信任和口碑。此外，企业还可以积极参与国际展览、比赛等活动，展示自身实力和品牌形象，提升国际影响力。

（四）利用税收协定和优惠政策减轻关税负担

各国之间往往存在税收协定和优惠政策，跨境电商企业可以利用这些协定和政策来减轻关税负担。例如，一些国家之间签订了自由贸易协定或关税同盟协定，对协定范围内的商品实行较低的关税或免税政策。企业可以了解并利用这些协定，降低关税成本。

此外，一些国家还针对特定行业或产品提供税收优惠政策。企业可以研究并申请这些政策，以获得税收减免或优惠待遇。例如，一些国家针对环保产品、创新产品等提供税收优惠，企业可以根据自身情况积极申请。

（五）加强多元化市场拓展以降低风险

面对关税问题，跨境电商企业可以考虑加强多元化市场拓展，以降低风险。通过将市场布局扩展到多个国家或地区，企业可以分散关税风险，避免过度依赖某一市场。

为了实现多元化市场拓展，企业需要深入了解不同市场的需求和特点，制定更具针对性的市场进入策略。同时，企业还需要加强与当地合作伙伴的沟通和合作，共同开拓市场。通过多元化市场拓展，企业可以降低关税风险，提高市场竞争力。

（六）建立灵活的价格调整机制以应对关税变动

关税的变动往往会对商品价格产生影响，因此建立灵活的价格调整机制是应对关税问题的关键。企业可以根据关税政策的变化及时调整商品价格，以保持市场竞争力。

在建立价格调整机制时，企业需要综合考虑成本、市场需求、竞争对手等多种因素。同时，企业还需要密切关注市场反馈和消费者反应，及时调整价格策略。通过灵活调整价格，企业可以在关税政策变化时保持稳定的销售额和利润水平。

综上所述，应对关税问题需要跨境电商企业从多个方面入手，包括深入了解关税政策、优化供应链管理、加强品牌建设、利用税收协定和优惠政策、加强多元化市场拓展以及建立灵活的价格调整机制等。通过综合运用这些策略和方法，企业可以更好地应对关税问题，降低运营成本，提高市场竞争力，实现可持续发展。

第三节　跨境电子商务背景下的非关税壁垒

一、技术性贸易壁垒与绿色壁垒

随着全球经济一体化的深入推进，国际贸易日益繁荣，各国之间的商品与服务交流愈发频繁。然而，这种交流并非毫无阻碍，技术性贸易壁垒与绿色壁垒便是其中重要的阻碍因素。本部分将深入探讨技术性贸易壁垒与绿色壁垒的概念、特点、影响及应对策略，以期为国际贸易的健康发展提供有价值的参考。

（一）技术性贸易壁垒

技术性贸易壁垒是指各国为维护其国家安全、保护人类健康和安全、保护环境、防止欺诈行为、保证产品质量等而采取的一些技术性措施。这些措施可能包括技术标准、认证制度、检验程序等，对进口商品提出技术要求，从而限制其市场准入。

技术性贸易壁垒的特点在于其具有较强的隐蔽性、灵活性和广泛性。它不同于传统的关税壁垒，往往以技术法规、标准、合格评定程序等形式出现，使得进口商品难以察觉其限制作用。同时，技术性贸易壁垒可以根据需要随时调整，灵活性较高。此外，它涉及的领域广泛，包括产品设计、生产方法、包装运输等多个方面。

技术性贸易壁垒对国际贸易的影响是双面的。一方面，它有助于提升产品质量、保障消费者权益、促进技术进步和产业升级；另一方面，它可能导致贸易壁垒的加剧，阻碍国际贸易的自由化进程。对发展中国家而言，技术性贸易壁垒可能构成其出口的主要障碍，影响其经济发展。

（二）绿色壁垒

绿色壁垒是指进口国以保护生态环境、自然资源以及人类和动植物的健康为由而限制进口的各种措施。它通常包括环境技术标准、绿色包装制度、绿色卫生检疫制度以及绿色补贴等。

绿色壁垒具有鲜明的时代特征，它反映了人类对环境保护的日益重视。然而，绿色壁垒也可能被一些国家用作保护本国产业的手段，从而扭曲国际贸易的公平竞争。绿色壁垒对国际贸易的影响主要表现在限制进口、促进环保产业发展以及推动国际贸易向绿色化方向发展等方面。

绿色壁垒的存在使得进口商品需要满足更高的环保标准，这无疑增加了出口国的生产成本和市场准入难度。同时，它也促进了环保产业的发展，推动各国加大环保技术的研发和应用力度。从长远来看，绿色壁垒将推动国际贸易向更加绿色、可持续的方向发展。

（三）应对技术性贸易壁垒与绿色壁垒的策略

面对技术性贸易壁垒与绿色壁垒的挑战，各国和企业需要采取以下一系列有效的应对策略。

首先，企业应加强技术研发和创新，提升产品的技术含量和附加值。通过提高产品质量和技术水平，企业可以更好地满足进口国的技术要求，突破技术性贸易壁垒的限制。

其次，政府应加强国际合作与交流，推动国际贸易规则的完善和发展。各国政府应共同推动技术性贸易壁垒与绿色壁垒的透明度提升，减少其滥用和歧视性现象。同时，加强国际标准的制定和推广，促进国际贸易的公平、公正和透明。此外，企业还应积极了解并达到进口国的技术标准、环保法规等要求，加强自身的合规管理。通过完善产品质量控制体系、加强环保生产管理等方式，企业可以提升自身在国际贸易中的竞争力。

最后，政府应加强对企业的支持和引导，提供必要的政策扶持和信息服务。通过制定优惠政策、提供资金支持等方式，政府可以帮助企业应对技术性贸易壁垒与绿色壁垒的挑战，促进国际贸易的健康发展。

技术性贸易壁垒与绿色壁垒是国际贸易中不可忽视的重要因素。它们既对国际贸易的自由化进程构成挑战，也促进了技术进步和环保产业的发展。面对这些壁垒，各国和企业需要采取积极的应对策略，加强技术研发和创新、加强国际合作与交流、适应进口国的技术和环保要求以及寻求政府的支持和引导。只有这样，才能推动国际贸易的健康发展，实现共赢的局面。

在未来，随着全球经济的不断发展和环保意识的日益增强，技术性贸易壁垒与绿色壁垒可能会呈现更加复杂多变的态势。因此，各国政府和企业需要保持敏锐的洞察力和应变能力，不断调整和完善自身的应对策略，以应对可能出现的新的挑战和机遇。

二、知识产权保护与反不正当竞争

（一）概述

随着科技的不断进步和创新活动的日益频繁，知识产权的保护变得愈发重要。知识产权作为创新成果的重要载体，不仅关系到创新者的利益，也直接关系到国家的创新能力和竞争力。然而，在知识产权保护的过程中，不正当竞争行为时常发生，给知识产权的合法持有者带来严重损失。因此，深入探讨知识产权保护与反不正当竞争的关系，对维护市场秩序、促进创新活动具有重要意义。

（二）知识产权保护的重要性

知识产权是指人们在科学、技术、文化等领域创造出来的精神财富所享有的专有权。它主要包括专利权、商标权、著作权等。知识产权保护的重要性主要体现在以下几个方面。

首先，知识产权保护是激发创新活力的重要保障。创新是推动社会进步的重要动力，而知识产权则是创新成果的重要表现形式。通过保护知识产权，可以鼓励创新者积极投入研发活动，推动科技进步和产业升级。

其次，知识产权保护是维护市场秩序的重要手段。在市场竞争中，知识产权的合法持有者应当享有其创新成果带来的经济利益。如果知识产权得不到有效保护，那么市场上的侵权行为将层出不穷，导致市场秩序混乱，损害消费者的合法权益。

最后，知识产权保护是提升国家竞争力的关键因素。在全球化的背景下，知识产权已经成为国家竞争力的重要组成部分。通过加强知识产权保护，可以吸引更多的国际创新资源，提升国家的创新能力和国际竞争力。

（三）反不正当竞争在知识产权保护中的作用

不正当竞争是指经营者在市场交易中，采取违反公平、诚实信用等原则的手段，损害其他经营者或消费者的合法权益，扰乱社会经济秩序的行为。在知识产权保护领域，反不正当竞争的作用主要体现在以下几个方面。

首先，反不正当竞争可以有效打击知识产权侵权行为。知识产权侵权行为往往表现为假冒、盗版、抄袭等不正当竞争行为。通过加强反不正当竞争执法力度，可以及时发现和制止这些侵权行为，保护知识产权的合法持有者的权益。

其次，反不正当竞争可以维护市场公平竞争秩序。在知识产权领域，不正当竞争行为往往导致市场失序，破坏公平竞争的环境。通过反不正当竞争的手段，可以消除市场中的不正当竞争行为，维护公平竞争的市场秩序。

最后，反不正当竞争可以促进知识产权的合理利用和传播。在保护知识产权的同时，也需要注重知识产权的合理利用和传播。反不正当竞争可以在保护知识产权的同时，防止知识产权的滥用和垄断，促进知识产权的合理利用和传播。

（四）加强知识产权保护与反不正当竞争的措施

为了加强知识产权保护和反不正当竞争，需要从以下几个方面入手。

首先，完善相关法律法规。政府应制定和完善知识产权保护和反不正当竞争的相关法律法规，明确知识产权的权属、保护范围、侵权责任等内容，为知识产权保护提供有力的法律保障。

其次，加强执法力度。执法部门应加大对知识产权侵权和不正当竞争行为的打击力度，严格依法查处侵权行为，维护市场秩序和消费者权益。

再次，提升公众意识。通过宣传教育、普及知识等方式，提高公众对知识产权保护和反不正当竞争的认识和重视程度，形成全社会共同参与的良好氛围。

最后，加强国际合作。在全球化的背景下，知识产权保护和反不正当竞争需要各国共同努力。加强国际合作，共同打击跨国知识产权侵权和不正当竞争行为，是维护全球创新秩序和市场秩序的重要举措。

知识产权保护与反不正当竞争是维护市场秩序、促进创新活动的重要手段。通过加强知识产权保护和反不正当竞争工作，可以激发创新活力、维护公平竞争秩序、提升国家竞争力。因此，我们需要不断完善相关法律法规、加强执法力度、提升公众意识、加强国际合作等，为知识产权保护和反不正当竞争提供有力的保障和支持。

在未来的发展中，我们还应积极探索新的知识产权保护模式和反不正当竞争手段，以适应科技创新和市场竞争的新变化。同时，我们也需要关注知识产权保护与反不正当竞争在数字经济、人工智能等新兴领域的应用和其带来的挑战，为这些领域的健康发展提供有力支持。

总之，知识产权保护与反不正当竞争是一项长期而艰巨的任务。只有全社会共同努力，形成合力，才能推动知识产权保护和反不正当竞争工作不断取得新的进展及成果。

三、非关税壁垒对跨境电子商务的制约与影响

（一）概述

跨境电子商务作为全球经济一体化进程中的重要组成部分，近年来呈现出迅猛发展的态势。然而，在跨境电子商务的发展过程中，非关税壁垒成为一个不可忽视的制约因素。非关税壁垒是指除关税外的所有阻碍国际贸易自由化的措施，包括技术壁垒、行政壁垒、知识产权壁垒等。这些壁垒对跨境电子商务的发展产生了深远的影响，既带来了机遇，也催生了新

的挑战。

（二）非关税壁垒对跨境电子商务的制约

技术壁垒是非关税壁垒的重要组成部分，主要包括技术标准、认证制度、检验程序等。这些壁垒对跨境电子商务企业来说，意味着需要投入更多的资金和精力去适应不同国家的标准和程序。由于各国的技术标准和认证制度存在差异，跨境电子商务企业往往需要面对复杂多变的市场环境，这增加了企业的运营成本和风险。同时，技术壁垒也可能导致一些企业无法进入某些市场，从而限制了其市场准入。

行政壁垒主要表现为繁琐的进出口手续、不透明的审批流程以及官僚主义作风等。这些壁垒不仅增加了跨境电子商务企业的运营成本，还可能导致贸易延误和不确定性增加。在跨境电子商务中，快速、高效的物流体系是保障交易顺利进行的关键。然而，行政壁垒可能导致物流环节出现瓶颈，进而影响跨境电子商务的效率和用户体验。

知识产权壁垒是指对知识产权的保护和限制措施。在跨境电子商务领域，知识产权问题尤为突出。由于跨境电商涉及的产品种类繁多，侵权风险较高。一些国家为了保护本国产业和利益，采取严格的知识产权保护措施，限制了跨境电子商务的发展。这不仅影响了跨境电子商务企业的创新动力，也可能导致一些企业因担心侵权而放弃进入某些市场。

（三）非关税壁垒对跨境电子商务的影响

面对非关税壁垒的挑战，跨境电子商务平台需要加强自身规范化建设，提升服务质量。这包括完善平台规则、加强产品质量监管、提升用户体验等方面。通过规范化发展，跨境电子商务平台可以提高自身的竞争力，更好地应对非关税壁垒带来的挑战。非关税壁垒要求跨境电子商务企业不断提高技术水平，以适应不同国家的技术标准和认证制度。这促使企业加大技术研发投入力度，推动技术创新和升级。通过技术创新，企业可以提高产品质量和竞争力，突破非关税壁垒的限制，进一步拓展国际市场。

面对非关税壁垒的制约，跨境电子商务企业需要不断创新商业模式和业态，以适应市场变化。例如，通过发展跨境电商直邮、保税进口等新模式，降低运营成本和提高效率；通过拓展跨境电商服务领域，提供"一站式"解决方案，满足消费者的多元化需求。这些新模式和新业态的出现，为跨境电子商务的发展注入了新的活力。

（四）应对非关税壁垒的策略

各国政府应加强在跨境电子商务领域的合作与交流，共同推动非关税壁垒的减少和消除。通过签署双边或多边协议，建立互信机制，推动贸易便利化进程。同时，加强国际标准的制定和推广，减少技术标准差异带来的障碍。政府应完善跨境电子商务的相关政策和法规，为企业提供更好的发展环境。这包括简化进出口手续、优化审批流程、加强知识产权保护等方面。通过政策引导和法规保障，降低跨境电子商务企业的运营成本和风险。

跨境电子商务企业应加强自身建设，提升竞争力。这包括加强技术研发和创新、完善产品质量管理体系、提高客户服务水平等方面。通过不断提升自身实力，企业可以更好地应对非关税壁垒的挑战，实现可持续发展。

非关税壁垒对跨境电子商务的发展产生了深远的影响。面对这些壁垒的挑战，我们需要从政府、企业和国际合作等多个层面出发，共同推动跨境电子商务的健康发展。通过加强国际合作与交流、完善国内政策与法规以及提升企业自身竞争力等措施，可以逐步消除非关税壁垒的限制，为跨境电子商务的繁荣创造更加有利的条件。

第四节　跨境电子商务背景下的贸易自由化与合作

一、贸易自由化的趋势与进展

（一）概述

贸易自由化是全球经济一体化进程中的重要组成部分，旨在通过降低或消除贸易壁垒，促进商品和服务的自由流通。本部分将从贸易自由化的定义、发展历程、当前趋势以及面临的挑战等方面，对贸易自由化的趋势与进展进行深入探讨。

（二）贸易自由化的定义与发展历程

贸易自由化是指通过降低关税和非关税壁垒，减少政府对贸易活动的干预，实现商品和服务的自由流通。它旨在通过提高市场准入和透明度，促进国际贸易的发展，从而推动全球经济的增长和繁荣。

贸易自由化的发展历程可以追溯到第二次世界大战后。1947年，《关税与贸易总协定》（GATT）的签订标志着贸易自由化的初步尝试。随后，世界贸易组织（WTO）的成立进一步推动了贸易自由化的进程。WTO通过制定一系列规则和协议，促进了成员国之间的贸易合作，降低了贸易壁垒，为全球贸易自由化奠定了基础。

（三）贸易自由化的当前趋势

多边贸易体系是贸易自由化的重要平台。近年来，WTO等多边贸易组织在推动贸易自由化方面发挥了积极作用。通过谈判和协商，成员国逐渐降低关税和非关税壁垒，扩大市场准入，推动全球贸易的发展。同时，多边贸易体系也在不断完善自身规则和机制，以适应全球贸易的新形势和新挑战。除了多边贸易体系，区域贸易协定也是推动贸易自由化的重要力量。近年来，越来越多的国家选择通过签订区域贸易协定来深化贸易合作。这些协定通常包括降低关税、消除非关税壁垒、促进投资等内容，有助于加强成员国之间的经济联系和贸易往来。随着全球经济的转型和升级，服务贸易在国际贸易中的地位日益凸显。近年来，各国在推动商品贸易自由化的同时，也加强了服务贸易自由化的发展。通过谈判和协商，各国逐步开放服务市场，降低服务贸易壁垒，促进服务贸易的发展。

（四）贸易自由化面临的挑战与实施对策

尽管贸易自由化是全球经济的发展趋势，但贸易保护主义仍在一定程度上存在。一些国家为了保护本国产业和利益，采取关税、配额等保护措施，限制了贸易自由化的进程。为了应对这一挑战，国际社会应加强合作，共同抵制贸易保护主义，维护多边贸易体系的稳定和繁荣。

贸易不平衡和贸易摩擦是贸易自由化过程中需要面对的重要问题。由于各国经济发展水平和产业结构存在差异，贸易不平衡现象时有发生。同时，贸易摩擦也可能因为各种因素而加剧，影响全球贸易的稳定和发展。为了解决这些问题，各国应加强沟通和协调，通过谈判和协商解决分歧，推动贸易关系的健康发展。

随着科技的不断进步和全球经济的深入发展，贸易自由化面临着技术和规则层面的挑战。例如，数字贸易、电子商务等新兴贸易形式的出现，对现有的贸易规则和监管体系提出了新的要求。为了应对这些挑战，各国应加强技术创新和规则制定，完善贸易监管体系，确保贸易自由化的顺利进行。

贸易自由化是全球经济发展的重要趋势，对促进国际贸易、推动全球经济增长具有重要意义。然而，贸易自由化也面临着诸多挑战和困难。为了推动贸易自由化的进程，各国应加强合作与沟通，共同应对挑战和解决问题。同时，国际社会也应加强多边贸易体系的建设和完善，为贸易自由化提供更加稳定和有力的支持。

未来，随着全球经济的不断发展和国际合作的不断加强，贸易自由化将继续深入发展。我们有理由相信，在各国共同努力下，贸易自由化将为全球经济带来更多的机遇和挑战，推动世界经济朝着更加开放、包容、普惠的方向发展。

二、区域经济一体化与跨境电子商务

（一）概述

区域经济一体化是当今世界经济发展的重要趋势之一，它通过消除或减少成员国之间的贸易壁垒，促进商品、服务、资本和技术等生产要素的自由流动，从而推动区域内经济的共同发展和繁荣。跨境电子商务作为新兴的经济形态，正逐渐成为推动区域经济一体化进程的重要力量。本部分将从区域经济一体化的概念、发展历程出发，探讨其与跨境电子商务之间的互动关系及发展趋势。

（二）区域经济一体化的概念与发展历程

区域经济一体化是指地理位置相近的国家或地区通过签订协议或条约，

消除或减少贸易壁垒，促进经济联系和合作，形成一个相对统一的经济区域。这一过程涉及贸易自由化、投资自由化、要素流动自由化等多个方面，旨在实现资源的优化配置和经济效益的最大化。

自二十世纪五十年代以来，区域经济一体化进程在全球范围内不断加速。欧盟、北美自由贸易区、东盟等区域经济一体化组织相继成立，为成员国带来了显著的经济效益。这些组织通过降低关税、消除非关税壁垒、协调经济政策等措施，促进了成员国之间的贸易和投资活动，推动了区域内的经济增长和就业。

（三）区域经济一体化与跨境电子商务的互动关系

区域经济一体化通过消除或减少贸易壁垒，为跨境电子商务提供了更为广阔的市场空间。成员国之间的关税降低和非关税壁垒的消除，降低了跨境电子商务的交易成本，提高了商品和服务的市场竞争力。同时，区域经济一体化组织通常还会建立统一的贸易规则和标准，为跨境电子商务提供了更加稳定和可预测的经营环境。

跨境电子商务的快速发展，为区域经济一体化提供了新的动力和机遇。一方面，跨境电子商务打破了传统贸易的地理限制，使得更多企业和消费者能够参与到区域经济一体化的进程中来；另一方面，跨境电子商务的发展促进了区域内生产要素的自由流动和优化配置，推动了产业结构的升级和经济转型。

（四）区域经济一体化与跨境电子商务的发展趋势

随着信息技术的不断发展和全球互联网的普及，跨境电子商务正逐渐成为区域经济一体化的重要引擎。越来越多的企业和消费者通过跨境电子商务平台进行贸易活动，推动了区域内商品和服务的自由流通。同时，跨境电子商务也促进了区域内各国之间的经济合作和交流，为区域经济一体化注入了新的活力。

面对跨境电子商务的快速发展，区域经济一体化组织也在不断加强合作与规范。一方面，他们通过签署合作协议或建立合作机制，推动成员国在跨境电子商务领域的政策协调和法规对接；另一方面，他们也在加强跨境电子商务的监管和风险防范，保障交易的安全和稳定。

区域经济一体化与跨境电子商务之间存在着密切的互动关系。区域经济一体化为跨境电子商务提供了便利条件和广阔市场，而跨境电子商务则推动了区域经济一体化的深化发展。随着全球经济的不断发展和信息技术的不断进步，这种互动关系将更加紧密和深入。未来，我们有理由相信区域经济一体化与跨境电子商务将共同推动全球经济的繁荣和发展。

三、国际合作与跨境电子商务的发展

（一）概述

随着全球化进程的加速和信息技术的飞速发展，跨境电子商务已经成为推动国际经济合作与发展的重要力量。国际合作在跨境电子商务的发展中扮演着至关重要的角色，不仅有助于消除贸易壁垒、促进商品和服务的自由流通，还能推动全球经济的增长和繁荣。本部分将探讨国际合作与跨境电子商务发展之间的关系，分析国际合作对跨境电子商务的促进作用，并展望国际合作与跨境电子商务未来的发展趋势。

（二）国际合作对跨境电子商务的促进作用

国际合作通过协商和谈判，推动各国降低关税、消除非关税壁垒，为跨境电子商务的发展提供了更加开放的市场环境。贸易壁垒的减少有助于降低跨境交易成本，提高商品和服务的市场竞争力，促进国际贸易的繁荣。

国际合作有助于制定统一的贸易规则和标准，为跨境电子商务提供稳定的经营环境和法律保障。通过制定统一的电子支付、数据保护、消费者权益保护等规则，可以简化跨境交易流程，提高交易效率，增强消费者信心。

国际合作有助于加强各国之间的信息共享和监管合作，提升跨境交易的安全性。通过共同打击网络犯罪、保护知识产权、防范金融风险等措施，可以维护跨境电子商务的健康发展，保障消费者和企业的合法权益。

（三）跨境电子商务发展的国际合作实践

多边贸易协定是国际合作在跨境电子商务领域的重要实践之一。例如，世界贸易组织（WTO）通过谈判和协商，推动成员国在跨境电子商务领域达成共识，降低关税和非关税壁垒，促进全球贸易的自由化。此外，一些区域性的贸易协定也涵盖了跨境电子商务的内容，为区域内的跨境电子商务发展提供了有力支持。

国际组织和机构在跨境电子商务发展中发挥着重要作用。例如，联合国贸易和发展会议（UNCTAD）定期发布关于跨境电子商务的报告和研究，为各国政策制定提供参考。同时，国际商会（ICC）等组织也积极推动跨境电子商务的标准化和规范化发展，为企业的跨境经营提供便利。

双边合作机制是国际合作在跨境电子商务领域的另一种形式。各国通过签订双边协议或建立合作机制，加强在跨境电子商务领域的合作与交流。这种合作形式更加灵活多样，可以根据双方的具体需求和利益进行调整，为跨境电子商务的发展提供有力支持。

（四）未来发展趋势与展望

随着跨境电子商务的快速发展，各国之间的合作将更加紧密和深入。未来，国际合作将更加注重完善跨境电子商务的规则体系，包括电子支付、数据保护、消费者权益保护等方面。通过制定更加全面、细致的规则和标准，可以进一步促进跨境电子商务的健康发展。技术创新是推动跨境电子商务发展的重要动力。未来，国际合作将更加注重在技术创新方面的合作与交流，推动各国在电子商务技术、物流配送、大数据分析等领域的共同进步。通过技术创新与合作，可以进一步提升各国跨境电子商务的发展水平，为消费者和企业提供更加便捷、高效的服务。

跨境电子商务与实体经济的深度融合是未来发展的重要趋势。国际合作将不断拓展合作领域，推动跨境电子商务与制造业、服务业等实体经济的深度融合。通过加强产业链、供应链的协同合作，可以进一步发挥跨境电子商务在推动全球经济增长和产业升级中的重要作用。

国际合作是推动跨境电子商务发展的重要力量。通过消除贸易壁垒、制定统一规则和标准、加强信息共享和监管合作等措施，国际合作为跨境电子商务的发展提供了有力支持。未来，随着全球化进程的加速和信息技术的不断发展，国际合作在跨境电子商务领域的作用将更加凸显。各国应加强合作与交流，共同推动跨境电子商务的健康发展，为全球经济的增长和繁荣做出更大贡献。

第五节　应对关税与贸易壁垒的策略

一、政策倡导与国际合作

（一）概述

政策倡导与国际合作是现代国家治理和国际关系的重要组成部分。政策倡导旨在推动政策制定与改革，以满足社会、经济、环境等多方面的需求；国际合作则是不同国家间为共同应对全球性挑战、实现共同发展而进行的协调与合作。两者在促进国家发展、维护国际和平与稳定方面发挥着至关重要的作用。

（二）政策倡导的内涵与价值

政策倡导是指通过一系列活动，包括宣传、游说、动员等，来推动政策制定者采纳或修改某项政策的过程。其内涵丰富，既包括对现有政策的改进和完善，也包括对新兴政策领域的开拓和创新。政策倡导的价值在于，它能够为政策制定提供科学、民主、有效的决策依据，推动社会进步和发展。

在政策倡导的过程中，倡导者需要深入了解政策背景、目标和实施情况，通过广泛收集信息、开展调查研究，为政策制定提供科学依据。同时，倡导者还需要积极与政策制定者、利益相关者进行沟通和协商，争取更多的支持和理解。通过有效的政策倡导，可以推动政策制定更加符合社会需求和公众利益，实现政策目标的最大化。

（三）国际合作的意义与途径

国际合作是指不同国家间为实现共同利益而进行的协调与合作。在全球化的背景下，国际合作的意义愈发凸显。通过国际合作，各国可以共同应对全球性挑战，如气候变化、恐怖主义、经济衰退等，实现共同发展和繁荣。

国际合作的途径多种多样，包括政府间合作、国际组织合作、区域合作等。政府间合作是国际合作的基本形式，通过外交渠道和双边或多边协议，实现政策协调、资源共享和互利共赢。国际组织合作通过联合国、世界贸易组织等国际机构，推动全球范围内的政策制定和实施。区域合作注重区域内国家的协调与整合，推动区域一体化进程。

（四）政策倡导与国际合作的互动关系

政策倡导与国际合作之间存在着密切的互动关系。一方面，政策倡导能够推动国际合作的发展。通过政策倡导，各国可以就共同关心的问题形成共识，为国际合作奠定基础。同时，政策倡导还有助于推动国际规则的制定和完善，为国际合作提供制度保障。

另一方面，国际合作为政策倡导提供了广阔的平台和机遇。通过国际合作，政策倡导者可以与其他国家分享经验、交流观点、寻求支持，从而增强倡导的力量和效果。此外，国际合作还可以为政策倡导提供实践经验和成功案例，为未来的政策改革和创新提供借鉴和启示。

（五）政策倡导与国际合作的挑战与对策

尽管政策倡导与国际合作在推动国家发展和国际和平方面发挥了重要作用，但两者也面临着一些挑战。首先，不同国家间的利益差异和文化差异可能导致合作难度加大。为了克服这些困难，各国应加强沟通与协商，增进相互理解和信任，寻求共同利益的平衡点。

其次，国际形势的复杂多变可能会对政策倡导和国际合作产生不利影响。为了应对这些挑战，各国应保持战略定力，坚持开放、包容、合作的理念，共同应对全球性挑战。

最后，政策倡导和国际合作还需要关注可持续发展和环境保护等全球性问题。通过推动绿色发展和可持续发展战略的实施，各国可以共同应对气候变化、资源短缺等环境问题，实现人类社会的可持续发展。

政策倡导与国际合作是推动国家发展、国际和平与稳定的重要力量。通过加强政策倡导和国际合作的力度和深度，各国可以共同应对全球性挑战、实现共同发展。未来，随着全球化的深入发展和国际形势的不断变化，政策倡导与国际合作将继续发挥重要作用。各国应进一步加强沟通与协商、增进相互理解和信任、推动可持续发展战略的实施，共同构建人类命运共同体。

在这个过程中，各国政府、国际组织、企业和社会各界都应积极参与政策倡导和国际合作，发挥各自的优势和作用。同时，还需要加强教育和培训，提高公众对政策倡导和国际合作的认识和理解，形成全社会共同参与的良好氛围。只有这样，我们才能共同应对全球性挑战、实现共同发展繁荣的美好愿景。

二、市场多元化与产品差异化

（一）概述

在竞争日益激烈的市场环境中，企业为了求得生存和发展，不得不寻求新的战略路径。市场多元化和产品差异化作为两种重要的战略手段，逐渐被越来越多的企业所重视和采纳。市场多元化可以帮助企业降低风险、拓展市场份额，而产品差异化则有助于企业提升竞争力、增加市场份额。本部分将对市场多元化与产品差异化进行深入探讨，分析它们的内涵、意义及实施策略，进而为企业制定合适的战略提供参考。

（二）市场多元化的内涵与意义

市场多元化是指企业为了降低市场风险、拓展市场份额，通过进入不同的市场或地区，实现市场的多样化。这种多样化可以包括地域的多样化、客户群体的多样化、销售渠道的多样化等。市场多元化的意义在于以下几个方面。

降低市场风险：通过将产品或服务销售到多个市场，企业可以降低单一市场波动带来的风险。当某个市场出现下滑时，其他市场的稳定增长就可以为企业提供稳定的收入来源。

拓展市场份额：通过进入新的市场，企业可以接触到更多的潜在客户，从而拓展市场份额。这有助于提升企业的知名度和品牌影响力。

提高资源利用效率：市场多元化可以使企业更好地利用自身的资源，实现资源的优化配置。企业可以根据不同市场的需求和特点，调整产品或服务的策略，提高资源的利用效率。

（三）市场多元化的实施策略

要实现市场多元化，企业需要采取以下策略。

市场调研与分析：在进入新市场之前，企业需要对目标市场进行深入的调研和分析，了解市场的规模、需求、竞争状况等信息。这有助于企业制定合适的营销策略和产品策略。

本地化策略：不同市场具有不同的文化、习惯和需求，企业需要采取本地化策略，根据目标市场的特点调整产品或服务的设计、定价、推广等方面。

渠道拓展：企业可以通过拓展销售渠道来实现市场多元化。例如，除了传统的实体店销售，还可以利用电商平台、社交媒体等线上渠道进行销售。

（四）产品差异化的内涵与意义

产品差异化是指企业通过研发、设计、生产等环节，使自身的产品或服务在功能、性能、外观等方面与竞争对手的产品形成明显的差异，从而满足消费者的不同需求。产品差异化的意义在于以下几个方面。

提升竞争力：通过产品差异化，企业可以形成独特的市场定位，提升自身的竞争力。在竞争激烈的市场中，差异化的产品更容易受到消费者的关注和认可。

增加市场份额：差异化的产品能够满足消费者的不同需求，从而吸引更多的潜在消费者。这有助于企业增加市场份额，提升市场地位。

提高利润空间：差异化的产品往往具有更高的附加值，因此企业可以获得更高的利润。同时，通过品牌溢价等方式，企业还可以进一步提升产品的利润空间。

（五）产品差异化的实施策略

要实现产品差异化，企业需要采取以下策略。

研发投入：企业应加大对产品研发的投入，不断推出具有创新性和独特性的新产品。这有助于企业在市场中形成独特的竞争优势。

品牌建设：品牌是企业实现产品差异化的重要手段。通过塑造独特的品牌形象和价值观，企业可以形成品牌溢价，提升产品的附加值。

定制化服务：企业可以根据消费者的需求提供定制化服务，满足消费者的个性化需求。这不仅可以提升消费者的满意度和忠诚度，还可以为企业带来更高的利润。

（六）市场多元化与产品差异化的互动关系

市场多元化和产品差异化并不是孤立的，它们之间存在着紧密的互动关系。一方面，市场多元化为产品差异化提供了广阔的空间和机会。通过进入不同的市场，企业可以接触到更多的消费者和不同的需求，从而发现新的产品差异化点。另一方面，产品差异化有助于企业实现市场多元化。具有独特性和创新性的产品更容易在市场中脱颖而出，吸引更多的消费者和合作伙伴，为企业拓展市场提供有力的支持。

市场多元化与产品差异化是现代企业在市场竞争中不可或缺的战略手段。通过实现市场的多样化和产品的差异化，企业可以降低风险、拓展市场份额、提升竞争力，实现可持续发展。然而，在实施这些战略的过程中，企业也需要注意平衡投入与产出、短期利益与长期利益的关系，确保战略的有效性和可持续性。

未来，随着市场环境的不断变化和消费者需求的日益多样化，市场多元化与产品差异化的重要性将更加凸显。企业需要不断创新和完善自身的战略手段，以适应市场的变化和挑战。同时，政府和社会各界也应为企业创造更加开放、公平、有序的市场环境，为企业的战略实施提供有力的支持和保障。

总之，市场多元化与产品差异化是企业实现长期发展的关键战略之一。只有不断创新和完善这些战略手段，企业才能在激烈的市场竞争中立于不败之地。

三、技术创新与产业升级

（一）概述

技术创新与产业升级是现代经济发展的两大核心驱动力。随着科技的飞速进步和全球化的深入发展，技术创新不仅成为企业提升竞争力的关键，也是推动产业升级、实现经济高质量发展的必由之路。本部分将从技术创新与产业升级的内涵、相互关系以及实施策略等方面进行深入探讨，进而为我国经济社会的可持续发展提供有益参考。

（二）技术创新的内涵与意义

技术创新是指通过研发、引进、吸收、再创新等方式，将新技术、新工艺、新产品等应用于生产实践，从而提高生产效率、降低成本、增强产品竞争力。技术创新的意义在于以下几个方面。

提升企业竞争力：技术创新有助于企业开发新产品、优化生产流程、降低生产成本，从而在市场竞争中占据优势地位。

推动产业升级：技术创新能够催生新兴产业、改造传统产业，推动产业结构向高端化、智能化、绿色化方向发展。

促进经济增长：技术创新能够带来新的经济增长点，推动经济持续健康发展。

（三）产业升级的内涵与意义

产业升级是指通过优化产业结构、提升产业技术水平、增强产业竞争力等方式，实现产业由低附加值向高附加值转变的过程。产业升级的意义在于以下几个方面。

提高经济效益：产业升级有助于提升产业的整体效益，实现资源的优化配置和高效利用。

增强国际竞争力：产业升级能够提升我国在全球产业链中的地位，增强国际竞争力。

促进可持续发展：产业升级有助于推动经济、社会、环境的协调发展，实现可持续发展目标。

（四）技术创新与产业升级的相互关系

技术创新与产业升级之间存在着相互促进、相互依存的关系。技术创新是产业升级的重要驱动力，而产业升级则为技术创新提供了广阔的应用场景和市场空间。

技术创新推动产业升级：技术创新能够带来新的生产工艺、新产品和新服务，从而推动传统产业向高端化、智能化、绿色化方向发展。同时，技术创新还能够催生新兴产业，为经济发展注入新的活力。

产业升级促进技术创新：产业升级需要不断引进和吸收新技术、新工艺和新理念，以提升产业的整体技术水平。这既为技术创新提供了市场需求，也为技术创新成果的转化和应用提供了有利条件。

（五）技术创新与产业升级的实施策略

要实现技术创新与产业升级的良性互动，需要采取以下策略。

加强科技创新体系建设：加大对科技创新的投入力度，完善科技创新政策体系，鼓励企业加大研发投入，加强产学研合作，形成以创新为引领的发展格局。

培育创新型人才队伍：重视人才培养和引进，加强创新型人才队伍建设，为技术创新和产业升级提供有力的人才保障。

优化产业结构布局：根据市场需求和资源禀赋，优化产业结构布局，推动传统产业转型升级，加快发展新兴产业，形成具有竞争力的产业集群。

加强国际合作与交流：积极参与国际科技合作与交流，引进国外先进技术和管理经验，提升我国在全球产业链中的地位和影响力。

（六）技术创新与产业升级的案例分析

以我国的新能源汽车产业为例，近年来，随着国家政策的支持和市场需求的增长，新能源汽车产业得到了快速发展。通过引进和吸收国外先进技术，我国新能源汽车产业在电池、电机、电控等核心技术方面取得了重大突破，形成了一批具有国际竞争力的龙头企业。同时，新能源汽车产业的快速发展也带动了相关产业链的升级和转型，为我国经济的高质量发展注入了新的动力。

技术创新与产业升级是推动经济社会发展的重要力量。通过加强科技创新体系建设、培育创新型人才队伍、优化产业结构布局以及加强国际合作与交流等措施，可以实现技术创新与产业升级的良性互动，推动经济社会的持续健康发展。

未来，随着科技的不断进步和全球化的深入发展，技术创新与产业升级将面临更多的机遇和挑战。我们需要继续深化科技创新体制改革，加强创新型人才队伍建设，推动产业结构优化升级，积极参与全球科技合作与竞争，以创新驱动发展，实现经济社会的全面进步。

总之，技术创新与产业升级是推动我国经济高质量发展的关键所在。我们要紧紧抓住这一历史机遇，以创新驱动发展为核心战略，推动技术创新与产业升级的深度融合，为实现中华民族伟大复兴的中国梦贡献力量。

参考文献

［1］王廿重，李雨佳.跨境电子商务背景下国际贸易实务研究［M］.北京：北京工业大学出版社，2019.

［2］王健，冷柏军.国际贸易实务研究：实践与决策（2011）［M］.北京：对外经济贸易大学出版社，2012.

［3］陶刚.国际贸易实务发展研究［M］.北京：中国原子能出版社，2022.

［4］张天颖.国际贸易理论与实务研究［M］.长春：东北师范大学出版社，2019.

［5］张万英.国际贸易实务与人才培养研究［M］.长春：吉林大学出版社，2020.

［6］张宇星.国际贸易实务问题研究［M］.北京：中国财政经济出版社，2017.

［7］张虎.国际贸易法专题与实务研究［M］.北京：人民交通出版，2017.

［8］倪小莉，韩立.国际贸易与金融实务研究［M］.北京：中国商业出版社，2013.

［9］何海泉，王鑫，周小玲.当代国际贸易与金融实务研究［M］.北京：中国商务出版社，2016.

［10］肖扬.全球化背景下的国际贸易理论、实务及风险防范研究［M］.长春：吉林人民出版社，2017.

［11］张宇慧，杨波，马艳艳.现代国际贸易理论整合与实务发展研究［M］.北京：新华出版社，2015.

［12］章安平.国际贸易实务专业高技能人才培养模式研究［M］.北京：中国人民大学出版社，2012.

［13］周桂荣.国际贸易理论与实务［M］.厦门：厦门大学出版社，2019.

［14］刘秀玲.国际贸易实务（第3版）［M］.北京：北京对外经济贸易大学出版社，2021.

［15］任燕.国际贸易实务 英文版［M］.北京：北京理工大学出版社，2022.

［16］章安平.基于职业导向的国际贸易实务专业"课证融合"人才培养模式研究与实践［M］.北京：高等教育出版社，2009.

［17］黎孝先，王健.国际贸易实务［M］.北京：对外经济贸易大学出版社，2020.